한 권으로 읽는

튜레틴 신학

XR›
크리스천
르네상스

한 권으로
읽는

Francis Turretin

튜레틴 신학

권경철 김은수 김현관 문병호 유정모 이신열 이은선

크리스천
르네상스

이 책은 프란시스 튜레틴 신학연구와 개혁파 정통주의 신학의 지식과 적실성에 대한 놀라운 공헌이다. 이 책의 모든 장들은 종교개혁의 혜안을 적절하게 발전시킨 이 신학자의 깊이와 성경적 풍부함을 증거한다. 나는 교회와 신학을 위해서 이 책이 참된 유익을 제공한다고 확신한다.

헤르만 셀더르하위스 교수

(네덜란드 아플도른신학대학 교회사, President of REFORC)

호기심의 영역에 머물러 있던 프란시스 튜레틴이라는 신학자에 한 걸음 성큼 다가가게 해 준 이 책에 감사한다. 이 저서는 먼저 튜레틴이라는 신학자의 실존에 가까이 가도록 안내해준다. 튜레틴은 누구보다도 교회를 사랑한 신학자였음을 확인할 수 있다. 일반적으로 스콜라주의적 저서로 비쳐질 수 있는 그의 주저작인 『변증신학강요』도 세례 받는 자들과 신학을 공부하는 사람들을 돕는 것에서 출발하였다. 다른 한편 그는 신학을 하나님의 말씀이라는 진리의 검을 헛되지 휘두르지 않고 교회를 보호하기 위한 목적으로만 사용하였다. 이런 동기는 그의 성경관에서 성령론에 이르는 치밀한 신학의 작업에도 그대로 녹아있다는 점을 우리는 이 책을 통해서 확인한다.

튜레틴의 신학을 좀 더 친밀하게 만들어준 다양한 연구자들께 감사드린다.

김재윤 교수
(고려신학대학원 교의학)

이 책은 프란시스 튜레틴의 신학을 한 권으로 요약한 책이다. 국내의 저명한 학자들이 튜레틴의 신학에 관하여 주제별로 깊이 있게 연구한 논문을 모아 만들었다. 튜레틴의 『변증신학 강요』의 상황과 배경, 성경관, 예정론, 섭리론, 인간론, 기독론, 언약 신학, 성령론 등을 심도 있게 다루었다. 튜레틴의 『변증신학 강요』는 존 칼빈의 『기독교 강요』 이후에 작성된 개혁파 신학의 중요한 지침서라고 할 수 있다. 특별히 이 책은 개혁파 신학에서 약한 부분인 성령론을 별도의 장으로 다루고 있어서 유익하다. 한 가지 아쉬운 것은 『기독교 강요』에 없는 종말론이 『변증신학 강요』에 있는데 이를 다루지 않았다는 것이다. 다음 기회에 이 책에 없는 주제들을 다룰 2권이 나올 때 다루었으면 하는 바람이 있다.

유창형 교수
(칼빈대학교 역사신학)

제네바 아카데미아에서 교수로 일하며 존 칼빈의 신학적 유산을 계승한 프란시스 튜레틴(1623-1687)의 신학이 이신열 교수님을 비롯한 한국인 신학자들의 손에서 이해되어 한국 교회의 성도들에게 소개되는 일에 고마운 마음이 든다. 성경론, 예정론, 섭리론, 인간론,

언약론, 기독론, 성령론에 대한 그의 견해를 살피는 수고를 통하여, 두 가지 유익을 얻게 되리라고 생각된다. 한편으로 칼빈의 신학과 칼빈주의자들의 신학의 상호성에 대한 이해를 심화할 수 있을 것으로 보이며, 다른 한편으로 21세기 한국 교회를 섬기는 학자들의 시점(視點)을 통하여 본질적으로 동일한 신학이 문맥의 상이성에서 어떤 역동을 드러내는지 확인하게 될 것이다. 이로써 다양한 신학적 도전에 직면한 한국 교회의 신학적 성숙에 기여하게 되리라고 믿어진다. 여유로운 시간에 커피 한 잔 진하게 내려 마시며 한 장씩만 꾸준히 읽는다면, 독자에게 즐거움이 더 할 것이라고 믿으며 일독을 권한다.

유태화 교수

(백석대학교 신학대학원 조직신학)

올해는 17세기의 대표적인 개혁주의 신학자 프란시스 튜레틴이 태어난지 400년이 되는 해이다. 튜레틴은 17세기 중반 제네바 신학자였으나 스위스 신학을 대표했고 대양을 건너 미국에도 큰 영향을 끼쳤다. 프린스톤에서 찰스 핫지의 책으로 대체되기까지 조직신학 교과서는 튜레틴의 『변증신학 강요』였다는 사실이 튜레틴의 영향력을 보여준다. 이러한 튜레틴의 큰 영향력에 비해 그에 관한 연구서가 부족한 형편인 것은 개혁신학을 공부하는 이들에게 늘 아쉬움이었는데, 이제 우리 신학자들에 의해 연구된 튜레틴의 신학에 대한 연구서가 나오게 된 것은 크게 의미있는 일이다. 이 책은 잘 알려지지 않았던 튜레틴의 신학적 배경에서부터 그의 깊은 신학 자체로 들어가 사려깊게 분석하여 17세기 정통 개혁신학의 내용이 어떠한지 구체적으로 보여준다. 이 책은 오직 하나님에게서 출발한 계시에 근거하여 하나님만 추구하는 개혁파 정통개혁주의 신학을 더 풍성히 이해하려는 이들에게 필독서가 될 것이다.

이남규 교수

(합동신학대학원대학교 조직신학)

이번에 튜레틴에 대한 연구서가 출판된 것은 한국교회 신학의 발전을 보여주는 분명한 징표라고 생각한다. 우리나라 신학계에서 17세기 신학자들을 연구하기 시작한 것은 오래지 않고, 17세기 정통주의 신학에 대한 리차드 멀러의 책이 번역된 것은 불과 10년 전의 일이다. 한국교회는 오랫동안 17세기 개신교 정통주의를 부정적으로 인식해 왔는데, 이번의 『한 권으로 읽는 튜레틴의 신학』은 이런 한국교회의 부박(浮薄)을 일거에 해소하는 진지한 연구서라고 생각한다. 정통주의 신학을 대표하는 튜레틴에 대한 이 책의 저자들은 차세대 한국교회 신학을 선도할 유망한 신학자들이라는 점에서 이 책은 값진 선물이라고 생각한다.

이상규 석좌교수

(백석대학교 역사신학, 전 고신대학교 교수)

이탈리아 출신이나 제네바에서 신학자로 활동했던 프란시스 튜레틴(Francis Turretin, 1623-1687. 또는 프랑수아 투레티니)은 개혁파 정통주의가 왕성하던 시기의 신학자였다. 그는 알미니우스 주의, 아뮈로 주의에 대항하여 개혁주의 신학을 변증한 "개혁교회의 교리에 대한 최고의 해설자"(알렉산더)요, "제네바의 개혁주의자들 가운데 우뚝 솟은 인물"(L. 모리스)이었다. 그의 주저 『변증신학 강요』(1679-1685)는 19세기 미국 프린스턴 신학교나 버지나아 유니온 신학교에서 교재로 사용될 만큼 미국 장로교 신학 형성에도 깊이 영향을 미쳤다. 국내에는 튜레틴의 저술 일부와 튜레틴 전기가 소개되었을 뿐 아직 학문적인 논의가 왕성하지 못하고 있어 안타까운 현실이다. 그러나 이제 튜레틴 연구를 개척해온 여러 학자들의 11편의 글을 모아 『한 권으로 읽는 튜레틴 신학』으로 출간되게 된 것을 환영하고 축하를 드린다. 칼빈에서 구프린스턴 아니면 신칼빈주의로 건너뛰기 쉬운 국내 상황에서 그 사이에 풍성한 신학을 제공했던 개혁파 정통주의자들의 신학 사상이 더욱 더 연구되고 활용되기를 바라면서, 개혁신학도들에게 본서의 일독을 권하는 바이다.

이상웅 교수

(총신대학교 신학대학원 조직신학)

서문

2023년 올해는 17세기 제네바의 정통파 개혁신학자 프란시스 튜레틴(Francis Turretin, 1623.10.17–1687.9.28)의 출생 400주년을 기념하는 해이다. 그는 전 3권으로 구성된 『변증신학 강요 *Institutes of Elenctic Theology*』의 저자로 널리 알려져 있으며 이 위대한 저작은 미국의 장로교 신학자 핫지(Charles Hodge)의 신학에 큰 영향력을 행사한 것으로 유명하다. 그럼에도 불구하고 우리 교계에 그의 이름은 아직 많이 인지되지 않았으며 여전히 낯선 이름으로 남아 있는 것이 우리의 현실이다.

그렇다면 튜레틴은 누구인가? 그의 할아버지 프란시스는 이탈리아인으로 개혁 신앙에 귀의한 후 이를 위해서 이탈리아를 떠나서 제네바에 정착했다. 그의 아들 베네딕트(Benedict)는 제네바 도시, 교회, 그리고 아카데미를 위해서 개혁신앙을 옹호했던 신학자로서 권위와 경건, 그리고 학문에 있어서 타의 추종을 불허하는 탁월함을 지닌 인물이었다. 그는 또한 평화와 관용의 정신에 진리와 거룩을 향한 지칠줄 모르는 사랑을 겸비한 인물로 널리 알려졌던 신앙의 영웅이었다. 그는 열병으로 48세에 생을 마감했다.

그의 아들 프란시스는 어린 시절부터 학문적 탁월함을 드러내었는데 그의 아버지 베네딕트는 임종을 앞두고 아들을 향해 "이 아이는 살아계신 하나님의 인으로 인쳐졌다"는 말을 남겼다고 전해진다. 그의 탁월함은 도르트총회에 첨석했던 존 디오다티(John Diodati)에 의해 검증되었고 그의 스승 레이든(Leiden)대학의 신학교수 슈판하임(Frederick Spanheim)도 그를 극찬했다. 그는 그곳에서 리벳(Rivet), 살마시우스(Salmasius), 푸치우스(Voetius), 호른벡(Hornbeck)등의 가르침을 받았고 학업을 마친 후 위트레흐트(Utrecht)를 거쳐 1645년에 프랑스로 향했다. 파리(Paris)에서 프란시스는 학문을 향한 끊임없는 사상과 정확한 판단력, 그리고 지워지지 않는 기억력 등을 통해서 많은 사람들의 마음을 사로잡았다. 파리에서 그는 가상디(Pierre Gassendi)로부터 사사받았고 소뮈르(Saumur), 몽타방(Montaban), 그리고 니메(Nismet)에서도 수학했다. 특히 니메에서는 그의 아버지 베네딕트의 절친이었던 칼부스(Calvus)를 만나기도 했다.

이렇게 네덜란드와 프랑스에서 신학을 공부한 후에 프란시스는 그의 고향 제네바로 돌아왔다. 1648년부터 그는 시의회의 허락을 받아 이탈리안 교회에서 목회 활동에 나섰다. 그의 설교는 아버지 베네딕트를 떠올리게 했으며 이를 듣기 위해서 많은 사람들이 몰려 왔다. 프란시스의 유명한 설교는 많은 사람들의 심금을 울렸고 이에 제네바 시의회는 그를 아카데미의 철학 교수 자리를 여러 차례 제안했지만 그는 이를 번번히 거절했다. 프란시스의 이름은 제네바뿐 아니라 유럽의 여러 나라에 널리 알려지게 되었고 프랑스 리옹(Lyon)의 교회가 그를 청빙했는데 그는 이 청빙을 수락했다. 1년의 짧은 기간 동안 그의 목회는 아주 성공적이었고 교회는 그를 떠나보내기를 원하지 않았지만, 튜레틴은 그의 고향 제네바로 되돌아왔다. 그에게 트론친(Tronchin)을 대신해서 아카데미의 신학교수 자리가 제공되었던 것이었다. 1653년에 그는 히브리서 1장 1절에 대한 강의로 교수 취임강연(inaugural oration)을 행했다. 이날부터 그는 그의 모든 능력을 동원하여 교수직 수행에 전념했고 그의 사역은 그리스도의 영광과 그의 나라를 위해 온전히 바쳐졌다. 그는 개혁신앙의 교리를 변호하고 사수하기 위해서 진리와 오류를 분간하고, 신성을 둘러싼 어려운 문제들을 풀어내었으며, 궤변론자들을 숨어 있는 곳까지 따라가며, 진리의 대적자들을 구불구불한 길을 지나 추적했다.

이런 탁월함에도 불구하고 튜레틴은 겸손의 덕을 잃지 않는 신학자이자 교수였다. 그는 하나님께서 이 세상에서 인간이 지닐 수 있는 지식에 어떤 제한을 설정하셨다는 사실을 기꺼이 인정했다. 그는 또한 이 땅의 교회들을 바라보면서 마음의 무거운 짐을 내려놓지 못했다. 왜냐하면 그가 세상에서 벌어지는 일들과 교회가 더욱 나빠지는 현실을 깨달았기 때문이었다. 또한 그는 많은 사람들이 두려움과 욕심에 사로잡혀 개혁신앙에서 이탈하여 배교하는 현실을 바라보면서 개탄했다. 아리우스주의자들, 소시니우스주의자들과 아르미니우스주의자들의 오류가 개혁 교회에 쏟아져 들어와서 순수한 개혁신앙이 흐려지고 위협받는 현실을 놓고 가슴 아파했다. 튜레틴은 그가 믿는 대로 살았고, 가르치는 대로 행동했다. 그러나 그는 자신을 다른 사람보다 못한 존재로 간주했지만 모든 행동에서 다른 사람을 초월했다. 그가 쌓아 올린 명성은 쉽사리 무너지지 않았고 그는 자신을 즐겁게 하기 위해서 행동하지 않았다. 그가 행한 모든 것은 그리스도의 영광과 교회의 선, 특히 말씀을 전하는 강단의 유익을 위한 것이었다. 또한 그는 평화를 사랑하는 사람으로서 성도들 사이에 다툼이 발생하도록 부추기지 않았다. 그는 다른 사람이 지닌 명성이나 탁월함을 질투라는 악이 가득한 눈으로 바라보지 않았으며 다른 사람들, 특히 고난으로 억눌린 자들의 참된 친구가 되었다.

튜레틴은 항상 학습에 열정을 지니고 있었으며 그에게 학습은 즐거움이자 재충전의 시간을 제공해주었다. 오랜 기간 동안 작성했지만 계속해서 출판을 망설여 왔던 『변증신학 강요』의 원고가 수정되어 마침내 출판되었다. 많은 사람들이 이 책의 출판을 기대하고 기다려 왔던 터였는데 이 책이 드디어 세상의 빛을 보게 되었을 때 여러 목회자들로부터 이구동성으로 찬사에 찬사가 쏟아졌다. 그는 같은 해에 그의 설교집을 출판하기도 했다. 이렇게 엄청난 성공에도 불구하고 튜레틴에게는 슬픔이 떠나지 않았다. 그의 가슴속에 제네바 개혁교회가 직면한 우울한 상태에 대한 염려와 걱정이 그의 마음을 지속적으로 짓눌렀던 것이다. 그는 그리스도의 신부에게 가해진 모든 악행을 대하면서 두려움 속에 떨었고, 진리가 길거리에 내팽겨져 쳤을 때, 그리고 교회의 멤버들이 흩어져서 헤매는 모습을 발견했을 때, 그의 영혼은 비통함으로 찢어졌다.

튜레틴은 오랜 기간 동안 아주 건강한 모습을 유지했지만 그는 1687년 9월 26일 이른 아침에 일찍 일어나 그의 친구 하이데거(Johann Heidegger)와 유리앙(Peter Jurien)에게 마지막 편지를 작성한 후 생을 마감했다. 그는 "당신의 종에게 심판을 허락하지 마소서", "오 그리스도시여, 당신의 피에 나를 씻기소서", 그리고 "성부여 그의 피의 능력있는 소리를 들으소서"라는 기도가 그가 임종 시에 남긴 마지막 말이었다.

튜레틴의 출생 400주년을 맞아 17세기 제네바에서 정통파 개혁신학을 크게 빛냈던 그를 기억하고 그의 신학을 널리 소개하기 위해서 국내 7명의 신학자들이 그동안 학회지에 발표했던 연구 결과물들을 하나로 묶어 단행본으로 출간하는 작업이 완성되었다. 튜레틴의 신학에 관한 단행본이 발간되는 것은 국내에서 처음으로 이루어진 것이며 국내 신학계에 17세기 개혁신학탐구를 향한 새로운 이정표를 세운 것으로 볼 수 있다. 이런 관점에서 이 책은 더욱 기념비적 의미를 지닌다고 볼 수 있다. 이 책의 저자들인 7명의 신학자들은 일찍부터 위대한 제네바 신학자가 지닌 개혁신학적 의미와 가치를 깨닫고 연구를 진행해 오셨고 이제 이 연구들이 더욱 밝은 빛을 보게 된 것은 참으로 고무적인 일이 아닐 수 없다. 그동안 이들의 노고에 큰 찬사를 보내면서 한국교회가 튜레틴의 신학이 얼마나 값진 것이며 교회의 진정한 발전과 부흥을 위해서 얼마나 절실히 필요한가를 깨닫는 깨달음의 한 해가 되기를 소망해 본다.

작년 봄에 이 책의 출판을 제안했을 때 이를 기꺼이 수락하시고 맡아주신 크리스천르네상스의 정영오 사장님께 진심으로 감사의 마음을 전해 드린다. 또한 편집을 위해서 큰 수고를 아끼지 아니하신 서세은님께도 크게 감사드린다. 오직 하나님께 영광을(Soli Deo gloria)!

2023년 4월 18일 부산 영도에서

저자들을 대표하여

이신열

한 권으로 읽는 튜레틴 신학

『변증신학 강요』의 상황과 배경:

"독자에게 부치는 서문"을 중심으로

권경철

『변증신학 강요』의 상황과 배경: “독자에게 부치는 서문”을 중심으로

권경철

Ⅰ. 서론

이탈리아계 제네바 신학자 프란시스 튜레틴(Francis Turretin, 라틴어로는 Franciscus Turrettinus)은 칼빈 100년 이후의 제네바 아카데미를 책임졌던 인물이다. 또한 그는 소위 개혁파 정통주의 혹은 개신교 스콜라주의라고 부르는 17세기 신학사조를 대표하는 인물이며,[1] 그의 대표작이라고 할 수 있는 세 권의 『변증신학 강요』는 17세기 신학의 주요 주제들을 집대성한 대작으로서, 찰스 핫지(Charles Hodge, 1797-1878)가 자신의 조직신학 책을 완성하기 이전까지 구프린스턴의 신학 교재로 사용했던 유서 깊은 책이기도 하며, 『변증신학 강요』라는제목으로 한국에 일부 소개되기도 했다.[2]

그런데 이러한 역사적인 가치와 상징성에도 불구하고, 지금까지의 연구에는 『변증신학 강요』에 반영된 튜레틴의 생애와 사상을

1 Richard A. Muller, *After Calvin: Studies in the Development of a Theological Tradition* (New York: Oxford University Press, 2003), 138.

2 Francis Turretin, *Institutes of Elenctic Theology*, 박문재 한병수 공역, 『변증신학 강요』 (서울: 부흥과개혁사, 2017).

형성한 요인들과 배경에는 무엇이 있는가에 대한 깊이 있는 고려가 부족했다고 할 수 있다.[3] 물론 국내외를 막론하고 튜레틴의 글에 대한 연구는 없지 않으나, 그의 글의 특성과 그 글이 나오게 된 상황과 배경에 대한 진지한 성찰이 부족했다는 말이다. 단적인 예로, 현재까지 나온 튜레틴 전기물 중에서 가장 권위있는 책이라고 할 수 있는 뷔데(Budé)의 저서와 카이저(Keizer)의 저서는, 뷔데의 저서가 최근에 한글로 번역된 것을 제외하면 한 번도 영어 등의 언어로 번역되지 않았고,[4] 『변증신학 강요』의 경우에도 1권 서문과 제네바에 바치는 헌정사만이 번역이 되었을 뿐, 2권과 3권 서문이 라틴어 이외의 언어로 완전하게 번역되어 소개된 적이 없다.[5]

그러다보니 튜레틴에 대한 기존 연구들은, 튜레틴과 『변증신학 강요』의 상황과 배경에 대해서는 생략한 채로 『변증신학 강

3 튜레틴의 생애에 대해서 간략하게라도 다룬 문헌들은 다음과 같다. Benedict Pictet, "Funeral Oration of Benedict Pictet Concerning the Life and Death of Francis Turretin," in Turretin, *Institutes of Elenctic Theology* (Philipsburg, NJ: P&R, 1992-1997), 3:659-676; Pietro Bolognesi, "Un pensatore protestante italiano del Seicento: Francesco Turrettini (1623-1687)." *Protestantesimo* 42/1 (1987): 140-147; James T. Dennison, "Life and Career of Fracis Turretin," in Turretin, *Institutes of Elenctic Theology*, 3:639-658; 서요한, "프란시스 투레틴의 생애와 신학사상," in 『개혁신학의 전통』 (서울: 그리심, 2014), 293-315; 권오성, "프란시스 뚜레틴의 대속론"(신학박사학위논문, 백석대학교, 2016), 38-53; 권경철, "프랑수아 투레티니의 생애와 저작," in 「진리의 깃발」 141 (2016): 114-125; 권경철, 『뿌리내리는 정통주의 신학: 동일한 신앙고백, 다양한 신학논쟁』 (군포: 다함, 2018), 57-78; 권경철, *Christ and the Old Covenant: Francis Turretin(1623-1687) on Christ's Suretyship under the Old Testament* (Götingen: Vandenhoeck & Ruprecht, 2019).

4 E. De Budé, *Vie de Françis Turrettini: Theologien Genevois, 1623-1687* (Lausanne: Georges Bridel, 1871); Gerrit Keizer, *Françis Turrettini: Sa Vie Et Ses OEuvres Et le Consensus* (Kampen: J. A. Bos, 1900). 뷔데의 작품은 최근에 권경철과 강금희 교수에 의해 『프랑수아 투레티니 평전』 (군포: 다함, 2021)이라는 제하에 번역되어 출간되었다.

5 2권 서문의 일부가 권경철, 『뿌리내리는 정통주의 신학』, 75-78에 한글로 번역되어 있지만, 전체를 번역한 것은 아니다.

요』가 다루는 주제 중 하나를 택하여 그 논리를 분석하는 경우가 대부분이었다. 튜레틴과 그의 아들 알폰스 튜레틴(Jean Alphonse Turrettini)의 생각 차이를 주제별로 비교하며 분석하는 비어드슬리(Beardslee)의 논문,[6] 신정통주의의 시각에서 튜레틴의 성경관을 다룬 앨리슨(Allison)과 필립스(Phillips)와 공헌배의 논문,[7] 그리고 그 외 튜레틴의 신학서론,[8] 신론,[9] 예정론,[10] 자유의지론,[11] 섭리관,[12] 기독론

6 John Walter Beardslee, III, "Theological Developement at Geneva under Francis and Jean-Alphonse Turretin," (Ph.D. Diss., Yale University, 1956)

7 Leon McDill Allison, "The Doctrine of Scripture in the Theology of John Calvin and Francis Turretin," (Th.M.Thesis, Princeton Theological Seminary, 1958); "Timothy Ross Phillips, "Francis Turretin's Idea of Theology and Its Bearing upon His Doctrine of Scripture," (Ph.D. Diss., Vanderbilt University, 1986); 공헌배, "튜레틴의 성경관 연구: 그의 『변증신학 강요』를 중심으로" (박사학위논문, 계명대학교, 2010).

8 Pietro Bolognesi, "I prolegomeni teologici di Francesco Turrettini," Asprenas 40 (1993): 569-580; Sebastian Rehnman, "Alleged Rationalism: Francis Turretin on Reason." *Calvin Theological Journal* 37 (2002): 255-269; Maurice Roberts, "Turretin and the Place of Systematic Theology," in *Truth Shall Make You Free, Papers Read at the 2007 Westminster Conference* (Mirfield, UK: Westminster Conference, 2008), 75-89.

9 Benjamin T. Inman, *God Covenanted in Christ: The Unifying Role of Theology Proper in the Systematic Theology of Francis Turretin* (Ph.D. Diss. Westminster Theological Seminary, 2004)

10 이은선, "프란시스 튜레틴(Francis Turretin)의 예정론 연구,"「한국개혁신학」46 (2015): 33-59.

11 Hyun Kwan Kim, "Francis Turretin on Human Free Choice: Walking the Fine Line between Synchronic Contingency and Compatibilistic Determinism," *Westminster Theological Journal* 79 (2017): 25-44; B. Hoon Woo, "The Difference between Scotus and Turretin in Their Formulation of the Doctrine of Freedom," *Westminster Theological Journal* 78 (2016): 249-269.

12 James E. Bruce, *Rights in the Law: The Importance of God's Free Choices in the Thoughts of Francis Turretin* (Götingen: Vandenhoeck & Ruprecht, 2013); 유정모, "프란시스 튜레틴의 섭리론: 죄의 원인에 대한 이해를 중심으로"「개혁논총」44 (2017): 149-197.

과 성육신,[13] 구원에 있어서의 믿음론,[14] 행위언약,[15] 은혜언약과 모세 언약의 관계,[16] 교부인용,[17] 종말론 등에 대한 다양한 논문은,[18] 모두 튜레틴의 생애와 배경에 대해서 자세하게 다루지 않은 채로 튜레틴의 사상을 주제별로 분석하려고 하는 경향이 있다.

하지만 『변증신학 강요』에 담겨있는 튜레틴의 신학을 보다 정확하고 종합적이며 심도있게 해석하기 위해서는, 그의 상황과 배경에 대한 충분한 이해와 고려가 선행되어야 한다는 점은 자명하다. 본 논문은 이와 같은 학문적인 공백을 메우기 위해 『변증신학 강요』

---

13 Stephen Robert Spencer, "Reformed Scholasticism in Medieval Perspective: Thomas Aquinas and Francois Turrettini on the Incarnation," (Ph.D. Diss., Michigan State University, 1988); Philip S. Tachin, *Calvin and Turretin on Meritum Christi: A Comparative ANalysis towards Developing a Constructive Reformed Theology* (Ph. D. Diss. Westminster Theologial Seminary, 2009); 김은수, "프란시스 튜레틴(Francis Turretin)의 개혁파 정통 기독론 연구: '예수 그리스도의 인격론'을 중심으로,"「영산신학저널」48 (2019): 117-164.

14 J. W. Maris, "Rationaliteit en existentialiteit bij Franciscus Turretinus: Het geloofsbegrip in de 'Instituio Theologiae Elencticae,'" in *Om de Kerk: Theologische opstellen, aangeboden aan prof. dr. W. van 't Spijker*, J. W. Maris, H. G. L. Peels, and H. J. Selderhuis eds. (Leiden: J. J. Groen en Zoon, 1997), 63-77.

15 Spencer, "Francis Turretin's Concept of the Covenant of Nature," in *Later Calvinism: An International Perspective*, W. Fred Graham ed. (Kirksville, MO: Sixteenth Century Journal Publishers, 1994), 71-91.

16 Mark Beach, *Christ and the Covenant: Francis Turretin's Federal Theology as a Defense of the Doctrine of Grace* (Götingen: Vandenhoeck & Ruprecht, 2007); 문병호, '언약의 실체 그리스도(Christus Substantia Foederis): "프란시스 뚤레틴의 은혜 언약의 일체성 이해,"「개혁논총」9 (2008): 119-144; 안상혁, "토마스 보스톤(Thomas Boston, 1676-1732)의 언약 신학: 모세 언약에 대한 보스톤과 프란시스 튜레틴의 견해에 대한 비교연구,"「한국개혁신학」36 (2012): 262-303.

17 E. P. Meijering, *Reformierte Scholastik und patristische Theologie: Die Debeutung des Väerbeweises in der Institutio Theologiae Elencticae F. Turretins unter besonderer Berüksichtigung der Gotteslehre und Christologie* (Nieuwkoop, Netherlands: De Graaf, 1991).

18 Earl Wm. Kennedy, "From Pessimism to Optimism: Francis Turretin and Charles Hodge on 'the Last Things,'" in *Servant Gadly: Essays in Honor of John W. Beardslee III*, Jack D. Klunder and Russel L. Gasero eds. (Grand Rapids, MI: Eerdmans, 1989), 104-116.

의 각 권에 수록된 "독자에게 부치는 서문"에 직접적 혹은 간접적으로 표현되어 있는 튜레틴과 『변증신학 강요』의 상황과 배경에 대해서 탐구하려고 한다. 그러한 탐구를 통하여 필자는, 튜레틴 연구가 단순히 현대의 시각에서 『변증신학 강요』 본문을 주제적으로 정리하는 것에 그치지 않고, 『변증신학 강요』의 저작목적과 원문의 각 부분이 가리키는 시대적 배경을 염두에 두고 분석되어야 한다는 것을 증명하고자 한다.

II. 본론

종교개혁자 칼빈도 책 제목으로 사용했던 "강요"(Institutio)라는 명칭은 16세기와 17세기 신학계에서는 흔히 쓰였던 명칭으로서, 오늘날의 조직신학이라고 할 수 있는 보편신학논제(Loci Communes), 즉 신학을 주요 주제별로 나누어 분석하는 방식과 사실상 동의어라고도 볼 수 있다.[19] 튜레틴도 이와 크게 다르지 않아서, 그는 오늘날의 신학서론에 해당하는 부분부터 종말론에 이르기까지 신학 전반에 걸친 20개의 주제들을 일일이 다루어나가는 방식으로 그의 "강요"를 전개하고는 있으나, "논박"이라는 제목에 걸맞게, 논쟁이나 이견이 없는 부분들은 과감하게 생략하기도 했다.[20]

총 3권으로 구성된 『변증신학 강요』는, 각 권마다 서로 다른 머리말을 수록하고 있다. 1679년에 간행된 1권은 그 서두에 제네바 위정자들에게 헌정하는 "헌정사를 담은 편지"(epistola dedicatoria)와 "독자

19 이에 대해서는 권경철, *Christ and the Old Covenant*, 32-34를 보라.

20 *Francisci Turrettini Opera* (Edinburgh: 1847), 1:xxv.

에게 부치는 서문”(praefatio ad lectorem)을 담고 있고, 1682년에 출간된 2권은 1권과는 차별화된, 취리히 위정자들에게 헌정하는 “헌정사를 담은 편지”와 “독자에게 부치는 서문”을 각각 수록하고 있으며, 마지막으로 1685년에 나온 3권은, 2권의 후속작으로 기획되었으므로 별도의 헌정사를 생략한채로 “독자에게 부치는 서문”만을 포함하고 있다. 이 중에서 보편적으로 잘 알려진 것은, 영어와 한글로 번역된 적이 있는 1권 서문 뿐이고, 2권과 3권 권두언의 존재는 거의 알려지지 않았다. 본 연구에서 필자는 『변증신학 강요』의 “독자에게 부치는 서문” 부분에 초점을 맞추고, 그곳에 나타난 튜레틴의 상황과 배경에 대해서 살펴봄으로써, 튜레틴을 더 잘 이해하기 위한 실마리를 찾으려고 한다.

1. 제1권 독자에게 부치는 서문

튜레틴은 1679년에 제네바 시의회로부터, “4절판으로 인쇄되고, 검은색 소가죽 장정(裝幀)으로 제본되고, 책면에 금색을 입힌 라틴어 『변증신학 강요』 견본을 제출해달라는 요구를 받았다.”[21] 그에 따라 튜레틴은 신간도서였던 『변증신학 강요』를 제출했고, 제네바 수석최고통치자(premier syndic)는 그 책에 담긴 “유창한 변론”을 높이 평가하였다고 뷔데는 기록한다.[22] 제네바 위정자들에게 헌정된 이 유창한 변론의 근저에 있는 원칙과 접근법, 그리고 저작 의도에 대해 튜레틴은 독자에게 부치는 서문을 통하여 공개하고 있다.

튜레틴이 서문에서 밝히듯이, 1679년 무렵에는 이미 다양한 개신교 보편신학논제집과 “강요”들이 존재했으며, 이용 가능한 상태

---

21 Budé, *Vie de Françis Turrettini*, 169.

22 Budé, *Vie de Françis Turrettini*, 169.

에 있었다.[23] 입수 가능한 문헌들이 그와 같이 풍부한 상황 속에서도 굳이 『변증신학 강요』라는 대작을 쓴 의도(consilium)와 이유(rationes)와 목적(scopum)은, 그 어떤 "사적인 것"에 있지 않고, 오히려 "신학을 공부하는 하나님의 젊은이"(Juventutis Deo sacrae studia)들이 발전되도록"(promoveantur) 돕는 것에 있다고 튜레틴은 밝힌다.[24] 튜레틴은, 프랑스 태생으로서 네덜란드 흐로닝엔(Groningen)에서 가르쳤던 마레시우스(Samuel Maresius, 1599-1673)가 쓴 신학생을 위한 신학논쟁 교본을 참고하며 마레시우스의 책이 다루는 논쟁들에 대해서 다루되,[25] 논쟁의 상태와 근원에 대한 서술은 마레시우스보다 줄이고, 각종 오류의 근원을 드러내면서, 몇 가지 구분과 관찰점들을 추가하며, 마지막에는 문제의 해결책을 제시하고 주요한 반론에 답변하는 방식으로 논지를 전개할 것이라고 독자들에게 안내한다.[26] 마레시우스보다 짧은 형태의 논박 교본을 기획함에 있어서, 튜레틴은 관련 문헌들을 길게 나열하는 것을 피하고, "짧고 명확하게"(brevitate et perspicuitate) 설명과 서술을 지향하겠다고 선언한다.[27] 이처럼 강의와 설교에만 그치지 않고 진리를 간명한 문체의 책으로 "기록"함으로써, 젊은 신학생들의 기억에 진리가 더 굳건하게 새겨졌으면 좋겠다는 바람을 튜

23 *Opera*, 1:xxiii.

24 *Opera*, 1:xxiii.

25 튜레틴은 이 책이 Decades Tyronibus라고 하는데, 현존하는 마레시우스의 책 중에서는 그와 같은 제목을 가진 책이 없다. 하지만 마레시우스는 2권으로 된 Theologiae elenchticae nova synopsis(Groningen, 1646-1647)라는 책을 쓴 적은 있는데, 논박(elenchicae)이라는 장르가 제목에 명시된 것으로 미루어 볼 때 튜레틴이 염두에 두었던 책은 이 책이었을 가능성이 매우 높다.

26 *Opera*, 1:xxiii-xxiv.

27 *Opera*, 1:xxv.

레틴은 표출한다.[28]

그러면서 튜레틴은 자신이 사적인 동기에서 이 책을 출판하는 것이 아니라는 점에 대한 설명을 덧붙인다. 그는 주변으로부터 『변증신학 강요』를 출간해달라는 요청을 많이 받았으나, 그동안은 완성도가 떨어지는 작품을 서둘러서 출판할 수는 없다는 생각에 출간을 미루고 있었다.[29] 하지만 누군가 튜레틴에게 알리지도 않고 그의 말을 "약탈하여"(extorqueo) 책을 출판하려고 한다는 소문을 듣고서야 비로소 그는 아무리 "조악"(rudis)한 문체의 책이라고 하더라도 더 이상 출간을 미루어서는 안되겠다는 마음을 가지게 되어, 책의 형식에 맞추어 내용의 개점 및 증보를 서둘러 마친 후에 젊은 학생들에게 유익을 주기 위해 책 출판을 했던 것이다.[30]

그렇게 준비된 『변증신학 강요』는, 소기의 목적을 달성하기 위해 진리를 가르치는 것(παιδεια)과 오류를 논박함(ελεγχον)이라는 두 측면을 골로루 중시한다.[31] 비록 간략하더라도 먼저는 "논쟁의 위상"(status quaestionis)에 대해서부터 명확하게 밝힘으로써, "눈먼 검투사"처럼 진리의 검인 하나님의 말씀을 헛되이 휘두르지 않으며, 마지막에는 "해결의 원천"(fontes solutionum)을 통해 오류를 논박함으로써 교회를 보호하는 일을 하겠다는 것이 튜레틴의 계획이다. 물론 논쟁이 되는 부분만 골라서 간략한 서술을 하는 것을 지향하기 때문에, 일반적인 보편신학논제에서 관례적으로 다루는 부분들 중에서 생

---

28 *Opera*, 1:xxiv.

29 *Opera*, 1:xxv.

30 *Opera*, 1:xxv.

31 *Opera*, 1:xxv.

략되는 부분도 생기게 되고, 세례문답을 위한 교리공부를 하는 이들(κατηχουμενοισ)의 수준을 훨씬 넘어선 전문가들에게는 그다지 도움이 되지 않을 수도 있으며, 심지어는 새로운 이야기가 없이 전통적인 신학을 고수하므로 고루할 수 있다는 한계가 있을 수 있지만, 그래도 튜레틴은, 예로부터 그리스도의 사도들로부터 받은 순전한 가르침을 단순하고 쉬운 형태로 보존하는 것이 새것만을 좋아하며 오류를 범하는 것보다 낫다는 소신을 굽히지 않는다.[32] 이러한 소신으로 미루어볼 때, 튜레틴이 제네바에 스며들고 있었던 소뮈르(Saumur) 학파의 새로운 신학에 대해서 부정적인 입장을 일관되게 피력한 것은 우연이 아니었다고 할 수 있다.

이상으로 제1권 독자에게 부치는 서문을 간략하게 살펴보았다. 여기서 짚고 넘어가야 할 중요한 사실은, 튜레틴이 자신의 『변증신학 강요』가 구체적으로 어떤 원칙과 형식에 따라 구성되어 있는가를 설명했다는 점이다. 마레시우스처럼, 오류가 범해지고 있는 부분들을 골라서 신학생들과 초심자들의 교리 교육을 위하여 엄선된 『변증신학 강요』의 각 주제(locus)를 조감해보면, 논쟁의 상태와 근원을 파악하는 질문의 위상, 여러가지 구분을 짓고 관찰점들을 제시하는 사실상의 본론, 그리고 반론에 답변하고 해법을 제시하는 "해결의 원천"이라는 삼중 구조로 구분될 수 있다는 것을 여기서 튜레틴은 독자들에게 알려주고 있다. 그리고 그러한 삼중 구조는, 마레시우스보다는 좀 더 쉽고 간명한 문체로 서술됨으로써, 신학생들과 교리 교육을 받는 사람들로 하여금 보다 더 용이하게 오류의 근원을 파악하고 문제를 해결하도록 도울 것이라는 것이 튜레틴의 복

32 *Opera*, 1:xxv-xxvi.

안이다. 이렇게 볼 때, 주제별 삼중 구조로 기획된 논박 교과서라고 볼 수 있는 튜레틴의 『변증신학 강요』의 구성에 큰 영향을 준 작품은, 마레시우스의 『*Theologiae elenchticae nova synopsis*』 혹은 그외 마레시우스의 유사한 작품들이라고 봐야 할 것이다. 그런데도 지금까지 튜레틴의 개신교 스콜라주의에 마레시우스가 미친 영향에 대한 연구는 없었고, 다만 비어드슬리처럼 단순히 튜레틴이 질문과 답변으로 이루어져 있는 아퀴나스의 스콜라주의적 논지 전개 방식을 물려받았다고 한다든지,[33] 혹은 스펜서의 연구처럼 아퀴나스(Aquinas)로 대표되는 중세의 스콜라주의와의 차이점에 대해서 비교하는 정도에 그쳤다.[34] 최근 멀러를 필두로 한 학자들 사이에서 중세의 스콜라주의와 개신교 스콜라주의를 동일시하는 것은 옳지 않다는 공감대가 형성되었으나,[35] 그래도 여전히 튜레틴과 마레시우스의 관계에 대한 연구는 없고, 단지 개신교 대학에서 가르쳤던 신학자들의 학문 방법을 뭉뚱그려서 튜레틴의 방법과 비교하는 수준에 머무르고 있다. 튜레틴의 사상이 전반적으로 독창적이지 않다는 것을 고려할 때, 앞으로의 튜레틴을 주제별로 연구하는 연구자가 마레시우스의 책을 참고하여 튜레틴의 그것과 비교한다면 튜레틴이 어떤 부분에서 일반적인 이야기를 하고 어떤 부분에서 특별한 이야기를 하고 있는것인지를 구분하기가 한층 용이해질 것이다.

마지막으로, 『변증신학 강요』를 분석할 때에 연구자들은 언제

33 Beardslee, *Reformed Dogmatics III* (Winona Lake, IN: Baker, 1965), 15; 서요한, "프란시스 투레틴의 생애와 신학사상," 303.

34 Spencer, "Reformed Scholasticism in Medieval Perspective: Thomas Aquinas and Francois Turrettini on the Incarnation."

35 이에 대해서는 Muller, *Post-Reformation Reformed Dogmatics* (Grand Rapids, MI: Baker Academic, 2003)을 참고하시오.

나, 각 주제마다 튜레틴이 믿는 진리를 반대하는 사람들이 정확히 어떤 사람들이며 역사적으로 어떤 위치를 차지하고 있는지에 대해서 세밀하게 파악할 필요가 있다. 왜냐하면 튜레틴은 단순히 진리를 가르치기 위한 보편신학논제 방식의 조직신학책으로만 『변증신학 강요』를 기획한 것이 아니라, 오류를 논박하려는 목적으로도 그렇게 한 것이기 때문이다. 따라서 각 주제마다 어떤 집단의 어떠한 오류가 어떠한 방식으로 다루어지고 있는가에 대해서 분석하고, 그러한 오류가 튜레틴과 제네바에 미쳤던 부정적인 영향에 대해서 탐구하는 것은, 각 신학주제에 대한 튜레틴의 입장을 명확하게 파악하는 데에 큰 도움이 될 수 있다.

2. 제2권 독자에게 부치는 서문

1권에서 오늘날의 조직신학에서 서론, 신론, 그리고 인간론에 해당하는 부분을 다루었던 튜레틴은, 1권 내용의 불충분성에 만족하지 못하고 2권을 통해 1권에서 충분히 다루지 못했던 부분들을 다뤄보겠다는 계획을 세우게 된다.[36] 그러한 계획을 현실로 만들기 위해 학교와 교회 그리고 제네바 시민사회에서의 봉사 등과 더불어 불철주야 집필에 매달린 결과, 튜레틴은 1682년에 진리에 대한 가르침과 오류에 대한 논박이라는 두 핵심 원칙을 일관되게 유지하면서 1권에서 다루지 못했던 주제들을 다루는 후속편을 출간될 수 있게 되었다.[37]

그런데 집필과정에서 튜레틴은, 신학이라는 것이 본래 "큰 규모의 농장"(latifundio)과도 같기에, 주제들을 적당한 깊이로 다루려면

36 *Opera*, II:xxi.

37 *Opera*, II:xv.

2권만으로도 부족하다는 판단을 내리고, 책을 두 권으로 나누어 2권과 3권으로 출간하겠다는 계획을 세우게 된다.[38] 그리하여 2권에서는 "율법, 은혜언약, 그리스도의 위격과 신분, 그리스도의 직무와 그 다양한 유익" 그리고 십계명 등이 다루어지고, 3권에서는 교회론과 성례론, 그리고 종말론이 다루어지게 될 것이다.[39]

이렇게 함에 있어서, 2권과 3권은, 젊은 신학생들과 교리 교육을 받는 초심자들을 주로 염두에 두고 저술했던 1권보다는 좀 더 다양한 독자를 염두에 두고 집필된 것으로 보인다. 튜레틴은 1권에서 다루지 못한채로 방치된 주제들을 새로운 책에서 자세히 기술하게 된 것에 대해 말하면서, 이번에 새로 이 출간하는 자신의 작품을 박식한 분들(Viri docti)이 불쾌해하지(displiceo) 않도록 하기 위해 그렇게 되었다고 말하는데,[40] 이것은 튜레틴이 비록 1권 뿐만 아니라 『변증신학 강요』 전체가 전문적인 학자들도 배울(eruditio)정도의 수준을 지향하지는 않지만,[41] 적어도 박식한 분들이 그것을 읽었을 때 인정하지 않을 정도로 허술한 책이 되지는 않도록 하겠다는 포부를 드러낸 것이라고 할 수 있다.

흥미로운 것은, 2권에서 "박식한 분들"이라는 용어가, 튜레틴과 동일한 신학적 전통을 간직하는 사람들 사이에 존재하는 신학적 이견을 설명하는 문맥에서도 사용되었다는 점이다. 실제로 튜레틴은 네덜란드는 물론이고 유럽 각지에서 일어나고 있었던 코케이우스와 푸치우스간의 논쟁을 다룰 때, 코케이우스와 그의 추종자들

---

38 *Opera*, II:xxi.

39 권경철, 『뿌리내리는 정통주의 신학』, 76; Opera, II:xxi.

40 *Opera*, II:xxi.

41 *Opera*, I:xxiv.

을 "박식한 분들"(Viri docti)라는 용어로 지칭한다.[42] 이것은 2권이 정통주의 신학자들간에 존재하는 이견에 대해서 심심잖게 다루고 있다는 점을 생각하면 자연스러운 것이다. 열한 번째 주제(locus)요, 2권의 첫 부분에 배치된 율법론에서도, 의식법이란 본래 광야의 금송아지 숭배로 인한 하나님의 징벌적 조치로서, 그리스도의 십자가 이전에는 피할 수 없는 고통이었다는 가설이 출처나 인용이 밝혀지지 않은 채 언급되고 있는데,[43] 사실 이것 역시도 코케이우스주의자들의 주장이었다.[44] 더욱이 튜레틴은 언약론을 다룬 열두 번째 주제(locus)의 말미에서도, 코케이우스주의자들 뿐만 아니라 소뮈르 신학자들을 모세율법의 성격에 대해서 의견을 달리하는 또 다른 개혁파 정통주의자들로 표사한다.[45] 이로 미루어 보건대, 튜레틴은 1권에서 다 다루지 못한 주제들을 다루는 과정에서, 1675년에 소뮈르 신학의 스위스 도입을 막기 위해 작성된 「스위스 일치신조 *Formula Consensus Helvatica*」와 코케이우스–푸치우스 논쟁 등으로 대표되는 개혁파 정통주의 신학자들간의 의견 차이가 존재하는 분야들이 포함될 수 밖에 없다는 것을 인지하고, 자신의 의견과 반대 의견을 가진 동료 신학자라고 하더라도 그들의 주장을 정당하게 취급함으로써 그들이 자신의 주장을 불쾌하게 생각하지 않도록 하겠다는 뜻을 품은 것이라고 할 수 있다. "모든 개인적인 더러움이나 시기와 악감정으로부터 멀리 떠나 있으며," "경건에 대한 서로 다른 다양한 의견들에 대

42 "Quod Viri Docti cum quibus res nobis nunc est, non potuerunt diffiteri." Turretin, *Institutio*, XII.ix.9.

43 Turretin, *Institutio*, XI.xxiv.11.

44 이에 대해서는, 권경철, *Christ and the Old Covenant*, 95-96를 보라.

45 Turretin, *Institutio*, XII.xii.1-25.

해서는 항상 사랑을 가지고 다루었으며," 경쟁심을 자극하는 방식의 논증보다는 실제 말한 것이 무엇인지 밝히면서 오류를 논박하는 일에 주안점을 두었다는 튜레틴의 말은 이러한 맥락에서 읽어야 할 것이다.[46]

물론 2권과 3권에서도 독자층만 확대가 되었을 뿐, 젊은 신학생들과 교리 공부 초심자들이 다양한 오류들을 분별해내고 논박할 수 있도록 교육하는 도서를 만든다는 1권의 정신은 뚜렷하게 계승되고 있음이 분명하다. 튜레틴은 2권이 "근래에 대적들이 많은 노력을 기울여서 공격하려고 하는 것들, 소위 믿음의 핵심 내용들을 다루고 있다"고 하는데, 이와 매우 유사한 표현이 1666년에 출간된 튜레틴의 『그리스도의 속죄에 관하여*De satisfactione Christi*』에서 이미 사용한 적이 있다. 튜레틴은 『그리스도의 속죄에 관하여』의 서두에서, 기독교 교리 중에서 속죄론보다 더 "우리 구원을 방해하는 주적들인 마귀와 세상이 혐오하고 멸시하며," "사교집단이 항상 공격하는" 교리가 별로 없다고 한다.[47] 속죄론이 기독론 및 구원론과 밀접하게 연결되어 있다는 것을 고려하면, 튜레틴이 2권 서문에서 말한 것은 2권의 기독론과 속죄론과 구원론을 모두 염두에 두고 한 언급이라고 생각할 수도 있을 것이다. 속죄론 분야에서 튜레틴의 주적이 소키누스주의와 로마 가톨릭이었다는 점을 생각해볼 때,[48] 2권의 기

46 권경철, 『뿌리내리는 정통주의 신학』, 78; Opera, II:xxii.

47 "Atque eo diligentius hoc expendendum est argumentum, quod nullum sit ferme Religionis Christianae mysterium, quod Dabolus & Mundus capitales salutis nostrae hostes graviori odio & contumelia, vel aperto marte, vel occulta arte perpetuo impetiverint, nullum quod tot erroribus ad Ecclesiae perniciem turbare ac subvertere atiamnum hodie moliantur." Turretin, De satisfactione Christi disputaiones (Geneva, 1666), 1.

48 이에 대해서는 권경철, *Christ and the Old Covenant*, 106-112를 보라.

독론과 속죄론과 구원론 부분은 로마 가톨릭과 소키누스주의라는 전통적인 외부의 적을 주로 염두에 두고 작성된 것이 분명하다. 튜레틴이 독자에게 부치는 서문의 후반부에서, 로마 가톨릭이 사도들과 초대교회의 가르침을 어기고 있다는 사실을 증명하겠다고 강력하게 이야기하는 것 역시도 증거가 된다.[49]

외부의 적을 퇴치할 뿐만 아니라, 이견을 가진 동료 신학자들에게도 인정받을 수 있는 공정한 책을 편찬하겠다는 야심을 밝힘과 동시에 튜레틴은, 자신의 서술이 완벽할 수는 없다는 것을 다시 한 번 밝히면서 독자의 양해를 구한다. 자신의 설명이 만족스럽지 못하다는 생각이 들 때, "천사가 아닌 인간의 이성과 머리로는 신비한 것들을 더 이상 정복할 수 없다는 것을 기억"해달라고 튜레틴은 독자들에게 부탁한다.[50] 튜레틴 나름대로는 충분한 설명을 했으나, 그럴지라도 인간의 무지함과 인간 언어의 한계로 인해 부득이하게 불충분한 설명으로 느껴질 수 있다는 것이다.[51] 따라서 악한 호기심을 충족시키다가 신성모독을 범하는 것보다는, 무리한 작업을 하지 않는 것이 더 낫다.[52]

튜레틴이 2권에서 독자층의 확대와 더불어, 로마 가톨릭에 대한 강한 반감을 드러내는 이유 중 하나는, 1679년 5월 19일 이탈리아 루카의 주료였던 스피놀라(Spinola) 추기경이 이탈리아계 제네바인들에게 편지를 보내어, 로마 가톨릭으로 돌아오라고 권면한 때문이었다. 스피놀라는 "하나님이 우리들을 통해 당신들을

49 *Opera*, II:xxii-xxiv.

50 권경철, 『뿌리내리는 정통주의 신학』, 77; Opera, II:xxii.

51 권경철, 『뿌리내리는 정통주의 신학』, 77-78; Opera, II:xxii.

52 권경철, 『뿌리내리는 정통주의 신학』, 78; Opera, II:xxii.

부르시는 것이며, 그것에 영원 혹은 행복 혹은 비참함이 전적으로 달려있으므로 당신들은 이 부름을 심각하게 고려해보든지, 아니면 무시하든지 둘 중 하나를 선택하라"고 이탈리아계 제네바인들에게 촉구하였는데, 이에 대표적인 이탈리아계 제네바인들이었던 튜레틴이 경계심을 드러내지 않을 수 없었다.[53] 실제로 튜레틴이 그러한 경계심을 드러낸 후인 1680년에는, 영적 자양분의 결핍과 박해로 인해 진리를 찾아 이탈리아인들이 제네바로 온 것이니 루카인들도 우리처럼 결단하기를 바란다는 내용으로 그가 스피놀라에게 보낸 답장이 제네바에서 책으로 출판되기도 했다.[54] 현재까지 한국 뿐만 아니라 외국에서도, 외부의 적이었던 로마 가톨릭 및 소키누스주의와, 개혁파 정통주의 신학의 구성원 중 하나였던 소뮈르 학파 및 코케이우스를 대하는 튜레틴의 자세가 얼마나 달랐는지를 연구한 논문이 부족하다. 더욱이, 스피놀라에게서 온 편지와 그에 대한 튜레틴의 답신을 분석하는 글은 전혀 없는데, 이것은 매우 큰 학문적 공백이라고 할 수 있다. 따라서 2권의 독자에게 부치는 서문은, 이러한 공백을 우리에게 암시함으로써, 튜레틴 연구의 새로운 방향을 제시하고 있다.

3. 제3권 독자에게 부치는 서문

마지막으로, 튜레틴이 1685년에 출판한 『변증신학 강요』 제3권은 헌정사가 없는 대신, 독자에게 부치는 서문이 상대적으로 길고 호전적이라는 특징이 있다. 여기서 그는 은혜언약을 힘입어 그리스도의 행하신 일의 혜택을 받는 택함받고 구원받은 시온과도 같

53 Budé, *Vie de Françis Turrettini*, 173.

54 이 편지 내용의 일부가 Budé, *Vie de Françis Turrettini*, 172-182에 수록되어 있다.

은 개신교회가, 바벨론과 같이 마귀의 도구라고 할 수 있는 로마 가톨릭 교회와 연합할 수 없다는 것을 지속적으로 강조한다.[55] 성례론에 있어서도 로마 가톨릭의 오류는 용인될 수 없다는 것을 재확인한다.[56] 사실 튜레틴은 성례론 부분에서는 로마 가톨릭 뿐만 아니라 루터파와도 논쟁을 하고 있으나, 독자에게 드리는 서문에서는 루터파에 대해서는 비판하는 말을 하지 않고 로마 가톨릭에게만 집중포화를 퍼붓고 있다.[57]

튜레틴이 이처럼 로마 가톨릭을 호되게 비판한 배경에는, 프랑스 개신교를 말살하려는 정책의 일환으로 1685년 루이14세가 개신교 관용의 상징이라고 할 수 있는 낭트(Nantes) 칙령을 폐기한 사건이 있다. 루이14세는 낭트 칙령을 폐기하기 여러 해 전부터 이미 소위 위그노라고 부르는 프랑스 개신교도들을 탄압했으며, 1679년에는 프랑스와 국경을 맞대고 있는 이웃나라 제네바에 로마 가톨릭 미사를 복구하기 위한 대표단을 파견하며 접경지역의 개신교회들을 폐쇄하는 방식으로 제네바를 압박하기도 했다.[58] 그런 상황에서 낭트 칙령마저 폐기되자, 프랑스 개혁교회 사람들의 상당수가 제네바로 망명을 오게 되었다. 이처럼 프랑스 개신교회가 어려움에 처한 상황을 슬픔 속에서 지켜보면서, 튜레틴은 로마 가톨릭에 대한 적개심을 더욱 크게 가지게 되었던 것이다.

물론 『변증신학 강요』 3권 초반부터 계속해서 호전적인 이야

55 *Opera*, III:vi-ix.

56 *Opera*, III:ix-x.

57 *Opera*, III:ix-x.

58 Keizer, *Franҫis Turrettini*, 211; Daniel Buscarlet, *Genève, Citadelle de la Réorme* (Geneva: Comitédu Jubilé Calvinien, 1959), 109; 권경철, *Christ and the Old Covenant*, 30-31.

기만 있는 것은 아니다. 로마 가톨릭을 비판하기 이전에 먼저 튜레틴은, 제3권이 하나님께서 빛과 생명을 주시고 주변에서 격려를 해준 덕에 완결이 가능했다는 사실을 밝히며 독자들에게 사의를 표한 다음, 비록 자신이 그 은혜에 보답하는 차원에서 하나님을 경배하며 정통 진리를 변호하는 일에 총력을 기울였으나, 그래도 인간이기에 범할 수 있는 오류를 주께서 용서해주시기를 바란다고 쓴다.[59] 3권이 나오기까지는, 진화해가는 질문들과의 씨름, 일을 중지하고 생각에 잠겼던 시간들, 급한 일에 시달려 바쁘게 보내거나 사람들간의 논쟁에 휘말렸던 나날들, 그리고 "가볍지 않은 순간들"이 있었다.[60] 또 독자들이 전에 나온 1권과 2권에 대해 큰 호의와 기대를 보여주었기 때문에 완결판인 제3권에 대한 부담이 없지는 않았으나, 그래도 무사히 책을 마칠 수 있었다면서 튜레틴은 완간에 대한 자신의 감회를 술회한다.[61]

그 다음으로 튜레틴은 로마 가톨릭과의 논쟁의 맥락에서 3권을 읽어야 한다는 것을 밝힌다. 제3권은 많은 주제들을 다루기보다는, 그 대신 "옛 신앙의 순수성을 과시하는"교부들의 증언까지 삽입해가면서 교수할 주요 주제들을 좀 더 "풍성하고 정확하게"(plenius et accuratius) 살핌으로써 "진리를 확증하고 오류를 반박"(veritatis confirmationem, et confutationem erroris)하되, 언급되지 않고 남겨진 것이 없을 정도로 철저하게 교회론과 성례론을 다룸으로써, 로마 가톨릭의 오류를 제거하는 것을 그 목적으로 한다.[62] 사실 반박(confutatio)이라

59 *Opera*, III:v.

60 *Opera*, III:v-vi.

61 *Opera*, III:v.

62 *Opera*, III:vi.

는 단어는, 질문과 대답으로 구성되어 있었던 중세 대학의 학문 방법론인 스콜라주의에서 중요한 개념으로써 자신의 논지에 대한 반론에 대답하는 것을 가리키지만, 역사적으로 볼 때 이 단어는 또한 루터파의 아우스부르그(Augsburg) 신앙고백서를 반박(confutatio)하는 책의 제목으로 로마 가톨릭에 의하여 사용되기도 했다. 튜레틴은 아마도 이러한 역사적 배경에 착안하여, 논박(elenctica)이라는 단어와 사실상 동의어이면서도, 로마 가톨릭과의 논쟁 속에 신성로마제국 황제에게 개신교의 존재감을 나타냈던 아우스부르그 신앙고백의 배경이 되는 반박(confutatio)이라는 단어를 의도적으로 사용했을 것이다.

교회론과 성례론이야말로 "우리와 우리의 대적 사이에서 가장 성가시고 논쟁이 많은" 분야이므로, 튜레틴은 다소 분량이 길어지더라도 자세히 개신교의 입장, 그 중에서도 개혁파 정통주의의 입장을 증명하고 로마 가톨릭의 오류를 논박하겠다는 튜레틴의 입장은, 그가 1권에서부터 견지하던 짧은 서술방식이 로마 가톨릭과의 논쟁에 있어서는 좀 더 길고 자세하게 논쟁을 할 수 있도록 다소 수정되었다는 것을 의미한다. 『변증신학 강요』 제1권에서 튜레틴은 "짧고 명확하게" 여러 주제들을 서술하기 위해 교부들의 증언을 인용하지 않는 쪽을 택했지만, 3권의 경우에는 주로 개신교회의 정당성에 대해서 페로니우스(Perronius)와 벨라미누스(Bellarminus) 등과 같은 로마 가톨릭 신학자들과 논쟁을 하다보니, 교부들의 증언을 인용해서라도 로마 가톨릭이 초대교회의 성경적 신앙에서 떠나있다는 것을 증명해야만 했던 것이다.[63]

한편 튜레틴의 제반 "논박"(Elencticae)을 담고 있는 "조직신학체

---

63 *Opera*, III:viii.

계”(Systema)의 대미를 장식하는 주제는 종말론, 즉 “몸의 부활, 세상의 종말, 유대인의 결말, 그리고 영생과 영원한 사망”이다.[64] 그러나 이 주제들에 관련된 논쟁은, 로마 가톨릭과의 논쟁처럼 길게 다루어지지는 않고 “적은 말로 간추려서”(paucis et strictim) 다뤄질 것인데, 왜냐하면 “논쟁에서 얻는 것이 그다지 많지 않기 때문이다.”[65] 여기서 튜레틴은 1권의 “짧고 명확하게”라는 원칙을 사실상 재확인하고 있지만, 튜레틴이 종말론 분야에서만큼은 로마 가톨릭 신학자들을 주요한 논박의 대상으로 취급하지 않는다는 점이 배후에 내포되어 있다는 점 때문인지 3권에서는 다른 용어를 사용하고 있다. 또한 튜레틴이 온갖 “편견의 영”을 배제하고 종말론 서술이라는 “진지한 작업”을 했다고 언급하는 부분 역시도, 로마 가톨릭에 대한 신랄한 비판 중에서도 개인적인 감정과 편견에서 멀리 떠나 2권을 집필했다는 튜레틴의 선언을 반복하고 있는 셈이지만, 동시에 역사적으로 종말론 분야에서 생겨났던 이단들을 초대교회 시대부터 주요 논박의 대상으로 삼는다는 면에서는 2권과 다소 구별된다.[66]

3권을 지배하는 주제가 종말론이 아니라, 로마 가톨릭 논박이라는 사실은, 3권의 독자에게 부치는 서문의 결론부에서 다시금 드러난다. 튜레틴은 종말론이라는 주제를 자신이 어떻게 서술할 것인지에 관해 독자에게 잠시 안내를 한 후에, 다시 로마 가톨릭과 개신교회는 하나가 될 수 없다는 논지로 되돌아온다. 비록 어렵더라도, 개신교회는 아브라함이 가졌던 소망의 이유이며 모세가 예언하였던, 구세주 예수 그리스도께서 주시는 자유를 바라는 것이기에, 작

64 *Opera*, III:x.

65 *Opera*, III:x.

66 *Opera*, III:x.

금의 비극 속에서도 구원의 소망을 잃지 말아야 한다는 것이 튜레틴이 강조하는 바이다.[67] 여기서 튜레틴은 『변증신학 강요』 제3권보다 1년 뒤에 출간된 그의 두 번째 설교집에 있는 "아브라함의 소명"(La vocation d'Abaraham)이라는 설교와 사실상 같은 이야기를 하고 있다. 비록 위그노들이 낭트 칙령의 폐기로 인해 어려움을 겪고 있지만, 그러한 절망적인 상황 속에서도 하늘의 기업을 소망 중에 바라보았던 아브라함의 믿음을 본받자는 것이 그 설교의 핵심인데, 그러한 논조가 여기서 미리 예고되어 나타나고 있는 셈이다.[68]

지금까지 필자는 3권의 독자에게 부치는 서문을 분석하면서, 3권에서 튜레틴이 가장 신경을 썼던 것은 로마 가톨릭 논박이며, 그러한 논박을 위해서는 1권에서 자신이 천명한 "짧고 명확하게"라는 원칙을 수정하는 것조차도 불사했다는 것을 증명하였다. 하지만 튜레틴은 종말론을 다룰 때에는 다시 1권의 원칙을 고수하면서 "적은 말로 간추려서" 그것을 서술하고 있으며, 또한 2권의 원칙대로 개인적인 감정과 편견을 배제하는 것을 집필원칙으로 하고 있다. 이렇듯이 서로 다른 원칙이 3권에 담기게 된 이면에는, 낭트 칙령의 폐기로 인한 프랑스 개혁교회의 위기가 자리하고 있다. 제네바 교회와 친밀한 왕래를 유지했던 프랑스 개혁교회의 위기를 본 튜레틴으로서는, 로마 가톨릭과 깊이 관련이 있는 교회론 논쟁 및 성례론 논쟁에 임할 때 한층 전투적일 수 밖에 없었을 것이며, 반면 로마 가톨릭과의 이견이 크지 않았던 종말론 부분에서는 신중하고 차분한 태도를 유지하기가 쉬웠을 것이다. 이처럼 튜레틴의 상황과 배경에 따라서

67 *Opera*, III:xv.

68 Turretin, *Recueil de sermons sur divers textes de l'Ecriture S. pour l'etat present de l'Eglise* (Geneva, 1686), 593.

『변증신학 강요』의 강조점이 달라져왔기에, 앞으로의 연구들은 지금까지의 연구들이 주목하지 않은 부분, 즉 튜레틴의 『변증신학 강요』 저술 원칙이 어떻게 각 권마다 일관성있게 견지되거나 혹은 수정되었는가에 대해서 주의하여 살피면서 각 권과 각 주제를 분석해야만 할 것이다.

III. 결론

튜레틴과 그의 대표작 『변증신학 강요』는 하루 아침에 하늘에서 떨어지다시피 완성된 조직신학 책이 아니다. 튜레틴은 우리와 같은 성정을 가진 사람이기 때문이다. 따라서 보다 정확하고 심도있는 튜레틴 연구를 위해, 우리는 그가 글을 쓸 때 염두에 두었던 역사적 상황, 그리고 그가 논박하고자 하는 대적들의 정체, 그리고 내부 혹은 외부의 대적들을 대하는 튜레틴의 태도를, 마레시우스 등 그가 영향을 받았던 이들의 대적에게 대한 논박과 비교하면서 종합적으로 분석할 필요가 있다. 이러한 상황을 고려할 때, 우리는 왜 1권에서 인용되지 않던 교부들이 3권에서 인용되는지를 이해할 수 있으며, 1권에서 "조악"했던 문체가 2권에서 내부자간의 논쟁을 다룰 때에는 한층 부드러워지고, 3권에서는 로마 가톨릭을 반대하여 호전적으로 변해가는 과정을 배경으로 튜레틴 신학사상에 나타난 강조점과 태도의 변화를 추적할 수 있다. 이것이 암시하는 것은, 튜레틴의 『변증신학 강요』의 서술방식과 문체가 시간과 상황에 따라서 다소 조정되었다는 사실이다. 이러한 상황성을 충분히 고려하지 않고서 『변증신학 강요』에 담겨있는 사상을 분석한다면, 튜레틴이 의도하지 않은 내용을 과도하게 도출해내거나 혹은 그가 몹시 강조한 내용을 가볍게 여기고 지나가는 오류를 범할 수도 있을 것이다. 그러므로 『변증신학 강요』의 각 권의 이면에 자리하고 있는 고유한 상황을 간과하고서 그것을 칼빈의 『기독교 강요』 혹은 튜레틴 이후에 일어난 신학자의 작품과 비교하는 것은, 불가능한 작업은 아닐지 모르나 튜레틴 자신의 고유한 상황 속에서 그의 신학이 어떻게 형성되고 어떤 부분이 강조 혹은 생략이 되었는지를 아는데에는 별다른 도움을 주지 못한다. 상황을 최소화한 연구와 분석은, 튜레틴의 신학이 상황과 관계없이 갑작스럽게 형성된 것이 아님을 파악하기 어렵게 만들고 심지어는 그의 사상을 왜곡하기에 이르도록 만들 수도 있는 것이다. 따라서 앞으로 튜레틴의 『변증신학 강요』 연구는, 주제별 연구에만 만족할 것이 아니라, 튜레틴의 "독자에게 부치는 서문"에 언급된 책의 목적과 방향, 그리고 그의 상황을 반영하여 각 권의 각론을 다루고, 궁극적으로는 그의 신학을 보다 종합적으로 이해하는 데에 기여하는 일에 보다 더 힘을 쏟아야 할 것이다.

프란시스 튜레틴의 성경관

이은선

프란시스 튜레틴의 성경관[1]

이은선

I. 서론

17세기 제네바 아카데미에서 조직신학 교수로 가장 중심적인 인물은 프란시스 튜레틴(Francis Turretin, 1623-1687)이었다. 튜레틴은 제네바에서 전성기 개혁파 정통주의[2]의 조직신학을 가장 체계적으로 제시한 『변증신학 강요 *Institutes of Elenctic theology*』를 저술하였다.[3] 이 책은 1679년부터 1685년 사이에 3권으로 저술되었는데, 책제목이 보여주는 바와 같이 로마 가톨릭, 소뮈르학파, 그리고 소시니언주의 등을 비롯한 당시의 여러 가지 신학적 조류들의 오류를 개혁주의 관점에서 비판하였다. 이 책은 토마스 아퀴나스의 『신학대전

---

1 이은선, "프란시스 튜레틴의 성경관", 「신학지평」 11 (1999), 185-220.

2 Richard Muller는 개혁파 정통주의의 시기를 (1) 초기 정통주의 시기(1565-1640) (2) 전성기 정통주의 시기(1640-1700) (3) 후기 정통주의 시기(1700-1790)로 구분하였다.(Donald McKim ed. *Encyclopedia of the Reformed Faith*(Kentucky: Westminster/John Knox Press, 1992), 265-269.)

3 이 책의 원래의 제목은 *Intituto theologiae elenticae*인데 본고에서는 George Musgrave Giger가 *Institutes of Elenctic Theology*로 영역한 것을 James T. Dennison Jr.이 편집하여 P&R Publishing에서 1992년에 출판한 것을 사용하였다. 이 책의 인용시에는 주제번호, 질문번호, 답변번호로 표현한다. 예를 들어 2.1.1에서 첫번째 2는 두번째 주제인 성경론을 의미하고, 두번째 1은 말씀에 의한 계시가 필요한가?라는 질문을 의미하고, 세번째 1은 질문에 대한 답변의 첫번째 항목을 의미한다.

Summa Theologia』과 같이 질문을 제기하고 그것에 답변하면서 정밀하게 논증하는 스콜라주의적인 방식을 채용하여 저술되었다. 튜레틴은 이 책의 1장에서 신학이란 무엇인가를 다룬 후에 2장에서 자신의 성경관을 제시하였다. 그는 신학이 무엇인가에 대해 "하나님의 말씀"과 "하나님에 대한 말씀"을 연구하는 것이라고 하면서 "이러므로 이러한 용법에 의해 신학의 이중적 토대가 포용된다. 존재의 토대는 하나님이고 인식의 토대는 하나님의 말씀이다"라고 하였다.(1.1.7) 하나님은 신학의 존재의 토대이자 신학의 대상이며(1.5.2) 성경말씀은 바로 신학의 인식의 토대이다.[4] 그러므로 그는 성경을 신학의 인식원리로서 보면서 자신의 성경관을 말로 된 계시의 필요성, 성경의 필요성, 성경의 권위, 정경, 외경, 성경의 진정성, 성경 번역, 70인역, 불가타, 성경의 완전성과 명료성 등 21개 항목에 걸쳐 제시하였다. 그러면 이러한 스콜라주의 방식을 사용하여 제시된 성경에 대한 그의 견해는 종교개혁자들의 것과 달라졌는가?

헤페는 칼빈의 성경관과 개혁파 정통주의자들의 성경관이 다르다는 견해를 『개혁교의학*Reformed Dogmatics*』에서 제시하였다. 헤페에 따르면 칼빈은 계시에 근거하여 성경의 권위를 확립하였으나, 튜레틴을 비롯한 개혁파 정통주의자들은 계시와 영감을 분리시키면서 영감에 근거하여 성경의 권위를 세웠다.[5] 그리고 최근에 기본적으로 헤페의 견해를 수용하고 발전시켜 로저스(Jack B. Rogers)와 맥킴(Donald K. McKim)은 "개혁파 정통주의자들 가운데서, 영감의 교리는 세련되

4 cf. Richard Muller, "Scholasticism Protestant and Catholic: Francis Turretin on the Object and Principle of Theology," *Church History*, 55/2 (June 1986), 193-205.

5 Heinrich Heppe, *Reformed Dogmatics: Set Out and Illustrated from the Sources*, trans. G. T. Thomson (Grand Rapids: Baker Book House, reprint, 1978), 16-17.

고 성경 권위의 자리는 그리스도에 대한 성령의 증거에 대한 종교개혁의 강조로부터 성경의 영감을 증명하기 위한 합리적 증명을 향하여 움직였다. 실질적인 의미에서 영감의 교리는 이제 계시의 개념으로부터 완전히 분리되었다"고 하였다.[6] 정통주의가 성경을 구원의 진리에 대한 생생한 증언으로보다는 신학을 위한 형식적인 원리로 보는 교리를 발전시켰는데, 튜레틴은 권위의 근원으로서 성경의 내용으로부터 형식으로의 이러한 이동을 더욱 강화시켜 성경의 단어들의 형식을 초자연적인 것으로 취급하였다는 것이다. 그러므로 헤페와 맥킴과 로저스에 따르면 튜레틴이 계시와 영감을 분리시키고 영감이란 단어들의 초자연적인 형식만을 강조하였다는 것이다. 둘째로 맥킴과 로저스는 개신교 정통주의의 대표자인 튜레틴은 성경 본문으로부터 증거를 끌어내는 것이 아니라 성경 본문이 자기들의 주장의 증거가 되도록 만들면서 성경을 원자화시키었다고 보았다. 그러므로 튜레틴이 성경 본문을 사용할 때 성서의 문맥과 관계없이 자신들의 논지를 합리화시키기 위하여 성경을 왜곡되게 해석했다고 주장한다. 셋째로 튜레틴은 사람들이 성경의 권위를 받아들이도록 하는데서 성령의 내적인 증거가 아니라 성경의 오류 없는 형식을 강조하였고 결과적으로 종교개혁자들의 적응교리를 포기하였다고 하였다. 더 나아가 성서의 오류 없는 형식을 강조하는 튜레틴의 입장은 맛소라 사본의 모음점까지 영감되었다는 극단적인 주장까지 낳았다는 것이다.[7] 그러므로 튜레틴의 성경관은 칼빈의 성경관과는 전혀 다르다고 주장한다.

---

6 Jack B. Rogers & Donald K. McKim, *The Authority and Interpretation of the Bible: an Historical Approach* (San Francisco: Harper & Row, Publishers, 1979), 166.

7 McKim and Rogers, *The Authority and Interpretation of the Bible*, 174, 176, 180.

튜레틴은 당시 제네바에서 소뮈르(Saumur)학파의 영향을 받아 사본비평을 시도하던 카펠과 충돌하였고 그러한 소뮈르 학파 견해를 비판하고자 튜레틴의 영향력으로 1675년에 작성된 것이 제네바 일치신조였다. 이러한 제네바 일치신조는 히브리 성경의 모음점까지 영감되었다는 극단적인 견해를 정립시켰다. 그러나 이러한 튜레틴의 신학은 제네바에서는 그의 아들인 알폰스 튜레틴(Jean Alphonse Turretin, 1648-1737)의 반동에 의해 18세기초에 붕괴되고 자유주의에 대한 길이 열렸다.[8] 그러나 프란시스 튜레틴의 신학은 아치발드 알렉산더(Archibald Alexander)를 뒤를 이어 프린스톤의 조직신학 교수가 된 찰스 핫지(Charles Hodge)가 『변증신학 강요』를 프린스톤 신학교의 조직신학 교재로 사용하면서 20세기 초반까지 프린스톤 신학에 다시 큰 영향력을 미쳤다. 그러므로 튜레틴의 성경관이 오늘날 구프린스톤 신학의 엄격한 성경관을 형성하는데 중요한 역할을 하였다. 그런데 로저스와 맥킴은 A. A. 핫지와 워필드의 엄격한 성경관이 바로 튜레틴의 영향을 받아 형성되면서 칼빈의 교리를 왜곡한 것이라고 비판하고 있다.[9] 이에 반해 멀러(Richard Muller) 교수는 칼빈과 튜레틴 사이에는 기본적으로 연속성을 인정하나 튜레틴과 프린스톤 신학자들

---

8 제네바에서 종교개혁자들의 신학을 계몽주의와 접목시키려고 시도했던 알폰스 튜레틴의 노력으로 제네바 일치신조는 1706년 제네바에서 폐지되었고 도르트신조에 대한 서명은 1725년에 취소되어 정통주의는 지배력을 상실하였다.(Hans J. Hillerbrand, *The Oxford Encyclopedia of the Reformation*(New York: Oxford University Press, 1996), vol 3, 183)

9 McKim and Rogers, *The Authority and Interpretation of the Bible*, 280. 맥킴과 로저스는 A. A. 핫지와 워필드의 성경 원본에 오류가 없고 성경은 구원의 진리뿐만 아니라 모든 학문의 표준이 되어야 하고, 성경의 영감이 원래의 저자들에게만 미치고 성령의 사역이 현재의 독자들에게는 영향이 없다고 주장하여 성경의 객관적 권위를 강조하는 주장이 바로 튜레틴의 영향하에서 칼빈의 교리를 왜곡시킨 것이라고 주장하고 있다.

사이에는 성경무오류에 대한 견해에서 차이가 있다고 주장한다.[10]

그러므로 본고에서 프란시스 튜레틴의 성경관의 내용들을 살펴보면서 그의 신학방법론과 성서관의 상관 관계, 계시와 영감의 분리 문제, 그리고 성경 본문의 권위와 인식 문제, 적응교리, 성경의 완전성과 명료성 등의 문제를 취급하면서 기본적으로 칼빈의 성경관과의 연속성 문제와 함께 프린스톤 신학에 대한 영향을 검토해보고자 한다.

II. 프란시스 튜레틴의 생애와 소뮈르학파와의 논쟁

프란시스 튜레틴은 1623년 10월 17일 제네바에서 출생하였다. 그의 할아버지 프란시스 튜레틴(François Benedict Turretin)은 1592년 이탈리아 루카[11]에서 제네바로 이주하여 왔다. 그의 아들인 베네딕트 튜레틴은 1609년에 공부를 마치고 1612년에 제네바 아카데미에서 신학교수가 되었고 이탈리아 피난민 회중의 목사로 봉사하였다. 프란시스 튜레틴은 제네바 아카데미에서 신학을 공부하였다. 그의 스승은 도르트회의에 제네바 대표로 참석했던 디오다티(John Giovanni Diodati), 트론친(Théodore Tronchin), 스판하임(Frédéric Sphanhaim) 3인의 신

---

10 Richard Muller, *Post-Reformation Reformed Dogmatics* vol 2(Grand Rapids: Baker Book House, 1993), 435. 이하 PRRD로 표기함.

11 루카는 피터 마터 베르미글리가 1541년에 수도원장으로 부임하여 루터의 교훈을 가르치다 1542년에 스트라스부르그로 떠나갔던 곳으로, 프란시스 튜레틴은 베르미글리의 영향권 아래서 종교개혁사상에 접하게 되었고 종교재판관들의 위협을 느끼던 1575년 리용으로 망명한 후 여러지역을 거쳐 결국 1592년에 제네바에 정착하였다T.(James T. Dennison, "The Life and Career of Francis Turretin," in *Institutes of Elenctic Theology*, vol. 3, 640-41)

학교수, 그리고 소뮈르 학파의 영향을 받은 헬라어 교수 모루스(Alexander Morus)였다. 이탈리아 출신으로 그의 학생 시절에 히브리어와 조직신학교수였던 디오다티, 베자의 양녀와 결혼하였던 트로친, 스판하임 등은 베자 밑에서 공부하면서 개혁파 정통주의 체계를 확립했던 인물들[12]로 튜레틴은 이들 밑에서 개혁파 정통주의의 견해를 배웠다. 그는 1644년 제네바 아카데미에서 공부를 완성한 후에 라이덴, 우트레히트, 파리, 그리고 님스에서 연구하였고 소뮈르에 있는 동안에 아미로(Moïse Amyraut), 라 플레이스(Joshua de la Place), 그리고 카펠(Louis Cappel) 등을 알게 되었다. 해외 여행에서 돌아온 후 그는 1653년 트로친의 뒤를 이어 신학교수에 임명되었고, 1654–57년과 1668–70년에 학장직을 지냈다.

프란시스 튜레틴은 디오다티, 트론친, 그리고 스판하임 등과 함께 제네바에 소뮈르 학파의 새로운 교훈의 도입들 가운데 특별히 가정적인 만인구원론, 아담의 죄의 간접적인 전가 그리고 히브리어 성

12 Jean Diodati(1576-1649)는 이탈리아 피나민의 후손으로 제네바 아카데미에서 데오도레 베자의 영향을 받으며 교육을 받았는데, 19세에 이미 신학박사 학위를 받았고, 언어학에도 뛰어난 재능을 보여 20세(1596년)에는 히브리어 교수직에 임명되었다. 그는 또한 1599년에는 신학교수직도 겸하였으며, 히브리어 교수직은 1618년까지 수행하였고, 그 이후에는 신학교수직만을 수행하다가 1645년에 은퇴하였다. 그의 성경주석들은 명제적인 계시가 그렇게 중요하지 않다고 주장하면서 경건주의적인 경향을 가지고 있지만, 그는 교리적으로 정통주의적이었다.(Hans J. Hillerbrand, ed., *The Oxford Encyclopedia of the Reformation*, vol. 1 (New York: Oxford University Press, 1996), 485-6) Spanheim(1632-1701)은 제네바 출생으로 제네바 아카데미의 교수였으나 코케이우스가 죽은 후에 라이덴의 신학교수직으로 옮겨갔으며, 1671년에 교회사 강의를 담당하였다. 스판하임은 정통칼빈주의의 투사였는데, 특별히 항론파에 대항하였으며, 도르트 대회의 신경을 강력하게 변호하였다. 1677년에 홉스, 스피노자, 그리고 체버리의 허버트 경에 반대하여 신앙의 변호에서 그는 본질적인 그리고 비본질적인 기독교 교리들 사이의 구별을 사용하였다.(Martin I. Klauber, *Between Reformed Scholasticism and Pan-Protestantism: Jean-Alphonse Turretin(1671-1737) and Enlightened Orthodoxy at the Academy of Geneva*(Selingrove: Susquehanna University Press, 1994), 58)

서 비판에 반대하였다. 아미로가 주장하여 프랑스 개혁파 교회에 널리 퍼졌던 가정적인 만인구원론은 하나님은 보편적인 자비와 특별한 자비를 가지고 있다고 가르친다. 하나님은 보편적인 자비에 의해 신앙을 조건으로 모든 사람의 구원을 의도하신다. 죄는 신앙을 불가능하게 만들기 때문에 하나님은 특별한 자비에 의해 일부 특별한 사람들의 구원을 유효하게 의도하신다.[13] 플레이스는 아담의 죄의 직접적인 전가에 반대하여 간접적인 전가를 주장하였다. 이러한 주장들에 대하여 1647년에 제네바 아카데미의 신학교수였던 모루스[14]가 일부 동조하는 견해를 표명하면서 목사회와 시의회는 모루스와 이 문제에 대하여 토론하게 되었으며, 마침내 모루스와 목사회는 소뮈르학파의 견해를 비판하는 명제(Theses)들에 서명하였고(1649), 이러한 문제들에 대한 제네바의 결정적인 서술이 되어갔다. 튜레틴은 후에 소뮈르 학파와의 논쟁에서 저명한 지도자가 되었으며 1649년의 명제의 입장이 유지되어야 한다고 주장하였다.

동시에 튜레틴은 소뮈르에서 공부한 카펠의 주장을 반박하여 히브리어의 모음점까지 영감되었다는 주장을 제기하였다. 소뮈

13 튜레틴은 *Institutio theologiae elenticae*에서 (1) 하나님의 작정적 의지는 선행하는 것과 후행하는 것, 효과적인 것과 비효과적인 것, 조건적인 것과 절대적인 것으로 나누어질 수 없다 (2) 하나님은 보편적인 자비를 의도하지 않으셨다 (3) 그리스도를 보내시려는 작정은 선택의 작정을 뒤따라와야만 한다 (4) 은혜언약은 보편적인 것이 아니다 (5) 하나님은 그들을 구원하시려는 의도로 그들을 부르지 않으셨다고 주장하여 가정적 보편주의를 거부한다.(1.4.1-4)

14 Alexander Morus(1616-70)는 프랑스 출신으로 소뮈르에서 공부하였고 1639년 제네바 아카데미에서 그의 신학공부를 마쳤으며, 그 해 제네바 아카데미의 헬라어 교수로 지명되었다. 그는 1641년에 목사안수를 받을 때 목사회는 그의 신학사상이 소뮈르학파에 동조하는 것으로 의심하여 반대하였으나 시의회를 지원을 받아 안수받고, 1642년에 스판하임이 라이덴 대학으로 떠나가자 제네바 아카데미 신학교수가 되었다.(Klauber, *Between Reformed Scholasticism and Pan-Protestantism*, 29-30.)

르 신학교의 교수였던 루이스 카펠은 『히브리어 모음의 계시된 비밀 *Arcanum punctationis revelatum*』(1624)과 『거룩한 비평 *Critica sacra*』(1650)를 통하여 히브리어 맛소라 사본의 모음점의 영감을 반대하는 견해를 표명하였다. 첫번째 작품은 요한 벅스도르프(Johann Buxdorf)의 모음점의 영감의 진정성의 주장에 대한 익명의 대답이었다. 바젤대학의 교수였던 벅스도르프는 1620년경에 히브리어 본문의 모음이 자음만큼 오래되었다는 견해를 표명하였다. 모음점은 자음의 의미를 분명하게 해 주기 때문에 대단히 중요한 문제가 되었다. 모음점이 주후 5–6세기경에 맛소라 학자들에 의해 첨가되었다면 성령의 영감이 없다는 결론이 되는 것이었다. 그러므로 로마 가톨릭의 예수회는 구약의 의미는 모호하고 교회의 공식적인 해석이 필요하다고 강조하였다. 이러한 주장에 반박하여 벅스도르프는 모음점이 예언자 에스라와 위대한 회당시대(Great Synagogue)의 랍비들이 첨가하였다고 주장하였다. 정통파 개혁주의자들은 벅스도르프의 입장을 지지하였으나, 카펠은 랍비 엘리야 레비타(Elijah Levita)의 작품을 따라 모음점은 후대의 첨가물인데, 바벨론 탈무드 시기의 작품이라고 주장하였다.[15] 카펠은 모음점에 덧붙여 히브리 본문에서 그들의 문맥에서 별로 중요하지 않은 본문의 변형들의 과다함과 맛소라 사본의 많은 해독을 인용하였다. 그는 다른 고대 해석을 채용하고 맛소라 사본에 있는 이러한 빈약한 해석을 향상시킬 판단력을 교육시킬 것을 주장하였다. 그러나 카펠은 이러한 변형들의 어떠한 것도 도덕성에 관한 교리의 어떤 중요한 문제를 포함하지 않는다고 주장하였다. 이러한 맛소라 사본에 대한 비평적인 연구가 성경을 인간 이성의 권위에

15 Klauber, *Between Reformed Scholasticism and Pan-Protestantism*, 27.

예속시킬 것을 두려워하였던 튜레틴은 카펠의 입장을 강력하게 비판하고 벅스도르프의 입장을 지지하였다. 이러한 소뮈르학파의 영향을 봉쇄하고자 작성된 것이 바로 반 소뮈르적인 스위스 일치신조의 제정(1675)과 제네바에서의 채택이었다.(1678) 튜레틴은 이러한 스위스 일치신조의 작성에서 중심적인 역할을 하였을 뿐만 아니라 바로 자신의 『변증신학 강요』에서 이러한 소뮈르학파의 견해들을 철저하게 비판하였다.

III. 튜레틴의 성경관 형성의 시대적 배경과 스콜라주의 방법론의 사용

그러므로 튜레틴의 『변증신학 강요』는 기본적으로 당시의 잘못된 신학체계들을 비판하고 정통주의 개혁파를 변증하려는 목적에서 저술되었다. 17세기에 접어들면서 베자 이후에 성립되었던 개혁파 정통주의는 여러 방면에서 공격당하기 시작하였다. 로마 가톨릭, 알미니우스주의자들, 그리고 소시니안 등과 같은 합리주의자들이 정통주의자들의 견해를 비판하였다. 이러한 상황에서 튜레틴은 자신의 입장의 정당성을 제시하고 확립하기 위하여 자신의 입장과 다른 사람들의 오류를 정밀하게 논증하고 있다. 그는 로마 가톨릭의 성경관을 비판하는데 가장 많은 지면을 할애하면서 (21개 항목가운데 13개 항목) 동시에 구약과 신약의 통일성을 부정하는 재세례파, 열광주의자들, 그리고 리베르틴파, 성경을 합리적으로 해석하려는 소시니언주의자들, 맛소라 사본을 비판적으로 연구하는 카펠 등을 비판하였다. 그는 로마 가톨릭이 트렌트종교회의 이후에 불가타의 정당성을 확립하고 그보다 더욱 중요하게 성경과 함께 구전 전통의 권위를 인정하면서 교회의 최종적인 권위로서 교황의 권위를 인정하자 이러한 주장들을 반박하였다. 튜레틴의 시기에 이러한 로마 가톨릭의 주장을 반박하는 것은 더 이상 새로운 요소가 아니라 오히려 명백하게 정의되고 확정된 노선에 따른 답변이었다. 그의 논쟁에서 오히려 새로운 흐름은 개신교 내의 본문 비평적이고 해석학적인 문제와 관련된 성경의 권위, 영감, 그리고 성경의 온전성의 문제였다.

튜레틴은 다양한 반대자들의 주장의 오류를 지적하고 자신의 주장을 논리적으로 전개하기 위하여 스콜라주의적인 방법을 채택하였다. 『변증신학 강요』에서 논제들을 취급하는 방식은 질문을 하고 응답하는 토마스 아퀴나스의 신학대전의 방법을 따랐다. 질문은 처음에 부정적으로 취급되고 후에 긍정적으로 다루어지며, 긍정적인 서술 후에 필요하면 더 심도있는 정의와 구별을 덧붙인다. 문제의 상태에 대한 모든 의심들이 제거되었다고 판단하면, 그는 그의 입장에 대한 증거를 제시해 나간다. 증거에는 설명의 자료들이 뒤따라온다. 이러한 방법을 따르기 때문에 튜레틴의 저술은 제목과 부합되게 강력하게 논증적이고 변증적이다.

그러면 이러한 스콜주의적인 방법의 사용이 그의 신학을 종교개혁자들과 달리 합리적으로 만들었는가? 이 문제와 관련하여 튜레틴의 질문과 그의 논증의 우선순위를 주목할 필요가 있다. 그는 질문에 대한 논증을 전개할 때 성경과 신학적인 증거를 먼저 서술하고 이차적으로 올바른 이성(recta ratio)에 토대를 둔 논증들을 제시한다. 그러므로 그는 자연적이거나 이성적인 근거에서 출발하여 그 위에 신학을 세우는 것이 아니라 이성이 신학에 봉사한다는 것을 보여주기 위하여 그의 성경적이고 신학적인 근거들을 제일 먼저 제시하고 있다. 그러므로 그의 신학 체계는 합리적인 것이 아니라 성경적이고

신학적인 것이다. 그의 신학은 성경을 인식원리로 제시하고 있다.[16]

그러므로 튜레틴은 자신의 성경에 대한 견해를 뒷받침하기 위하여 성경으로부터의 증거본문 사용을 강조한다. 그는 성경의 완전성을 취급하면서 29개의 증거본문을 사용하였다. 이러한 증거본문의 사용에 대하여 맥킴은 튜레틴이 증거본문이 자신의 논지를 증명하도록 강요하게 만들었다고 비판하였다. 시편 19편 7절의 "주의 율법이 완전하다"는 언급을 마치 성경 전체의 완전성에 대한 것처럼 이용하였고 그의 성경 사용은 성서의 케리그마의 주제를 따르기보다는 오히려 그의 체계에 적합한 항목들로 성경 본문을 원자화시켜 사용하였다고 지적한다.[17] 그러나 튜레틴을 비롯한 정통주의자들의 증거본문의 사용은 자신들만의 개인적인 견해가 아니었다. 이미 이 시기에 이르면 개혁자들 이후부터 그 시기에 이르는 확립된 주석전통이 있어서 특정한 신학적 주제를 논하는 교리의 자리(sedes doctrinae)가 정해져 있었고 그러한 자리들이 연결된 체계를 구축하고 있어서 정통주의자들은 바로 그러한 주석전통을 이용하고 있었다.[18] 그러므로 튜레틴의 증거본문의 사용이 성경을 원자화하여 자신의 목적에 봉사하도록 강요한 것이 아니라 이미 확립된 주석전통에 근거하여 자신의 입장을 논증한 것으로 보아야할 것이다. 물론 그가 자신의 주장을 논증하기 위하여 사용한 성경 구절의 해석이 다른 정통주의 해석자들과의 일치 여부는 좀더 정밀한 논증을 요하는 것으로 보인다. 그렇지만 멀러의 지적과 같이 당시의 해석전통 하에서 교리의 자리를 가지고 논하는 것이라면 그것은 당시의 학문의 조류로 보아야할 것이다.

16 Muller, *PRRD* vol 2, 177.

17 McKim and Rogers, *The Authority and Interpretation of the Bible*, 174.

18 Muller, *PRRD* vol. 2, 539-40.

그는 자신의 성서론을 논하면서 성경 밖의 자료들을 풍부하게 인용하여 교부들, 그의 로마 가톨릭의 반대자들, 수많은 개혁파 신학자들 등 175명 정도를 인용하였다.[제롬 26회, 어거스틴 20회, 벨라르민 26회, 다른 동시대 로마 가톨릭 학자들 4-5회씩 아퀴나스 1회, 무스쿨루스(Musculus), 휘태커(Whitaker), 보시우스(Vossius), 리벳(Rivet), 그리고 달레(Daille)같은 개혁신학자들] 그러나 튜레틴은 자신의 성경관을 다루는 과정에서 칼빈을 한 번도 인용하지 않았는데, 맥킴은 이것이 성경에 대한 칼빈의 접근이 튜레틴 자신의 접근과 대립적(antithetical)이라는 것을 명백하게 깨달았기 때문이라고 지적한다.[19] 물론 튜레틴이 성경관을 논하는 과정에서 칼빈을 한 번도 인용하지 않았고 성경관을 논의하는 방법론이 그와 다르지만 후의 논의에서 밝혀지는 바와 같이 결코 성경관 자체가 대립적인 것은 아니었다.[20]

IV. 말씀에 의한 계시와 성경의 필요성

튜레틴은 자신의 성서론을 말씀에 의한 계시의 필요성을 논하면서 시작한다. 과거뿐만 아니라 현재에도 선하고 복된 삶의 토대로서 이성의 충족성을 주장하고 삶의 방향과 지복의 획득을 위하여 자

19 McKim and Rogers, *The Authority and Interpretation of the Bible*, 174.

20 튜레틴은 자신의 『변증신학 강요』의 전체 저술에서는 칼빈의 저술들을 상당히 많이 인용하였다. 저술의 종류로는 사도행전 주석, 섭리론, 제네바 소요리문답, 모세의 마지막 4권에 대한 주석, 창세기 주석, 에스겔 주석, 예정론, 리베르틴파 반박, 갈라디아서 주석, 히브리서 주석, 로마서 주석, 요한복음과 요한일서 주석, 사복음서의 조화, 기독교 강요, 고린도후서 주석, 디모데와 디도서 설교, 욥기 설교 등 다양한 책을 인용하였고, 특별히 섭리론이 4번, 예정론이 8번, 『기독교 강요』는 23회 이상 인용되었다.(*Institution of Elenctic Theology*, Vol 3, Index, 792-793 참조)

연의 빛이 충분하다고 주장하는 사람들이 있으나(2.1.1), 교회는 언제나 하나님의 말씀에 의한 계시가 인간의 구원을 위하여 사람에게 절대적이고 단순하게 필수적이라고 믿었다. 그러므로 계시된 말씀은 우리가 중생하는 씨(벧전 1:23), 우리를 인도되는 빛(시 119:105), 우리가 양육받는 양분(히 5:13-14), 우리가 의지하는 토대(엡 2:20)이다.(2.1.2)

튜레틴은 자연신학에 의한 인간 구원의 가능성을 이미 신학서론에서 부인하였고, 인간이 타락한 이후에 하나님께서 인간에게 자신을 계시해야만 한다는 계시의 필요성을 이미 언급하였다.(1.4) 그러므로 인간이 구원에 이르는 길은 하나님의 계시에 의한 길밖에 없다. 그는 2장 성경론에서 제일 먼저 말로 된 계시가 필요한가? 라고 묻고 있다. 구원에 관한 하나님의 말씀의 필요성에 대한 성서와 교회의 증언 이외에 튜레틴은 하나님의 완전한 선하심, 인간의 전적인 부패, 그리고 올바른 이성(right reason)을 언급한다.(2.1.3) 그는 신학서론에서 이미 언급한 것을 성경론에서 다시 반복하여 자연계시가 창조주 하나님을 가리켜주나 구속주 하나님을 가르쳐주지 않기 때문에 말씀에 의한 계시가 필요하다고 주장한다.(2.1.5) 이러한 은혜와 구속의 사역은 복음의 신비에 중심을 이루고 있는데, 오직 말씀을 통해서만 우리에게 알려질 수 있다.(2.1.6) 이와 같이 튜레틴은 제일 먼저 성경론에서 자연계시의 불충분성과 인간 타락의 결과로 결국 하나님의 말씀에 의한 계시를 통해서만 인간 구원의 진리를 알 수 있다고 언급하였다.

튜레틴은 하나님의 말씀에 의한 계시의 필요성을 논한 후에 그 계시의 기록인 성경의 필요성을 논하였다. 하나님은 자신을 말씀에 의해 계시하는 것뿐만 아니라 말씀이 기록되도록 만드셨다. 이러한 논의는 교회와 기록되지 않은 전통의 권위를 내세우며 성경을 권위를 약화시키려고 할뿐만 아니라 교회에서 성경의 유용성을 인정하나 필요성을 부인하는 벨라르민같은 로마 가톨릭 학자들의 주장을 반박하려는 것이다.(2.2.1) 이 문제는 본문이 가르치는 교리를 전달하는 실질적으로(materialiter) 고려된 성서의 필요성만이 아니라, 오히려 가르침이 전달되는 방식의 견지에서, 혹은 기록의 견지에서 형식적으로 고려된 성서의 필요성에 관한 것이다.(2.2.2) 실질적인 측면에서, 본문이 전달하는 교리의 견지에서, 성서는 무조건적으로 그리고 절대적으로(simpliciter et absolute) 필요하여, 이 교리 없이는 교회 자체가 존재할 수 없다. 하나님의 계시를 통한 교리가 없다면 교회는 존재할 수 없으므로 교리는 교회의 존재에 필수적이다. 그렇지만 형식적인 측면에서 하나님이 모세 이전에 하신 바와 같이 문자 없이 말씀으로 의사를 전달하였고 전달하실 수 있기 때문에 하나님 편에서 기록된 문서로서의 성서가 필수적인 것은 아니다. 그러므로 로마 가톨릭은 성경의 기록이 필수적인 것이 아니라 계기에 따른 우연적이라고 주장한다.(2.3.1) 결과적으로 논의의 요점은 개신교의 주장과 같이 기록된 말씀이 하나님의 의지의 결과로서(ex hypothesi) 필수적이냐 하는 것이다.

튜레틴은 성서 기록의 필요성을 사람을 다루시는 하나님의 지혜와 경륜과 관련하여 논의한다. 하나님은 교회의 초기에 기록 없이 말씀으로 가르치셨으나, 성장한 후에는 기록에 의해 가르치시는 것을 원하셨다. 그래서 성서는 명령의 필요성에 의해서 뿐만 아니라 교회의 다른 시기에 따라 다양하기를 원하시는 하나님의 경륜의 의지(hypothesis)에 의해 필수적인 것이 되었다.(2.2.3) 그러므로 모세 이전까지의 기록되지 않는 말씀과 그 이후의 기록된 말씀으로 구분되는데, 이러한 구분은 교황주의자들이 주장하는 바와 같이 류(genus)에서 종(species)으로의 구별이 아니다. 하나님의 말씀이란 동일한 주체(subject)의 부수적인 성격(accident)에 따른 구분이다.(2.2.4) 튜레틴은 여기서 기록되지 않은 말씀과 기록된 말씀을 계시로서의 말씀과의 상호연결을 끌어내고 있다. 성서는 하나님의 기록되지 않은 말씀이 기록되면서 생겨나기 때문에, 혹은 더욱 정확하게 선지자들에게 주어진 내적인 말씀이 선포와 그 후에 기록을 통해 밖으로 드러나면서 생겨난다. 기록된 말씀의 완성과 함께, 기록되지 않은 말씀의 목소리는 중단되었다. 하나님은 다른 시기에 그리고 다른 장소에서 다르게 자신을 계시하셨으나 – 명백한 목소리로, 내적인 말씀, 꿈이나 비전으로, 다양한 상징 하에서 천사들의 사역을 통해 – 모든 경우에 가르침은 변하지 않은 채로 남아있다.(2.2.5) 하나님은 말씀의 보존, 변호, 그리고 전파를 위하여 기록되게 하셨다.(2.2.6) 더 나아가 신앙인들이 성령의 내적인 조명에 의해 가르침받는 사실은 성경을 불필요하게 만들지 않는다. 말씀과 성령은 분리될 수 없다.(사 59:21) 전자는 객관적이고 외적인 것이며, 후자는 마음에서 효율적이고 내적이다. "성령은 교사이고, 성서는 하나님이 우리를 가르치는 교리이다."(Spiritus est Doctor, Scriptura est Doctrina quam nos docet). 성령은 새로운 계시를 통하여 작용하지 않고 마음에 기록된 말씀을 기록한다.(2.2.9)[21] 비슷하게 개혁파에 의해 고백된 그리스도는 우리의 유일한 교사(마 23:8)라는 사실이 성서의 사역을 배제하지 않으며 오히려 필수적으로 그리스도는 이제 오직 성서에서만 그의 백성들에게 말씀하시고 성서를 통해서 그들을 가르치는 한에서 성서의 사역을 암시한다. 그러므로 그리

21 이러한 튜레틴의 언급에 대해 맥킴과 로저스는 그리스도와 성령은 오직 성경을 통해서만 사람과 접촉한다고 보아 성경에 대한 관계에서 성령의 사역을 좁게 제한하였으며 19세기에 이르러 프린스톤 신학자들은 성령의 사역을 성경의 원저자들을 영감시키는데서만 허용하고 현대 독자들이 전혀 성경을 이해할 수 없게 만들었다고 한다.(McKim and Rogers, *The Authority and Interpretation of the Bible*, 175-6) 그러나 성령께서 성경을 통하여 성도들의 심령에 역사하신다는 것은 종교개혁 이후에 개신교의 공인된 교리인데 무엇을 비판하고자 하는지 논지가 불분명하다.

스도는 성서에 대립하여 놓여지지 않는다.(2.2.12) 튜레틴은 이와 같이 하나님께서 말씀으로 계시하신 후에 인간 편에서의 필요성에 따라 말씀이 보존되어 올바르게 가르침 받도록 그의 뜻에 따라 그 말씀이 기록되게 하셨다고 주장한다. 또한 튜레틴은 성서기록자들이 로마 가톨릭의 주장과 같이 기회가 제공되는 경우에 기록한 것은 사실이나, 이러한 기회가 하나님의 명령과 하나님의 영감에 의해 주어진 것이라고 주장한다.(2.3.2)

Ⅴ. 성경의 권위와 인식

튜레틴은 성서는 참으로 진정하고 신성한(divine) 것인가?[22]라고 질문한 후에 성서의 권위는 그 기원에 의존하는데 하나님으로부터 오는 것이기 때문에 진정하고 신성해야만 한다고 하였다. 권위에 대해서는 이중적인 질문이 일어나는데 첫째는 이방인과 무신론자들이 제기하는 성서는 진실로 자체적으로 신뢰할 수 있는가(autopistos)? 라는 것이고 둘째는 교회의 증언에 성서 권위를 의존시키려는 기독교인들과 관련하여 우리가 성서가 그러하다는 것을 어떻게 알 수 있는

22 맥킴은 성경 권위에 대한 형식화된 튜레틴의 취급이 "성경이 참으로 본질적으로 신뢰받을 수 있으며 거룩한 것인가? 우리는 성경이 그러하다는 것을 어떻게 알 수 있는가?"와 같은 질문에 잘 나타나 있다고 지적한다. 튜레틴은 칼빈이 성령을 조롱하는 것이라고 느꼈을 질문을 통하여 성경의 내용의 권위를 사람들에게 설득하는 성령의 내적인 증언에 의존하지 않고 오히려 성경의 오류없는 형식의 주장으로 돌아섰다고 주장한다.(McKim and Rogers, *The Authority and Interpretation of the Bible*, 176) 그러나 칼빈은 『기독교 강요』 1.7.2에서 성경이 참으로 신뢰받을 수 있으며 거룩한 것인가? 라고 질문하면 성령을 조롱한다고 한 것이 아니라 교회의 권위에 의하여 그러하다는 것을 증명할 수 있다고 주장하면 성령을 조롱하는 것이라고 하였다. 그러므로 칼빈은 교회의 권위에 근거하여 성경의 권위를 확정하려는 것이 성령을 조롱하는 것이라고 말하였다.

가? 라는 것이다.(2.4.1.) 성서의 권위와 관련된 첫 번째 질문은 성시의 객관적 권위에 대한 것이고 두 번째 질문은 성서 권위의 주관적 인식에 관한 것이다. 튜레틴은 질문 4에서는 객관적 권위를, 5문에서는 성서 내용의 모순의 문제를, 6문에서는 주관적 인식의 문제를 취급하고 있다.

성서의 객관적 권위는 결국 하나님의 영감에 의존하여 성서저자들이 글을 쓰는데서, 성령에 의존하여 행동하고 성령에 의해 영감되어 (일들 자체와 단어들과 관련하여) 모든 오류로부터 보호되었으며, 그들의 글들이 참으로 진정하고 신성한 것이냐 하는 것이다(2.4.5) 성서는 그 자체가 영감되었다고 선언하여 자체가 신성하다고 주장하고, 또한 하나님이 성경에 새겨놓은 정교하게 만들어진 논증에 의해 추론적으로 그 자체가 신성하다는 것을 증명한다.(2.4.6) 후자는 바로 신앙의 유비에 의한 논증이다.[23] 성서 권위의 표지는 내적인 것과 외적인 것이 있는데, 전자는 권위의 충분한 증명을 위하여 불충분하므로 주장의 중요한 힘은 후자에 놓여 있다.(2.4.7) 성서의 권위의 외적 표지는 기원(가장 오래된 것), 지속, 기록자들의 최고의 성실성, 순교자들 등이 있고(2.4.8) 내적인 것으로는 삼위일체, 성육신, 그리스도의 만족(satisfaction), 부활같은 신비의 놀라운 장엄함들 같은 내용, 하나님의 장엄함과 같은 스타일, 교리의 신적인 일치와 전체적인 조화(panarmonia) 같은 양식, 하나님의 영광과 인간의 구원에 모든 것을 관련시키는 목적, 그리고 신성한 교리의 빛과 효율성 등과 같은 효과가 있다.(2.4.9) 특별히 세상의 회심과 복음의 성공은 성서의 신성함의

---

23 튜레틴은 오직 성경으로라는 종교개혁자들의 주장에 반대하여 로마 가톨릭이 성경에 명백한 언급이 없으며 주장할 수 없다는 견해를 반박하여 성서에서 이끌어낸 결론을 가지고 논증할 수 있다는 신앙의 유비를 주장한다.(1.12)

매우 분명한 증거이다.(2.4.21)

또한 성서는 신학적 확실성의 권위를 가지고 있다. 확실성에는 수학적, 도덕적. 신학적 확실성 등의 삼중적인 확실성이 있는데, 수학적인 것은 제일원리에 속하는 것이고, 도덕적인 확실성은 증명될 수 없으나 설득될 수 있는 진리를 수반하며, 신학적 확실성은 그 자체나 본성에 의해 입증되거나 혹은 알려질 수 없는 것이지만, 그럼에도 불구하고 개연성 있는 토대와 도덕적 주장뿐만 아니라 참으로 신학적이고 신성한 논증(즉, 하나님의 계시)에 의존하여 세워질 수 있는 것들에 수반된다. 그러므로 신학적 확실성은 도덕적이고 추측적인 확실성뿐만 아니라 참으로 거룩한 신앙을 제공한다. 성서는 이러한 신학적이고 오류없는 확실성을 가지고 있으며, 이것은 성령에 의해 조명되는 참된 신자들을 속일 수 없을 것이다.(2.4.22) 예언자들은 영감된 사람(theopneustos)으로서 기록하는 일들에서, 심지어 가장 작은 특별한 것들에서조차 실수를 하지 않는다. 그렇지 않으면 전체 성경에 대한 신앙은 의심스럽게 될 것이다.(2.4.23) 사도들은 실천에서는 오류를 범할 수 있지만 성령이 모든 진리 가운데 인도하는 신앙에서는 오류를 범하지 않는다.(2.4.24)

이러한 튜레틴의 입장에서 볼 때 정통주의자들이 종교개혁자들과 달리 계시와 영감을 구별하였다는 헤페의 주장은 타당한가? 헤페는 칼빈을 비롯한 종교개혁자들은 하나님의 말씀이 다양한 계시들 혹은 말씀들로서 처음에 구전으로 전달되다가 나중에 성서로 기록되었다고 보았으나, 정통주의자들은 계시 개념으로부터 영감의 개념을 분리시키면서 만장일치로 하나님의 말씀이 하나님의 개별적인 계시 행동에 의존하지 않고 오히려 그들의 기록의 방식인 영감에 의존한다고 가르친다고 하였다. 이러한 견해에서 "하나님의 말씀"은 "영감에 의해 기록된 말씀"이 되고, 그러므로 성서와 하나님의 말씀은 동일시된다고 말한다.[24] 그러므로 헤페는 종교개혁자들과 후기 정통주의자들의 성경관의 차이를 영감 교리의 변화에서 찾고 있다. 헤페에 따르면 칼빈은 모세 이전의 하나님의 계시 행동은 기록되지 않은 말씀의 형태로 일어나 계시의 기록을 요구하지 않았으므로 성서의 권위는 영감 이론이 아니라 하나님의 말씀(Word)으로서의 특성에 의해 보장된다고 보았다. 그런데 16세기말에 영감개념이 변화되어 계시 개념으로부터 완전히 절단되었고 성서는 순수하게 하나님에 의해 성서 저자들에게 구술되어 영감되었으므로 권위를 가진 것으로 간주되었다는 것이다.[25]

그렇지만 튜레틴은 칼빈과 동일하게 하나님의 말씀과 성경을 구분하였지 결코 동일시하지 않았다. 튜레틴은 인간의 타락과 자연계시의 제한된 유용성 때문에 말씀에 의한 계시는 하나님을 구원자로 알기 위해서는 필수적이라고 결론짓는다. 창조주와 구속주로서의 이중적인 신인식의 주제가 성서의 필요성의 근거이다.(2.1.5-6; cf. 2.2) 그는 계시의 필요성을 언급한 후에 성경의 필요성을 논하였고, 성경의 기록의 과정에서 오류없는 권위를 위하여 영감교리를 주장한다. 그에게 있어서 계시는 하나님의 말씀(Word)으로서 성서의 특성과 필요성과 관련되는 반면에, 영감의 범주는 기록된 말씀들(words)으로서 성서의 권위와 진정성과 관련된다. 그러므로 계시는 성경 내용과 관련되고 영감은 내용이 기록하는 방법과 관련된다.(2.1-4) 계시와 영감 사이의 이러한 구별은 본질적으로 고려된 성서는 하나님으로부터 나오는 반면에, 부수적으로 고려된 성경은 인간에 의해 기록된다는 데서 나온다. 그러므로 튜레틴은 하나님의 말씀과 성서를 동

24 Heppe, *Reformed Dogmatics,* 15.

25 Ibid., 17.

일시하지 않고 분명하게 구별하고 있다. 또한 튜레틴의 구술로서의 엄격한 영감 이론의 성향은 하나님의 말씀(Word of God)으로서의 성서에 대한 강조와 함께 균형을 이루고 있다. 그에게 있어서도 하나님의 말씀은 다양한 형식을 가지고 있으며, 이러한 형식을 통하여 그는 개혁자들의 교리의 역동성의 상당부분을 보존하였다.

다음으로 튜레틴은 6장에서 성경 권위의 인식의 문제를 다루고 있다. 여기서 그는 성서의 권위가 교회의 권위에 의존하여 알려진다는 로마 가톨릭의 주장(2.6.4)을 반박하면서 성령이 성서의 객관적 권위를 우리에게 인식시킨다고 주장한다.(2.6.5) 성서의 신성함에 대하여 믿게 만드는 논증, 믿도록 유도하는 유효한 원인, 믿도록 유도되는 수단 등의 삼중적인 질문이 가능하다. 믿게 만드는 논증은 그 자체의 특성을 가진 성경이고, 믿도록 유도하는 유효한 원인은 성령이며, 믿도록 유도되는 수단은 교회이다.(2.6.6) 성서는 객관적인 권위가 있는데 주관적으로 이해되어야 한다. 이성보다는 오히려 신앙에 의해 결정되는 이러한 주관적인 이해의 본성은 정통주의 교리에서 어떤 긴장을 발생시킨다. 튜레틴은 수학적 혹은 형이상학적, 도덕적, 신학적인 확실성이란 세 종류의 확실성을 말하면서 신학적 확실성은 신앙에 토대를 둔다고 하면서(2.4.22) 긴장을 해소하려고 시도하였다. 성령은 교회의 증언이 아니라 성경 자체에 새겨져 있는 특성을 가지고 우리에게 성경의 영감을 확신시킨다.(2.6.9) 성령은 신자들의 마음에 복음의 교리가 진실하고 신성하다고 증언하여 믿음을 발생시킨다.(2.6.13) 그러므로 성령은 성경의 기록에서 오류없이 기록되도록 인도하였고, 그 기록된 내용이 신자들의 마음에서 진리라고 믿어져 신앙이 발생하도록 역사한다.

이러한 분석을 통해서 볼 때 튜레틴이 성경의 객관적 권위를 강조하는 것이 성경의 권위를 인식하는데서 성령의 내적인 증언을 강조하는 칼빈과 달라졌다고 지적하는 맥킴의 주장은 타당성이 없는 것으로 밝혀진다. 맥킴은 튜레틴이 성령의 내적인 증언 위에 성서의 권위를 두고 성서의 객관적 권위를 부차적인 것으로 인정했던 칼빈과 달리, 영감과 성서무오류의 교리에 의존하여 성서의 객관적 권위를 강조하여 칼빈으로부터 급진적으로 달라졌다고 주장한다.[26] 칼빈도 성경의 객관적인 권위를 인정하지만 궁극적으로 우리들의 성경 권위의 인정은 성령의 내적 조명이라는 것을 강조한다. 튜레틴이 성경의 객관적 권위를 강조할 때에 그의 의도는 성령의 내적인 증거 없이 성경의 객관적 권위가 성경의 권위를 인식시킨다는 것이 아니다. 그도 성령의 내적인 증거가 성경의 권위를 인식시킨다는 데에는 동의하지만[27], 그러한 성령의 사역이 성경의 객관적 증거에 의존하느냐 아니면 교회의 권위에 의존하느냐? 하는 것을 논하고 있는 것이다.[28] 그러므로 그는 성령의 내적인 조명에 의해 성경의 권위가 인정된다는 전제하에 교회의 권위에 의존하여 성경 권위가 인정된다는 로마 가톨릭에 반대하여 성경의 객관적 권위에 근거하여 성경의 권위가 인식된다는 것을 주장하고 있다. 그러므로 그의 주장은 칼빈과 동일하게 성경의 객관적 증거와 함께 성령의 내적 조명이란 주관적 증거를 동시에 말하면서 다만 로마 가톨릭의 교회의 권위에 대한 주장을 반박하기 위하여 성경의 객관적 증거를 강조한 것이었다. 물론 성경의 권위 인식에서 성령의 내적 증언은 첫번째 자리를 차지하지

26 McKim and Rogers, *The Authority and Interpretation of the Bible*, pp.177-8.

27 "우리의 마음에서 성령의 사역은 성서의 신적 성격의 내적인 설득에 대하여 절대적으로 필요하다."(Francis Turretin, *Disputatio theologiae, de Scripturae Sacrae authoritate adversus pontificos*, I, xi, *Opera*, vol. 4, p.237, Muller, *PRRD*, vol 2, 126에서 재인용)

28 헤페는 이것이 개혁주의자들의 특성이라고 인정하는데(*Reformed Dogmatics*, 34) 맥킴은 칼빈과 튜레틴 사이의 차이점으로 지적한다.

만, 정통주의 시대의 특성인 해석학적인 변화와 합리주의의 발흥에 의해 야기된 신학적 확실성의 위기를 경험하면서, 성서의 속성과 본문에 있는 거룩성의 증거들에 대한 강조에서 상대적인 이동은 인정될 수 있다.

VI. 성서의 무오류의 문제

튜레틴은 성서에 모순이 있다고 주장하는 무신론자들과 이방인들뿐만 아니라 열광주의자들, 로마 가톨릭, 리베르틴파, 소시누스파들(2.5.2-3)을 비판하면서 성경의 오류가능성을 부인한다. 더 나아가, 일부 개신교 학자들(Scaliger, Capellus, Amamus, Vossius)의 전승과정에서 일어났고 사소한 것이어서 성서의 진정성을 약화시키는 것은 아니지만 현재 사본의 대조에 의해서도 교정될 수 없는 오류들이 존재한다는 주장도 반박하면서 튜레틴은 정통주의자들의 견해는 성서는 온전하다는 입장이라고 지적한다.(2.5.3) 튜레틴도 히브리어와 헬라어 성경에 단어들 혹은 구두점의 불규칙적인 기록, 혹은 다양한 독해(readings)가 있다는 사본상의 문제점들을 인정하지만(2.5.4) 다른 사본들과의 비교와 대조를 통해서도 교정될 수 없는 보편적인 부패들과 오류들을 부정한다. 그는 그러한 것들은 실질적이고 진정한 것이 아닌 외형상의 것이라고 지적한다. 여기서 튜레틴은 성서 원본이 아닌 현재의 히브리어와 헬라어 사본들이 본문상의 약간의 문제점들을 가지고 있지만, 그러한 것들은 사본들의 상호대조와 비교를 통하여 해결할 수 있기 때문에 권위로서 문제가 전혀 없다고 주장한다.(2.5.5) 이러한 기본적인 전제는 실질적으로 종교개혁자들의 그것과 별로 다르지 않으나, 이러한 논의에서 중요한 변화는 다양한 반대자들과의 논쟁에 의한 것만큼이나 개신교들 자체 내에서 진전된 언어학적이고 본문비평적인 견해에 의해 야기된 강력한 본문상의 문제들과 이슈들이었다.[29]

현재의 히브리어와 헬라어 사본의 권위의 근거는 성서가 영감되었을 뿐만 아니라(theopneustos. 딤후 3:16), 진정한 손상이 있다면 성서는 신앙과 실천의 유일한 규칙으로 간주될 수 없기 때문이라고 지적한다.(2.5.6–7) 성서는 하나님의 섭리, 거룩한 수고(manuscript)를 철저하게 보존하여 유대인들의 종교와 율법이 어떤 점에서도 변화되거나 부패하지 않도록 주의를 기울였던 맛소라학자들의 성실함, 그리고 일부 사본들이 부패할 수 있다 하더라도 모든 사본들이 부패할 수 없는 사본들의 숫자와 다양함에서 성서의 온전함과 순수함이 주장될 수 있다.(2.5.8) 이후에서 튜레틴 9–36항목에 걸쳐 모순인 것같이 보이는 성경 구절들이 조화될 수 있음을 설명하고 있다.

맥킴에 따르면 칼빈은 성령의 내적인 증언이 성서를 하나님의 말씀이라고 신자들에게 설득한다고 주장한 반면에, 튜레틴은 성령의 증언은 성경의 권위를 사람들에게 설득하기 위하여 성서의 내용이 아니라 언어들의 무오류라는 형식의 합리적인 증거에 의존하였다고 주장하였다.[30] 맥킴은 칼빈은 성경의 권위가 구원하는 기능에 있다고 보아 본문 문제에 개방적이었으나, 튜레틴은 형식의 오류없는 영감을 주장하여 "모든 사람이 비난하는 펜을 행사하고 성경본문에 비판하는 것을 허용받으면, 그 때에 로마 가톨릭에 대항하는 개신교 변화의 토대는 파괴될 것이다"(2.12.11–12)라고 주장했다는 것이다.

29 Muller, *PRRD* vol 2, 324.

30 McKim and Rogers, *The Authority and Interpretation of the Bible*, 178.

그러나 튜레틴이 성경의 무오류라는 형식의 문제를 강조하는 것은 바로 로마 가톨릭과의 논쟁의 산물이다. 튜레틴은 성서의 형식뿐만 아니라 내용의 문제도 바로 성령의 영감을 통하여 오류로부터 보존되었다고 보았다. 성령의 영감은 성서의 내용과 형식의 양자에 관련된 문제이지 형식에만 관련된 것이 아니다. 그럼에도 불구하고 튜레틴이 성서의 오류없는 형식을 강조하는 것은 바로 그 내용의 온전함을 강조하기 위해 형식의 온전함을 강조할 필요가 있었기 때문이다. 더구나 로마 가톨릭이 불가타의 권위를 내세우면서 히브리어 맛소라 사본의 권위를 부정하는 상황에서 튜레틴은 바로 맛소라 사본의 권위를 변증하기 위하여 성서의 오류없는 형식을 강조하였다. 이러한 오류없는 형식을 강조하여 그는 현재의 히브리어 사본의 권위를 옹호하였던 것이다.

튜레틴에게 있어서 성서는 "구원받는데 필요한 모든 것들"을 포함하므로 믿어야할 모든 일들과 행해야할 일들에 대한 완전한 토대이다. 형식적인 완전함은 두 가지로, 즉 "그 자체에서 절대적으로" 그리고 "기록되지 않은 전통에 반대되는 것으로" 고려된다. 성서의 절대적인 완전함은 먼저 인식원리로서의 규범적인 완전함을 가리키고 서술의 필연적인 결과로서 구원에 필요한 그러한 일들의 전달에서 고려된다.(2.16.2,9) 그러므로 성서의 무오류의 문제는 단순한 형식만의 문제가 아니라 구원받는 진리의 온전한 전달과 관련되어 있다. 그러므로 성서는 성령의 영감으로 기록되어 구원에 필요한 내용을 담고 있으며 모순되는 오류를 범하지 않고 있다.

VII. 성서의 온전성

성서의 온전성에 대하여 튜레틴은 정경의 가치가 있는 책들은 상실되지 않고 온전하게 보존되었다고 주장한다.(2.7.4) 그러므로 구약이 신약 교회에서 정경과 신앙의 규칙의 일부임을 부인하는 재세례파의 견해를 비판하고(2.8) 또한 묵시적인 책들의 정경성도 부인한다.(2.9) 그러므로 튜레틴은 양적으로 정경의 가치가 있는 책들은 상실되지 않고 온전하게 보존되어왔음을 주장한다.

그러면 구약과 신약의 원문들은 질적으로 우리에게 순수하고 부패하지 않고 전해져 왔는가? 튜레틴이 여기서 논하는 원문(original text)은 지금 존재하지 않는 모세, 선지자들, 사도들이 직접 쓴 원본(autograph)이 아니라, 그들이 성령의 직접적인 영감 하에서 썼던 바로 그러한 말로 하나님의 말씀을 우리에게 제시하기 때문에 그렇게 부르는 사본(aphograph)을 의미한다.(2.10.2) 튜레틴은 히브리어와 헬라어 본문을 유일하게 진정한 것으로 보면서도 원본을 요구하지 않는다. 그가 말하는 성서의 진정한 원문은 원본이 아니라 히브리어와 헬라어 사본의 합법적인 전통을 의미한다. 신앙과 실천의 오류없는 규율로서의 성서에 대한 논의와 복사하는 과정이 아닌 실질적인 오류들이 없는 공인된 본문을 위한 논의들은 사본의 검토에 의존하지 본문의 무오류성을 위한 근거로서 상실된 원본을 요구하지 않는다.(2.11.3-4)[31] 그런데 사본들 속에 결점이 있다는 것은 개신교와 로

---

31 그러므로 원본에 대한 튜레틴과 A. A. Hodge와 워필드의 견해 사이에 오히려 날카롭게 대조되는 측면이 있다고 멀러는 지적한다. 최근의 많은 논문에서 두 가지 견해를 혼동하는 경향이 있으나, 실질적으로 튜레틴을 비롯한 정통주의자들은 성서의 본문의 모순 혹은 오류들을 복사자들의 오류의 결과로 이해해야만 한다고 강조하는 반면에 핫지와 워필드는 원본의 무오류성을 주장하고 있다.(Muller, *PRRD*, vol 2, 433) 튜레틴은

마 가톨릭의 양측이 다 인정하므로 질문은 그러한 부패때문에 사본들이 더 이상 논쟁의 재판관과 모든 번역본들이 적용되어야만 하는 규칙이 될 수 없느냐 하는 것이다. 이 문제에 대해 로마 가톨릭의 입장은 사본의 순수함을 인정하는 사람, 반대하는 사람, 중간적인 입장을 취해 성서가 모든 것의 재판관이 될 정도로 순수하지는 않다고 주장하는 사람들이 있다.(2.10.4) 그러나 튜레틴은 사본에 다양한 부패는 있지만 부패들이 신앙과 실천에 속하지 않는 별로 중요하지 않은 것일 뿐만 아니라 모든 수고에 보편적인 것이 아니므로 히브리어 수고들은 신앙과 실천의 정경이기를 중단할 수 없다고 본다.(2.10.8)

그러므로 튜레틴은 구약의 히브리어와 신약의 헬라어 성경이 유일하게 진정한 사본이라고 주장한다. 로마 가톨릭과 개신교 모두 다 구약의 히브리어와 신약의 헬라어가 원래의 것이고 일차적인 것이라는 것을 인정하는데, 논쟁점은 각각이 진정하고 모든 번역본들이 참조해야할 표준이고 신앙과 권위에 합당한 것이냐 하는 것이다.(2.11.1) 로마 가톨릭은 트렌트종교회의에서 "라틴어로된 불가타는 공적인 낭독, 논쟁, 설교, 그리고 강해에서 권위적이어서, 어떤 사람도 감히 어떤 구실 하에서도 그것을 거부해서는 안 된다"고 결정하였다.(2.11.2) 그렇지만 튜레틴은 원본은 1차적인 권위가 있지만, 원본으로부터 정확하고 신실하게 취해진 모든 사본들은 2차적인 의미에서 권위가 있다고 지적한다.(2.11.3) 진정한 글의 권위는 취급하는 내용과 사람 그리고 기록된 글과 관련된다. 전자의 권위는 성서의 경우에 하나님이 쓰라고 명령한 사람이 쓰기 때문에 최고의 권위를 가

원본에서 당시의 히브리어와 헬라어 사본까지의 전승의 온전성에 근거하여 당시 사본의 권위를 주장하는 반면에 핫지와 워필드는 사본상의 오류의 문제를 해결하기 위하여 원본의 오류없음을 강조하여 논리전개의 구조와 강조점이 다르다.

진다. 기록하는 사람에 관하여는 4문에서 영감과 관련하여 취급하였으므로, 여기서는 글과 관련하여 원본과 사본의 권위 문제를 취급한다.(2.11.4)

성서의 진정성은 발표된 일들과 관련하여 실질적으로(materially) 혹은 발표의 단어들과 방식과 관련하여 형식적으로 이중적인 방식으로 고려될 수 있는데, 여기서는 후자의 문제만을 취급한다.(2.11.5) 튜레틴은 성서의 형식적인 내용의 완전성에 대하여 사물들과 단어들에 대하여 하나님에 의해 영감되었기 때문이라고 지적한다.(딤후 3:16) 그러므로 근원들은 모든 번역본들이 참조해야만 하는 표준이자 규칙이고, 이러한 편집들은 바로 처음부터 진정하다고 믿어졌고 유대인들과 그리스도 이후 여러 세기 동안 그리스도인들에 의해 언제나 그러하다고 간주되어 왔다.(2.11.6) 그러므로 히브리어와 헬라어 편집 이외에 진정한 판본은 있을 수가 없다. 히브리어와 헬라어 자료에 다양한 해독들은 대조와 비교에 의해 쉽게 식별될 수 있으므로, 진정성이 파괴되지 않는다.(2.11.8) 맛소라 사본의 진정성을 부정하여 모음점은 새로운 것이라고 주장하는 카펠 등의 견해에 반대하여 튜레틴은 유대인들의 일치된 주장, 그들의 견해 따른 개신교와 카톨릭의 문법학자들과 신학자들의 주장에 근거하여 모음점들이 모세 혹은 (위대한 회당학자들의 우두머리인) 에스라에게 귀속되든지 간에 거룩한 토대에 속하는 것이라고 주장한다. 물론 그는 이러한 문제는 신학적이라기 보다는 문법적인 문제에 속하기 때문에 신중해야할 것을 지적한다.(2.11.13)

다음으로 튜레틴은 소뮈르 출신의 개혁파 성경연구자인 카펠의 작품을 날카롭게 비판하였다. 카펠은 1624년에 익명으로 『히브리어 모음의 계시된 비밀 *Arcanum punctationis revelatum*』을 출판하였고, 1650년에 『거룩한 비평 *Critica sacra*』을 내었다. 이러한 작품들에서 카펠은 히브리어 모음점은 성경 시기에 온 것이 아니라, 바벨론 탈무드의 완성 이후에 어느 시기에 유대의 문법학자들에 의한 첨가물이라고 증명하였다.(2.12.2) 카펠의 뒤의 작품은 구약의 참된 본문은 모든 히브리어 변형들과 고대 사본들의 주의깊은 대조들에 의해서만 알려질 수 있다는 것을 나타내면서, 수용된 맛소라 본문의 정확성을 부정하였다. 카펠은 그러나 본문에 있는 변형들이 성경의 본질적인 메시지를 변화시키지 않는다는 것을 명확하게 하였다. 이것은 여전히 신앙과 도덕들을 위한 적절한 권위였다.

개혁파 스콜라주의자들은 카펠의 주장에 대하여 개방적이지 못했다. 바젤의 벅스도르프 부자는 랍비 문헌에 대한 위대한 연구로 유명했는데, 카펠을 신랄하게 비난하였고 모음점은 본문에 원래적인 것이라고 주장하였다. 튜레틴은 제네바에서 이러한 운동을 취급하면서 다음과 같이 썼다. "우리는 언제나 원본의 진정성을 모든 신성모독적인 사람들과 이단들의 비난에 대항하여 보존하려는 더욱 진실하고 안전한 방법을 생각하여 왔으며, 신앙의 원리를 확실하고 움직일 수 없는 토대 위에 두는 것은 그들이 모세, 혹은 위대한 회당의 사람들의 우두머리인 에스라로 언급되든지 간에 거룩한 기원에 속하는 요점을 붙잡는 것이며, 그리하여 모음점의 새로움으로부터 히브리 원문의 수고의 권위를 침범하기를 원하는 반대자들은 오류를 범하는 것이라는 것이다."(2.12.13)

튜레틴은 히브리 사본의 절대적인 진정성을 주장하였다.(2.12.4) 그는 서기관들이 사람이므로 오류를 범할 수 있다는 것을 인정하였다. 그러나 그는 그럼에도 불구하고 본문은 진정한 오류가 없다고 주장하였다. 그는 섭리가 진정한 사본의 온전함을 지켜서 그들(서기관)이 거룩한 본문에서 많은 오류를 범할 수도 있지만, 그들이 다양한 수고들과 성경 자체의 대조에 의해 교정되거나 회복될 수 없는 방식으로 오류를 범하지 않았으며 또는 모든 사본에서 오류를 범하지 않다고 주장하였다.

튜레틴은 성서의 번역의 목적을 매우 주의깊게 정의했다. 번역은 신자를 가르치기 위하여 유용하나 언제나 원문에 종속되어야만 한다. 그는 설명한다. "어떤 번역본도 원본과 동등한 위치에 놓여질 수 없고 놓여져서도 안되며, 더구나 그것보다 선호되어서도 안된다." 당연히 최선의 권위는 원문에 있고 번역본은 원문의 내용을 전달하는데서 충분한 권위를 가질 수 있다.(2.13.13) 그러므로 그는 70인 역본과 불가타는 진정한 판본이라는 것을 부인한다.(2.14,15)

그러면 이러한 원본과 사본 사이의 관계에 대한 논의는 멀러의 주장과 같이 프린스톤학자들과 다른 것인가? 튜레틴을 비롯한 정통주의자들의 원본과 사본에 대한 논의는 양자 사이의 연속성을 설명하고, 주로 고대 번역본들에 대한 히브리어와 헬라어 사본의 최종적인 권위를 주장하며 원어로 된 본문의 비평적인 대조와 비교를 위한 방법론적인 토대를 제공하려고 제시된 것이었다. 그러므로 멀러는 튜레틴에게서 "원본과 사본의 관계에 대한 문제는 축자적 무오류의 관계라기 보다는 언어적 연속성의 문제이다"라고 하였다.[32] 그러나 튜레틴은 성서 원본이 성령의 영감으로 기록되어 오류가 없다는 것을 이미 4장에서 주장하였다. 튜레틴이 여기서 문제삼는 것은 원본에서 현재의 사본에 이르는 과정에서 신앙과 행위의 표준으로 삼는 것이 불가능할 정도의 본질적인 부패는 없었고 단지 복사하는 과정에서의 오류만 있었으므로 그러한 부패들은 비교와 대조를 통하여 해결할 수 있다는 입장이었다. 그러므로 튜레틴은 성경의 원본이 아

32 Muller, *PRRD*, vol 2, 434-5.

니라 사본도 진정하고 영감된 것으로 다른 번역본들이 참조하고 바로잡아할 표준이라고 본 것이다. 그러므로 카펠이 고대 번역본에 근거하여 본문상의 문제를 제기했을 때 튜레틴은 번역본이 아닌 히브리어가 예언자들의 실질적인 언어였고 히브리어 본문의 그러한 다양한 해독은 기독교 교리를 위한 문제를 야기하지 않는다고 반박하였다.(2.12.4) 그러므로 튜레틴의 원본과 사본의 논의는 축자영감에 관심이 없이 단지 사본의 연속성만을 주장하려는 것이 아니라 현재의 사본의 2차적인 의미에서 영감된 권위를 확립하려는 것이었다. 튜레틴은 5장에서 성경 내용에 모순이 없다는 것을 강조하지만, 그러나 그러한 주장도 역시 당시의 사본들의 내용에 근거하여 이루어지고 있다. 그는 성서의 온전함과 자료의 순수함에 대한 주요한 주장의 근거로 성서 보존에서의 하나님의 섭리, 맛소라 학자들의 성실함, 사본들의 많은 숫자를 들고 있다.(2.5.7) 그러므로 그는 현재 사본의 무오류를 주장한 후에 모든 모순되는 것같은 내용을 설명하고 있다. 그와 동시에 본문에 있는 오류의 문제를 히브리어와 헬라어 본문의 전달과 현재의 사본에 근거하여 10장과 11장에서 논하고, 12장에서는 카펠의 주장을 반박하여 모음점까지의 영감을 주장하고 있다. 그러므로 정통주의자들은 "성경 본문에 있는 오류의 문제를 권위, 영감, 혹은 무오류에 대한 논의에서 취급하지 않는다"는 멀러의 지적과 달리 튜레틴은 무오류의 논의에서 취급하고 있다. 그러므로 튜레틴은 성서의 영감에 의한 무오류를 전제한 후에 "현재 본문상의 오류들은 필사자들의 문제로 해석학적 차원에 관한 것으로 보아 성경 권위를 위협하는 것으로 보지 않는" 것이 아니라 현재 본문의 권위를 확립하고자 히브리성경의 모음점의 후기 기원설을 주장하는 카

펠의 견해까지 비판하고 있다.[33]

그러므로 튜레틴이 여기서 취급하고자 하는 것은 성서의 히브리어와 헬라어 원본과의 연속성에서 현재 사본의 오류에도 불구하고 그들의 권위를 주장하려는 것이지 결코 멀러가 지적하는 바와 같이 "축자적인 무오류의 문제가 아니라 오히려 언어학적 연속성의 문제"인 것은 아니다. 그러므로 튜레틴의 견해는 현재 사본의 오류를 문제삼아 히브리어 성경의 권위를 무너뜨리려고 불가타성경의 권위를 세우려는 로마 가톨릭과 사본들의 오류를 다른 고대번역본을 근거로 수정하려는 카펠의 견해를 반박하고 현재 사본의 권위를 주장하는 것으로, 결코 성경의 무오류성에 무관심한 것은 아니었다. 그러므로 원본에 근거하여 무오류를 해결하려는 핫지와 워필드와 논리구조는 다르지만 튜레틴도 sola Scriptura의 원리에서 성서의 권위를 확립하려는 근본적으로 동일한 맥락에 있다고 보아야할 것이다.

Ⅷ. 적응의 교리

맥킴은 튜레틴이 성서의 형식에서 무오류에 두었던 강조점은 성경 본문에 있는 23개의 명백한 불일치와 모순을 조화시키려는 그의 노력에 의해 증거되며, 그러한 과정에서 초대 교회와 칼빈이 사용했던 적응(accommodation) 개념은 그에게서 완전히 부재한다고 지적한다. 칼빈은 성서 저자들의 언어와 사상 형식을 하나님께서 은혜롭게 자신을 낮추어 사용했던 인간의 산물로 보았으나, 대조적으로 튜레

33 Muller, *PRRD*, vol 2, 434,

틴은 성서의 언어와 사상형식을 하나님께서 직접 구술하는 초자연적인 실체로 보았다는 것이다.[34] 그러면 맥킴의 주장과 같이 튜레틴은 성경의 적응의 문제를 무시하였나? 튜레틴의 적응의 성격에 대한 논의는 그의 성서 기록의 필요성에 대한 주장에서 잘 드러난다. 튜레틴은 문제에 대한 간단한 정의에서 이러한 여러 가지 구별들을 서술하여 그 요점을 요약한다. "그러므로 우리는 말씀의 기록이 절대적으로 혹은 무조건적으로 필요한지 묻는 것이 아니라, 상대적으로(secundum quid) 그리고 결과로서(ex hypothesi) 필요한지를 묻는 것이다. 모든 시기에가 아니라, 현재의 일의 상태에서 필요한지, 하나님의 권능과 자유의 견지에서가 아니라, 인류와 관계를 맺는 그의 지혜와 경륜(oeconomiam)의 견지에서 묻는 것이다"(2.2.3) 개혁파 신학은 하나님의 뜻을 인간의 필요에 그리고 하나님의 계시를 인간의 지식(knowing)의 방식에 적응하는 것을 강조한다. 여기서 튜레틴은 아주 적절하게 그의 관심을 하나님의 절대적인 능력에서 떠나서 이 세상에서 인간 존재의 필요에 대한 하나님의 지혜에 따라 하나님께서 행사하시는 능력을 향하여 옮겨간다. 이렇게 해서 튜레틴은 인간 삶의 자연적인 형태(oeconomian naturali)에서 부모들은 그들의 자녀들을 아이들이 아직 어려서 성장하고 있을 때 생생한 목소리로 하지만, 후에 강력한 막대기를 가지고 그러한 책들에 있는 가르침(doctrina)을 평가하기 위하여 책들과 독서의 사용을 통하여 교사의 목소리와 함께 가르친다고 언급한다.(2.2.3) 이와같이 하나님의 백성의 어린 시절에 하나님은 직접적으로 그리고 생생한 목소리로 말하였다. 이렇게 쓰여지지 않은 말들은 족장들의 장수와 언약에 포함된 사람들의 작은

34 McKim and Rogers, *The Authority and Interpretation of the Bible*, 177.

숫자, 그리고 계시들의 빈번함 때문에 그 시기에 올바르게 보존될 수 있었다. 그러나 후에 교회는 몇 개의 가정으로 제한될 수 없었고 인간의 삶은 상당하게 축소되었다. 하나님의 계시의 말씀은 줄어들었고 더구나 이스라엘 민족의 확립은 생생한 목소리가 아니라 기록된 율법을 요구하였다.(2.2.7)이와 같이 튜레틴은 성경이 주어지는 과정에서 하나님께서 말씀으로 계시하셨다가 후에 기록하게 하셨다는 적응의 개념을 가지고 설명한다.

물론 튜레틴은 성경의 내용과 함께 언어의 영감을 강조하였다. 그리하여 성경 언어까지 성령의 구술로 이루어진 것임을 강조하지만, 그렇다고 하여 성경 언어의 적응성을 무시한 것은 아니었다. 튜레틴은 성경의 명료성에 대하여 로마 가톨릭과의 논쟁점에 대하여 다음과 같이 설명한다. "이 문제는 이러한 매우 심원한 것들이 전달되는 방식의 모호성에 대한 것이고, 우리는 이러한 심원한 것들이 (마음의 눈이 열려진) 신자가 주의깊게 읽음으로써 이러한 신비들을 구원에 대하여 충분하게 이해할 수 있도록 주님에 의해 놀랍게 적응된다고 주장한다."(2.17.3) 튜레틴은 성경에서 심원하고 신비한 일들이 성도들이 읽어서 이해할 수 있도록 주님에 의해 놀랍게 적응된 방식으로 전달된다고 언급하고 있다. 그는 성경이 영감되어 오류가 없다는 것과 그러한 성경의 내용이 하나님께서 인간의 능력에 의해 이해되도록 적응된 것이라는 것을 병행시키고 있다.

그는 또한 성경의 의미에 대하여 언급하면서 하나님의 지성은 무한하시고 동시에 많은 연약함들을 포용할 수 있지만, 성경의 의미들이 다양하다는 결과가 따라오는 것이 아니라고 지적한다. 하나님의 말씀에 대한 이해로부터 볼 때, 표현들의 의미는 (여기서 무한하신) 연사(하나님)의 풍부함에 의해 측정되는 것이 아니라, 그가 말씀하시는 사람들의 능력에 적응된 그의 확실하고 결정된 의지에 대한 것이다.(2.19.8) 그는 성경의 의미를 논하는 것은 무한하신 하나님의 능력의 측면이 아니라, 유한한 인간에게 맞추어 말씀하시는 하나님의 적응된 의지에 관한 것이라고 말하고 있다. 성경이 "모든 진리의 표준"으로 명확하게 정의되지만, 그럼에도 불구하고 이러한 정의는 신앙과 실천에서, 즉 하나님께서 신자들에게 전달하시려고 의도하신 진리를 강조한다. "하나님은 성경에서 자신에게가 아니라, 우리에게 말씀하신다, 즉 유한한 우리의 능력에 적응하시면서(accomodate ad captum nostrum, qui finitus est) 말씀하신다."(2.19.8) 그러므로 튜레틴이 성경 언어가 무한하신 하나님께서 유한한 인간에게 적응하여 사용된 것이라는 것을 잘 알고 있었고, 그러한 관점에서 성경의 의미를 이해하면서 해석해야한다고 주장하였다. 그러므로 튜레틴은 결코 성경 언어의 적응된 능력을 모른다거나 무시하지 않았고 그것을 명료하게 인식하고 있었다. 다만 그는 성경이 영감된 하나님의 말씀이라는 사실과 적응된 언어의 성격을 같이 인식하고 있으나, 맥킴은 이것은 상반된 것으로 인식하고 성경언어의 영감을 강조하는 튜레틴에게는 성경언어의 적응된 측면이 무시되고 있다고 판단할 뿐이다.

IX. 성경의 완전성과 명료성

튜레틴은 성서는 아주 완벽하여 그 이후에 기록되지 않은(agraphoi) 전통들이 필요가 없을 정도로 구원에 필요한 모든 것을 포함하고 있다고 주장한다.(2.16) 로마 가톨릭은 성서의 권위를 낮추기 위하여 성서의 진정성(authentian)과 온전함을 전복하려고 할뿐만 아니라 성서의 완전성과 명료성을 공격한다.(2.16.1) 성서의 완전성은 구원에 필요한 일들에 관련된 것인데, 이러한 일들도 직접적으로 표현된 것이 아니라 합법적으로 추론될 수 있다는 것을 인정한다. 그렇지만 기록되지 않은 전통이 필요한 것은 아니다.(2.16.3) 로마 가톨릭이 구전 전통에 우월한 지위를 부여하면서 성경의 권위를 낮추었으므로 그는 성경이 신앙과 실천의 완전하고 적합한 규칙이라고 하였다. 성경의 완전성은 교리들과 교훈들의 정확한 진리와 그 전달방법의 질적 완벽함이 아니라 신앙과 실천에 필요한 모든 것들과 관련되는 광범위하고 양적인 완벽함과 관련된다.(2.16.4) 성경의 완전성은 구원 교리를 정확하게 전달하느냐의 문제가 아니라, 구원에 관련된 모든 사항들이 빠짐없이 성경이 포함되어 있으므로 성경 이외의 구전 전통이 필요없다는 주장이다. 로마 가톨릭은 성서는 유용하나 충족하지 않다고 주장하나, 튜레틴은 성서는 충족성을 포함한 유용성을 가지고 있다고 주장한다.(2.16.14) 그는 종교개혁자들이 교회의 전통과 성경을 대조시키면서 사용했던 성경의 충족성(sufficiency) 개념의 내용을 따르면서 단지 더욱 기능적인 완전성의 개념으로 대치시켰다.[35]

튜레틴은 평신도들이 성경읽는 것을 금하는 트렌트종교회의의 결정에 반대하여 성서는 구원에 필요한 모든 일을 완전하게 포함하고 있을 뿐만 아니라 구전 전통 혹은 교회의 권위의 도움없이 신자들에 의해서 명료하게 이해될 수 있다고 주장한다.(2.1.7) 신자들은 성령의 조명을 통하여 성서를 이해할 수 있게 된다.(2.17.2) 성서에 이해하는 어려운 부분들이 있으나 (눈이 열려진) 신자들은 주의깊게 읽음으로써 구원을 위해서는 충분하게 이러한 신비들을 이해할 수 있도록 주님께서 아주 놀랍게 적응되는(synkatabasei) 방식으로 전달하신

35 McKim and Rogers, *The Authority and Interpretation of the Bible*, 181.

다.(2.17.3) 그러므로 튜레틴은 어떤 신자들도 성서를 유익하게 읽을 수 있으며 교회의 허락없이 그것을 읽어야만 한다고 주장한다.(2.18) 튜레틴은 칼빈과 같이 성서가 제공된 목적은 백성들의 구원이라고 주장하였다. 맥킴은 튜레틴을 비롯한 17세기 스콜라주의자들은 성서를 실제적으로 과학에 대한 정보의 근원으로 취급하였으나, 19세기 프린스톤 신학자들은 이러한 스콜라주의적인 입장을 명백하게 그들의 성경관과 통합시켰다고 주장하였다.[36] 그러므로 맥킴은 칼빈에서 17세기의 정통주의자를 거쳐 19세기 프린스톤 신학자들에 이르면서 점점 더 경직되어갔다고 주장한다.

맥킴에 따르면 튜레틴은 성서 이해를 위하여 성령의 조명의 필요성을 인정하지만, 성령의 내적인 증거가 백성들의 마음속에 그리스도에 대한 신뢰와 동시에 그들이 말씀을 통하여 구세주를 만난다는 확신을 심어준다고 설명하는 칼빈과 달리, 튜레틴은 사람들이 성령의 사역을 통하여 성경이 말한 것에 대하여 지적인 명료성에 이를 수 있게 된다고 보아 형식화되었다고 주장한다.[37] 그렇지만 튜레틴은 성경의 완전성과 명료성이 구원의 진리에 관련된 것이라고 지적하였고, 그러한 구원의 진리를 명료하게 이해하는데서 성령의 조명의 필요성을 인정하는데 칼빈과 달라졌다는 점은 납득하기 어렵다.

X. 결론

튜레틴은 개혁파 정통주의 전성기에 제네바 아카데미의 조직신

36 McKim and Rogers, *The Authority and Interpretation of the Bible*, 182.

37 McKim and Rogers, *The Authority and Interpretation of the Bible*, 182.

학교수로서 여러 가지 성경관들을 비판하면서 자신의 성경관을 제시하였다. 그는 자신의 성경관을 제시하면서 종교개혁자들이 확립한 sola scriptura의 원리를 확립하고자 노력하였다. 그는 이 원리를 확립하면서 다른 견해들을 비판하기 위하여 스콜라주의를 도입하였다. 스콜라주의의 도입은 자신의 입장을 논리적이고 체계적으로 전개하기 위한 방편이었지 그의 성경관을 합리적인 것으로 변화시킨 것은 아니었다. 그는 자신의 성경관을 제시하면서 제일 먼저 성경적인 근거들을 검토한 후에 다른 합리적인 증거들도 첨가하였다. 그러므로 그는 로마 가톨릭, 재세례파뿐만 아니라 카펠, 소시누스를 비롯한 본문비평을 내세우는 사람들의 견해를 반박하기 위하여 스콜라주의 방식을 도입하였던 것이다.

그는 제일 먼저 말로 된 계시의 필요성을 논한 후에 성서의 필요성을 논하였다. 그러므로 그는 헤페의 주장과는 달리 계시와 성서를 분리시키지 않았다. 그는 계시는 하나님의 뜻을 알리는 근원으로 보았고, 성서는 그 계시가 기록된 것으로 보았다. 이러한 계시가 기록되는 과정에서 하나님은 오류가 없도록 기록자들을 보호하신 것이 영감이라고 보았다. 그러므로 튜레틴의 경우에 종교개혁자들과 동일하게 계시와 기록되지 않은 말씀과 기록된 말씀의 상호연관성을 인식하면서 로마 가톨릭의 구전 전통과 교회의 권위에 대한 주장을 반박하고 sola scriptura의 원리를 확립하기 위하여 이러한 논의를 전개하였던 것이다.

동시에 튜레틴은 성서 권위의 인식에서 로마 가톨릭의 교회 권위에 반대하여 성령에 의한 내적 조명을 주장하여 칼빈과 동일한 입장에 있었다. 튜레틴은 성령에 의한 조명을 통하여 성서의 권위가 인식되는데 성령의 조명은 교회의 권위가 아니라 성서의 객관적 권위를 사용한다고 주장한다. 그렇지만 튜레틴은 로마 가톨릭이 성경이 결점이 많아 교회의 권위에 의한 가르침이 필수적이라는 것을 반박하고 소시누스같은 합리주의자들을 설득하기 위하여 칼빈보다는 성경의 객관적 권위를 더욱 강조하고 있다.

튜레틴은 성서의 온전성을 주장할 때 그는 성경 본문의 연속성을 강조하고 있다. 그는 성서의 전달과정에 오류가 많아 교회의 권위가 필요하고 특별히 불가타의 권위를 주장하는 로마 가톨릭의 권위를 반박하기 위하여 성경은 원문에서부터 오늘날의 히브리어와 헬라어 본문까지 연속성이 있어 복사자의 오류에 의한 본문의 부패는 있지만 실질적인 부패는 없다고 주장한다. 동시에 현재의 히브리어의 모음점의 영감을 반대하여 사본상의 문제점들을 주장하며 고대의 다른 번역본들의 권위에 의존하여 성경을 다르게 수정할 수 있다는 카펠의 입장에 반대하여 번역본보다는 원어 사본이 더 권위가 있다고 반박하였다. 그러한 자신의 입장을 강화하기 위하여 히브리어 성경의 모음점의 영감 문제는 언어학적 문제라는 것을 인정하면서도 그것을 강하게 주장하였다. 그리하여 그는 히브리어와 헬라어 성경의 현존하는 사본의 권위에 근거하여 성경의 온전성을 주장하고자 하였다. 그러나 이러한 점에서 튜레틴은 성서의 원본에 오류가 없다고 주장하는 프린스톤 신학자들과 다르다고 멀러는 주장하나, 튜레틴의 근본적인 입장이 성경의 진정성을 확립하여 권위를 세우려는 것이기 때문에 그들과 동일한 맥락에 있는 것으로 보인다.

그는 이러한 성경은 구원의 교리를 완전하고 명료하게 계시한다고 주장하여 평신도들도 성경을 읽어야할 것을 강조하였다. 이러한 측면에서 비어즐리(Beardslee)는 튜레틴의 스콜라주의의 많은 부분은 종교개혁자들의 주요한 요구들 가운데 하나인 평신도들의 손에 건전한 자국어 번역 성경을 제공하려는 목적을 성취하려는 학문적인 프로그램으로 읽혀질 수 있다고 하였다. 그러므로 평신도들이 성경을 읽어야 한다는 이러한 관심은 후기 경건주의자들에게만 특별한 것이 아니라, 종교개혁의 정통주의적인 후계자들의 신학적 프로그램에도 분명하게 나타나며, 튜레틴과 정통주의자들은 이러한 목회적인 관심을 가지고 있었다.[38] 그러므로 튜레틴은 당시의 시대적 요청가운데 자신의 성경관을 논리적으로 제시하였으나, 이것은 어디까지나 종교개혁자들의 성경관을 왜곡시키거나 변질시킨 것이 아니라 그것을 계승하여 체계화시킨 것이었다.

튜레틴은 오직 성경으로의 종교개혁자들의 원칙을 강조하는 과정에서 현재의 맛소라 사본의 권위를 강조하면서 맛소라 사본의 모음까지 영감되었다고 주장한다. 그는 이러한 모음점의 문제가 신학적인 문제라기보다는 언어학적인 문제라는 점도 인정한다. 그렇지만 카펠이 본문비평을 수용하여 맛소라 사본의 권위를 부정하려고 하자, 그는 전통적인 개신교의 입장을 고수하고자 하였다. 그는 맛소라 사본의 권위가 인정되어야 sola scriptura의 원리에 입각하여 로마 가톨릭을 비판했던 종교개혁의 신학원리가 유지될 수가 있다고 보았다. 만약에 맛소라 사본의 권위가 무너지면 종교개혁의 sola scriptura의 원리가 유지될 수 없다고 보았기 때문에, 그는 카펠의 본문비평방법을 강하게 비판하였던 것이다. 그러므로 그가 카펠의 본문비평을 비판한 것은 종교개혁의 신학원리가 바로 맛소라 사본의 권위에 매여있다는 그의 인식 때문이었다.

칼빈과 튜레틴과 프린스톤 신학자들의 성경관의 관계에 대하여 맥킴과 로저스는 튜레틴이 칼빈의 견해를 왜곡하였고, 그러한 튜레틴의 견해가 프린스톤 학자들에게 반영되었다고 보았다. 반면에 멀

38 Francis Turretin, *The Doctrine of Scripture: Locus 2 of Institutio Theologiae Elenticae*, ed. and trans. by John W. Beardslee(Grand Rapids: Baker Book House, 1981), 11.

러는 사본과 원본의 관계에 대한 튜레틴의 견해가 프린스톤학자들의 견해와 다르다고 보았다. 그렇지만 튜레틴의 기본원리가 종교개혁자들의 sola scriptura의 견해를 확립하기 위하여 오류없는 원본과의 연속성 하에서 사본들의 권위를 옹호하려는 것이었다. 튜레틴은 영감을 인정하면서 성서 전승과정에서 부패를 주장하는 로마 가톨릭을 반박하기 위하여 원문과 사본의 연속성을 강조하였다. 반면에 프린스톤 신학자들은 성서의 영감을 전면 부정하는 자유주의자들의 주장에 직면하여 성경 원본의 영감과 무오류를 주장하며 성경의 권위를 주장하였다. 그러므로 기본적으로 논리구조는 다르지만 칼빈에서부터 튜레틴과 프린스톤학파로 이어지는 기본적인 논지는 성경이 영감되어 오류가 없는 신학의 유일한 인식원리라는 것으로 보여진다. 그리고 칼빈, 튜레틴, 그리고 프린스톤 신학자들도 현재 사본상의 문제들을 인정하고 그것들을 상호대조하고 비교하여 연구하는 사본비평은 공통적으로 인정하고 있다.

참고 문헌

· Dennison, James T. "The Life and Career of Francis Turretin," in *Institutes of Elenctic Theology* vol. 3 (Phillipsburg: Publisher, P & R Publishing, 1997): 636-648.

· Heppe, Heinrich. *Reformed Dogmatics: Set Out and Illustrated from the Sources*, trans. G. T. Thomson. Grand Rapids: Baker Book House, reprint, 1978.

· Hillerbrand, Hans J. ed. *The Oxford Encyclopedia of the Reformation,* vol. 1. New York: Oxford University Press, 1996.

· ______. ed. *The Oxford Encyclopedia of the Reformation*, vol. 3. New York: Oxford University Press, 1996.

· Klauber, Martin I. *Between Reformed Scholasticism and Pan-Protestantism: Jean-Alphonse Turretin(1671-1737) and Enlightened Orthodoxy at the Academy of Geneva* (Selingrove: Susquehanna University Press, 1994.)

· McKim, Donald. ed. *Encyclopedia of the Reformed Faith*. Kentucky: Westminster/John Knox Press, 1992.

· Muller, Richard. "Scholasticism Protestant and Catholic: Francis Turretin on the Object and Principle of Theology." *Church History*, 55/2 (June 1986): 193-205.

· ______. *Post-Reformation Reformed Dogmatics* vol. 2. Grand Rapids: Baker Book House, 1993.

· Rogers, Jack B. & McKim, Donald K. *The Authority and Interpretation of the Bible: an Historical Approach*. San Francisco: Harper & Row, Publishers, 1979.

· Turretin, Francis. Institutes of Elenctic Theology, Volume 1. ed., James T. Dennison, trans. George Musgrave Giger. Phillipsburg: Publisher, P & R Publishing, 1992.

· ______. *The Doctrine of Scripture: Locus 2 of Institutio Theologiae Elenticae*, ed. and trans. by John W. Beardslee. Grand Rapids: Baker Book House, 1981.

프란시스 튜레틴의 예정론 연구

이은선

프란시스 튜레틴의 예정론 연구[1]

이은선

Ⅰ. 서론

중세 말에 루터는 이신칭의를 주장하며 종교개혁을 시작하였다. 루터의 이신칭의론은 인간의 행위가 아니라 "오직 믿음"으로 "오직 하나님의 은혜"로 구원받는다는 성경해석이었다. 이러한 루터의 성경 해석도 예정론에 근거를 두고 있지만[2] 칼빈은 이중예정론을 통하여 구원의 은혜의 성격을 더욱 명확하게 제시하였다. 인간이 믿음으로 구원을 받지만, 그 믿음은 하나님의 예정의 결과라는 것이었다.[3] 하나님께서 예정된 사람들에게 은혜로 믿음을 주시고 그 믿음을 통해 예수 그리스도를 믿음으로 구원을 받는다는 것이었다. 이러한 예정론의 주장에 대해 인간의 자유의지를 주장하는 사람들의 강

1 이은선, "프란시스 튜레틴의 예정론 연구", 「한국개혁신학」 46 (2015), 33-59.

2 루터는 이미 1517년 '97개 논제'라고 불리는 프란츠 권터의 성서학사 토론문인 "스콜라주의 신학을 반박하는 토론문"에서 인간이 자신의 올바른 행동을 통해 하나님 앞에 의롭게 된다는 스콜라주의의 은총론을 비판하고 인간이 하나님의 은총을 얻는 유일한 방법은 하나님의 선택과 예정이라고 주장했다. 루터는 그 이후 1518년의 하이델베르크 논제, 1525년의 노예의지론, 1535-45의 창세기 강해에서 예정론을 통한 이신칭의를 주장한다.

3 조용석, "츠빙글리와 칼뱅의 실천적 삼단논법 연구", 「한국교회사학회지」 30 (2011): 43.

력한 반대가 일어나게 되었고[4], 그리하여 종교개혁기부터 정통주의 시기에 걸쳐 예정론은 신학논쟁의 중심에 서게 되었다.

이러한 예정론 논쟁이 17세기에 알미니우스(Jacob Arminius)와 항론파가 등장하면서 더욱 격렬하게 전개되어 도르트 신조(Dort Canon)가 작성되었고[5] 그 직후에 소뮈르(Saumur) 학파의 예정론의 견해가 등장하였다. 그리하여 17세기에 예정론을 둘러싸고 다양한 학파들의 의견이 개진되었다. 1653년부터 신학교수가 되어 제네바 아카데미에서 가르쳤던 튜레틴은 『변증신학 강요 *Institutio Theologicae Elenticae*』를 저술하면서 예정론을 타락후 선택설의 입장에서 다루었다. 이러한 예정론 논쟁 과정에서 생겨난 예정론에 대한 가장 중요한 오해가 예정론은 사변적이고 하나님의 주권 교리에서 연역된 것이며, 교회의 목회와 관련이 없는 논쟁적인 주제라는 것이다.

그러나 예정론을 변증신학의 방식으로 다룬 튜레틴의 논의를 분석하면서 예정론이 철저하게 성경적이고 목회적인 관점에서 전개되었다는 것을 밝혀보고자 한다. 튜레틴이 변증신학을 저술하여 그의 신학이 대단히 논쟁적이고 사변적인 것으로 생각되기 쉽다. 아퀴나스의 『신학대전』의 저술방식을 따르는 방법론[6]에서 소시니안파, 항론파, 루터파, 로마 가톨릭뿐만 아니라 같은 개혁파 안의 소뮈르 학파와 타락전 선택론자들과 논쟁을 하며 예정론에 대한 자신

---

4 칼빈은 『기독교 강요』2판에서 이중예정을 명확한 설명한 후에 그의 입장을 비판하는 사람들과 여러 차례 논쟁을 하게 되었다. 김종희, "칼뱅의 예정론의 역사적 발전과정", 「교회사학」 9/1 (2010): 260.

5 도르트신조는 논쟁중인 예정론을 관련된 교리들에 대한 "표준들(Canons)"로 작성되었다. 김요섭, "도르트 신조의 역사적 배경과 개혁주의적 교회론 연구", 「개혁논총」 30 (2014): 360.

6 이은선, "프란시스 튜레틴의 『변증신학 강요』의 신학방법론 - 신학서론(prolegomena)의 분석", 「역사신학논총」 2 (2000): 64.

의 입장을 밝혀야 했던 시대적인 상황에서 그러한 측면이 있다. 그러나 그가 그러한 논쟁을 통해 확립하고자 했던 예정론의 내용은 철저하게 종교개혁의 원리를 구현하려는 것이었다. 그의 예정론은 "오직 성경"으로, "오직 은혜로"라는 종교개혁의 원리와 함께 루터와 칼빈이 강조했던 구원의 확신을 얻고자 하는 문제를 다루었다. 그래서 본고에서는 작정교리에서 소시니안파와 항론파의 견해를 비판한 논리를 검토해 보고 예정론에서 성경적이고 목회적인 관점에서 종교개혁의 원리를 구현하고자 한 내용을 분석해 보고자 한다.

Ⅱ. 하나님의 속성론을 통한 소시니안주의자들의 작정교리 비판

튜레틴은 하나님의 예정론을 다루기에 앞서 하나님의 작정에 대하여 논의한다. 그는 작정에 대해 하나님의 내부의 본질적인 행위, 영원성, 무조건성, 필연성의 4가지 문제를 분석한다. 소시누스(Socinus)와 항론파들은 우연과 인간의 자유를 주장하기 위해 하나님의 작정을 부정한다. 소시누스와 항론파의 대표자인 보어스티우스(Conrad Vorstius)는 하나님의 작정들이 하나님께 내재적으로 있는 것이 아니라 우연적으로 있다고 주장한다.[7] 따라서 소시니안주의자들[8]과 보어스티우스는 작정들이 하나님께 내재하지 않으므로, 영원하

7 Francis Turretin, trans. Greorge Musgrave Giger, *Institutes of Elenctic Theology* V.1. (Phillipsburg: P&R Publishing, 1992), 311. 이하 *IET*로 표기한다.

8 볼켈리우스(Johannes Volkelius, c.1565-1616)는 독일에서 태어나 비텐베르크 대학에서 공부를 했는데, 그는 1585년에 폴란드 형제단에 가입하면서 소시니안주의자가 되었다. 그는 Fausto Sozzini의 사상의 영향을 받아 저술한 책이 『*De vera religione*』인데, 그의 사후에 크렐리우스(Johannes Crellius, 1590-1633)가 편집하였다. 이 책은 유럽에 널리 퍼져나갔으며, 개혁주의자들에 의해 많은 반박을 받았다.

지 않고 잠정적이라고 가르친다.[9] 셋째로 이들은 예수회와 함께 중간지식[10]을 근거로 예견된 믿음으로부터 선택을 확립하고 인간 의지의 힘을 강화하려는 목적으로 작정의 조건성을 주장한다. 넷째로 이들은 자유의지를 주장하기 위하여 작정과 예지로부터 사건의 필연성을 부정하고 있다. 다섯째로 이러한 필연성과 관련하여 인간의 삶의 끝이 정해져 있다는 주장에 대해 소시니언파와 항론파와 루터파는 부정한다.[11] 이들은 하나님의 작정과 관련하여 우연성, 잠정성, 조건성을 주장하고 필연성을 부정한다.

튜레틴은 이들의 주장을 반박하기 위해 먼저 작정의 우연성에 대해 작정이 하나님의 본질인 의지의 내재적인 행위이므로 우연으로 존재하지 않는다고 주장한다. 그는 작정이 하나님의 본질의 내재적인 행위라는 것을 설명하기 위해 내부에 밀착되어 붙어있는 것(inhaesive)과 구별하여 본질에서 나와 내재하는 것(intrinsecus)이란 용어를 사용한다.[12] 그는 이러한 하나님의 작정의 내재성을 강조하기 위해 하나님의 단순성, 무한성과 완전성, 불변성 등의 속성과 관련시킨다. 이러한 속성들에서 우연이 발생할 수 없고, 완전하게 하기 위해 무엇이 첨가될 수 없으며, 변할 수 없으므로 이러한 네 가지 속성들에서 나오는 작정은 하나님의 본질과 내부에 내재하여 결코 변할 수 없다. 만약에 그렇지 않으면 하나님의 이러한 네 가지 속성들이 전복

9 *IET*, V.1, 316, 319, 322.

10 몰리나와 수아레츠 같은 예수회 신부들은 인간의 자유의지의 우발성에 대한 중간지식을 근거로 예지된 믿음으로 토대로 예정이 이루어진다고 주장하였고, 이러한 이론은 알미니우스를 비롯한 항론파들에게 수용되었다. 유정모, "예수회 중간지식론에 대한 개혁파 정통주의자들의 논박," 「개혁신학」 32 (2014): 184, 190.

11 *IET*, V.1, 312

12 Francisco Turrettino, *Institutio Theologicae Elencticae* V.1 (Edinburgh: Edinburgh University Press, 1867), 279. *ITE*로 표기.

될 것이다. 그러므로 작정은 하나님의 의지가 의지하시는 그의 본질이기 때문에 신적인 본질과 다르지 않다.[13]

하나님의 작정의 영원성에 대하여 튜레틴은 성경은 작정을 창세전인 영원에 돌리고(엡 1:4), 영원한 하나님의 예지에 근거하므로 작정이 영원하다고 주장한다(행 15:18). 작정이 단지 시간상에서 이루어진다면, 이것은 하나님의 영원한 지혜, 그의 가장 절대적인 완전성과 불변성과 일치하지 않는다. 특히 보어스티우스는 소시누스를 따라서 절대적 영원과 제한된 영원, 단순한 영원과 상대적 영원 등의 구별을 하나 이러한 구별은 인간의 인식방법과 관련된 것이라고 지적한다. 그는 이러한 성경 상의 근거와 논리적인 설명을 통해 작정이 일부는 영원하고 일부는 시간상에서 일어난다는 소시누스파와 항론파들의 주장을 반박하면서 하나님의 작정은 영원하다고 주장한다.

하나님의 작정은 영원하고 불변하며(사 46:10) 하나님의 선하신 뜻에만 의존한다(엡 1:5; 롬 9:11). 작정은 하나님 밖의 어떤 조건에 의존하지 않으며, 하나님께서 사람에, 하나님의 의지가 사물들에 의존하게 만드는 것은 불합리하다. 하나님께는 미래의 조건적인 일들을 대상으로 가지는 중간 지식이 없어 조건적인 작정은 없으므로 하나님의 약속은 조건적인 것이 아니라 절대적이라고 주장한다.[14] 성경에 작정과 관련하여 조건적으로 나타나는 표현들은 인간들의 인식을 고려한 표현들일 뿐, 하나님의 작정은 하나님의 기쁘신 뜻이란 주권

13 *IET*, V.1, 314. Mark Beach, "Preaching Predestination: An Examination of Francis Turretin's Sermon De l'affermissement de la vocation et de l'election du fidele", *Mid-American Journal of Theology* 21(2010): 135.

14 *IET*, V.1, 316-7.

과 영원성이란 속성에서 나오기 때문에 무조건적이다.

넷째로 작정의 필연성은 제1원인과 관련된 것이고, 제2원인과 관련되면 각각의 일은 근접하고 특별한 원인에 따라 판단되고 판단될 수 있기 때문에 자유롭고 우연적이며 행운일 수 있다.[15] 제1원인과 제2원인의 관계를 통해 제1원인인 하나님과 제2원인인 인간 사이에서 존재하는 필연성을 설명한다. 제1원인인 하나님 편에서는 필연적이지만, 인간 편에서는 우연적인 제2의 원인이 있을 수 있다. 그러므로 인간의 죄는 하나님 편에서 필연적으로 일어나지만, 인간 편에서는 자유롭게 범죄하는 것이다. 아담은 하나님의 작정에 의해 필연적으로 범죄하지만, 그가 범죄할 때 하나님의 강제에 의해 범죄하는 것이 아니라, 그의 자유의지에 의해 자발적으로 범죄하며, 이 때 하나님은 그의 범죄에 대하여 허용하시는 것이므로 죄의 원인이 아니다.

이러한 필연성과 관련하여 인간의 삶의 끝이 정해져 있다는 주장에 대해 이 질문은 물리적인 기간에 대한 것이 아니라, 오히려 제일 원인과 하나님의 지정에 의해 결정되는 초자연적인 기간(hyperphysical)이 움직일 수 없다는 것이라는 점을 설명하고, 아퀴나스의 구별을 적용한다. "제2의 원인 속에 있는 바로서 운명은 움직일 수 있으나, 하나님의 예지로부터 오는 운명은 절대적 필연성이 아니라 조건적인 필연성에 의해 움직일 수 없다(ST. I. Q.116, Art. 3. p.568)."[16]

그러므로 일반 작정과 관련해서 소니누스파들과 항론파들과 루터파들은 인간 편에서 생각하여 작정의 우연성, 잠정성, 조건성, 가변성을 주장하나, 튜레틴은 하나님의 속성을 기반으로 작정의 신

151 한병수, "우연과 섭리 - 개혁주의 관점에 대한 고찰",「한국조직신학논총」40 (2014): 69.

16 *IET*, V, 323.

적 내재성, 영원성, 무조건성, 필연성을 주장한다. 그는 이들의 주장을 반박하는 과정에서 성경과 인간 이성과 논리학에 호소하고, 필요한 경우에는 아퀴나스의 견해를 인용한다.

III. 선택의 원인과 선택의 확실성 – '오직 은혜'의 원리

1. 그리스도 안에서 선택의 의미

튜레틴은 작정의 올바른 성격을 설명한 후에 그 작정의 가장 핵심적인 내용인 예정을 분석한다. 예정론을 둘러싼 논쟁에서 핵심은 예정에서 '오직 은혜'로의 원칙을 확립하려는 것이요, 결과적으로 구원론에서 '오직 은혜'로의 원칙을 확립하려는 것이다. 물론 튜레틴은 예정론을 취급하는데, 일반적인 개혁파 신학자들이 섭리와 관련하여 취급하는 것과 달리, 신론과의 연속성에서 취급한다.[17] 우리의 예정의 원인이 하나님의 기쁘신 뜻에만 있는가 아니면 그 이외에 다른 원인이 있는가? 하는 것이 튜레틴과 알미니안주의자들 사이의 논쟁의 핵심이었다. 알미니안주의자들은 교황주의자들의 견해를 수용하였고 루터파는 이들의 견해에 동조하여 여기에서 같은 견해를 가지고 있었다. 이들은 그리스도와 그의 공적, 더 나아가 예지된 믿음이 하나님께서 우리를 구원으로 예정하실 때 선행적으로 공적(merit)이자 원인이라고 주장하였다. 그러한 주장의 이유는 그리스도와 그

17 Katherine Sonderegger, "Called to Salvation in Christ: Justification and Predestination", in Michael Weinrich, John P. Burgess eds., *What Is Justification About?: Reformed Contributions to an Ecumenical Theme* (Grand Rapids: Wm. B. Eerdmans Publishing Company, 2009), 130. 튜레틴은 4장에서 하나님의 작정과 예정론을 다룬 후 5장 창조 6장 섭리를 다룬다.

공적을 통한 보편적인 은혜를 세우려는 것이다. 이들은 또한 신앙을 선택의 원인으로 주장하여 하나님의 예정의 전적인 은혜의 성격을 무너뜨리고자 하였다.[18]

따라서 예정의 원인에 대한 논쟁의 핵심은 궁극적으로 구원론에서 '오직 은혜'로의 원칙을 확립하기 위한 것이었다. 예정론 논쟁은 종교개혁에서 루터가 주장한 우리가 믿으면 구원을 받는다는 주장에서 믿음의 근원이 어디에서 오느냐? 하는 것이었다. 알미니안주의자들은 중간지식을 이용하여 인간이 자유의지를 가지고 믿는다는 것이었고, 그러므로 하나님께서 예정을 하신다고 한다면, 인간이 가질 믿음을 보고 예정하신다고 주장하였다.[19]

알미니안주의자들과 루터파들은 그리스도가 선택의 공적인 원인이자 토대라고 주장하나, 튜레틴은 다음의 네 가지 이유로 그러한 견해를 반대한다. 첫째로 성경은 선택이 하나님의 주권적인 뜻으로만 이루어진다고 서술한다(마 11:25,6; 롬 9:11,16; 눅 12:32). 이것은 전체적으로 내재적인 하나님의 본성과 의지에 뿌리박은 선택이다.[20] 둘째로 그리스도는 구원의 중보자로 선택되었고 예정되었기 때문에 선택의 원인이 아니라 선택의 결과로서 우리의 구원의 원인이자 토대이다(사 42:1; 벧전 1:20; 요 3:16). 셋째로 그리스도의 구원의 공적의 대상이 택자들이므로 그들의 선택이 구속과 그 작정보다 선행해야만 한다. 넷째로 목적의 의도가 수단의 지정보다 선행해야 한다. 그런데 구원이 목적이고 그리스도는 구원의 수단이므로, 택자에 대한 구원

18 *IET*, V.1, 351, 356.

19 김병훈, "도르트 신경의 예정론에 관련한 이해", 「장로교회와 신학」 4 (2007): 213.

20 Brannon Ellis, "The Eternal Dcree In The Incarnate Son: Robert Rollock On The Relationship Between Christ And Election", in Aaron Clay Denlinger, ed., *Reformed Orthodoxy in Scotland: Essays on Scottish Theology 1560-1775* (London: Bloombury T&T Clark, 2015), 60.

의 예정이 그 목적을 획득할 그리스도의 예정보다 선행되어야만 한다.[21] 그러므로 택자들의 선택은 하나님의 기쁘신 뜻이 원인이 되어 이루어졌고, 그리스도는 이미 이루어진 선택을 성취하기 위한 수단으로 선택되었다.

이러한 해석 과정에서 에베소서 1장 4절의 "창세 전에 그리스도 안에서 우리를 택하사"라는 구절의 해석이 논쟁의 핵심 쟁점이었다. 칼빈은 그리스도 안에서 택하였다는 것을 우리 안에 선택할 만한 아무런 근거가 없기 때문에 그리스도 안에서 선택하였다고 해석하였다. 우리를 그리스도의 지체로 접붙인다는 의미에서 그리스도는 우리의 선택의 근거이다.[22] 따라서 그리스도는 선택의 확신을 위한 우리의 선택의 거울이었다.[23] 그리고 이러한 그리스도 안에서의 선택은 '오직 은혜로만' 구원받는 교리의 토대였다. 그런데 알미니우스와 항론파는 그리스도 안에서 선택했다는 말을 두 가지로 해석하였다. 첫째는 그리스도를 우리의 중보자로 선택하셨다는 것이다. 둘째로 그리스도를 중보자로 선택한 후에 우리가 그리스도를 믿고 견인할 것이라는 우리의 신앙을 예지하여 선택하였다고 주장하였다.[24] 이러한 알미니우스의 주장을 반박하여 튜레틴은 '그리스도 안에서'라는 주장에 대하여 그리스도는 여기서 예정의 원인이 아니라 예정을 실현하는 수단이라는 것이다.

튜레틴은 "그리스도 안에서 택함을 받았다(엡 1:4)"는 것이 그리

---

21 *IET*, V.1, 351-2.

22 *Inst.*, III.22.1 (OS 4, 318); 김종희, "칼뱅의 예정론", 「기독교신학저널」 4 (2003): 171.

23 *Inst.*, III.24.5 (*OS* 4, 415-416); 김지훈, "예정론의 교회론적 위로", 「한국개혁신학논총」 44 (2014): 140.

24 James Arminius, *The Works of Arminius*, V.1 (Grand Rapids: Christian Classics Ethreal Library, 20002), 203; 122-135, 김병훈, "도르트 신경의 예정론에 관련한 이해", 217.

스도께서 우리의 선택의 근거라는 의미가 아니라 우리의 구원의 근거라는 의미로 해석하여, 그리스도가 중보자로서 우리의 예정의 원인이자 근거가 된다는 알미니안주의자들의 견해를 반박한다. 우리가 "그리스도 안에서 택함을 받았다(엡 1:4)"는 의미는 우리가 그리스도 안에 이미 존재하는 것이 아니라, 그리스도 안에 "있으려고" 선택되었고, 하나님께서 우리를 거룩하게 하려는 목적으로 선택하셨으므로 그리스도에 의해 구원받아 결과적으로 거룩하게 되는 것을 나타낸다. 구원의 축복은 그리스도가 없으면 우리에게 주어지지 않으나 선택은 하나님의 기쁘신 뜻에 따라 이루어지므로, 우리는 명백하게 그리스도 안에서 축복받는 것과 같은 동일한 방식으로 그리스도 안에서 선택되지 않는다. 하나님께서 시간 안에서 그리스도 때문에 실질적으로 우리를 구원하시기 때문에 결과적으로 그리스도 때문에 우리를 구원하려고 작정하셨으나, 그리스도가 원인이 되어 선택한 것은 아니다.[25] 그리스도는 우리의 선택의 원인은 아니지만, 그렇다고 우리는 그리스도 없이 그리고 그리스도와 분리되어 선택되지 않는다. 우리를 선택으로 예정하신 바로 그 작정에 의해, 그리스도는 또한 우리를 위해 그것을 획득하도록 예정되었다. 그러므로 선택은 그리스도를 배제하는 것이 아니라 포함하지만, 이미 주어진 것이 아니라 주어질 것으로 포함한다. 하나님의 속성으로서의 호의의 사랑은 그리스도와 관련 없이 택자들에게 미리 베풀어질 수 있지만, 그리스도의 구속에 근거하여 베풀어지는 은총과 축복은 시간 속에서의 그리스도의 실질적인 사역이 이루어진 이후에야 제공될 수 있다. 하나님께서 택자들에게 호의를 베푸시기 때문에 그리스도를 중보자로

25 *IET*, V.1, 353.

정하여 실질적으로 그리스도를 통해 그들을 축복하신다.

여기서 튜레틴은 그리스도가 선택의 원인이 아니라는 의미가 중보자로서 그리스도를 가리키는 것이지 로고스로서 그리스도를 가리키는 것이 아니라는 것을 명확하게 밝힌다. 오히려 로고스로서 그리스도는 우리의 선택의 유효한 원인이다. 로고스로서 그리스도는 "나는 내가 택한 자를 알고(요 13:18) 너희가 나를 선택한 것이 아니라, 내가 너희를 선택하였다(요 15:16)"고 하여 선택의 유효한 원인이라는 것을 주장하신다. 그러나 신인으로서의 그리스도는 선택의 시행의 수단이나, 선택의 원인은 아니다.[26]

2. 예지된 믿음 혹은 하나님의 은혜에 의한 선택

다음으로 튜레틴은 선택이 신앙 혹은 행위의 예지를 근거로 이루어진다는 알미니안주의자들과 루터파 학자들의 주장에 반대하여 하나님의 은혜로만 이루어진다고 주장한다. 당시에 선택이 신앙의 예지를 근거로 이루어지는지의 여부에 대해 교황주의자들 가운데 잔센주의자들과 예수회파 사이에 논쟁이 불타오르고 있었고, 루터파들 사이에도 논쟁이 있었다. 알미니안주의자들은 하나님께서

---

26 *IET*, V.1, 354. 예정과 그리스도의 관계에 대하여 멀러는 이미 『그리스도와 작정』(*Christ and Decree*)이라는 책에서 잘 다루었다. 바르트는 자신의 예정론에서 칼빈을 비롯한 개혁주의자들은 그리스도를 예정의 수단으로 만들어 그리스도는 성부의 예정을 실현하는 종속적인 위치에 떨어진다고 주장하였다. 그러므로 개혁파 정통주의 예정론은 그리스도가 선택하는 하나님이시라는 것을 제대로 설명하지 못한다는 비판이 제기되었던 것이다. 그래서 멀러는 이미 칼빈에게서 그리스도의 역할이 이미 두 가지로 구분되어 있다고 설명하였다. 로고스로서의 그리스도는 성부와 동등하게 선택할 권한을 주장하나 신인이신 중보자로서의 그리스도는 예정의 시행의 수단이라는 것이다.(Christ and Decree, 25; Suzanne McDonald, "Theology of Election: Modern Reception and Contemporary Possibilities", in J. Todd Billings and I. John Hesselink, eds., *Calvin Theology and Its Reception: Disputes and Development and New Possibilities* (Louisville: John Knox/Westminster Press, 2012), 131.

예견된 믿음을 토대로 사람을 선택한다고 주장하며 "선택의 작정에서 하나님의 절대적인 의지를 첫째 원인으로 두는 것은 불합리하다"고 말한다(Collatio scriptio habita Hagaue Comitis(1615), p.127).[27] 더구나 그들은 신자들에 관한 첫 번째의 일반적인 작정과 하나님이 믿을 것을 이름으로 예견한 믿는 개인들에 관한 두 번째의 구체적인 작정 등의 이중 작정을 주장하는데, 첫 번째는 하나님의 순수한 뜻만이 원인이나, 둘째 작정에서는 하나님께서 선택 대상의 믿음에 의해 어떤 사람을 선택하도록 감동받는다고 주장한다. 이들은 생명으로의 예정 전에 믿음을 주는 작정을 먼저 했다고 주장하여, 생명에 대한 예정이 선택된 사람들 속에서 하나님에 의해 예견된 조건인 믿음에 속한다고 주장한다.

튜레틴은 선택이 예견된 신앙에서 나온다는 주장을 다음과 같은 이유들로 반대한다. 첫째로 믿음과 순종은 선택의 열매이고 결과이므로(롬 8:30) 그것들은 선택의 원인이나 선행하는 조건일 수 없다. "하나님께서 우리를 거룩하게 하시려고 우리를 선택하셨"으므로(엡 1:4) 우리가 거룩하기 때문에 선택하신 것이 아니며, 오히려 영생으로 예정된 자들이 믿었다(행 3:48).[28] 둘째로 선택은 어떤 행위로부터가 아니라 하나님의 기쁘신 뜻으로 이루어진다(롬 9:11,16). 믿음은 구원의 수단일 뿐 그 원인이 아니다. 셋째로 믿음은 하나님의 선물로서 선택의 결과로 나오는 것이지, 신앙에서 선택이 나올 수 없다. 넷째로 선택이 예견된 믿음에서 나온다면, 하나님께서 사람을 선택한 것이 아니라, 사람이 하나님을 선택했을 것이고, 예정은 오히려 후정이라고

27 *IET*, V.1, 356.

28 *IET*, V.1, 357.

불릴 것이다. 그러나 그리스도께서 우리를 선택하셨다(요 15:16).[29]

로마서 8장 29절의 "미리 아신 자들을 또한 정하셨다"는 표현에 대해 알미니안주의자들은 하나님께서 믿음을 가질 자들을 미리 아시고, 그들을 하나님의 형상을 본받도록 정했다고 해석하여 예지예정의 근거로 사용한다. 이에 대해 튜레틴은 하나님께서 자기가 예정할 자들을 미리 아시고, 그 예정된 자들이 하나님의 아들의 형상을 본받게 하려고 예정하셨다고 절대예정으로 해석한다. 이 구절의 "예지"는 단순하게 안다는 의미가 아니라 자신이 선택할 자를 미리 안다는 의미라고 튜레틴은 해석한다.[30] 그러므로 알미니안주의자들은 하나님께서 인간 안에 믿음이 있을 것을 미리 아신다고 해석하는 반면에, 튜레틴은 하나님께서 미리 알고 있는 예정의 대상들을 예정하신 목적이, 그 예정의 결과로 아들의 형상을 본받는 것이라고 해석한다.[31] 이렇게 선택을 나타내는 예지가 예정 앞에 놓이기 때문에, 그들이 그리스도를 제공받아 그의 형상을 본받도록 예정되기 전에, 구원받을 그들이 하나님에 의해 미리 예정된다는 것이 분명하게 드러난다. 그리스도가 맏아들이라고 불린다면 그는 모든 점에서 먼저 선택되는 것이 필연적이지 않고, 인과성과 위엄에 의해 시행에서 첫자리를 차지하는 것으로 충분하다.[32] 구원의 작정이 믿음과 순종 같은 그러한 것 위에 세워지지 않으나, 그렇지만 작정된 구원 자체는 하나님께서 우리 안에서 역사하시는 신앙의 순종에 의존한다. 성화는 우리에게 알려지고 다른 사람에게 드러나는 후험적인 선택의 표

---

29 *IET*, V.1, 359, 360. 361.

30 *IET*, V.1, 354.

31 *IET*, V.1, 362.

32 *IET*, V.1, 354.

지이지만, 그러나 이것이 그러한 이유 때문에 선택의 원인이나 조건으로 고려될 수 없다. 믿음은 선택의 원인이 아니라 선택의 결과이다. 그러므로 선택은 하나님의 기쁘신 뜻에서 나오는 것이지 예견된 믿음에서 나오는 것이 아니다.[33]

핵심적인 차이는 튜레틴은 선택은 하나님의 기쁘신 뜻에 따라 전적으로 하나님의 은혜로 이루어지고, 그 뜻이 시간 속에서 이루어질 때, 그 수단이 믿음이라고 이해한다. 그러므로 결과적으로 믿음이 없이 구원받는 것이 아니다. 그러나 알미니안주의자들은 하나님께서 먼저 신자들 속에 있을 믿음을 보시고 그 예견된 믿음을 근거로 우리를 선택한다고 주장한다. 이것은 구원의 서정에서 드러나는 인식론적인 순서를 선택의 근거로 잘못 이해한 것이다. 구원의 서정에서는 우리가 먼저 믿고 그 믿음에 따라 구원을 받는다. 그러나 예정에서는 하나님께서 먼저 예정하시고, 그 예정의 결과 믿는다. 그러므로 믿음은 예정의 원인이 아니라, 예정의 결과이다.

3. 예정과 그리스도 안에서 예정의 실현인 언약과의 관계

튜레틴은 하나님께서 예정을 하실 때 구원으로의 목적으로 선택하실 뿐만 아니라 동시에 목적에 대한 수단도 선택했다고 하였다.[34] 그리고 예정을 성취하는 수단이 은혜언약, 아들과 성령의 파송, 구속, 소명 등이라고 한다.[35]

튜레틴은 제2권의 12항목에서 은혜 언약과 신구약에서의 이중

---

33 *IET*, V.1, 364.

34 *IET*, V.1, 332.

35 *IET*, V.1, 348.

경륜을 설명한다.[36] 이 구별이 튜레틴이 구약과 신약의 구속적인 구조에서, 즉 시간 안에서 은혜 언약을 강조하는 것을 이해할 수 있는 단서를 제공한다.[37] 튜레틴은 이곳에서 은혜언약을 "범죄당한 하나님과 범죄하는 인간 사이에 그리스도 안에서 맺은 은총의 약속(pactum)"이라고 정의한다.[38] 은혜 언약에서 예수 그리스도는 중보자로서 화해의 사역을 수행한다. 튜레틴은 이 동일한 하나의 은혜 언약 안에서 이중적인 약속을 주목한다. 첫째는 구속 사역을 수행할 아버지와 아들 사이의 약속이고, 둘째는 하나님께서 그리스도 안에서 택자들과 맺는 것이다. 아버지와 아들 사이의 첫 번째 약속에서 그리스도는 택자들의 구원을 위한 보증과 머리가 되시고, 하나님과 백성들 사이의 둘째 약속에서 하나님은 머리와 보증이신 그리스도 안에서 백성들과 약속을 맺는 것이다.[39] 이 후자의 약속은 믿음과 회개를 조건으로 그리스도에 의해 그리고 그리스도 때문에 신자들을 구원하려는 것이다.

이와 같이 튜레틴은 하나의 은혜 언약에서 성부와 성자 사이의 언약과 하나님과 백성들 사이의 언약을 구별한다. 이러한 중요한 구별을 한 후에, 튜레틴은 아버지와 아들 사이의 약속의 실체를 설명하고 증명해 나간다. 하나님과 아들 사이의 언약은 코케이우스 언약신학의 특색인 구원의 경륜에 초점을 맞추고 있다.[40] 그는 아버지

---

36 *IET*, V.2, 169.

37 Matthew McMahon, "Francis Turretin's View of Covenant of Grace Ant Its' Distinction, With Critical Notes Following", in Francis Turretin, *The Substitutionary Atonement of Jesus Christ* (Crosville: Puritan Publications, 2015), 248.

38 *IET*, V.2, 175.

39 *IET* V.2, 177.

40 J. Mark Beach, "Christ and Covenant: Francis Turretin's Federal Theology as A Defense of the Doctrine of Grace", (Ph. D. diss. Calvin Theological Seminary, 2005), 189. 이러한 언약은 역사에서 구원의 서정인 부르심, 칭의, 성화, 영화로 연결된다.(IET, V.1, 429)

와 아들 사이의 약속이 그의 아들을 구원자와 신비적인 몸의 머리(lytroten)로 주려는 아버지의 의지와 그 구속을 수행하기 위하여 구성원들을 위한 후원자로 자신을 제공하려는 아들의 의지(apolytrosin)를 포함한다고 서술하여 이 약속을 정의한다(눅 22:29).[41] 여기서 아버지는 아들과, 아들은 아버지와 율법의 요구들을 성취하기 위하여 협정을 맺는다. 언약의 법은 아버지에 의해 수립되고, 아버지는 아들이 임무를 수행하기 위하여 필요로 하는 것을 아들에게 제공하며, 아들은 언약의 이 목적을 성취하기 위하여 임무에 동의한다. "아들 편에서의 수용은 이것에 존재하는데 – 그가 우리를 위한 보증이 되기 위하여 아버지의 이 뜻과 언약의 율법에 자발적으로 순종하는 것이다."[42] 아들의 이러한 순종은 "하나님이 나를 위하여 한 몸을 준비하였다(히 10:5)"라는 하나님의 역할에 의존하고 있다. 아들의 헌신의 증명은 "이에 내가 말하기를 하나님이여 보시옵소서 두루마리 책에 나를 가리켜 기록된 것과 같이 하나님의 뜻을 행하러 왔나이다(히 10:7)"라고 말한다. 이 약속의 수행은 "내가 아버지의 계명을 지켜서 그의 사랑 안에 거한다(요 15:10)"는 말씀에서 제시된다. 그러므로 튜레틴이 "이 모든 일들은 명백하게 성경에서 수집된 것이다"라고 말하는 바와 같이 아버지와 아들 사이에 만들어진 이 언약이 명백하고 반박할 수 없다.[43]

아버지와 아들 사이의 언약에 관련된 개념들을 취급한 후에 튜레틴은 그 언약의 세 시기를 설명해 나간다. 그는 은혜 언약과 관련시켜 세 시기를 말하지 않고, 오히려 아버지와 아들 사이에 언약과

41 *IET* V.2, 177.

42 *IET* V.2, 178.

43 *IET* V.2, 178.

관련하여 "그 언약이 세 시기로 고찰될 수 있다"고 기록하고 있다.[44] 아버지와 아들 사이의 언약은 그의 하나님의 작정들과 예정에 대한 취급에서 이전에 보았던 하나님의 작정된 의지의 삼위일체 내적인 관계를 증명한다. 그는 그 언약이 ① 예정에서 ② 약속에서 ③ 시행에서 세 시기로 구분된다고 말한다.

아버지와 아들 사이에 언약의 결정의 견지에서, "영원에서부터" 가장 거룩한 삼위일체의 경륜 속에서 아들은 교회에서 후원자와 중보자로 제공되었다. 성경이 예정, 그리고 창세전에 중보자의 제정을 말할 때마다 아버지와 아들 사이의 언약이 인식되어야만 한다. 이곳이 교회의 모든 선택된 구성원을 위해 작정되고 정해진 바로서 예정이 생겨나는 곳이다.[45] 중보자는 교회를 구원하기 위하여 교회를 위해 오시지만, 아버지와 아들 사이의 언약의 그 외적인 표현은 구원사에서 시간 상황의 시점까지 발생하지 않을 것이다. 그러나 작정된 실제는 하나님의 작정 안에서 창세전에서부터 명백하다. 베드로전서 1장 20절에서 그는 창세전에 알려지셨으나 여러분을 위하여 마지막 날에 나타나셨다고 말한다.[46]

그 언약의 다음 단계는 약속과 관련된다. 구원 약속은 창세기 3장 15절에서 인간의 타락 후에 즉각적으로 이루어진다. 반항과 죄의 결과로서 사람은 지금 하나님께 범죄하고 있다. 중보자는 이제 하나님의 구약의 계시의 역할을 맡고 구원을 시간 속에서 진행시키는 동안에도 중보자와 그의 보증의 여러 역할들을 떠맡는다. 그는 사역자들과 사제들이 그의 의지를 수행하도록 영향력을 미치고

44 *IET* V.2, 178

45 Matthew McMahon, "Francis Turretin's View of Covenant of Grace Ant Its' Distinction", 260.

46 *IET*, V,2, 178.

미래 예언을 위한 모형들과 그림자들을 창조하며 언약의 조상들에게 자신을 드러내신다. 이것은 하나님께서 스스로 맹세하신 바와 같이 그렇게 시간 속에서 외적인 사건들을 통해 언약의 실체를 증명하기 시작하시기 때문에 하나님의 약속의 본성을 구체화시킨다(벧전 1:10-11). 세 번째 시기와 관련하여 튜레틴은 그리스도의 성육신에 대하여 언급한다. 주 예수 그리스도는 중보자로서 순종하여 구원 사역을 성취하기 위하여 인간의 육신을 스스로 입으셨다(히 10:5-7). 이제 이 성육신은 시간 속으로 들어와서 타락한 인간과 하나님 사이에 관계를 복원하기 위하여 율법 언약을 수행하는 것이다. 둘째 아담은 첫째 아담이 "이것을 행하라 그러면 살 것이다"라는 규정에서 성취하지 못했던 것을 성취한다. 그러므로 구속 언약에서, 혹은 아버지와 아들 사이의 언약 하에서, 인간의 육신으로 하나님의 특성을 보존하는 필요성이 기저를 이루고 있다. 에덴동산에서 아담은 이것을 수행하는 것을 실패했으나 성육신한 그리스도는 이것을 성취하였다.

튜레틴은 이러한 은혜언약의 설명을 통하여 하나님의 구원의 예정이 이루어지는 과정을 설명한다. 그는 아직 구속언약이란 용어를 사용하지는 않았으나, 구원의 예정을 완성하기 위해 아버지와 아들 사이의 영원전의 언약을 설명한다. 이러한 아버지와 아들 사이의 언약을 통해 시간 속에서 그리스도가 택자들의 머리와 보증으로 주어진다. 그러므로 튜레틴의 언약사상은 그의 예정의 실현의 수단으로 설명되고 있다.

Ⅳ. 실천적 삼단논법과 구원의 확신

예정이 하나님의 기쁘신 뜻에서 나오는가? 인간의 예지된 믿음에서 나오는가?에 따라 구원의 확신의 문제가 결정된다. 인간의 예지된 믿음에 근거를 두는 알미니안주의자들, 루터파, 로마 가톨릭은 당연히 구원의 확신을 가질 수 있다는 것을 부인한다. 반면에 하나님의 기쁘신 뜻에 의해 예정이 이루어지면, 그 예정은 객관적인 확실성을 가질 뿐만 아니라, 신자들 편에서의 주관적인 확실성도 가능하다. 신자들 편에서의 주관적인 확실성은 하나님의 예정과 약속의 확실성에 대한 믿음에서 나오는 것이다. 그러므로 신자들 편에서 구원의 확신은 선험적인 것이 아니라 후험적인 것이다. 이 후험적인 구원의 확신은 실천적 삼단논법에서 나오는 것이다.

먼저 튜레틴은 구원에 대한 선택은 지속적이고 변할 수 없다고 주장한다. 항론파들은 인간의 자유의지를 주장하여 하나님의 은혜에 대해서 인간이 거부할 수 있다고 주장하므로 하나님의 인간에 대한 선택은 인간의 뜻에 따라 유동적이게 된다. 그러므로 항론파의 주장에 따르면 우리의 선택은 불확실하고 탈락이 가능하게 된다. 우리가 끝까지 견인한다면 구원받을 수 있다고 하여 한정적인 의미에서의 확실성을 말한다. 그러나 성경은 우리를 향하신 하나님의 정하신 뜻은 변함이 없기 때문에 우리에 대한 하나님의 선택은 지속적이고 변할 수 없으며 확실하다.

그는 선택의 객관적 확실성에 대하여 4가지 이유를 주장한다. 먼저 성경의 근거에 따라 다른 작정들이 불변하는 바와 같이 우리의 예정도 동일한 근거로 불변한다. 택한 자의 수는 줄어들 수 없어 불변하고, 택함받은 사람은 영광을 받을 정도로 택자와 영광은 분리될 수 없게 연결되어 있으며, 생명책에 있는 이름을 지워질 수 없다.[47] 둘째로 선택자는 유혹받을 수 없고(마 24:24) 셋째 로마서 8장 29–30절에서 말하는 바와 같이 선택과 영광 사이에 분리할 수 없는 연결이 있어 선택받은 사람들은 영광 받을 것이며, 넷째로 택자들의 이름은 지울 수 없는 하늘에, 생명책에 기록되어 있어 선택은 확실하다.[48]

우리의 선택은 또한 우리의 마음에서 그것의 이해와 관련하여 후험적으로 확신할 수 있다(벧후 1:10). 따라서 이것이 선험적으로 그리고 하나님의 경륜 자체와 관련하여 확정될 수 있다는 결론이 따라오지 않는다.[49] 선행의 실천과 성화의 소망에 의해, 선택의 진리는 우리에게 알려지고 우리의 심령에서 확정된다. "하나님은 참으로 택자들의 구원을 명확하고 확실하게 작정하신다. 그러나 동일하신 하나님께서 이것이 신앙과 거룩의 방식으로만 확실하다고 작정하신다(히 12:14)."[50]

다음으로 튜레틴은 신자들의 선택에 대한 주관적인 신앙적 확실성의 문제를 다룬다. 교황주의자들과 항론파들은 인간의 구원이 자신들의 행위와 신앙에 달려 있기 때문에 자신들의 구원을 확신할 수 없다고 주장한다. 교황주의자들은 트렌트 종교회의에서 "어떤 사람이라도 하나님의 은혜를 얻었다는 것을 거짓된 어떤 것을 받아들이는 것 없이는 신앙의 확실성을 가지고 알 수 있다는 것"을 부인하였다.[51] 항론파들은 사람들은 변할 수 있기 때문에 죽을 때까지 신

---

47 *IET*, V.1, 365.

48 *IET*, V.1, 367, 368, 369.

49 *IET*, V.1, 370.

50 *IET*, V.1, 372.

51 *IET*, V.1, 373.

앙에 머물러 있다면 그러한 조건으로 신앙을 확신할 수 있을 뿐 절대적으로 확신할 수 없다고 주장한다.

이에 반해 튜레틴은 선택의 주관적인 확실성을 주장한다. 물론 선택은 선천적으로 인식될 없으며(롬 11:34) 후천적으로만 인식될 수 있다. 우리가 후천적으로 선택을 인식하는 과정은 실천적인 삼단논법을 통해서 이루어진다. 실천적 삼단논법은 "첫째로 성경의 약속의 관점에서, 둘째로 성령에 의한 그리스도 사역의 적용의 내적이고 영적인 열매들의 견지에서 가지는 구원의 확신의 논리를 서술하는 것"이다.[52] 이러한 실천적 삼단논법에 따르면 대전제는 성경말씀에 기록되어 있고, 소전제는 마음에 기록된 내적인 말씀이다. 튜레틴은 정확한 이러한 논리구조로 자신의 실천적인 삼단논법을 설명한다. 대명제는 "참으로 믿고 회개하는 사람은 선택되었다"는 것이다. 소전제는 "지금 나는 믿고 있다." 결론은 "그러므로 나는 선택되었다"는 것이다.[53] 튜레틴은 이러한 실천적인 삼단논법을 바로 신자들의 선택의 확신을 강화시키려고 사용하고 있다.[54] 그는 믿음을 통해 선택의 확신을 끌어내는 점에서 츠빙글리와 칼빈과 동일한 노선에 서 있다.[55] 이러한 실천적 삼단논법은 예외적인 계시가 아니라 신앙의 역사와 충만한 확신으로 이루어지는 일상적이고 평범한 방식과 관련된다. 이것은 개연적이고 추측하는 확실성이 아니라 우리 자신의 구원에 관한 확실성이다.

52 Richard Muller, *Dictionary of Latin and Greek Theological Terms* (Grand Rapids: Baker Book House, 1985), 293.

53 *IET*, V.1, 374.

54 J. Mark Beach, *Christ and the Covenant: Francis Turretin's Federal Theology as a Defense of the Doctrine of Grace* (Göttingen: Vandenhoeck & Ruprecht, 2007), 242.

55 조용석, "츠빙글리와 칼뱅의 실천적 삼단논법의 연구", 42-43.

신자들이 구원에 대해 확신할 수 있는 근거들은 첫째로 자신들이 하나님의 자녀이고 믿는다는 것을 알고 있다는 사실이다. 양자와 신앙이 선택의 오류 없는 효과들이고 열매들이기 때문에 선택된 것을 알 수 있다. 둘째로 영원에서부터 하나님께서 택자들의 이름을 "생명책"에 기록하고, 성경책에 우리의 신앙을 확정할 견인의 약속을 기록하셨다. 셋째로 이것은 우리가 하나님의 자녀라고 증언할 뿐만 아니라 우리를 구속의 날까지 인치시는 성령의 증언(엡 4:30)과 인침에 의해 확정된다(롬 8:16). 넷째로 그들 자신의 선택과 구원을 확신하는 성도들의 실천과 본보기는 확실성이 가능할 뿐만 아니라 필요하다는 것을 가르친다. 신앙의 아버지인 아브라함은 바랄 수 없는 중에 바랐으며, 다윗은 자신이 멸망하지 않을 것을 확신했으며, 바울은 그 어떤 것도 자신을 하나님의 사랑에서 끊어낼 수 없다고 확신하였다. 다섯째로 신앙의 효과들은 확신을 요구한다.[56] 신자들은 죽을 때 아니라 "성화의 진전 속에서 매일 위로를 위하여 아주 생생한 구원의 확신을 얻기 위하여 모든 힘을 다해 수고해야만 한다."[57] 따라서 튜레틴은 성도들은 실천적 삼단논법에 따라 자신의 구원의 확신을 체험할 수 있다고 주장하였다. 이러한 실천적 삼단논법을 강조하는 것은 구원의 확신의 경험적인 측면을 강조하는 것으로 예정론의 실천론적인 의미를 드러내 준다.

56 *IET*, V.1, 374-377.

57 *IET*, V.1, 379. 이러한 성화의 노력은 후에 조나단 에드워즈에게 영향을 미쳤다. Stephen A. Wilson, *Virtue Reformed: Rereading Jonathan Edwards's Ethics* (Leiden: E. J. Brill, 2005), 20-21.

V. 예정론의 교육과 설교 – 오직 성경으로

1. 칼빈과 베자의 예정론 교육과 설교 주장

튜레틴은 예정론을 다루면서 제6항에서 예정론을 공적으로 가르치고 설교해야하는지를 질문한다. 교회에서 예정론을 가르치는 것에 대한 반대는 이미 아우구스티누스 시대에 시작되었다. 그 때 프랑스 지방의 일부 기독교인들이 예정론에 대한 가르침에 불안을 느껴 교회에서 가르치는 것을 반대하게 되었다. 튜레틴의 시대에도 이 교리 때문에 논쟁이 일어나므로 교회의 평화와 양심의 안정을 위하여 가르치지 말아야 한다는 반대가 있었다.[58]

그러나 어거스틴이 교회에서 예정론을 가르쳤을 뿐만 아니라 종교개혁자인 칼빈과 그의 후계자인 베자도 예정론을 교회에서 가르쳐야 한다고 주장한다. 이들이 교회에서 예정론을 가르쳐야 한다고 주장한 것은 바로 성경이 예정론을 가르치고 있기 때문이다. 칼빈은 예정론은 그 교리의 유용성과 향기로운 열매 때문에 가르쳐야 하는데, 성경이 주께 대해 알아도 좋은 모든 일을 탐구할 때 우리를 인도할 수 있는 "유일한 길(unicam viam)"이므로 예정의 가르침은 사색적으로 이루어져서는 안 되고, 성경말씀이 드러내는 한도 내에서만 가르쳐야 한다고 강조한다.[59] 성경은 성령의 학교로서 필요하고 유익한 것은 하나도 빠뜨리지 않으므로, 성경에서 예정에 대해 밝힌 것

58 *IET*, V, 329.

59 Petrus Barth & Guilelmus Niesel eds., *Joannis Calvini Opera Selecta*, V.4 (Müchen: Chr. Kaiser Verlag, 1926), *Inst.*, III.21.2 (371). 이하 *OS*로 표기.

을 신자들에게서 빼앗지 않아야 한다고 경고한다.[60] 이와 함께 칼빈은 이 예정론이 성도들의 구원의 확신과 성화의 열매를 위하여 교회에서 분명하게 가르쳐지고 설교되어야 한다는 것을 강조한다.

베자는 제네바에서 제롬 볼섹의 추방과 세르베투스의 처형을 둘러싼 갈등 가운데 칼빈의 예정론을 변호하려고 1555년에 『예정론 도표 *Table of Predestination*』를 저술하였다. 베자는 이 저술에서 타락전 선택설의 경향을 분명하게 표명하고 있다. 그는 이 저술의 제1장에서 "하나님의 영원한 교리에 대한 질문은 호기심에 의한 것이거나 무익한 것이 아니라, 대단히 중요할 뿐만 아니라, 하나님의 교회에 매우 필수적인 것이다"라고 강조한다.[61] 이미 어거스틴 시대에서 이러한 예정론을 가르치는 것이 하나님의 말씀의 설교에 방해가 된다는 반대가 있었지만, 어거스틴은 예정론을 가르쳤으며, 사도 바울도 예정론을 가르치면서도 하나님 말씀을 선포하는 것을 방해받지 않은 것을 지적하며, 교회에서 예정론을 가르쳐야 한다는 것을 강조한다. 베자는 들을 귀를 가진 자가 듣고 하나님의 영원한 은혜의 목적을 확신하게 하려고 예정론을 설교하는 것을 지지하였다.[62]

2. 튜레틴의 예정론의 교육과 설교 주장

튜레틴은 올바르게 이해된 예정교리로부터 신자들이 얻는 위로와 성화의 가장 풍부한 열매들을 알고 있으므로 가르쳐야 한다고 주장한다. 그러므로 이 교리가 지나친 겸손으로부터 억압되어서도

60 *Inst.*, III.21.3 (*OS*, V.4, 372).

61 Theodore Beza, *Table of Predestination*, http://www.covenanter.org/Beza/bezas_table.html.

62 Richard A. Muller, *Christ and the Decree: Christology and Predestination in Reformed Theology from Calvin to Perkins* (Grand Rapids: Baker, 1986), 80.

안 되고 성급한 주제 넘는 호기심에서 파고들어 가서도 안 되겠다. 오히려 예정론은 하나님의 말씀으로부터 건전하고 신중하게 교육되어져 두 가지 위험한 생각들을 벗어나야 한다. 한 편에서 계시된 것들에 대해서도 아무 것도 알기를 원하지 않는 "가장된 무지"(affectos ignoratiae)와 다른 한 편에서 신비 속에 있는 것조차 모든 것을 알아 이해하려는데 분주한 "타당성 없는 호기심"(curiositatis temerariae)을 피해야만 한다.[63] 튜레틴은 이러한 두 가지 입장에 반대하여 예정론을 하나님 말씀으로부터 건전하게 가르치면 유익을 얻을 수 있다고 주장한다.

첫째로 그리스도와 사도들이 빈번하게 예정론을 가르쳤으므로, 이제 우리도 마땅히 그것을 가르치고 배워야 한다. 둘째로 예정론은 주요한 복음 교리들과 신앙의 토대들 가운데 하나이므로, 교회와 신자들에게 커다란 해를 끼치지 않고서는 무시될 수 없다. 왜냐하면 예정론은 하나님에 대한 우리의 감사의 근원이요 겸손의 뿌리이고, 모든 시련들 속에서 확신의 근원이요 가장 굳건한 닻이며, 가장 달콤한 구원의 지주요 경건과 거룩에 대한 가장 강력한 자극이다.

일부 사람들의 방종이나 자포자기 같은 남용 때문에 신비의 예정론을 가르치는 것을 삼가야 한다면, 우리는 삼위일체, 성육신, 부활 등 사악한 자들이 남용하는 대부분의 신비를 가르치는 것을 삼가야 할 것이다. 그러나 사도 바울이 영감받은 방식으로 철저하게 토론한 길을 따라가야 하고, 그러한 남용들은 교리 자체로부터 발생하는 것이 아니라, 남용하고 왜곡하는 사람들의 악의에서 우연적으로 발생하는 것임을 알아야 하겠다. 참으로 예정론보다 경건에 대

---

63 *ITE*, V.1, 295.

한 더욱 강력한 자극을 끌어낼 수 있고 확신과 위로의 더 풍부한 강물이 흘러나올 수 있는 다른 교리는 없다.

예정의 신비는 너무나 장엄하여 우리는 그 이유를 다 이해할 수 없으나, 여기서 하나님이 계시하신 것과 숨겨두신 것을 구별해야만 한다. 우리는 하나님이 계시하신 것을 무시하지 말아야 하고, 숨겨두신 것을 탐구할 수 없다(신 29:29). 그러므로 우리는 어거스틴이 표현한 바와 같이(On the Gift of Perseverance, 37) "숨겨진 것을 이해할 수 없기 때문에 그러므로 명백한 것을 부인해서는 안 된다."[64]

예정론의 교육과 설교와 관련하여 매우 신중함과 인내의 필요성이 요청된다. 이 교리는 처음에 직접적으로 전달되기보다는 점진적으로 서서히 전달되어야 한다. 예정론은 신자들의 신앙성숙도를 고려하여 인내하면서 신중하게 가르치고 설교해야 한다. 선택 같은 일부 예정론 교리는 경건한 자들의 위로에 더욱 유용하고 더욱 적합한 것으로 훨씬 더 빈번하게 교육되고 설교되어야 하나 유기같은 내용들은 자주 전달할 필요는 없다. 또한 예정론은 선험적으로(a priori)가 아니라 후험적으로(posteriori) 고찰되어야만 한다. 우리는 이 교리를 원인으로부터 효과로 내려가지 말고 효과로부터 원인으로 올라가야만 한다. 우리는 호기심으로 "생명책"을 열려고 할 것이 아니라, 우리에게 허용되고 권면 받는 "양심의 책"을 성실하게 살펴보아야 한다.[65] 그렇게 할 때에 우리는 하나님의 인이 우리 마음에 새겨져 있는지 그리고 선택의 열매들인 신앙과 회개가 우리 안에서 발견되는지 여부를 알 수 있을 것이다. 이것이 예정 교리의 구원하는 지식으로 전진하는 가장 안전한 길이다. 예정론 교육에서 대개 싸움과

64 *IET*, V.1, 331.

65 *IET*, V.1, 331.

분쟁을 일으키는 호기심을 자극하고 열매 없는 모든 질문들과 "어리석고 무식한 질문들(딤후 2:23)"은 피해야 한다. 우리의 유일한 목적은 호기심을 자극하려는 것이 아니라 우리 신앙의 증진과 교회의 유익을 위한 것이다. 예정론은 성경이 계시한 것의 범위 안에서 우리의 신앙적인 유익과 교회의 교화를 목적으로 가르쳐야 한다.

튜레틴은 예정론을 가르쳐야할 것을 강조했을 뿐만 아니라 교회에서 실제로 설교를 하였다. 그는 베드로후서 1장 10절의 본문을 가지고 예정론을 설교하면서 '부르심과 택하심'이란 두 은혜의 본성과 이러한 것들을 굳건하게 해야 할 신자의 의무의 두 부분으로 나누어 설명한다.[66] 선택은 근원이고 원인이며 작정이고, 부르심은 샘물이고 결과이자 시행이다. 이제 선택은 "영원한 소명"이고 소명은 "시간 속에서의 선택"이라고 말할 수 있다.[67] 이러한 선택과 부르심은 하나님께서 우리에게 베푸시는 은혜이다.

그러면 성도는 부르심과 택하심을 어떻게 굳건하게 할 수 있는가? 이에 답하기에 앞서 튜레틴은 『변증신학 강요』에 있는 주장을 이용하여 성도의 견인 교리를 먼저 설명한다. 하나님의 관점에서 부르심과 택하심은 그의 불변성과 약속에 대한 신실성에서 확실하고 흔들릴 수 없다. 그러나 인간의 관점에서 보면 하나님의 부르심과 택하심에 대하여 인간은 흔들릴 수 있고 불안해 할 수 있다. 베드로가 말하는 것은 바로 우리를 위하여 우리의 심령에서 굳건하게 하

66 튜레틴은 베드로후서 1장 10절의 본문을 가지고 "신자들의 소명과 예정의 강화"(De l'affermissement de la vocation et de l'election du fidele)라는 제목으로 한 설교를 하였다. Cf. J. Mark Beach, "Preaching Predestination - An Examination of Francis Turretin's Sermon De l'affermissement de la vocation et de l'election du fidele", *Mid-American Journal of Theology* 21 (2010): 133-147.

67 Beach, "Preaching Predestination", 140.

라는 권면이다. 그러면 인간은 무슨 힘으로 이것을 할 수 있는가? 참으로 하나님께서 하늘에서 하신 작정이 이제 성령에 의해 우리의 심령에 새겨진다. 성령은 이제 정당하게 우리를 우리의 부르심과 택하심에서 굳건하게 하시는 수행자이시다. 그러나 이것은 성령께서 우리를 협조하도록 인도하시기 때문에 우리를 수동적이고 무관심하게 남겨두지 않는다. 성령께서 우리 안에서 하시는 이 역사는 우리 자신이 경건과 거룩에 전념하는 것을 수반하며, 이것이 사실상 성령의 역사의 결과이자 열매로 우리의 유일한 기여이다.[68]

우리의 경건의 훈련은 이웃이 복음을 진리를 확신하고 하나님께 영광을 돌리도록 하여 우리의 신앙적인 행동이 이웃을 축복하고, 우리 자신 안에서 우리의 부르심과 택하심을 굳건하게 하는 이중적인 효과를 가지고 있다. 선행은 우리 선택의 인침이고 은혜의 열매이다. 선행이 발견되는 곳에서, 변함없이 선택과 부르심이 발견된다. 또한 선행은 열매로서 부르심과 선택을 확정한다.[69] 마지막으로 우리의 선택과 부르심은 수단이 목적으로 인도하는 원인에 의존하는 바와 같이 선행에 의해 확정된다.

칼빈과 베자와 튜레틴으로 이어지는 제네바 아카데미에서 예정론에 대한 견해는 달랐어도[70] 예정론을 가르치고 교육해야 한다는 원칙에는 변함이 없었다. 예정론을 교회에서 가르쳐야 하는 이유는 두 가지였다. 하나는 예정론이 성경에 계시되어 있다는 것이다. 그

68 Beach, "Preaching Predestination", 144.

69 Beach, "Preaching Predestination", 145.

70 Joel R. Beeke, "The Order of The Divine Decrees at the Genevan academy : from Bezan Supralapsarianism to Turretinian Infralapsarianism," in John B. Roney & Martin I. Klauber, eds., *The Identity of Geneva: The Christian Commonwealth, 1564-1864* (Westport Conn.: Greenwood Press, 1998), 57-76.

러므로 그들은 성경에 계시되어 있는 진리를 가르쳐야 한다는 '오직 성경(sola scriptura)'의 원리에서 예정론을 가르쳐야할 근거를 제시하였다. 둘째로 예정론은 듣는 자에게 구원의 확신을 줄뿐만 아니라 성화의 열매를 맺게 한다는 목회적인 관심사였다.

VI. 결론

튜레틴은 『변증신학 강요』의 제4항목에서 신론에 이어 예정론을 다루었다. 그는 예정론을 다루면서 도르트 종교회의 이후 17세기의 시대적인 상황에서 타락후 선택설을 주장하였다. 그는 예정론을 변증할 때 가장 중요한 논쟁의 대상은 소시니안주의자들과 알미니안주의자들이었다. 소시니안주의자들과 알미니안주의자들은 작정에 대하여 우연성, 잠정성, 조건성 등의 여러 가지 반론을 제기하였다. 이러한 반론에 대하여 튜레틴은 하나님의 속성에 근거하여 작정의 하나님의 내재적인 행위, 영원성, 무조건성, 필연성 등을 주장하였다. 그는 이러한 논증 과정에서 기본적으로 성경에 토대를 두면서 그러한 주장들의 논리적인 불합리성을 지적하였고, 필요한 경우에 아퀴나스를 비롯한 중세 신학자들의 논리도 이용하였다.

그는 예정론의 원인과 대상과 관련하여 예정이 하나님의 기쁘신 뜻에 근거를 두고 그리스도 안에서 택자들을 선택한다고 주장한다. 그리스도 안에서의 선택에서 튜레틴은 그리스도가 예정의 수단이자 구원의 근거와 토대로 선택된 것이라고 해석한다. 따라서 그리스도와 그의 공적 그리고 예지된 믿음이 선택의 근거라는 알미니안주의자들의 견해를 비성경적이라고 비판한다. 그리스도는 로고스로서는 우리의 선택의 주체이지만 중보자로서는 우리의 선택의 원인이 아니라 우리의 구원의 원인이자 근거이다. 그리고 믿음은 선택의 선물이자 열매이므로 구원의 수단이고 선택의 근거가 될 수 없다. 이러한 튜레틴의 주장은 예정이 하나님의 기쁘신 뜻에 근거한 하나님의 은혜의 선물이라는 것을 드러내면서 동시에 우리의 구원도 하나님의 선물인 믿음을 수단으로 이루어진다는 '오직 은혜'의 교리를 확립하려는 것이다. 그와 함께 예정의 시행인 언약의 교리에서 그는 하나님과 그의 백성 사이의 언약뿐만 아니라 하나님과 아들 사이의 구속언약에 대한 논의까지 전개하여 우리의 구속의 확실성을 담보하고자 하였다.

그리고 그는 우리가 구원의 확신을 가지는 것이 실천적 삼단논법에 근거한 것이라는 것을 밝힌다. 그리스도의 영원한 예정의 약속에 근거하고, 우리가 믿고 회개하여 거룩한 생활을 추구해가면, 우리는 양심에 근거하여 후험적으로 구원의 확신을 가질 수 있다. 이것이 우리의 부르심과 택하심을 굳게 하라는 말씀의 의미이다. 그러므로 이러한 구원의 확신은 예정에 토대를 둔 오직 은혜의 교리의 실천적인 결과이다. 따라서 그는 예정론의 교육과 설교를 강조하였는데, 그 근거는 예정론에 성경에 명백하게 계시되어 있다는 것이다. 그러므로 성경이 계시한 범위 내에서 올바르고 신중하게 교육될 때 예정론은 구원의 확신과 성화의 열매를 거두게 된다. 그러므로 예정론의 교육과 설교는 오직 성경의 원리에 따른 것이다.

따라서 튜레틴의 예정론은 다양한 사람들과의 논쟁 과정 속에서 대단히 논쟁적이고 논리적으로 전개되었지만, 그럼에도 불구하고 그 목적은 종교개혁의 오직 성경과 이신칭의와 오직 은혜의 원리를 확립하려는 것이었다.

참고 문헌

· 김병훈. "도르트 신경의 예정론에 관련한 이해". 「장로교회와 신학」 4 (2007): 205-280.

· 김요섭. "도르트 신조의 역사적 배경과 개혁주의적 교회론 연구". 「개혁논총」 30 (2014): 359-395.

· 김종희. "칼빈의 예정론". 「기독교신학저널」 4 (2003): 159-184.

· ______. "칼빈의 예정론의 역사적 발전과정". 「교회사학」 9/1 (2010): 249-269.

· 김지훈. "예정론의 교회론적 위로". 「한국개혁신학논총」 44 (2014): 126-151.

· 유정모. "예수회 중간지식론에 대한 개혁파 정통주의자들의 논박". 「개혁신학」 (2014): 177-212.

· 이은선. "프란시스 튜레틴의 『변증신학 강요』의 신학방법론 - 신학서론 (prolegomena)의 분석". 「역사신학논총」 2 (2000): 63-80.

· 조용석. "츠빙글리와 칼빈의 실천적 삼단논법 연구". 「한국교회사학회지」 30 (2011): 35-59.

· 한병수. "우연과 섭리 - 개혁주의 관점에 대한 고찰". 「한국조직신학논총」 40 (2014): 47-85.

· Arminius, James. *The Works of Arminius*, V.1. Grand Rapids: Christian Classics Ethreal Library, 2014.

· Barth, Petrus & Niesel, Guilelmus. eds. *Joannis Calvini Opera Selecta,* V.4. Müchen: Chr. Kaiser Verlag, 1926.

· Beach, J. Mark. "Christ and Covenant: *Francis Turretin's Federal Theology as A Defense of the Doctrine of Grace*". Ph. D. diss. Calvin Theological Seminary, 2005.

· ______. Christ and the Covenant: *Francis Turretin's Federal Theology as a Defense of the Doctrine of Grace*. Göttingen: Vandenhoeck & Ruprecht, 2007.

· ______. "Preaching Predestination: An Examination of Francis Turretin's Sermon De l'affermissement de la vocation et de l'election du fidele". *Mid-American Journal of Theology* 21(2010): 133-147.

· Beeke, Joel R. "The Order of The Divine Decrees at the Genevan academy : from Bezan Supralapsarianism to Turretinian Infralapsarianism". in John B. Roney & Martin I. Klauber, eds., *The Identity of Geneva*: The Christian Commonwealth, 1564-1864 (Westport Conn.: Greenwood Press, 1998), 57-76.

· Beza, Theodore. *Table of Predestination*. http://www.covenanter.org/Beza/bezas_table.html.

· Ellis, Brannon. "The Eternal Decree In The Incarnate Son: Robert Rollock On The Relationship Between Christ And Election". *Reformed Orthodoxy in Scotland: Essays on Scottish Theology 1560-1775*, ed. Aaron Clay Denlinger (London: Bloombury T&T Clark, 2015), 45-66.

· McMahon, Matthew. "Francis Turretin's View of Covenant of Grace Ant Its' Distinction, With Critical Notes Following". in Francis Turretin, *The Substitutionary Atonement of Jesus Christ* (Crosville: Puritan Publications, 2015), 248-280.

· McDonald, Suzanne. "Theology of Election: Modern Reception and Contemporary Possibilities". in J. Todd Billings and I. John Hesselink. eds. *Calvin Theology and Its Reception: Disputes and Development and New Possibilities* (Louisville: John Knox/Westminster Press, 2012), 121-142.

· Muller, Richard. *Dictionary of Latin and Greek Theological Terms*. Grand Rapids: Baker Book House, 1985.

· ______. *Christ and the Decree: Christology and Predestination in Reformed Theology from Calvin to Perkins*. Grand Rapids: Baker, 1986.

· Turretin, Francis. trans. Giger, Greorge Musgrave. *Institutes of Elenctic Theology V.1. Phillipsburg*: P&R Publishing, 1992.

· Turrettino, Francisco. *Institutio Theologicae Elencticae* V.1. Edinburgh: Edinburgh University Press, 1867.

· Sonderegger, Katherine. "Called to Salvation in Christ: Justification and Predestination".

in Weinrich, Michael & Burgess, John P. eds. What Is Justification About?: *Reformed Contributions to an Ecumenical Theme* (Grand Rapids: Wm. B. Eerdmans Publishing Company, 2009), 122-136.

· Wilson, Stephen A. *Virtue Reformed: Rereading Jonathan Edwards's Ethics*. Leiden: E. J. Brill, 2005.

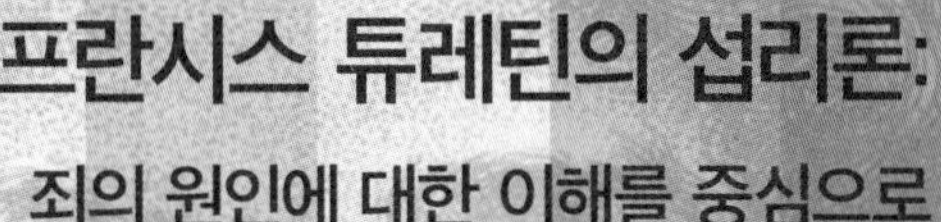

프란시스 튜레틴의 섭리론:

죄의 원인에 대한 이해를 중심으로

유정모

프란시스 튜레틴의 섭리론:
죄의 원인에 대한 이해를 중심으로[1]

유정모

Ⅰ. 서론

프란시스 튜레틴(Francis Turretin, 1623-1687)은 대표적인 개혁파 정통주의 신학자들 중 한 사람으로 17세기 개혁주의 신학의 발전에 큰 공헌을 한 인물이었다.[2] 그는 당시 개혁주의 신학의 요람이었던 제네바 아카데미(the Geneva Academy)에서 교수로 봉직하면서 로마 가톨릭, 아르미니우스주의, 소시니안주의(the Socinians) 등과 논쟁하면서 정통 개혁주의 신학을 변호하는데 앞장섰다. 또한 튜레틴은 그의 대표작이고 역작인 『변증신학 강요 *Institutio Theologiae Elencticae*』(1679-1685)를 포함한 여러 중요한 저술들을 통해 개혁파 정통주의 신학이

1 유정모, "프란시스 튜레틴의 섭리론: 죄의 원인에 대한 이해를 중심으로", 「개혁논총」 44 (2017), 149-197.

2 튜레틴의 생애와 사역에 대해서는 다음을 참고하라. Harriet A. Harris, "Turretin, Francis (1623-87)" in *The Dictionary of Historical Theology*, ed. Trevor A. Hart (Eerdmans: Grand Rapids, 2000): 553-554; R. J. VanderMolen, "Turretin, Francis" in *Evangelical Dictionary of Theology*, ed. Walter A. Elwell (Grand Rapids: Baker Book House, 1984), 1211; Eugene de Bude, *Vie de Francois Turrettini, thelogien genevois (1623-1687)* (Lausanne: Bridel, 1871), 5-8; Gerrit Keizer, *Francois Turrettini: sa vie et ses oeuvres et le consensus* (Kampen: J.A. Bus, 1900).

당대에 꽃을 피우는데 많은 기여를 하였다.[3]

하지만 튜레틴이 개혁주의 신학 전통의 발전에 미친 영향과 공헌에도 불구하고, 개혁파 정통주의에 대한 현대 학계의 오해 및 부적절한 비판들과 함께 그의 사역과 저작들은 한동안 사람들의 관심 속에서 멀어지게 되었다.[4] 다행스러운 것은 최근 국내외 학계에서 개혁파 정통주의 신학에 대한 새로운 관심이 일어나면서 개혁파 정통주의의 대표적인 신학자였던 튜레틴의 사역과 사상이 학계의 새로운 조명을 받기 시작한 것이다.[5] 그럼에도 불구하고 그의 신학사상

---

3 Francis Turretin, *Institutio theologiae elencticae*, 3 vols. (Geneva: Samuel de Tournes, 1679-1685); Francis Turretin, *Institute of Elentic Theology*, ed. James T. Dennison, Jr. trans. George Musgrave Giger, 3 vols. (Phillipsburg: Presbyterian and Reformed Publishing Company, 1992).

4 개혁파 정통주의에 대한 기존 학계의 오해와 비판은 크게 다음의 네 가지로 요약 될 수 있다. 첫째, 종교개혁자들의 신학은 성경신학적이고 실천적이었던 반면에 개혁파 정통주의는 이성과 논리를 더 강조하여 성경의 주해적 노력을 희생시켰다. 둘째, 개혁파 정통주의자들이 받아들인 아리스토텔레스 철학과 중세 스콜라주의는 개혁파 정통주의의 신학을 매우 사변적이고 철학적으로 만들었다. 셋째, 결과적으로 개혁파 정통주의자들의 신학은 종교개혁가들의 사상에서는 발견되지 않는 타락전 선택설이나 제한속죄와 같은 교리들을 산출하게 됨으로써 점차 종교개혁가들의 신학으로부터 이탈하였다. 즉, 종교개혁자들과 17-18세기 개혁파 정통주의 신학자들 간에는 예정론과 언약교리를 포함한 여러 신학적인 내용에 있어서 상당한 불연속성이 존재한다. 넷째, 루터파 정통주의가 칭의론에 집착하여 성화의 측면을 약화시킨 반면, 개혁파 정통주의는 작정, 예정, 섭리의 교리에 나타나는 하나님의 절대주권을 과도하게 강조하고 인간의 자유를 무시하는 가운데 형이상학적 결정론의 오류에 빠지게 되었다. 이는 16세기 개혁파 종교개혁가들에게도 동일하게 적용되는 비평으로 본 논문의 연구 주제와 직접적인 관련이 있는 부분이다. Cf. Richard A. Muller, *After Calvin: Studies in the Development of a Theological Tradition* (New York: Oxford University Press, 2003); 3-46; idem, *Post Reformation Reformed Dogmatics: Prolegomena to Theology*, vol 1. (Baker Book House: Grand Rapids, 2003), 27-46; Willem van Asselt and Eef Dekker, "Introduction," in *Reformation and Scholasticism: An Ecumenical Enterprise*, eds. Willem van Asselt and Eef Dekker (Grand Rapids: Baker, 2001), 11-43;

5 최근 발표된 주목할 만한 튜레틴에 대한 연구로는 다음과 같은 것들이 있다. HyunKwan Kim, "Francis Turretin on Human Free Choice: Walking the Fine Line Between Synchronic Contingency and Compatiblistic Determinism," *Westminster Theological Journal* 79 (2017): 25-

에 대한 현재까지의 연구는 아직도 미진한 상황에 있다. 본 논문에서 다루고자 하는 튜레틴의 섭리론도 그러한 실례 중의 하나이다.[6]

튜레틴의 섭리론은 하나님의 절대주권을 강조하는 개혁주의 신학의 성격을 잘 보여주는 사상으로 당시 그가 마주했던 로마 가톨릭, 아르미니우스주의, 소시니안주의와의 신학 논쟁에서 매우 핵심적인 부분을 차지했던 교리였다. 따라서 그의 섭리론은 그의 신학을 조망하는데 상당히 중요한 교리라고 할 수 있다. 더 나아가 그의 섭리론은 신적 필연성과 인간의 자유는 양립할 수 있는지 그리고 하나님께서 세상 속에서 그분의 작정하신 일들을 섭리 속에서 확실하게 이루신다면 죄의 원인과 책임은 어디에 귀속되어야 하는지와 같은 중요한 신학적인 주제들을 개혁주의의 입장에서 상세하게 다루고 있으므로 당시 개혁파 정통주의 신학을 이해하는 데에도 매우 유익한 정보를 제공하는 중요한 자료이다.

따라서 본 논문은 튜레틴의 섭리론을 연구함으로써 그의 사상

44; B. Hoon Woo, "The Difference between Scotus and Turretin in Their Formulation of the Doctrine of Freedom," *Westminster Theological Journal* 78 (2016): 249–69; Gyeongcheol Gwon, "The Lamb Slain From the Foundation of the World-Francis Turretin (1623-1687) on Christ's Suretyship under the Old Testament" (Ph.D. dissertation: Westminster Theological Seminary, 2017); Mark Beach, "Christ and the Covenant: Francis Turretin's Federal Theology as a Defense of the Doctrine of Grace" (Göttingen, Germany: Vandenhoeck & Ruprecht, 2007); 문병호, "프란시스 뚤레틴의 그리스도의 위격적 연합 교리 이해: 칼빈의 계승과 심화라는 측면을 덧붙여" 「칼빈 이후의 개혁신학자들」 개혁주의 신학과 신앙총서 7권 (부산: 고신대학교 개혁주의학술원: 2013); 권오성, "프란시스 뚜레틴의 대속론" (백석대학교 박사학위논문, 2016).

6 지금까지 튜레틴의 섭리론을 다룬 연구로는 다음의 저술들이 있다. Richard A. Muller, *Divine Will and Human Choice: Freedom, Contingency, and Necessity in Early Modern Reformed Thought* (Grand Rapids: Baker Academy, 2017); 한병수, "우연과 섭리: 개혁주의 관점에 대한 고찰," 「한국조직신학논총」 40 (2014): 47-85. 하지만 두 연구 모두 튜레틴의 섭리론을 개략적으로 고찰하는데 그치고 있고, 본 논문의 주요 연구 주제인 죄의 원인에 대한 상세한 논의 또한 결여되어 있다.

을 조명할 뿐만 아니라 이를 통해 17세기 개혁파 정통주의에 대한 이해의 지평을 넓히고자 한다. 구체적으로, 그의 섭리론 중에서도 당시 논쟁에서 가장 첨예하게 대립했던 주제였던 하나님의 섭리와 죄의 원인의 관계성에 대한 튜레틴의 견해에 연구의 초점을 맞추고자 한다.[7] 이를 통해 본 논문은 튜레틴의 섭리 교리가 개혁주의 섭리론에 대한 비평가들의 결정론적 해석과는 달리 인간의 자유를 파괴하거나 인간을 하나님의 꼭두각시와 같은 존재로 만들고 있지 않으며, 더 나아가 튜레틴의 섭리론이 세상의 모든 일이 신의 뜻대로 발생한다는 하나님의 절대주권을 강조함에도 불구하고 하나님을 죄의 조성자나 원인자로 만들지 않고 있음을 논증하고자 한다.[8] 결국 본 논문은 궁극적으로 튜레틴의 섭리론에 대한 고찰을 통해 17세기 개혁주의의 섭리론이 결정론적이며 결과적으로 하나님을 죄의 원인자로 만들고 있다는 비평가들의 견해는 오해이며 적절한 평가가 아니라는 것을 입증하는 하나의 실례를 제시하는 것을 그 목적으로 한다.[9]

7 튜레틴은 『변증신학 강요』의 섭리론 파트에서 하나님의 섭리 교리가 하나님을 죄의 조성자와 원인자로 만드느냐는 주제를 가장 비중 있게 논의하고 있다. Francis Turretin, *Institutio theologiae elencticae* (Geneva: Samuel de Tournes, 1679), 555-77.

8 개혁주의 신학전통이 인간의 자유를 파괴하는 결정론을 야기한다는 기존 학계의 주장에 관해서는 다음을 참고하라. Jeongmo Yoo, *John Edwards (1637-1716) on Human Free Choice and Divine Necessity: The Debate on the Relation between Divine Necessity and Human Freedom in the Late Seventeenth- and Early Eighteenth-Century England* (Göttingen, Germany: Vandenhoeck & Ruprecht, 2013), 13-29; Muller, *Divine Will and Human Choice*, 19-31.

9 소논문이라는 특성과 이에 따른 지면의 한계 상 본 주제에 관해서 튜레틴과 다른 개혁파 신학자들과의 자세한 비교는 불가능하다. 무엇보다 본 논문의 주목적은 개혁파 정통주의에 대한 기존 비평가들의 논지의 정당성을 평가하는 것에 있다. 따라서 본 논문에서 연구자는 연구 주제에 관련된 튜레틴의 사상을 상세하게 설명하는 것에 집중하고자 한다. 섭리론에 있어서 16세기 개혁파 종교개혁가들과 후대의 개혁파 정통주의자들의 사상적 연속성과 불연속성의 문제 또한 본 논문의 연구 범위의 한계를 넘어서는 주제이다. 본 논문의 초점은 튜레틴의 섭리론에 나타나는 죄의 원인에 대한 올바른 이해를 바탕으로 개혁파 정통주의에 대한 기존 비평의 한 부분을 변증하는 것에 있다.

II 본론

1. 하나님의 섭리와 신적 협력

튜레틴에 따르면 헬라어 πρόνοια에서 기원한 용어인 섭리(providentia)는 넓은 의미에서 하나님의 내재적 사역인 하나님의 작정에 근거한 예정과 예지 그리고 하나님의 외재적 사역인 작정된 사물들의 효과적인 통치를 모두 포괄하는 의미를 갖고 있다. 하지만 그는 좁은 의미에서의 섭리는 후자의 의미를 가리킨다고 설명하며 섭리론에서 다루어져야 할 논의의 범위를 하나님의 외재적 사역에 국한시킨다.[10]

섭리의 의미를 정의한 뒤 튜레틴의 관심은 과연 섭리가 실제로 존재하느냐는 질문으로 이어진다. 이 질문에 관하여 그는 성경 외에도 창조된 자연의 조화, 세상의 질서, 여러 나라의 흥망성쇠, 인간의 양심, 그리고 이교도 철학자들의 주장 등 다양한 사실들이 섭리의 실재를 증명한다고 주장한다.[11] 하지만 튜레틴은 기독교의 섭리는 단순한 "물리적"(physicum), "수학적"(mathematicum), 그리고 스토아적 운명론과는 다른 것임을 분명하게 밝힌다. 물론 튜레틴은 운명이라는 용어조차도 기독교적으로 이해될 경우 섭리를 설명하기 위해 사용될 수도 있다고 말한다. 하지만 그는 이 용어가 성경이 아닌 이교도 철학에서 비롯되었고 대적들에게 불필요한 비방의 논거를 줄 수

10 Turretin, *Institutio theologiae elencticae*, 1:526. 섭리의 내재적 사역과 외재적 사역에 관한 개혁주의의 견해를 위해서는 다음을 참고하라. Heinrich Heppe. *Reformed Dogmatics: Setout and Illustrated From the Sources*, ed. Ernst Bizer, Trans. G. T. Thomson (Grand Rapids: Baker, 1978), 251-53.

11 Turretin, *Institutio theologiae elencticae*, 1:526-530.

있다는 점에서 사용을 자제해야 한다고 주장한다.[12]

섭리의 대상에 관한 논의에서 튜레틴은 우주의 모든 것이 하나님의 섭리 아래 있음을 주장한다. 즉, 세상에서 벌어지는 가장 작고 사소한 사건들까지도 하나님의 섭리를 벗어나지 못한다는 것이다. 특히, 그는 잠언 16장 33절과 예레미야 10장 23절 등과 같은 다양한 성경 구절들을 그 근거로 우연적이고 우발적인 사건들도 하나님의 섭리 아래 있음을 강조한다.[13] 하지만 여기에서 튜레틴은 다음과 같은 신학적 난제에 직면한다. 만약 우발적인 사건이 섭리 가운에 발생한다면 그 사건이 어떻게 우발적인 것이 될 수 있는가?

튜레틴에 따르면 하나님께서는 만물을 다스리고 지도하실 때 제2원인의 조건과 본성을 파괴하지 않으시고 오히려 그것들을 보존하고 허락하신다. 그러므로 하나님께서 작정하신 뜻이 섭리를 통해 이루어질 때 제2원인은 여전히 자신의 고유한 본성을 유지하고 그에 따라 운동한다. 이를 설명하기 위해 튜레틴은 필연성을 "절대적 필연성"(necessitas absoluta)과 "가정적 필연성"(necessitas hypothetica)이라는 두 가지 종류로 구분하여 설명한다.[14] 전자는 제2원인의 우발성

---

12 Turretin, *Institutio theologiae elencticae*, 1:532-535. 이에 대한 좀 더 상세한 설명을 위해서는 다음을 참고하라. 한병수, "우연과 섭리: 개혁주의 관점에 대한 고찰," 72-73.

13 Turretin, *Institutio theologiae elencticae*, 1:536-539. Cf. 우발성(contingentia, contingency)이란 제2원인의 자유로운 작용을 통해 발생하는 사건 또는 결과로 '현재의 상태와 다르게 존재 또는 발생할 수 있었던 사건 또는 결과'(a thing or event that could be or occur otherwise than what it is or occurred)를 의미한다. 이에 대한 좀 더 자세한 정의를 위해서는 다음을 참고하라. Richard A. Muller, *Dictionary of Latin and Greek Theological Terms. Drawn Principally from Protestant Scholastic Theology* (Grand Rapids: Baker Book House, 1985), 81; Willem J. van Asselt, J. Martin Bac and Roelf T. te Velde, eds., *Reformed Thought on Freedom: The Concept of Free Choice in the History of Early-Modern Reformed Theology* (Grand Rapids: Baker Book House, 2010). 39-43; Muller, *Divine Will and Human Choice*, passim.

14 서로 다른 필연성의 구분을 통해 신적 필연성과 인간의 자유를 구별하려는 개혁주의 전통의 더 많은 구체적인 실례들을 위해서는 다음을 참고하라. Yoo, *John Edwards (1637-*

을 파괴하는 필연성이지만 하나님의 섭리가 야기하는 필연성은 후자의 경우로 제2원인의 우발성과 양립하는 필연성이다. 즉, 가정적 필연성은 "사건의 확실성"(infallibilitas eventus)을 가져오는 "결과의 필연성"(necessitas consequentiae)으로 제2원인의 본성이자 그 행위의 "양태"(modus)인 우발적 성격을 제거하지 않으면서도 그 사건이 반드시 불변하게 발생하도록 작용하는 필연성을 의미한다. 가정적 필연성의 성격을 설명하는 성경의 일례는 요셉이 애굽에 노예로 팔려간 사건이다. 요셉이 형제들에 의해 애굽으로 팔려가는 사건은 제1원인이신 하나님에 의해서 결정되었기 때문에 반드시 이루어져야 하는 필연적인 사건이었다. 하지만 이는 동시에 제2원인인 요셉의 형제들에게는 요셉을 죽이거나 팔지 않을 수도 있었던 우발적인 사건이었다.[15] 결과적으로 튜레틴은 비록 우발적인 사건도 하나님의 섭리가운데 발생하지만, 그 섭리가 제2원인의 우발적 성격을 파괴하지 않고 오히려 그것을 보장하기 때문에 섭리가 발생시키는 필연성에도 불구하고 그 사건은 여전히 우발적인 사건이 될 수 있다고 역설한다.[16]

1716) on Human Free Choice and Divine Necessity, 134-51; Muller, *Divine Will and Human Choice*, passim; van Asselt, *Reformed Thought on Freedom*, passim; 유정모, "예수회 중간지식론에 대한 개혁파 정통주의자들의 논박: 프란시스코 수아레즈 (Francisco Suárez, 1548-1617), 윌리엄 트위스(William Twiss, 1578-1646), 프란시스 튜레틴(Francis Turretin 1623-1687)을 중심으로." 『개혁논총』 32 (2014): 190-206.

15 Turretin, *Institutio theologiae elencticae*, 1:538.

16 튜레틴과 동일한 입장 속에서 거의 모든 16-17세기 개혁주의자들은 신적 섭리의 필연적 성격에도 불구하고 제2원인의 자유와 우발적 성격은 파괴되지 않는다고 주장한다. Peter Martyr Vermigli, "Providence," in *Philosophical Works: On Relation of Philosophy to Theology*, ed. & trans. Joseph C. McLelland, *The Peter Martyr Library*, vol. 4. (Kirksville: Truman State University Press, 1996), 191-94; John Edwards, *Theologia Reformata* I (London, 1726), 144–49; Johann Heinrich Heidegger, *Medulla Theologiae Christianae* (Zurich, 1713), 160; Johnnes Braunius, *Doctrina Foederum sive Systema Theologiae didacticae et elencticae*, (Amsterdam, 1691), 199–200;

앞서 언급하였듯이 튜레틴은 섭리를 하나님께서 그 작정하심에 따라 세상과 그 안에 있는 모든 것들을 보존하시고 다스리시는 것으로 설명한다. 이러한 튜레틴의 이해는 하나님의 섭리 사역이 "보존"(conservatio)과 "통치"(gubernatio)라는 두 가지 요소로 구성되어 있음을 보여준다. 보존은 모든 사물의 존재가 지속되도록 그 사물들의 본질 그리고 그들의 본성적 능력과 힘을 계속적으로 유지시키는 것을 의미한다. 반면 통치는 하나님께서 자신이 만드신 온 우주만물을 다스리시고 자신이 미리 정하신 목적대로 모든 피조물을 이끌어가는 것을 말한다.[17] 이러한 이중적 구분 속에서 튜레틴은 피조물이 단지 어떤 일을 행할 수 있는 힘이 있도록 보존시켜준다는 의미에서 섭리를 보존의 영역에만 국한시키는 듀란두스(Durandus of Saint-Pourçain, c. 1275-1332/1334)와 일부 교황주의자의 견해를 반대한다.[18]

한편 개혁주의 전통에서는 일반적으로 섭리를 보존, "협력"(concursus), 그리고 통치라는 세 가지 요소로 구분해왔음을 볼 때 튜레틴의 이중적인 구분에서는 협력의 요소가 포함되어 있지 않음을 볼 수 있다.[19] 하지만 튜레틴의 구분이 섭리에서 협력의 요소를 배제하였다고 생각하는 것은 큰 오해이다. 튜레틴의 이중적 구분은 섭리의 성격에 대한 앞으로의 논의에서도 나타나듯이 단지 협력의 요소가 보존과 통치의 요소에 포함되어 있는 것으로 이해될 수 있다.

Johannes Wollebius, *Compendium theologiae christianae* (Amsterdam, 1650), 40; Marcus Friedrich Wendelin, *Christianae theologiae libri duo* (Hanoviae, 1734), 170; Petrus van Mastricht, *Theoretico practica theologia ... concionandi method* (Amsterdom: Henricus/Theodorus Boom, 1682), II. 10. XVI.

17 Turretin, *Institutio theologiae elencticae*, 1:539.

18 Turretin, *Institutio theologiae elencticae*, 1:540.

19 Heppe. *Reformed Dogmatics*, 256; Muller, Dictionary, 252; Benjamin Wirt Farley, *The Providence of God* (Grand Rapids: Baker Book House, 1988), 185.

실제로 튜레틴의 섭리론에서 협력은 섭리사역의 성격을 설명하는데 매우 핵심적인 신학개념으로 사용된다.

그렇다면 하나님의 협력이란 무엇인가? 튜레틴에 따르면 협력은 하나님께서 작정을 실행해가는 섭리의 방식으로, 하나님께서 섭리의 목적에 따라 피조물이 존재하고 또 그것이 활동하도록 피조물의 종속적인 능력들과 함께 자신의 능력을 사용하시는 일종의 협동적 활동을 의미한다.[20] 튜레틴은 이러한 협력의 성격을 규명하기 위해 "물리적"(physicus) 협력과 "도덕적"(moralus) 협력, "간접적인"(mediatum) 협력과 "직접적인"(immediatum) 협력, "원리의 방식을 따라 혹은 일차적인 행위의 방식에 의한"(per modum principii, seu actus primi) 협력과 "행동의 방식에 의한"(per modum actionis) 협력, "선행적이고 미리 정하여진"(praevius et praedeterminans) 협력과 "동시적인 혹은 수반적인"(simultaneus sive concomitans) 협력이라는 다양한 종류의 개념적 구분을 사용한다.[21]

이러한 이해를 바탕으로 튜레틴은 특별히 두 가지 주제에 초점

20 협력의 정의에 관해서는 다음을 참고하라. Muller, *Dictionary*, 76–77. 일반적으로 개혁주의자들은 신적 협력을 지칭하는 용어로 "concursus divina"와 "praemotio physica"을 함께 사용하였다. 개혁주의자들의 협력 개념의 사용에 관해서는 다음을 참고하라. Heppe, Reformed Dogmatics, 256–62, 266–74; Muller, *Divine Will and Human Choice*, 283-315; Yoo, *John Edwards (1637-1716) on Human Free Choice and Divine Necessity*, 198-228. 토마스주의자들(the Thomists)의 협력에 대한 이해를 위해서는 다음을 참고하라 Thomas M. Osborne, "Thomist Premotion and Contemporary Philosophy of Religion," *Nova et Vetera* 4 (2006): 607-632; Reginald Garrigou-Lagrange, *God, His Existence and His Nature: A Thomistic Solution of Certain Agnostic Antinomies*, 5th ed., vol. 2, trans. Bede Rose (Herder: St. Louis, 1941), 263–396; idem, *Predestination: The Meaning of Predestination in Scripture and the Church* (Rockford, Illinois: Tan Books and Publishers, 1998), 233–340.

21 Turretin, *Institutio theologiae elencticae*, 1:544-45. Cf. 튜레틴의 협력의 구분에 대한 좀 더 상세한 설명을 위해서는 다음을 참고하라. 한병수, "우연과 섭리: 개혁주의 관점에 대한 고찰," 74-75.

을 맞추어 협력의 성격에 대한 상세한 논의를 진행해 나간다. 먼저, 튜레틴은 협력의 성격이 "일반적"(generalis)이고 "중립적"(indifferens)인 것인지 아니면 "특별하고"(particularis) "구체적인"(specificus) 것인지 대해 논의한다. 튜레틴은 전자의 견해, 즉 하나님은 피조물로 하여금 선택하고 행할 수 있는 능력을 부여하는 가운데 피조물이 이것을 하든 저것을 하든 결정은 전적으로 피조물의 선택에 맡겨둠으로써 제2원인에 대한 제1원인의 "유입"(influxus)과 협력을 단순히 일반적이고 중립적인 성격으로 설명하는 예수회(the Jesuits)의 견해를 반대한다. 그 대신 튜레틴은 토마스주의자(the Thomists) 및 도미니칸(the Dominicans)의 전통을 따라서 제1원인이 "일반적이고 중립적인 것이 아닌 특별하고 구체적인 신적 협력에 의해서 직접적으로 원인과 결과 모두에 유입"됨으로 하나님께서는 섭리를 통해 효과적으로 그 작정하신 바를 성취하신다는 후자의 견해를 지지한다.[22] 이러한 자신의 입장을 변호하기 위해 튜레틴은 창세기 45장 7절, 잠언 21장 1절, 이사야 10장 15절과 같은 여러 성경 구절을 제시한다. 그리고 우주 만물의 창조자이시며 주관자이신 하나님께 모든 피조물의 존재뿐만 아니라 그것의 움직임과 행위도 전적으로 의존되어 있다는 사실은 제2원인에 직접적으로 작용하는 제1원인의 특별하고 구체적인 협력의 성격을 입증한다고 주장한다. 또한 만약 일반적이고 중립적인 협력을 인정하게 된다면 하나님께서 스스로 어떤 것을 결정하지 못하시고 인간의 의지에 의해서 결정되시는 존재로 전락하게 됨을 지적한다. 결국 이러한 상황은 제1원인과 제2원인이 뒤바뀌는 결과를 초래하게

22 "Orthodoxi ad posteriores accedunt, & tam contra Durandum, quàm contra Iesuitas, Socinianos, & Arminianos, statuunt Providentiam Dei non consistere tantùm in conservatione rerum, sed etiam in concursu Dei, non indifferente & generali, sed particulari & specifico, quo influat, & in causam, & in effetum immediatè." Turretin, *Institutio theologiae elencticae*, 1:540.

되어 인간을 하나님보다 우월한 존재 및 하나님으로부터 전적으로 독립된 존재로 만들게 되고 하나님의 작정도 과연 이루어질지 알 수 없는 불확실한 것이 되게 하는 문제점을 초래하게 되기 때문에 일반적이고 중립적인 협력은 인정될 수 없다고 튜레틴은 주장한다.[23]

그런데 협력에 대한 튜레틴의 논의에서 가장 핵심이 되는 것은 두 번째 주제로 하나님의 협력이 선행(先行)적 협력을 포함하느냐 그렇지 않느냐라는 문제이다. 이에 대해 튜레틴은 토마스주의자들 및 도미니칸과의 연속선상에서 하나님의 협력은 피조물이 현재 하는 일에 대해서 작용하는 "동시적이고 수반적인" 협력뿐만 아니라 그 일을 하시기 이전에 그 피조물보다 앞서 그 일로 이끌어 가시는 하나님의 "선행적이고 미리 정하여진" 협력을 포함한다고 주장한다.[24] 이렇게 선행적 협력을 인정하는 튜레틴의 신학적 입장은 하나님께서 제2원인에게 행동할 능력을 주시고 그들이 행동하는 것을 단순하게 허락하고 그것을 중립적인 입장에서 인정하는 차원으로서의 동시(同時)적 협력만 인정하는 예수회, 소시니안주의, 항론파의 그것과는 큰 차이를 보인다.[25]

---

23 Turretin, *Institutio theologiae elencticae*, 1:541-44.

24 "Denique concursu alius dicitur praeviu, & praedeterminans; alius simultaneum, sive concomitans, Praevius eft actio Dei, qua in causas earúmque principia influendo, creaturas excitat, & ad agendum praemovet, & ad hoc potius, quàm ad illud agendum applicat. Simultaneus verò eft per quem Deus actionem creaturae, quoad suam entitatem, vel substantiam producit; quò unà cum creaturis in earum actiones & effectus influere ponitur, non verò in creaturas ipsàs." Turretin, *Institutio theologiae elencticae*, 1:545.

25 이에 대한 개혁주의의 입장에 대해서는 다음을 참고하라. Herman Venema, *Institutes of Theology*, part I. trans. Alexander Brown (Edinburgh: T & T. Clark, 1850), 411–14; Benedict Pictet, *Theologia Christiana* (London: 1820), VI, III, XI; Herman Witsii, *De Economia Foederum Dei cum Hominibus* (Basileae, 1739), I, VIII, XVIII. Cf. 양자의 입장의 차이와 관련된 논쟁의 역사를 위해서는 다음을 참고하라. R. J. Matava, *Divine Causality and Human Free Choice: Domingo Báñez, Physical Premotion and the Controversy de Auxiliis Revisited* (Brill: Leiden, 2016).

튜레틴은 하나님께서 선행적 협력에 의해서 제2원인과 협력하신다는 선행적 협력의 개념이 신학에서 가장 어려운 주제 중의 하나임을 인정한다. 하지만 그는 다양한 논거들을 통해 선행적 협력에 의해서 피조물이 그 자신의 본성에 의해서 움직이기 전에 하나님께서는 그것이 행동하도록 참으로 그리고 효과적으로 자극하시고 지도하심으로 피조물로 하여금 특정한 행동으로 움직이게 하신다는 사실을 입증하고자 한다. 먼저 튜레틴은 협력의 특별하고 직접적인 성격을 입증하기 위해 사용되었던 논거들이 여기에서도 동일하게 적용된다고 밝힌다. 하지만 튜레틴은 무엇보다 제1원인과 제2원인의 본성적 차이를 규명함을 통해 이 문제를 풀어가고자 한다.[26] 그에 따르면 제1원인은 그 본성상 모든 행동에서 "처음 운동하는 것"(primum movens)인 반면 제2원인은 제1원인에 "항상 종속되어"(semper subordinari) 있기 때문에 그것은 제1원인에 의해서 움직여지지 않는 한 스스로 움직일 수 없다. 또한 많은 행위들 가운데 어떤 행동을 할지 하지 않을지에 관해 "미결정적인"(indifferens) 성격을 가지는 제2원인은 외부의 다른 어떤 것에 의해서 그렇게 행동하도록 필연적으로 결정되지 않으면 "가능태"(in potentia)에서 "현실태"(in actum)가 될 수 없다. 즉, "사건의 확실성"(certitudinem eventus consequendam)을 위해서는 "하나님의 선(先)운동"(praemotione Dei)이 반드시 요구된다. 그리고 자유로우면서도 동시에 제2원인보다 우월한 원인인 제1원인이 그 보다 열등한 제2원인과 협력하여 어떤 하나의 행동을 무오하고 확실하게 이끌어내는 것은 제1원인이 제2원인의 움직임을 "미리 결정하는 방식" 외

26 제1원인과 제2원인의 구분을 통해 섭리의 필연성과 인간의 자유를 설명하려는 개혁주의 전통의 더 많은 구체적인 실례들을 위해서는 다음을 참고하라. Heppe. *Reformed Dogmatics*, 266-71; Muller, *Divine Will and Human Choice*, passim; van Asselt, *Reformed Thought on Freedom*, passim; Yoo. *John Edwards (1637-1716) on Human Free Choice and Divine Necessity*, 143-51.

에는 불가능하다. 따라서 튜레틴은 이러한 제1원인과 제2원인의 본성적 차이가 선행적 협력의 존재를 필연적으로 증명한다고 주장한다. 그리고 각각의 원인성의 성격을 통한 설명 외에도 신적 작정의 성격은 선행적 협력을 입증하기 위한 튜레틴의 주요한 논거이다. 그에 따르면 하나님께서 시간 속에서 무엇을 행하시건 간에 그것은 영원 속에서 이미 작정하신 것이다. 하나님께서 작정하지 않으신 사건은 미래에 발생하지 않는다. 즉, 어떤 것의 "미래화"(futuritio)는 하나님의 작정에 전적으로 의존한다. 하나님께서는 제2원인의 결정에 대한 예지에 근거하는 것이 아니라 이미 영원으로부터 작정된 절대적이고 효과적인 자신의 의지에 근거해 행동을 하시고 자신의 뜻을 이루신다. 그러므로 하나님께서는 자신이 작정한 뜻이 반드시 이루어지도록 시간 속에서 "선(先)결정"(praedeterminatio)을 하셔야 한다. 그렇지 않으면 하나님의 영원한 작정은 좌절된다.[27]

요컨대, 협력은 그 작정에 따라 효과적으로 자신의 목적을 성취하시는 신적 섭리의 방식이며 세상의 어떤 일도 제1원인의 협력 없이는 일어날 수 없다. 따라서 시간의 역사 속에서 어떤 사건이 발생할 때 그 사건은 제2원인인 인간의 일일 뿐만 아니라 동시에 제1원인인 하나님의 일이다. 그리고 하나님의 협력은 피조물의 행위의 원인과 결과 모두에 선행적으로 그리고 동시적으로 유입되는데 구체적이고, 특별하며, 직접적인 방식으로 작용한다.

그런데 협력에 대한 튜레틴의 위와 같은 이해는 자연스럽게 다음과 같은 문제를 야기한다. 선행적 협력을 통해 직접적으로 어떤 구체적이며 특정한 행동으로 이끄는 선결정이 이루어진다면 그것

27 Turretin, *Institutio theologiae elencticae*, 1:546-48.

은 인간의 의지와 선택의 자유를 파괴하는 행위가 아닌가? 이 질문에 관해서 튜레틴은 하나님의 섭리가 모든 제2원인, 특히 인간의 의지와 협력하지만 인간 의지의 우발적 성격과 자유를 훼손하거나 파괴하지 않는다는 사실은 성경의 증언으로부터 확실하다고 단언한다. 하지만 하나님의 직접적인 선결정과 인간의 자유가 어떻게 양립 가능한가 하는 문제를 이 땅에 사는 유한한 인간들이 완전하게 이해하는 것은 불가능하다는 사실도 인정한다. 그럼에도 불구하고 하나님의 말씀이 계시하여 주시는 만큼 어느 정도는 이 난제가 설명될 수 있다는 것도 분명히 하며 다음과 같은 설명들을 제시한다.[28] 첫째, 하나님의 섭리와 인간의 의지는 동일한 원인성이 아니라 후자는 전자에 "종속된 원인성"이다. 따라서 그 본성상 전자는 독립적으로 행동하지만 후자는 자신의 행동을 위해서 하나님의 선행적 협력에 반드시 의존되어야 한다.[29] 물론 제2원인이 제1원인에 종속되었다는 것이 피조물은 "오직 전적으로 수동적인"(tantùm passivè) 존재라는 것을 의미하는 것은 아니다. 이것은 제2원인들이 "아무것도 하지 않는 것이 아니라 제1원인을 떠나 아무것도 독립적으로 할 수 없다"라는 것을 의미한다.[30] 두 번째, 비록 하나님은 제2원인들과 협력할 때 선행하여 움직이시고 그것들을 선결정하지만 하나님께서는 제2원인들을 "그들의 본성에 따라서 움직임"(moveat secundùm naturam ipsarum)으로써 그들 고유의 "운동 양태"(operandi modum)를 보존하신다.[31] 따라서 작정의 실행으로서의 섭리는 작정된 것의 무류한 미래화를 보장

28 Turretin, *Institutio theologiae elencticae*, 1:551.

29 Turretin, *Institutio theologiae elencticae*, 1:552.

30 Turretin, *Institutio theologiae elencticae*, 1:548.

31 Turretin, *Institutio theologiae elencticae*, 1:553.

할 뿐만 아니라 작정된 방식에 따라 그것들이 발생하도록 하신다. 즉, 하나님께서는 "필연적인 것은 필연적사건으로 반면 자유롭고 우발적인 것은 자유롭고 우발적인 사건으로 발생하도록"(necessaria necessariò, libera verò & contingentia liberè & contingenter eveniant) 하신다.[32] 세 번째로 이러한 섭리는 "강압"(coactionem)의 방식으로 인간의 의지와 협력하지 않는다. 오히려 "인간 의지에 적합한 방식"(flectendo voluntatem modo ipsi convenienti)으로 협력하신다. 따라서 제2원인은 하나님의 선행적 협력에도 불구하고 자신의 이성의 적절한 판단과 의지의 자발적인 선택에 근거해 "근접원인"(causa proxima)으로써 스스로의 행동을 결정한다. 튜레틴은 오직 "자연적 그리고 강압적 필연성"(necessitas naturalia, & coationis)이라는 두 가지 종류의 필연성만이 인간의 자유를 파괴다고 주장한다.[33] 그렇다면 하나님의 선결정에 의해서 발생되는 필연성은 어떠한 필연성인가? 튜레틴에 따르면 하나님의 선결정은 원인 그 자체나 그것으로 발생하는 결과 그 자체를 필연적으로 만드는 "절대적 필연성"(necessitas consequentis)이 아니라 이러한 종류의 원인의 행동과 그 자체에 조화롭고 자발적이며 자의적인 "결과의 필연성"(necessitas consequentiae)이다.[34] 다시 말해 하나님의 선결정운동은 그

32 Cf. John Edwards, *Veritas Redux* (London, 1707), 265; *The Confession of Faith, The Larger and Shorter Catechisms, with the Scripture Proof at Large* (Philadelphia: 1745), 36; William Twisse, A Discovery of D. Iacksons vanitie ... (London: W. Jones, 1631), 274; Synopsis purioris theologiae ... (Leiden, 1625), XI. XI.

33 Turretin, *Institutio theologiae elencticae*, 1:552-54. Cf. "Praedeterminatio non tollit libertatem voluntatis, sed conservat; quia per eam Deus non cogit creaturas rationales, nec facit ut necessitate physicâ, vel brutâ agant; sed tantùm hoc efficit, ut agant, & quidem sibi consentaneè, & convenienter naturæ tuæ προαιρέσεως & sponte, nimi, ita determinantur à Deo, ut seipsas etiam determinent." Turretin, *Institutio theologiae elencticae*, 1:548.

34 필연성의 종류와 그 성격에 대한 개혁주의의 구분을 위해서는 다음을 참고하라. van Asselt, *Reformed Thought on Freedom*, 30-46, passim; *John Edwards (1637-1716) on Human Free*

것이 발생시키는 필연성에도 불구하고 사물의 본성과 조화롭게 발생하고 제2원인으로부터 적절한 동작의 양태를 제거하지 않는다. 결과적으로 인간은 자발적으로 의지하지만 동시에 하나님의 선결정에 의지할 수밖에 없다는 "이 두 가지 사실은 동시에 참"이다.[35]

2. 하나님의 섭리와 죄의 원인성의 문제

협력을 통해서 신적 섭리의 성격을 규명한 이후에 튜레틴이 다루는 가장 중요한 섭리론의 주제는 죄의 원인성에 관한 문제이다. 죄가 발생했을 때 죄의 책임은 어디에 있는가? 섭리의 절대성을 강조하는 개혁주의 교리는 인간의 자유와의 양립 문제와 더불어 인간의 죄의 원인과 책임이 과연 누구에게 귀속되어야 하느냐는 또 다른 논쟁을 일으키었다. 하나님의 절대주권을 강조하는 개혁주의자들은 세상에서 발생하는 모든 사건이 하나님의 섭리 속에 존재하고 발생함을 주장하였다. 하지만 개혁주의 신학의 반대자들은 이러한 개혁주의 섭리론이 인간의 자유를 파괴한다고 비평하였다. 또한, 이들은 개혁주의의 가르침대로 하나님께서 세상에서 발생하는 모든 사건을 작정하셨고 그것을 섭리 가운데 이루신다면 결국 죄의 발생원인도 하나님께 있다는 말이 되기 때문에 결국 인간의 죄에 대한 책임을 하나님께 전가시키는 것이 된다는 논리를 펼친다. 따라서 개혁주의 신학의 반대자들은 개혁주의 섭리론이 하나님을 결과적으로 죄의 원인자로 만든다는 비평을 해왔다.[36] 예를 들어 로저 올슨(Roger Olson)은

Choice and Divine Necessity, 134-51; 유정모, "17세기 화란의 자유의지론 논쟁에 대한 연구: 히스베르투스 푸치우스(1589-1676)의 'De Termino Vitae'를 중심으로" 『한국개혁신학』 49 (2016): 220-26.

35 Turretin, *Institutio theologiae elencticae*, 1:548.

36 개혁주의 섭리교리가 하나님을 인간의 죄의 원인으로 만든다는 현대 비평가들의 주장에

전통적 개혁주의 섭리론에 대해서 다음과 같은 비난을 가한다.

> 자유의지 유신론(free will theism)을 거절하는 사람은 세상에서 죄와 악의 존재를 설명해야만 한다. [그렇지 않으면] 신적 결정론(divine determinism)은 궁극적으로 하나님에게까지 그 뿌리가 연결된다. 어떤 면에서 직접적으로 또는 간접적으로 하나님께서는 그것을 의지하셨고 그것이 틀림없도록 하셨다. 그렇다면 그것이 어떻게 하나님을 죄와 악의 조성자로 만드는 것을 피할 수 있게 하겠는가? 고전적 칼빈주의자들과 많은 루터주의자의 경우처럼 대부분의 기독교 결정론들은 이 문제에서 곤경에 빠진다. [하지만] 그들은 하나님이 죄와 악의 원인자라고 말하지 못한다 ... 궁극적으로 유신론적 세계관에서 자유의지론에 대한 믿음을 유일하게 대체할 수 있는 믿음인 신적 결정론은 하나님을 이 곤경에서 구해내지 못한다. 만약 하나님께서 모든 현실을 결정하시는 분이시고 사람들이 자유의지적(libertarian) 임의성을 가지고 있지 못하다면, 하나님은 어떤 피조물의 마음과 정신 안에서 악을 향한 최초의 경향성을 포함한 죄와 악의 원인자이시거나 조성자이시다.[37]

튜레틴 당시에도 로마 가톨릭, 소시니안주의, 항론파, 그리고 루터파는 개혁주의 섭리론이 하나님을 죄의 조성자로 만든다고 비평

대한 좀 더 상세한 논의에 관해서는 다음을 참고하라. Yoo, *John Edwards (1637-1716) on Human Free Choice and Divine Necessity*, 25-26.

37 Roger E. Olson, "The Classical Free Will Theist Model of God," in *Perspectives on the Doctrine of God: 4 Views*, ed. Bruce A.Ware (Nashville: B&H Academic, 2008), 160.

해왔다.[38] 따라서 튜레틴은 앞으로 논의될 여러 가지 논거들을 통해 개혁주의 신학은 하나님을 죄의 원인자로 만들지 않으며 인간의 죄에 대한 작정과 섭리에도 불구하고 여전히 하나님의 거룩성과 순결성은 유지된다고 주장하였다.

(1) 죄와 허용과 유기에 대한 이해

튜레틴은 죄의 원인에 대한 이해가 섭리론 중에서 그 어떤 주제보다 가장 복잡하고 어려운 주제임을 밝힌다. 하지만 그는 이 문제를 풀어가기 위해서 다양한 시도를 한다.[39] 먼저 튜레틴은 죄를 세 가지 측면으로 구분하고 하나님께서는 이 세 가지 영역에 다르게 관여하신다고 주장한다. 세 가지 영역 중 첫째는 질료와 연관된 "행위라는 실체 자체"(Ipsa entitas actus)이다. 행위 그 자체는 하나의 실체로서 언제나 선한 것이기 때문에 하나님께서는 그 "본성을 보존하시고 ... 물리적 움직임에 의해 그것의 움직임들과 행위들을 자극하심으로써 행위 그 자체에 효과적으로 그리고 물리적으로 협력하신다."[40] 튜

---

38 튜레틴 당대의 비평에 대한 개관적인 소개에 관해서는 다음을 참고하라. Turretin, *Institutio theologiae elencticae*, 1:570-71.

39 튜레틴은 이 문제를 해결하기 위해서 피해야할 두 가지 극단적인 견해가 있음을 먼저 밝힌다. 첫째는 하나님께서는 죄와 관련하여 어떠한 행동도 행하지 않으시고 "단지 무관심하게 지켜보고 그것을 허락하신다"(tantùm id otiosè spectaret & permitteret)는 펠라기안주의자들(the Pelaginas) 견해이다. 둘째는 하나님을 죄와 악의 원인자로 만드는 마니교주의자(the Manichaeans), 시몬파(the Simonians), 프리스길리안파(the Priscillianists) 그리고 자유주의자(the Libertines)의 견해이다. 튜레틴은 전자의 "단순하고 게으른 허용"(nudam & otiosam permissionem)개념이나 하나님을 죄의 조성자로 만드는 후자의 견해가 모두 성경적인 섭리의 성격과 충돌을 일으키기에 받아들일 수 없다고 역설한다. Turretin, *Institutio theologiae elencticae*, 1:555.

40 "Deus ad illum concurrit effective, et physice, non modo naturam conservando, sed motus etiam ejus et actiones ciendo motione physica, utpote quae sunt bona ... " Turretin, *Institutio theologiae elencticae*, 1:555.

레틴은 사도행전 17장 28절을 인용함으로 자신의 견해를 뒷받침한다. 튜레틴은 두 번째를 언급하기 전에 먼저 세 번째 영역을 다룬다. 세 번째는 죄 그 자체가 아니라 그것에 우연적으로 부가된 것으로 죄로 인한 “심판”(judicium consequens)의 영역을 가리킨다. 이것은 창세기 50장 20절과 이사야 10장 5-7절의 경우에서처럼 죄를 허용하실 뿐만 아니라 그것이 죄의 본성을 넘어서 궁극적으로 선한 목적을 이루도록 역사하시는 하나님의 작정과도 관련되었다. 중요한 것은 두 번째 영역인데 이것은 행위 그 자체에 결부된 “무질서”(ἀταζία)와 “사악함”(malitia)이다. 하나님께서는 이것을 “권장하거나”(inspirat) “주입하거나”(infundit) 직접적으로 “행하시지”(facitis) 않기 때문에 이것에 관해서는 “물리적 원인”(causa physica)이 될 수 없다. 또한, 하나님께서 “무법”(ἀνομία) 그 자체인 두 번째 영역을 “명령하시거나”(imperat) “승인하시거나”(approbat) “설득하시는”(suadet) 것이 아니고 오히려 강력하게 금지하시거나 처벌하시기 때문에 하나님께서는 이것에 관해서 “윤리적 원인”(causa ethica) 또한 될 수 없다고 주장한다.[41] 튜레틴은 이 주장을 입증하기 위해 시편 5편 4-6절, 시편 45편 7절, 하박국 1장 13절, 야고보서 1장 13절을 인용한다.[42]

튜레틴은 이러한 구분 속에서 죄와 하나님의 섭리의 관계에 대해서 다음과 같이 진술한다.

그러나 죄가 하나님의 섭리를 벗어나는 것으로 이해되어서는

41 이러한 튜레틴의 논거는 다른 개혁주의자들에게서도 죄의 원인과 섭리의 관계를 설명하기 위한 중요한 논거로 사용된다. Cf. Gisbertus Voetius, *Selectae disputations theologicae*, vol. I (Utrecht, 1635), 1060, 1132; Wendelin, *Christianae theologiae*, 176.

42 Turretin, *Institutio theologiae elencticae*, 1:555-56.

안된다. 왜냐하면 죄는 그것의 시작과 발전 그리고 목적에 관해서 여러 방식으로 섭리 안에 속하게 되기 때문이다. 시작에서 하나님께서는 자유롭게 그것을 허락하신다. 발전의 과정에서 하나님께서는 그것을 현명하게 지도하신다. 그 목적에 관해서 하나님께서는 강력하게 [죄를] 종결(terminationem)하시고 그것이 [하나님의] 선한목적을 이루도록 하신다. 이것이 우리가 말하는 죄에 관한 하나님의 섭리의 세 가지 단계(gradus)이다.[43]

튜레틴은 죄에 관련된 하나님의 섭리의 세 가지 단계를 다음과 같이 상세하게 설명한다. 먼저 첫 번째 단계는 시편 81편 12절과 사도행전 14장 16절에 나오는 것처럼 하나님께서 허용적으로 관계하시는 죄의 시작에 관한 것이다. 여기에서 "허용"(permissio)이라는 말은 하나님께서 죄를 합법적이거나 정당한 것이라고 승인하는 윤리적인 의미가 아니라 그것이 발생하는 것을 금지하지 않는다는 단순한 "물리적"(physica)인 의미이다.[44] 두 번째로 허용은 하나님께서 의지하시기를 멈추시거나 단순히 "억누르시는"(ανεργία) 것처럼 "부정적으로"(negativé) 생각되어서는 안 되고 하나님께서 죄를 "방해하시기를 의지하지 않으신 것"이 아니라 "방해하지 않기로 의지하신 것"이라는 "긍정적이고"(positivé) "적극적인"(affirmativé) 의미로 이해되어야 한다. 그러므로 허용은 하나님께서 그의 "숨겨진 의지의 적극적인 행위"(actum positivum voluntatis arcanae)에 의해서 "죄를 방해하지 않으시기

43 Turretin, *Institutio theologiae elencticae*, 1:556.

44 즉, 자신의 뜻에 따라서 모든 사건을 다스리고 조정하는 "세상의 통치자요 최고의 주로서 이것 또는 저것이 행해지는 것을 방해할 수 있는 힘을 행사하지 않는 것을 의미"한다. Turretin, *Institutio theologiae elencticae*, 1:557.

로 계획적으로 그리고 의지적으로(consultò & volens) 결정하셨다는 것"을 의미한다.[45]

튜레틴은 또한 허용이 의미하지 않는 것들을 밝힘으로써 죄와 관련된 신적 허용의 의미를 더욱 분명하게 설명한다. 첫째, 그는 적극적이면서 동시에 긍정적인 의미에서의 죄를 허용한다는 것이 하나님의 의지가 죄 자체를 그 대상으로 삼는 것을 의미하는 것은 아님을 분명히 한다. 하나님의 의지는 선한 것만을 그 대상으로 할 수 있고 "악으로서의 악"(malum quà malum)을 의지(意志)할 수 없으시다. 하나님께서는 "죄가 행해지도록 의지하지 않으시고 오직 그것을 허용하는 것을 원하신다"(non vult fieri peccatum, vult tantùm permittere).[46] 둘째, 죄가 하나님의 영광을 나타내는 목적을 이루기 위한 수단으로써 허용된다 하더라도 하나님께서 그 목적의 수단으로 "죄 그 자체"(peccatum, quà tale)를 원하지는 않으신다. 왜냐하면 여기에서의 수단은 "인과관계적"(causàliter)이거나 "효과적인"(effectivè) 의미가 아니라 "질료적"(materialiter)이며 "객관적"(objectivè)인 의미에서 이해되어야 하기 때문이다. 셋째, 하나님께서는 목적뿐만 아니라 수단도 의지하시지만 이 두 가지를 의지하실 때 항상 같은 의지를 사용하시는 것은 아니다. 목적은 언제나 선하기 때문에 "효과적인 의지"(volitione

45 Turretin, *Institutio theologiae elencticae*, 1:556-57. 이러한 튜레틴의 논거는 다른 개혁주의자들의 사상에서도 공통적으로 발견된다. John Edwards, *The Arminian Doctrines Condemn'd by theHoly Scriptures, By Many of Ancient Fathers, By the Church of England, And even by the Suffrage of Right Reason* (London, 1711), 155-162; 170-62; Synopsis purioris theolgiae, 94; Theodoro Beza, *Quaestionum et Responsionum Christianarum Libellus* (London, 1577), 100; John Gill, *A Complete Body of Doctrinal and Practical Divinity: or A System of Evangelical Truths, Deduced from the Sacred Scriptures* (London: Whittingham and Rowland, 1815), 53, 215; Gisbertus Voetius, Dissertatio *Epistolica, De Termino Vitae in Selectae disputations theologicae*, vol. V (Utrecht, 1669), 119; idem, *Selectatrum Disputationum*, vol. I, 1134; 1332.

46 Turretin, *Institutio theologiae elencticae*, 1:557.

effectiva)로 그것을 의지하신다. 하지만 만약 수단이 악일 경우 하나님께서는 "허용적 의지"(volitione permissiva)에 의해서 그 수단을 의지하시고 이 때 수단을 의지하신다는 의미는 "수단 그 자체"(volendo medium ipsum)를 의지하는 것이 아니라 "그 수단의 사용"(usùm medii)을 의지하신다는 것을 의미한다.[47]

그렇다면 하나님께서 죄를 허용하신 이유는 무엇인가? 무엇보다 튜레틴은 하나님께서는 죄를 통해 선을 불러오기 원하셨기 때문에 죄를 허용하셨다고 주장한다. 가령 만약 하나님께서 악을 허용하지 않으셨다면 하나님의 "징벌적 공의," "용서의 자비," "악을 선으로 바꾸는 지혜," "아들을 교회의 구원을 위해서 세상에 보내시는 놀라운 사랑"은 나타나지 않았을 것이다. 튜레틴은 자신의 견해를 뒷받침하기 위해 악이 존재하지 않도록 하는 것보다 악을 통해서 선을 가져오는 것이 하나님의 선하심에 더 적합한 것이라는 아우구스티누스(Augustine of Hippo, 354–430)의 견해를 인용한다. 이와 더불어 튜레틴은 어떤 면에서 죄 허용의 이유는 타락한 피조물에게서 찾아야 한다고 주장한다. 왜냐하면, 하나님께서는 타락한 죄인들에게 그들이 이전에 범한 죄에 대한 처벌로서, 신자들의 잘못을 책망하는 수단으로, 그리고 사람들에게 교훈을 주기 위해서 "가장 공의롭게"(justissimè) 죄를 허용하시기 때문이다.[48]

튜레틴에 따르면 이러한 하나님의 죄의 허용은 불법적인 죄를 짓는 인간에게 직접적인 "유입"(influxum)이나 "원인"(causalitatem)이 되는 것이 아닌 죄의 발생을 "막는 것을 단순하게 중단"(meram suspensionem impedimenti)한다는 의미이다. 이런 점에서 비록 허용으로

---

47 Turretin, *Institutio theologiae elencticae*, 1:557.

48 Turretin, *Institutio theologiae elencticae*, 1:558.

인해 죄가 불변하게 발생한다하더라도 하나님의 허용은 그것의 "원인"(causa)이 아닌 사건의 발생을 위해 "오직 필연적으로 가정되는 선행조건"(tantùm antecedens, quod necessàriò supponitur)이다. 그리고 죄의 허용은 피조물의 "자발성"(spontaneitatem)이나 "선택"(προαίρεσιν)을 제거하거나 그것이 "가장 자유롭게"(liberrimè) 행동하는 것을 방해하지 않는다. 그러므로 비록 하나님께서 죄를 허용하셨지만 죄를 짓지 않아야 하는 책임은 인간에게 있다. 따라서 튜레틴은 죄의 허용이 하나님을 죄의 원인자로 만드는 것이 아니라고 주장한다.[49]

허용과 더불어 튜레틴에게 하나님과 죄의 발생과의 관계를 설명하기 위해 중요한 개념은 "유기"(desertio)이다. 유기란 "인간이 죄를 범하는 것을 막지 않기 위해 죄를 극복할 수 있게 하는 은혜를 거두어가시거나 시험을 극복하는 것을 가능하게 하는 은혜를 너무 효과적으로 주지 않음"으로써 인간을 내어버려 두시는 것을 말한다. 여기에서 "거두심"(subtractio)은 전에 주신 은혜를 거두어 가시는 "결핍적인"(privativa) 것과 아담의 경우처럼 의로운 삶을 지속적으로 사는 데 필요한 새로운 은혜를 주시지 않는 "부정적인"(negativa) 거두심이라는 두 가지 성격으로 이해될 수 있다. 그리고 이러한 유기는 역대하 32장 31절의 경우처럼 창조주의 도움 없이 인간 본성이 얼마나 연약한지를 보여주기 위해 인간과 거리를 두시는 "살피심"(exploratio), 이사야 54장 7절이나 시편 125편 3절의 경우들처럼 하나님께서 그의 백성과 교회를 잠시 유기하시는 방법을 통해 그들을 다시금 하나님의 영원한 자비로 불러들이려는 목적의 "교정"(correctio), 죄인들에게 해당되는 것으로 열왕기하 21장 14절의 경우처럼 하나님께서 죄인들을

49 Turretin, *Institutio theologiae elencticae*, 1:558-59.

그들의 불순한 동기에 내어주시는 "죄의 심판"(poenus judici)이라는 세 가지 다른 종류로 구분될 수 있다.[50]

허용의 경우와 마찬가지로 튜레틴은 이러한 유기가 하나님의 거룩하고 공의로우심을 손상하지 않는다고 주장한다. 왜냐하면, 유기가 인간으로 하여금 타락하도록 강요하거나, 타락을 초래하는 악한 의지를 직접 인간에게 집어넣으셨거나, 창조 시에 주어진 "내적 은혜"(gratiam internam)를 제거하지 않으셨기 때문이다. 하나님께서는 단지 그의 자유롭고 기뻐하시는 뜻에 따라서 인간에게 의무적으로 주어야만 하는 것이 아닌 은혜를 주시기를 거절하신 것뿐이다. 하나님께서는 은혜의 선물들을 인간에게 자유롭고 수여하실 수도 있고 거절하실 수도 있는 분이시다. 무엇보다 비록 타락의 필연성이 은혜를 주시기를 거절한 것과 함께 연관되어 있지만 이로 인해 죄를 짓는 인간의 자유와 자발성은 파괴되지 않았다. 다시 말해 하나님께서는 유기의 방법을 통해 "인간이 틀림없이 타락하도록 의지"(eum certò labi voluit)하셨지만 동시에 하나님께서는 "인간이 가장 자유롭게 타락하도록 의지"(liberrimè cum labi voluit)하도록 영원 속에서 작정하셨다. 그러므로 튜레틴은 인간을 강압하지 않으며 인간의 본성과 조화롭게 발생하는 필연성인 "사건의 필연성"(necesitas eventus)을 초래하는 유기의 성격이 하나님을 결코 "죄의 조성자"(peccati authorem)로 만들지 않는다고 주장한다.[51]

(2) 섭리의 효과성과 목적인의 차이에 대한 이해

튜레틴은 하나님과 죄의 발생과의 관계를 설명하기 위해서 허

50 Turretin, *Institutio theologiae elencticae*, 1:559.

51 Turretin, *Institutio theologiae elencticae*, 1:559. Cf. Edwards, Arminian Doctrines, 120.

용과 유기의 개념을 제시하지만 허용이나 유기의 개념에 의해서 만으로는 설명되지 않는 것 같은 성경 구절들이 있음을 인정한다. 가령 출애굽기 4장 21절과 7장 3절, 사무엘하 12장 11절과 16장 10절, 열왕기상 22장 23절, 이사야 19장 14절 등의 구절들은 죄의 발생과 관련하여 하나님의 "어떤 효과적인 행위"(actio quaedam efficax)가 직접적으로 관여된 것 같이 보인다. 튜레틴은 이 문제를 다루면서 유한한 인간의 지혜는 여기서 나타나는 섭리의 성격이 무엇인지를 충분히 설명할 수 없음을 솔직하게 인정한다. 하지만 허용과 유기의 경우와 마찬가지로 이들 구절과 관련된 "섭리의 효과성"(providentia efficacia)이 하나님을 죄의 조성자로 만들지 않는다는 사실 또한 분명히 한다.[52]

이에 관한 논의를 위해 튜레틴은 먼저 섭리의 효과성을 "기회의 제공"(oblatio occasionum), "사단에게 넘겨줌"(traditio satana), 그리고 인간 "마음에서의 하나님의 직접적인 작용"(immediata Dei in corde operatio)이라는 세 가지 종류로 분류하고 각각의 경우가 의미하는 것이 무엇인지를 상세하게 설명한다. 첫 번째로 기회들의 제공은 요셉이 구덩이에 빠졌을 때에 마침 미디안 상인이 지나간 것처럼 하나님께서 어떤 상황이나 대상들을 인간 앞에 두심으로써 인간의 "마음의 기능"(facultates)을 움직이는 것을 의미한다. 하지만 이 경우에도 하나님께서는 인간의 마음에 직접적으로 악을 주입하지는 않으신다. 다만 밧세바가 목욕을 하고 있는 것을 보아서 다윗의 마음속에 있던 정욕이 일어난 것과 아간이 바벨론의 외투를 보고 탐심이 생긴 경우와 같이 협력을 통해 인간의 마음속에 내재해 있던 악이 실제 행위로 나타나도록 하신다. 그리고 악인들은 바로가 애굽에 내린 재앙

52 Turretin, *Institutio theologiae elencticae*, 1:560.

으로 인해 마음을 부드럽게 하는 것이 아니라 오히려 마음을 강퍅하게 한 것처럼 이러한 기회들을 "잘못 오용하고"(perpertam abuntuntur) 본인 스스로의 잘못에 의해서 강퍅하게 된다.[53] 두 번째는 하나님께서 인간들을 "사단과 그들 자신의 악한 욕망"에 넘겨주신다는 것으로 사무엘상 16장 14절과 열왕기상 22장 22절 등이 대표적인 경우들이다. 이 때 사단은 인간에게 두 가지 방식으로 역사한다. 첫째는 "외적인" 방법으로 아담의 경우에서처럼 하나님께 반역하도록 유혹하기 위해 "육신을 기쁘게 하는 대상"(선악과)을 보여주거나 욥의 경우에서처럼 사람들을 절망에 빠트리기 위해 불행과 재앙을 보내는 것이다. 둘째는 "내적인" 방법으로 인간의 지성에 영향을 주어 선에서 돌이켜 악으로 행하도록 하는 어떤 "망상"(phantasiam)이나 육체적 욕망을 불러일으키는 "기분"(humores)을 통해서 사단은 자신이 원하는 것을 인간의 마음속에 집어넣거나 요한복음 13장 2절과 27절에 나온 유다의 경우처럼 인간의 마음속에 직접 들어간다. 섭리의 효과성과 관련된 세 번째 경우는 잠언 21장 1절의 말씀처럼 하나님께서 인간의 마음을 자신의 뜻대로 바꾸시는 "어떤 특정한 내적인 작용"을 말한다. 이것은 인간의 지성과 의지를 움직일 수 있는 어떤 "대상들에 대한 내적인 계시"(objectorum propositione interna)나, 그 자체들로는 선하지만 타락한 인간에 의해서 우발적으로 악으로 바뀌게 하는 "생각들의 영향"(cogitationum impressione)에 의해서 행해진다. 에스겔 21장 21-24절에서 느부갓네살이 자신의 군대를 애굽이 아닌 유다를 향하도록 한 것이나 요한복음 11장 50절에 가야바가 말한 것은 선한 것이었지만 이 말이 그리스도의 잔인한 살해라는 가장 사악

53 Turretin, *Institutio theologiae elencticae*, 1:561.

한 행위로 오용된 것은 이러한 전형적인 실례들이다. 이러한 구절들은 "마치 아래로 흐르는 물이 장인의 공사로 인해서 이곳이 아닌 저 곳으로 흐르는 것처럼" 인간을 이 방향이 아닌 저 방향으로 "움직이는"(inclinantis) 하나님의 비밀한 섭리 외에는 다른 것으로 설명될 수 없다.[54]

이처럼 허용, 유기, 그리고 섭리의 효과성이라는 개념을 통해서 하나님의 섭리가 죄의 시작과 어떠한 관련이 있는가를 설명한 후 튜레틴은 섭리가 죄의 다음 단계인 진행 또는 발전과 관련해서는 어떻게 관계하는가에 대해서 비교적 간략하게 설명한다. 하나님은 어떤 죄를 아예 끝나게 하시든지 또는 그 죄가 더 이상 거대해지지 않도록 그것의 "의도"(intensionis), 더 오래 진행되지 넓게 퍼지지 않도록 하는 그것의 "정도"(extensionis), 그리고 더 오래 진행되지 않도록 하는 그것의 "기간"(durationis)에 제한을 두심으로써 죄의 진행 과정에 간섭하신다. 구체적인 방법으로는 "내부적인" 것과 "외부적인" 것이 있는데 전자는 "죄의 추악함과 그것으로 인한 처벌의 거대함을 지각하게 하고 타락한 욕망을 제한함으로써" 인간의 마음을 조명하시는 반면 후자는 "사단과 세상의 분노를 억제하시고 악의 원인을 제거하시고 명령과 위협에 의해서 죄로부터 돌이키게 하는" 것을 말한다. 이러한 실례들은 라반, 에서, 발람, 산헤드립, 그리고 특별히 욥과 그리스도로부터 명백하게 확인된다.[55]

---

54 Turretin, *Institutio theologiae elencticae*, 1:562. 섭리의 효과성에 대한 유사한 논의가 다른 개혁주의자들에게서도 발견된다. Edwards, *Theologia Reformata* I, 81–82; Thomas Ridgeley, *Commentary on the Larger Catechism: Previously titled A Body of Divinity: Wherein the Doctrines of the Christian Religion are explained and defended, Being the Substance of Several Lectures on the Assembly's Larger Catechism* (Philadelphia, 1814–1815, Reprint, Edmonton: Still Waters Revival Books, 1993), 359.

55 Turretin, *Institutio theologiae elencticae*, 1:562.

죄의 시작 및 진행과 관련된 하나님의 섭리에 대한 논의를 마친 후 이제 튜레틴은 죄에 관한 신적 섭리의 마지막 단계인 죄의 목적과 섭리의 관계를 논의한다. 이 단계는 하나님의 "지혜로운 명령과 지시에 의해서 죄의 본성과 죄의 의지를 넘어서 그의 지혜와 능력으로 하나님께서 악을 선으로 바꾸시고 그것을 선한 목적으로 지도하시고 이끄시는" 것을 의미한다. 한마디로, 하나님께서 악의 허용에는 선한 목적이 있다는 것이다.[56] 튜레틴에 따르면 창세기 50장 20절, 이사야 10장 5-7절, 욥기 1장 20-22절 등 많은 성경 구절들이 이것을 입증한다.[57]

그런데 죄를 통해 선한 결과를 불러오시려는 하나님의 의도는 마치 죄의 존재를 예지하시고 그것의 목적에 대해서 생각하시는 "후험적"(à posteriori) 방식이 아니라 죄악된 행위들이 죄인들에 의해서 발생하도록 의지하시는 동시에 그것들에게 선한 목적을 부여하시기로 결정하시는 "선험적"(à priori) 방식을 통해 정해진다. 따라서 죄에 선한 목적을 부여하시는 하나님의 행위는 "우연적인"(accidens) 것이 아니다. 또한, 이러한 하나님의 목적은 하나의 동일한 사건이 인간과 하나님 각자에게 다른 의미로 귀속되는 차이를 만들어낸다. 예를 들어 아시리아가 이스라엘을 멸망시킨 사건은 하나님께는 선한 일로 귀결되지만 아시리아에게는 악한 일로 귀결된다. 왜냐하면, 하나님께서는 이 사건을 통해 당신의 백성들을 책망하시고 궁극적으로 회복시키시려는 선한 목적을 의도하셨지만 아시리아에게는 이사야 10

56 튜레틴과 연속선상에서 선한 목적을 가져오기 위해 악을 허용하시는 하나님의 섭리의 성격에 대한 다른 개혁주의자들의 논의를 위해서는 다음을 참고하라. Edwards, *Veritas Redux*, 112-22; Ridgeley, *Commentary on Larger Catechism*, 360-61; Gill, *Body of Divinity*, 227; Voetius, *Termino vitae*, 124.

57 Turretin, *Institutio theologiae elencticae*, 1:562-63.

장 6–7절에서 말하는 것처럼 이스라엘을 멸망시키고 자신들의 욕망을 충족시키려는 사악한 목적 밖에 없었기 때문이다. 이처럼 하나님께서는 "피조물들의 의지나 행동들을 악하게 만들어서가 아니라 그들의 악이 선한 목적을 이루도록 정하심으로써 피조물들의 죄악들을 그들의 의도를 넘어 선한 목적을 이루도록" 역사하신다. 그러므로 튜레틴은 아우구스티누스의 주장을 인용하면서 어떤 사건에 대한 "목적인"(causas finales)에서의 차이가 하나님을 인간의 죄에 대한 원인자라는 비판을 피하게 한다고 다음과 같이 주장한다.

> 하나님의 섭리의 협력이 죄인들의 자유, 선택, 그리고 자발성을 제거하지 않기 때문에 죄인들에게 [자신들의 죄에 대해] 어떤 변명거리를 주지 않는 것처럼, 하나님께서는 인간들의 가장 사악한 일들에 언제나 가장 거룩하게 선한 목적을 가지고 관련되시기 때문에 인간의 죄에 책임이 없으시다. 강제적이고 최종적인 원인(causas impulsivas, & finales)이 행동의 차이를 만들고, 하나의 동일한 결과에 다른 많은 원인들이 있을 때에 그 결과는 선한 원인들과 관련하여서 선하고 악한 원인들과 관련하여서는 악하다.[58]

튜레틴은 하나님께서는 요셉이 애굽으로 팔려가는 것과 그리스도의 십자가 죽음을 각각 야곱 집안의 보존과 교회의 구원이라는 최선의 목적을 가지시고 작정하셨다. 비록 이러한 일들이 하나님께서 "발생하도록 의지하지는 않으셨고 단지 허용하도록 의지하

58 Turretin, *Institutio theologiae elencticae*, 1:563.

신"(quae noluit efficere, sed tantùm permittere) "인간의 사악함"(hominum scelera)에 의해서 수행되도록 의지하셨지만, 그 선하신 목적 때문에 각각의 일들은 하나님의 측면에서 공의롭고 선한 것이다.[59]

그런데 한 가지 유의할 사실은 성경에서 인간의 죄가 하나님에 의해서 허락되었다고 말하거나 그리고 선한 목적을 위하여 효과적으로 사용되었다고 말하더라도 그 사실들이 인간의 죄악들을 선한 행위라고 말하는 것이 아니라는 것이다. 이미 언급되었듯이 어떤 악이 행해질 때 그 행동과 움직임은 "존재와 하나님의 공정한 판단의 유"(類, in genere entis, & justa Dei judicia)에서 볼 때 선한 행위이지만 그 행동과 움직임의 "무법"(ἀνομία)은 "도덕적으로 악한"(moraliter mala) 것이다.[60] 따라서 로마서 3장 8절은 오해되어서는 안된다. 악을 행하는 것과 그것을 허락하는 것, 선한 목적으로 그것을 지도하는 것, 그것을 선으로 바꾸는 것은 분명히 구분되어야 한다. 전자는 인간의 불의를 후자는 하나님의 "지혜와 선함과 능력"을 가리킨다. 따라서 악인은 자신들의 죄악이 하나님의 뜻을 이루었다고 해서 그것을 변명할 수 없다. 그 목적이 선을 이루었다고 해도 여전히 그들의 행위는 도덕적인 유(類)에서 볼 때 분명한 죄악 그 자체임을 피할 수 없는 것이다.[61]

(3) 원인성의 성격에 대한 이해

죄와 섭리의 관계를 설명하기 위해 튜레틴이 사용하는 또 다른 주요한 논거는 원인성의 구분이다. 먼저 튜레틴은 행위와 결과가

59 Turretin, *Institutio theologiae elencticae*, 1:563-64.

60 Turretin, *Institutio theologiae elencticae*, 1:569.

61 Turretin, *Institutio theologiae elencticae*, 1:569-70.

"도구적 원인"(causa instrumentalis)이 아닌 제1원인(causa principalis)에 귀속되기 때문에 사단과 악인들을 그의 사역을 위해서 "도구"(instrumentis)로 사용하시는 하나님은 "죄의 원인"(peccati causam)이 된다는 비평에 대해서 다음과 같이 논박한다. 첫째, 이 주장은 두 원인이 "같은 종류의 원인"(causis homogeneis)일 때는 맞는 말이다. 가령 열왕기상 22장에 나오는 아합을 속인 거짓 선지자들과 그를 통해 역사한 사단은 모두 같은 성격을 가진 "소극적 원인"(causa privativa)으로 이 경우에 위의 논지는 참이 된다. 하지만 이 주장은 두 원인이 "다른 종류의 원인성"(causa heterogeneis)인 경우에는 해당하지 않는다. 이것의 설명을 위해 튜레틴은 "공정한 재판관"(justus Iudex)의 유비를 사용한다. 공정한 재판관의 도구로서 죄에 대한 대가로서 죄를 벌하는 처형 집행자나 검을 사용한 사람은 유죄로 처벌받지 않으며, 더더욱 그 재판관은 그 범법자를 죽였다는 살인의 책임을 묻지 않는다. 마찬가지로 주요 원인인 하나님은 "적극적이고 물리적이고 법의 지배를 받지 않는 원인"(causa positiva, physica, ἀνυπθαινως)인 반면 도구적 원인으로서 악을 행하는 인간은 "소극적이고 도덕적인 원인"(causa privativa, moralis)이고 율법을 위반한 것이 된다.[62] 두 번째로 죄인들은 비록 도구적 원인이지만 죄의 책임이 있다. 만약 어떤 도구적 원인이 앞선 유비의 칼과 같이 순수하게 비이성적인 도구일 경우에는 죄의 책임이 없고 그것을 사용한 인간에게 살인의 원인이 귀속되어야 한다. 하지만 죄인은 순전하게 비이성적인 도구가 아니고 죄의 "고유한"(propria) 그리고 "적절한"(adaequata) 원인인 "악"(malitiam)을 그들 스스로에게서 가져오는 "이성적, 은유적, 그리고 순수하지 않은"(rationalia, metaphorica, & mixta) 도

62 Turretin, *Institutio theologiae elencticae*, 1:564-65.

구이다. 따라서 죄의 책임은 하나님이 아닌 인간에게 귀속되어야 한다.[63] 세 번째로 도구의 행위와 주요 원인의 행위가 도덕적으로 같은 의미를 가질 때 위의 비평은 말이 된다. 하지만 어떤 행위에 작용하는 두 원인이 질료적으로 그리고 물리적으로는 같은 성격을 가진다 하더라도 도덕적으로 같지 않다면 두 원인은 동일하게 평가되어서는 안된다. 하나의 같은 물리적 행동이라도 법에 종속되느냐 그렇지 않느냐라는 행위자의 성격에 따라서 의롭거나 불의한 것이 될 수 있다. 따라서 악에 있어서 하나님의 행위는 도구의 행위와 오직 물리적인 측면에서만 같고 도덕적인 측면에서는 다르다.[64] 이러한 구분을 바탕으로 튜레틴은 사무엘하 16장 10절을 다음과 같이 설명한다.

> 하나님께서는 시므이에게 법적인 명령에 의해서가 아니라 섭리의 명령에 의해서, 도덕적으로 설득하는 명령에 의해서가 아니라 물리적으로 지시적인 명령에 의해서, 마치 공정한 법관처럼 명령하는 입법자로서의 의지를 가지고 처벌하시고 응징하고자 하는 선하고 기뻐하는 뜻에 따른 사법적 명령에 의해서, 하지만 승인하는 명령에 의해서가 아니라, 그리고 소위 고유한 의미에서 그것을 시므이에게 알게 하여 그를 순종하도록 의지하는 명령에 의해서가 아니라, 하나님께서 요나를 뱉어내라고 물고기에게 명령하신 것처럼 비본래적이고 은유적인 의미에서의 명령에 의해서 다윗을 저주하라고 명령하셨다. 이것은 결국 다윗의 처벌을 위해 시므이의 악한 의지를 죄로 움직인 하나님의 효과

63 Turretin, *Institutio theologiae elencticae*, 1:565.

64 Turretin, *Institutio theologiae elencticae*, 1:565-66.

적 조치에 불과하다.[65]

튜레틴에 따르면 열왕기상 22장 22절에서 하나님께서 아합을 속이기 위해 거짓말하는 영을 보내셨을 때에도 하나님께서는 그것을 "승인한 것이 아니라 허용한 것이며 악한 왕의 처벌의 위하여 그것을 효과적으로 정하신 것"(non est approbantis, sed permittentis, & efficaciter ordinantis ad impii Regis poenam)이다. 또한 튜레틴은 하나님께서는 그 거짓말 하는 영에게 거짓말하는 권리를 준 것이 아니라 바라는 그것을 억제하던 것을 풀어준 것이라고 설명한다.[66]

다음으로 튜레틴은 어떤 원인의 원인은 또 다른 원인에 의한 원인이라는 전제 가운데 하나님께 죄의 책임을 돌리려는 시도가 잘못된 것임을 밝힌다. 왜냐하면 만약 어떤 것이 "그 스스로" 어떤 원인의 원인이고, 단지 "열등한 원인"(causa inferior)이 단순히 그 자신의 본성으로부터 뿐만 아니라 "어떤 결함으로부터"(aliquo defectu) 그 결과를 만들어낼 때라는 의미에서 "우연적으로"(accedente) 원인된 것의 원인이라면 위의 전제는 참이 아니기 때문이다. 따라서 하나님은 인간의지의 원인이기에 하나님이 죄의 원인이라는 등식은 성립하지 않는다. 인간의 의지는 범죄 할 때 "제1원인의 질서로부터"(ab órdine primæ causae) 돌아섬으로 죄를 짓는다. 그러므로 "의지 자체의 원인"(causa voluntatis per se)이신 하나님은 악한 행동의 원인이라고 불릴 수 없다. 악한 행동은 "단순하게 존재의 유(類, genus)에서의 의지로부터가 아니라 도덕들의 유(類)에서의 율법에 관해 실패하는 의지"(à voluntate non simpliciter in genere entis ... sed ab ea deficiente à lege in genere moris)에서 비롯되

65 Turretin, *Institutio theologiae elencticae*, 1:566.

66 Turretin, *Institutio theologiae elencticae*, 1:566.

기 때문이다.[67]

(4) 강퍅케 하심과 시험에 대한 이해

성경에는 인간의 죄와 관련된 여러 난해 구절들이 있다. 튜레틴은 지금까지의 논의들을 바탕으로 각각의 구절들과 그것에 함의된 신학적 의미들을 설명함으로써 죄와 섭리와의 관계를 바르게 조명하고 더 나아가 하나님이 죄의 원인자가 아님을 변호하고자 한다. 가령 예레미야 5장 3절의 경우와 같이 하나님께서 어떤 사람의 마음을 강퍅하게 하시는 경우는 어떻게 설명할 것인가? 이에 관해서 튜레틴은 다음과 같이 설명한다.

> 하나님께서는 [인간의 마음을] 일깨우시지 않거나 부드럽게 하지 않으시는 소극적인 방식으로써, 인간이 은혜를 오용한 후에 그것이 어떤 것이든 그의 은혜를 거두어 가시는 박탈의 방식으로써, [죄의 발생을] 막지 않으시는 허용적인 방식으로써, 눈을 멀게 하거나 인간에게 자연적인 완고함을 가져오는 적극적인 방식으로써 ... 외적인 상황들을 그들에게 제공하시는 객관적인 방식으로써, 눈멀게 함으로 그들을 치시는 심판적인 방법으로써 ... 그들의 허영의 족쇄를 헐겁게 하고 그들을 사단에게 내어넘겨주고 노예가 되게 함으로써, 그리고 다른 많은 설명할 수 없는 방식으로 행하심으로써 사람을 눈멀게 하거나 강퍅하게

67 Turretin, *Institutio theologiae elencticae*, 1:566.

하신다.[68]

튜레틴에 따르면 의로운 판단에 근거해서 이전 죄들에 대한 처벌로서 죄인들의 강퍅하게 하시 하나님은 여전히 의롭고 순결하시다.[69] 반면 그들 스스로를 강퍅하게 하는 것은 결국 사람이기에 죄의 책임은 사람에게 있다.

튜레틴은 성경에 자주 등장하는 시험의 의미에 관해서도 상세히 논의한다. "시험"(tentatio)은 "연단"(probationis)과 "유혹"(seductionis)이 있는데 전자는 하나님께 속한 선한 것이고 후자는 마귀에게 속한 악한 것이다. 야고보서 1장 3절의 말씀에서처럼 하나님은 누구도 죄로 유혹하지 않으신다. 그 대신 창세기 22장 1절과 신명기 8장 2절의 경우처럼 하나님의 시험은 유혹이 아니라 연단의 시험으로 이해되어야 한다. 이것은 사람의 믿음과 신실함을 알아보기 위해 행해진다. 물론 이것은 "전지한 하나님께서 사람을 모르셔서가 아니라 그 자신과 다른 사람들에게 이것을 알게 하기 위해서"이다. 주기도문에서의 시험은 후자의 경우를 말한다. 하나님께서는 우리를 죄로 유혹하지 않으신다. 하지만 고린도전서 10장 13절의 말씀과 아우구스티누스의 주장 등을 근거로 튜레틴은 만약 그 반대인 그것을 허락하거나 사단에게 우리를 넘겨주어 우리가 시험에 들지만 결국 우리가 하나님의 은혜로 그것을 극복하는 것이 하나님을 기쁘시게 한다면 하나님께서는 그렇게 하실 것이라고 주장한다.[70]

---

68 Turretin, *Institutio theologiae elencticae*, 1:566-67.

69 Cf. Wollebius, *Compendium theologiae christianae*, 31; Gulielmus Bucanus, *Institutiones theologicae seu locorum communium christianae religionis* (Geneva, 1648), XIV, XIV; van Mastricht, *Theoretico practica theologia*, III, X, XX.

70 Turretin, *Institutio theologiae elencticae*, 1:567-68.

그런데 유혹과 관련된 몇몇 성경구절들은 마치 하나님께 죄의 책임이 있는 것처럼 진술하고 있다. 가령 예레미야 20장 7절은 언뜻 보기에 마치 하나님께서 예레미야를 거짓과 오류로 이끈 것처럼 이해된다. 하지만 튜레틴은 이것이 올바른 해석이 아니라고 주장한다. 앞서 언급된 아합의 경우에는 하나님께서 거짓 선지자들의 입에 거짓말하는 영을 두셨지만 예레미야와 같은 거룩한 선지자들의 경우에는 하나님께서 당신의 이름으로 거짓된 것을 예언하도록 오류를 범하게 하거나 진리로부터 멀어지게 하시는 분이 아니시라고 고백한다. 이러한 전제 위에서 튜레틴은 몇 가지 해석의 가능성을 언급한다. 먼저 긍정적 의미에서 히브리어 동사 "פִּתִּיתַנִי"는 창세기 9장 27절, 잠언 25장 15절, 호세아 2장 14절의 경우에서처럼 "매료시키다" "매혹하다" 또는 "설득하다" 등을 의미하는데 이 경우에 본문은 "당신은 나를 이끌었고 나는 이끌렸습니다"와 같이 해석할 수 있다. 다른 해석 가능성은 이 구절이 에스겔 14장 9절의 경우처럼 "유혹"이라는 부정적인 의미에서 가정적으로 해석되는 것이다. 이 경우 본문은 "만약 내가 다른 사람들을 유혹하도록 유혹받았다면, 주님께서 나를 그렇게 유혹하셨기 때문입니다"라고 해석된다. 하지만 튜레틴은 이 두 가지 해석이 모두 옳지 못한 해석이라고 주장한다. 그렇다면 이 구절은 어떻게 해석될 것인가? 튜레틴은 지금 예레미야가 자신의 "연약함과 육신적 판단으로부터 하나님께 속임을 당했다고 불평하는 것"이라고 해석한다. 즉, 자신이 하나님의 말씀을 잘못 이해함으로 하나님께서 그에게 지시했다고 생각하는 것과 훨씬 다른 것을 예레미야는 경험했고 이에 대한 불평과 마음의 혼란을 "인간적으로" 고백하고 있다는 것이다. 따라서 이것은 "화자의 잘못이 아니라 청자의 잘못"이다. 왜냐하면, 하나님께서는 예레미야가 고난을 당할 것이라고 말하지 않았고 오히려 하나님께서 그를 구원하실 것이라

고 말했기 때문이다.[71]

욥기 12장 16절은 튜레틴이 유사한 문제를 다루고 있는 또 다른 실례이다. 그에 따르면 이 구절은 두 가지로 이해될 수 있다. 첫째, 속은 자와 속이는 자와 하나님의 관계를 "여격"으로 이해해서 "하나님께서 자신의 계시된 뜻을 저항하는 사람들을 사용해서 자신의 숨겨진 뜻을 이루시는 동안 속은 사람의 무지와 속이는 사람의 악함이 마치 하나님의 사역자들처럼 모두 하나님의 섭리에 기여한다"라는 의미로 해석할 수 있다. 둘째, 속는 자와 속이는 자는 하나님께 속하여 있다는 "속격"으로 이해될 수 있다. 왜냐하면 이때 속는 자나 속이는 자 모두 하나님의 능력 안에 있고 하나님께서 허락하는 것을 기뻐하지 않으시는 한 누구도 속이거나 속을 수 없기 때문이다.[72]

결과적으로 튜레틴은 악에 대한 하나님의 섭리적 행동은 그것이 어떤 종류이든 죄인에게 자신의 죄에 대한 변명의 구실을 제공하지 않는다고 주장한다. 왜냐하면 죄를 포함한 어떤 사건의 발생은 하나님에 의해서 "가장 정의롭게" 작정된 것을 이루시는 숨겨진 의지의 실현이요 비록 하나님의 의지의 실현이 인간에 의해서 방해받을 수 없지만 그것은 인간을 "강요"(coactio)하지 않고 "절대적 필연성"(necessitas consequentis)이 아닌 "결과의 필연성"(necessitas consequentiae)에 의해서 이루어지기 때문이다. 가령, 하나님 자신이 강퍅하게 하고 눈멀게 했다고 말할 때 하나님의 행동은 인간 행동의 자유를 파괴하지 않는다. 그 이유는 하나님에 의해서 그렇게 결과 되지만 동시에 인간이 "가장 자유롭게 스스로를 그렇게 만들기"(seipsum etiam liberrimè

71 Turretin, *Institutio theologiae elencticae*, 1:568.

72 Turretin, *Institutio theologiae elencticae*, 1:568.

excoecat) 때문이다. 더구나 인간은 이전 죄들의 결과로 마땅히 그러한 대가를 받을만하기 때문이다.[73]

(5) **협력에 의한 설명**

하나님의 작정하심을 이루는 섭리의 방식으로 앞서 논의 되었던 신적 협력의 개념은 섭리와 악의 관계를 규명하는 데도 매우 중요하게 다루어진다. 여기에서의 핵심이 되는 논의는 하나님은 선과 악에 다른 방식으로 협력하신다는 것이다. 선한 행동에 관해서는 하나님께서는 "그것의 저자로써"(eorum author) 인간의 의지를 "선행적으로 움직이신다."(praemovet) 이때 하나님께서는 "본성의 유(類)뿐만 아니라 그들의 도덕적 선함에 따라서 일반적이고 동시에 개별적으로 그리고 그 자체로서뿐만 아니라 행해지는 것이 잘 행해져야 하는 양태에 관해서도 [인간의] 의지를 결정하심으로써 미리 [인간의] 의지를 움직이신다."[74] 이를 위해 하나님께서는 "특별한 도움" 또는 "초자연적인 은혜"를 통한 "선한 자질들"(banas qualitates)을 주실 뿐만 아니라 하나님과 협력하여 그 행위를 하도록 그들을 도우시고 이끄시고 자극하신다. 튜레틴은 고린도후서 3장 5절, 잠언 16장 9절, 학개 1장 5절, 에스겔 36장 27절 등을 이에 관한 성경적 근거로 제시한다.[75] 하지만 튜레틴에 따르면 악한 행위에 있어서 하나님의 협력은 다르게 나타난다.

---

73 Turretin, *Institutio theologiae elencticae*, 1:569-70.

74 " ... non tantùm in genere naturae, sed etiam secundum eorum bonitatem moralem, determinando voluntatem, non tantùm quoad rem, id. bonum, vel ingenere, vel in specie, sed etiam quoad modum, ut fiat bene quod fit ... " Turretin, *Institutio theologiae elencticae*, 1:554. Cf. Gisbertus Voetius, *Thersites heautontimorumenos* (Utrecht, 1635), 213; Wollebius, *Compendium theologiae christianae*, 30.

75 Turretin, *Institutio theologiae elencticae*, 1:554.

> 하지만 악한 행위들에서는 그것들을 발생시키거나 돕거나 승인하도록 협력하지 않는다. 대신 악을 주입함으로써가 아니라, 이성적 피조물이 존재의 유(類)에서 그 행위의 실체를 물리적으로 결정하도록 함으로써 [죄의 발생을] 허용하시거나 효과적으로 인도하신다. [반면] 인간들은 그것들을 자유롭게 그리고 의지적으로 행하면서 도덕의 유(類)에서 그것들을 나쁜 행위들로 움직이고 결정한다. 따라서 죄책은 인간들에게만 있고 하나님께서는 그것으로부터 자유하시다.[76]

그러므로 튜레틴은 비록 하나님의 선결정운동이 악한 행위들에까지 관계되지만, 이것이 하나님을 죄의 원인자나 그 잘못에 관해 유죄(有罪)를 만드는 것은 아니라고 주장한다. 왜냐하면, 전자는 "행위의 실체"(actus substantiam)라는 "질료적이며 존재적인"(materialiter, & entitativè) 면에서 후자와 관계하시지 "도덕적인(moraliter)" 면에서 후자의 "악"(malitiam)과는 관계가 없으시기 때문이다.[77]

이처럼 하나의 행위가 물리적(physicè)이면서 동시에 도덕적인(moraliter) 측면으로 구분될 수 있고 하나님의 협력하심은 이에 따라 각각에 다르게 고려되어야 한다는 사실을 설명하기 위해 튜레틴은 여러 가지 유비(類比)를 사용한다. 예를 들어 주권자는 사형수에게 가해진 죽음의 원인이다. 하지만 처형 시에 나타난 잔인함의 원인은 아니다. 하프 연주자는 소리의 원인이지만 줄 자체에서 발생하는

76 Turretin, *Institutio theologiae elencticae*, 1:554.

77 Turretin, *Institutio theologiae elencticae*, 1:549. 동일한 견해가 다른 개혁주의자들에게서도 공통적으로 발견된다. 대표적인 실례로서 Edwards, *Arminian Doctrines*, 162-67을 참고하라.

불협화음의 원인은 아니다. 절뚝거리는 말을 모는 사람은 말의 운동의 원인이지만 절뚝거림의 원인은 아니다. 마찬가지로 죄의 질료적 행위에 참으로 그리고 효과적으로 협력한다고 해서 하나님께서 거기에 결부된 죄의 원인이 되는 것은 아니다. 도덕적 사악함은 본질적으로 타락의 결과로 "결함이 생긴 인간의 의지로부터"(à voluntate creata deficiente) 나온다. 부연하면 인간의 의지는 "물리적 행위자"(agens physicum)로서 "물리적 행위의 원인"(causa physica actu)이 되지만 "도덕적 행위자"(agens morale)로서 그 "악의 도덕적 원인"(causa moralis malitiae)도 된다. 즉, 하나님의 법에 종속된 인간이 물리적 행위자로서 "존재의 유"(類, in genere entis)에서 어떤 행위를 발생시키기 때문이 아니라 도덕적 행위자로서 하나님의 법이 금지하는 어떤 행위를 행하기 때문에 "인간의 타락한 의지에" 그 죄의 원인이 있는 것이다. 따라서 튜레틴은 "죄의 원인"(causalitas peccati)이 하나님께 귀속되어서는 안 된다고 주장한다. 튜레틴은 죄의 사악함은 어떤 행동이 인간의 "자유선택"(liberum arbitrium)에 의해서 원인될 때 "본성의 유"(類, in genere naturae)가 아니라 "도덕적 유"(類, (in genere moris)의 범주 안에서 발생하는 것이라는 자신의 견해를 변호하기 위해 토마스 아퀴나스(Thomas Aquinas, 1225-1274), 토마스 카제탄(Thomas Cajetan, 1469-1534) 디에고 알바레즈(Diego Alvarez, 1550-1635) 등의 견해를 인용한다.[78]

결과적으로 튜레틴은 어떤 행위의 도덕적 성격을 판단할 때에 존재의 유에서 행위의 실체와 도덕적 유에서 같은 행위의 선과 악은 반드시 구분되어야 하고, 단순하게 질료적 관계를 가지고 있는 지성

78 Turretin, *Institutio theologiae elencticae*, 1:549. Cf. 전체적으로 튜레틴이 섭리론의 논쟁적 주제를 다룰 때 자신의 견해를 변호하기 위해서 다른 신학자들의 견해를 의지하거나 인용하는 정도는 매우 미미하다. 그나마 매우 간헐적으로 아우구스티누스의 견해가 인용되는 것을 확인할 수 있다.

과 의지의 행위는 합법적인 것이나 불법적인 것을 지성적으로 받아들이고 의지적으로 행하는 것과는 구분되어야 한다고 주장한다. 가령 지금 여기에서 다른 사람에게 해를 끼치며 훔치는 "의지하는 행위"(volitio)는 다른 사람의 재산과 관련하여 본질적으로 악한 것인 반면 그 상황이 발생하게 하는 "의지하는 행위"(volitio) 그 자체는 선한 것이다. 따라서 "단순하게 존재의 유에서 질료와 관계된"(in genere entis respectu materialis) 하나의 행위라면, 하지만 훔치는 행위에서처럼 어떤 행위가 도덕의 유에서 "상황화된"(circumstantiata) 행위로서 "형상과 관계된 것이 아니라면"(non respectu formalis) 하나님께서 "어떤 행위 그 자체의 원인"(causam istius acionis)이 되는 것은 아무런 윤리적 문제가 되지 않는다.[79] 따라서 죄의 원인은 하나님께 귀속되어서는 안된다. 하나님의 선결정은 "단순히 물리적인 것이지 도덕적인 것이 아니다."(tantùm physica non moralis) 오직 도덕적인 결정만이 죄악된 것이다.[80]

한편 튜레틴은 악한 행동들에 관계하는 하나님의 선결정과 하나님의 허용은 서로 충돌하지 않는다고 주장한다. 그 이유는 하나님의 선결정과 허용은 동일한 대상에 관계되지 않기 때문이다. 전자는 "행위의 실체"에 그리고 후자는 "악함"에 관계한다. 또한, 전자는 그 행위를 발생시키는 "질료"에 후자는 "유일하게 결함있는 도덕

79 이러한 의미에서 튜레틴은 하나님에 대한 미움까지도 "그 목적에서 추상화된 물리적 행위로서 단순하게 고려된다면 존재의 형이상학적 선을 가질 수 있고 도덕적으로 중립적이며 하나님으로부터 올 수 있다"라고 주장한다. Turretin, *Institutio theologiae elencticae*, 1:550.

80 Turretin, *Institutio theologiae elencticae*, 1:550. 이러한 튜레틴의 견해는 다른 개혁주의자들에게서도 공통적으로 발견된다. Edwards, *Theologia Reformata* I, 84-87; Wilhelmus à Brakel, *The Christian's reasonable Service*, vol I. trans. Bartel Elshout (Morga, PA: Soli Deo Gloria Publication, 1992), 341; Gill, *Body of Divinity*, 52–53; Ridgeley, *Commentary on Larger Catechism*, 359; Van Mastricht, *Theoretico practica theologia*, III, X, XVIII.

적 원인"인 인간의 "자유선택"(libero arbitrio)에 속하는 "형상"에 관계된다. 따라서 하나님께서는 어떤 악한 행위와 관련해서 "결과의 관계"(rationem effectus)와 "결함의 관계"(rationem defectus)라는 이중적 관계를 가지고 있다. 이러한 구분 속에서 튜레틴은 하나님께서는 "결과의 관계를 가지고 있는 [어떤] 것은 선결정하여 움직이실 수 있지만 결함의 관계를 가진 [어떤] 것은 오직 허용만 하실 수 있다"고 설명한다.[81]

(6) 죄와 악의 참된 원인자

앞선 논의들을 통해 튜레틴은 하나님께서 죄의 원인자가 아니라는 사실을 변호해 왔다. 만약 하나님이 죄와 악의 원인자가 아니라면 과연 무엇이 인간 죄와 악의 원인인가? 이미 지금까지의 논의에서 여러 차례 언급되었듯이 튜레틴은 인간의 죄에 대해서 하나님을 비난하지 않고 일관되게 인간의 죄의 원인은 타락한 인간의 본성에 있다고 주장한다. 한마디로 인간의 죄의 원인은 인간의 타락한 의지의 잘못된 선택에 있다는 것이다. 비록 하나님께서 작정가운데 인간의 타락과 죄를 결정하셨고 그것을 섭리와 그것의 방식인 협력을 통해 실현되도록 하셨지만 하나님은 인간이 죄를 짓도록 강압하지 않으셨다. 또한 섭리가 발생하는 필연성은 인간을 강압하는 절대적 필연성이 아니라 인간의 자유선택과 양립할 수 있고 오히려 그것의 자유롭고 우발적인 성격을 보장하는 가정적 그리고 결과의 필연성이다. 따라서 인간은 섭리가 발생하는 필연성에도 불구하고 자신의 자유선택에 의해서 자유롭게 하나님께 범죄하였다. 인간은 외부

---

81 Turretin, *Institutio theologiae elencticae*, 1:550. "Deus potest movere & praedeterminare ad illam, quae habet rationem effectus; sed aliam quae habet rationem defetus, potest tantùm permittere." Ibid.

의 어떠한 강요 없이 자유롭게 자의적으로 죄를 범했기 때문에 자신의 죄의 참된 원인자가 되고 자신들의 죄에 책임이 있다.[82]

인간이 죄와 악의 원인이라는 주장은 에덴동산에서 벌어진 아담의 최초 타락 사건에 대한 튜레틴의 논의에서 구체적으로 설명된다. 아담은 자신에게 주어진 자유선택을 가지고 악을 행할 수 있는 존재로 창조되었다. 마찬가지로 아담은 자신이 원했다면 하나님께 범죄 하지 않고 계속해서 의로운 존재로 살아갈 가능성을 가지고 있었다. 그렇다면 아담은 왜 타락하였는가? 튜레틴에 따르면 아담은 선한 존재로 창조를 받았지만, 악을 선택할 수 있는 "가변성"(mutabilitas)을 가진 존재였고 결국 자신의 "자유선택"(liberum arbitrium)을 잘못 사용함으로 스스로의 선택에 의해서 타락하게 되었다고 설명한다.[83] 따라서 튜레틴은 아담이 죄의 원인자임을 다음과 같이 설명한다.

> 그러므로 인간[아담]이 홀로 그의 악의 원인이다. 비록 그가 원했다면 죄를 쉽게 피할 수 있는 그러한 힘과 도움들을 가지고 있었으나 그는 자발적으로 죄를 지었고 자유롭게 그리고 어떤 강요나 외부의 강압없이 자신의 본성을 따라 하나님의 명령을 위반하였다. 사건의 불변성을 가져오나 본성의 조건을 변화시키지 않는 섭리도, 만약 그가 원했더라면 쉽게 저항할 수 있었고 그 자신이 자발적으로 받아들이지 않았더라면 어떠한 영

82 사실상 모든 개혁주의 신학자들은 인간이 죄의 원인이라는 점에 동의한다. Edwards, *Theologia Reformata* I, 86–87; idem, *Arminian Doctrines*, 205; idem, *Veritas Redux*, 126; Peter Martyr Vermigli, *Loci Communes* (London: Thomas Vautrollerius, 1583), 153–54; Wendelin, *Christianae Theologiae*, 176–78; Van Mastricht, *Theoretico practica theologia*, II. X. XXXII.

83 Turretin, *Institutio theologiae elencticae*, 1:656.

향도 미치지 못했을 사단의 유혹도 그 자발성(spontaneitatem)을 제거하지 않았다.[84]

물론 튜레틴은 사단이 "유혹의 원인자"임을 인정한다. 하지만 그 유혹을 받아들인 것은 인간 자신이었고 여기에는 어떠한 강압이나 강요도 없었다. 따라서 튜레틴은 "근접 및 고유한 원인"(causa proxima, & propria peccati)으로서 선악과를 자발적으로 취한 아담 자신이 죄와 악의 원인자로서 간주되는 것은 당연한 귀결이라고 주장한다.[85]

III. 결론

튜레틴의 섭리론에 대한 연구를 통해 우리는 다음의 사항들을 확인할 수 있다. 첫째, 튜레틴은 필연성의 구분, 원인성의 구분, 하나님의 작정 및 협력의 성격에 대한 분석 등을 통해 하나님의 섭리와 그것이 작용하는 방식인 신적 협력에 대한 개혁주의의 가르침이 인간의 자유를 훼손하거나 제2원인의 우발적 성격을 파괴하지 않는다고 주장한다. 둘째, 튜레틴은 죄의 세 가지 측면에 대한 구분, 허용과 유기, 그리고 시험의 개념, 섭리의 효과성 및 목적인의 차이에 대한 설명, 제1원인과 제2원인의 성격적 차이, 성경의 여러 난해 구절들에 대한 주석, 협력과 죄의 관계에 대한 설명 등을 통해 개혁주의 섭리론이 하나님을 인간의 죄와 악의 원인자로 만들지 않고 있음을 역

84 Turretin, *Institutio theologiae elencticae*, 1:656-57.

85 Turretin, *Institutio theologiae elencticae*, 1:656-57.

설한다.

그리고 이상의 내용은 개혁주의 섭리론에 대한 비평가들의 주장과 관련하여 두 가지 논지를 가능하게 한다. 첫째, 개혁주의 섭리 교리를 결정론(determinism)으로 규정하는 많은 비평가의 해석은 적어도 튜레틴의 경우에는 적용될 수 없다.[86] 튜레틴의 섭리 교리는 비록 개혁주의에서 말하는 신적 섭리의 성격이 필연적인 성격을 지니지만, 그것의 성격은 인간의 자유나 우발성을 무시하거나 파괴하는 필연성이 아니라 오히려 제2원인의 본성을 따라 사건이 발생하도록 역사함으로써 오히려 인간의 자유와 행동의 우발적 성격을 보장하는 필연성이라는 점에서 인간의 자유와 제2원인의 우발성을 파괴하는 형이상학적 또는 철학적 결정론과는 그 성격이 전혀 다른 것임을 보여준다. 둘째, 개혁주의 섭리교리가 하나님을 죄와 악의 원인자로 만든다는 비평가들의 주장은 튜레틴의 주장에서 전혀 입증되지 않는다. 비평가들의 주장과는 달리 튜레틴은 다양한 성경적, 신학적, 철학적 논증을 통해 하나님은 죄의 도덕적 원인자가 아니며 인간의 죄와 악의 책임이 하나님께 귀속될 수 없음을 보인다. 오히려 튜레틴은 인간이 어떤 외부의 강요나 강압이 없이 자유롭게 자발적으로 자신들의 자유선택에 의해서 범죄 하였기 때문에 죄의 참된 원인은 인간 자신에게 있음을 역설한다.

결과적으로 튜레틴의 섭리론에 관한 연구는 다음과 같은 시사

86 (형이상학적 또는 철학적) 결정론의 정의에 대해서는 다음을 참고하라. "Determinisme," s.v. in Andre Lalande, ed. Vocabulaire technique et critique de la philosophie, 7th ed. (Paris, 1956), 221-224. Cf. 튜레틴 당시 사상가들의 결정론적 경향에 관해서는 다음을 참고하라. Robert Sleigh, Jr., Vere Chappell, and Michael Della Rocca, "Determinism and Human Freedom," in *The Cambridge History of Seventeenth-Century Philosophy*, eds., Michael R. Ayers and Daniel Garber (Cambridge: Cambridge University Press, 1998).

점들을 우리에게 제시하여 준다. 첫째, 하나님의 절대주권과 관련된 개혁주의 신학에 대한 비평가들의 비난은 상당부분 오해와 편견에 근거해 있음을 암시해 준다. 실제로 개혁주의 섭리론에 대한 비평가들의 부정적인 견해는 대부분 그 주제에 관해 개혁주의 신학자들이 실제로 어떠한 주장을 했는지에 대해 무지한 상황에서 원전에 관한 상세한 연구가 결여된 채 피상적이고 단편적인 정보를 근거로 이루어지는 것을 보게 된다. 둘째, 튜레틴의 섭리론에 관한 연구는 개혁파 정통주의 섭리론에 대한 더 많은 연구가 필요함을 시사해 준다. 본 주제는 튜레틴뿐만 아니라 히스베르투스 푸치우스(Gisbertus Voetius, 1589–1676), 윌리엄 트위스(William Twisse, 1578–1646), 빌헬무스 아 브라켈(Wilhelmus à Brakel, 1635–1711)과 같은 여러 뛰어난 개혁주의 신학자들에 의해서도 상세히 논의되었다. 따라서 비록 본 논문에서는 연구범위의 한계 상 튜레틴 한 사람에게 초점을 맞추었지만, 개혁주의 섭리론에 대한 종합적이고 더욱 깊이 있는 이해를 위해서는 이 주제와 관련된 더 많은 연구가 이루어져야 할 것이다. 그리고 이러한 연구가 충분히 이루어졌을 때 개혁주의 섭리론이 인간의 자유를 훼손하거나 하나님을 죄의 원인자로 만든다는 식의 잘못된 비평은 더욱 효과적으로 반박될 수 있을 것이다.

참고 문헌

· à Brakel, Wilhelmus. *The Christian's reasonable Service*. vol I. Translated by Bartel Elshout. Morga, PA: Soli Deo Gloria Publication, 1992.

· Braunius, Johnnes. *Doctrina Foederum sive Systema Theologiae didacticae et elencticae*. Amsterdam, 1691.

· Bucanus, Gulielmus. *Institutiones theologicae seu locorum communium christianae religionis*. Geneva, 1648.

· Heidegger, Johann Heinrich. Medulla *Theologiae Christianae*. Zurich, 1713.

· Edwards, John. *The Arminian Doctrines Condemn'd by theHoly Scriptures, By Many of Ancient Fathers, By the Church of England, And even by the Suffrage of Right Reason*. London, 1711.

· ______. *Theologia Reformata*. vol. I. London, 1726.

· ______. *Veritas Redux*. London, 1707.

· Gill, John. *A Complete Body of Doctrinal and Practical Divinity: or A System of Evangelical Truths, Deduced from the Sacred Scriptures*. London: Whittingham and Rowland, 1815.

· Pictet, Benedict. *Theologia Christiana*. London: 1820.

· Ridgeley, Thomas. *Commentary on the Larger Catechism: Previously titled A Body of Divinity: Wherein the Doctrines of the Christian Religion are explained and defended, Being the Substance of Several Lectures on the Assembly's Larger Catechism*. Philadelphia, 1814–1815, Reprint, Edmonton: Still Waters Revival Books, 1993.

· Turretin. Francis. *Institutio theologiae elencticae.* 3 vols. Geneva: 1679.

· Twisse, William. *A Discovery of D. Iacksons Vanitie or A perspective Glasse, whereby the admirers of D. Iacksons profound discourses may see the vanitie and weaknesse of them, in sundry passages, and especially so farre as they tende to the undermining of the doctrine hitherto received*. London: W. Jones, 1631.

· van Mastricht, Petrus. *Theoretico practica theologia ... concionandi method. Amsterdom*:

Henricus/Theodorus Boom, 1682-1687.

· Vermigli, Peter Martyr. *Loci Communes*. London: Thomas Vautrollerius, 1583.

· Venema, Herman. *Institutes of Theology*. Translated by Alexander Brown. Edinburgh: T & T. Clark, 1850.

· Voetius, Gisbertus. *Selectae disputations theologicae*. 5 vols. Utrecht, 1648-1669.

· Wendelin, Marcus Friedrich. *Christianae theologiae libri duo. Hanoviae*, 1734.

· Witsii, Herman. *De Economia Foederum Dei cum Hominibus*. Basileae, 1739.

· Wollebius, Johannes. *Compendium theologiae christianae*. Amsterdam, 1650.

· *The Confession of Faith, The Larger and Shorter Catechisms, with the Scripture Proof at Large*. Philadelphia: 1745.

· *Synopsis purioris theologiae, disputationibus quinquaginta duabus comprehensa ac conscripta per Johnnem polyandrum, Andream Rivetum, Antonium Walaeum, Antonium Thysium*. Leiden, 1625.

· 유정모. "예수회 중간지식론에 대한 개혁파 정통주의자들의 논박: 프란시스코 수아레즈(Francisco Suárez, 1548-1617), 윌리엄 트위스(William Twiss, 1578-1646), 프란시스 튜레틴(Francis Turretin 1623-1687)을 중심으로." 「개혁논총」 32 (2014): 177-212.

· ______. "17세기 화란의 자유의지론 논쟁에 대한 연구: 히스베르투스 푸치우스(1589-1676)의 'De Termino Vitae'를 중심으로." 「한국개혁신학」 49 (2016): 199-236.

· 한병수. "우연과 섭리: 개혁주의 관점에 대한 고찰." 「한국조직신학논총」 40 (2014): 47-85.

· Farley, Benjamin Wirt. *The Providence of God*. Grand Rapids: Baker Book House, 1988.

· Goudriaan, *Aza. Reformed Orthodoxy and Philosophy, 1625-1750: Gisbertus Voetius, Petrus van Mastricht, and Anthonius Driessen*. Leiden: Brill, 2006.

· Heppe, Heinrich. *Reformed Dogmatics: Setout and Illustrated From the Sources*. Edited by Ernst Bizer. Translated by G. T. Thomson. Grand Rapids: Baker, 1978.

· Klauber, Martin I. "Francis Turretin on Biblical Accomodation: Loyal Calvinist or

Reformed Scholastic?." *Westminster Theological Journal* 55 (1993): 73-86.

· Lalande, Andre, ed. *Vocabulaire technique et critique de la philosophie*. 7th ed. (Paris, 1956), 221-224.

· Matava, R. J. *Divine Causality and Human Free Choice: Domingo Báñez, Physical Premotion and the Controversy de Auxiliis Revisited*. Brill: Leiden, 2016.

· Muller, Richard A. *After Calvin: Studies in the Development of a Theological Tradition*. New York: Oxford University Press, 2003.

· ______. *Dictionary of Latin and Greek Theological Terms. Drawn Principally from Protestant Scholastic Theology*. Grand Rapids: Baker Book House, 1985.

· ______. *Divine Will and Human Choice: Freedom, Contingency, and Necessity in Early Modern Reformed Thought*. Grand Rapids: Baker Academy, 2017.

· ______. *Post-Reformation Reformed Dogmatics: the Rise and Development of Reformed Orthodoxy, ca. 1520 to ca. 1725*. 4 vols. Grand Rapids: Baker Book House, 2003.

· Osborne, Thomas M. "Thomist Premotion and Contemporary Philosophy of Religion." *Nova et Vetera* 4 (2006): 607-632.

· Sleigh, Jr., Robert, Vere Chappell, and Michael Della Rocca. "Determinism and Human Freedom." In *The Cambridge History of Seventeenth-Century Philosophy*. vol. 2. Edited by Daniel Garber and Michael Ayers. New York: Cambridge University Press, 1998: 1195-1278.

· van Asselt, Willem J., J. Martin Bac and Roelf T. te Velde, Eds. *Reformed Thought on Freedom: The Concept of Free Choice in the History of Early-Modern Reformed Theology*. Grand Rapids: Baker Book House, 2010.

· Ware, Bruce A. ed. *Perspectives on the Doctrine of God*: 4 Views. Nashville: B&H Academic, 2008.

· Yoo, Jeongmo. *John Edwards(1637-1716) on Human Free Choice and Divine Necessity: The Debate on the Relation between Divine Necessity and Human Freedom in the Late Seventeenth- and Early Eighteenth-Century England*. Reformed Historical Theology Series vol. 22. Göttingen, Germany: Vandenhoeck & Ruprecht, 2013.

프란시스 튜레틴의 인간의 자유의지:

공시적 우연성과 양립 가능한 결정론 사이의 섬세한 이해

김현관

프란시스 튜레틴의 인간의 자유의지:
공시적 우연성과 양립 가능한 결정론 사이의 섬세한 이해[1]

김현관

Ⅰ. 서론

종교개혁과 정통주의 시대의 개혁주의 신학에 대하여, 학자들의 비판이 부과해 온 오래된 역사적 고정관념들 중의 하나는 개혁주의 사상이 인간의 자유의지를 부정하고, 이에 따라 인간의 도덕적 책임의 기초를 무너뜨린다는 가정이었다.[2] 이 같은 사고의 상당 부분은 오늘날의 비판적인 학자들로도 하여금 당시의 개혁주의 자유

1 본 연구는 기존에 미국 웨스트민스터 신학 저널에 출판했던 논문인 HyunKwan Kim, *Francis Turretin on Human Free Choice: Walking the Fine Line between Synchronic Contingency and Compatibilistic Determinism*, Westminster Theological Journal 79 (Spring 2017): 25-44을 번역하고 일부를 보완하여 작성되었다. 기존의 출판물에 대해서 번역 출간을 허락해 준 Westminster Theological Journal과 편집자에 감사를 드린다.

2 예를 들어, 다음과 같은 글들을 보라. Alexander Schweizer, "Die Synthese des Determinismus und der Freiheit in der reformirten Dogmatik. Zur Veteidigung gegen Ebrard," *Theologische Jahrbücher* 8 (1849); Heinrich Heppe, Der Charakter der deutsch-reformirten Kirche und das verhältniss derselben zum Luthertum und zum Calvinismus," *Theologische Studien und Kritiken* 23 (1850): 669-706; translated as "The Character of the German Reformed Church, and Its Relationship to Lutheranism and Calvinism," *Mercersburg Quarterly Review* 5 (1853): 181-207; Randolph S. Foster, *Objections to Calvinism as it is* (Cincinnati: Swormstedt & Poe, 1860., reprint, Salem, Ohio: Schmul Pub., 1998); Fisk Harris, *Calvinism Contrary to God's Word and Man's Moral Nature* (Chicago: Woman's Temperance Publishing Association, 1890) Andrew Martin Fairbairn, *The Place of Christ in Modern Theology* (New York: Charles Scribner's Sons, 1894).

의지 교리를 "철학적 결정주의" 혹은 "스토아적 운명론"과 동일시하는 판단을 하게 만들었다.[3] 이러한 부정적인 평가는 상당 부분 하나님의 절대적 주권과 인간의 전적 타락을 동시에 강조하는 개혁주의 교리에 대한 자신들의 해석에서 비롯된다. 즉, 개혁주의가 말하는 하나님의 영원하신 작정, 하나님의 예지와 예정, 저항할 수 없는 은혜 등의 교리들은 전적인 타락 상태에 있는 인간에게 어떠한 형태의 의지의 자유도 남겨주지 않는다는 것이 이들의 주장이다.

하지만 개혁주의 교리들이 담겨져 있는 원문들과 그 배경들을 세심하게 살펴 본 최근의 학자들의 연구들은, 이 같은 비판들은 정당한 방법론적 토대 위에서 만들어진 것이 아니라는 것을 보여주었다.[4] 즉, 비평가들의 해석은 당시의 개혁파 신학자들이 직접적으로

---

3 그 중에서도 다음과 같은 글들을 보라. Basil Hall, "Calvin Against the Calvinists," in *John Calvin*, ed. G. E. Duffield (Appleford: Sutton Courtney Press, 1966); Brian Armstrong, *Calvinism and the Amyraut Heresy* (Madison: The University of Wisconsin Press, 1969); *Grace Unlimited*, ed. Clark H. Pinnock (Minneapolis, Minnesota: Bethany Fellowship, 1975); Clark Pinnock, "God Limits His Knowledge," in *Predestination and Free Will*, eds. David Basinger and Randall Basinger (Downers Grove, Ill: InterVarsity Press, 1986); H. Ray Dunning, *Grace, Faith, and Holiness: A Wesleyan Systematic Theology* (Kansas City, Mo.: Beacon Hill Press, 1988); Bruce R. Reichenbach, "Freedom, Justice and Moral Responsibility," in *The Grace of God, The Will of Man*, ed. Clark H. Pinnock (Grand Rapids: Zondervan, 1989); Richard Rice, "Divine Foreknowledge and Free-Will Theism," in *The Grace of God, The Will of Man*, ed. Clark H. Pinnock (Grand Rapids: Zondervan, 1989); William R. Estep "Doctrines Lead to 'Dunghill' Prof Warns," *The Founders Journal* 29 (1997); Gordon Olson, *Getting the Gospel Right: A Balanced View of Calvinism and Arminianism* (Springfield, Mo.: Global Gospel Publishers, 2005); Roger E. Olson, *Arminian Theology: Myths and Realities* (Downers Grove, Ill: IVP Academic, 2006); "The Classical Free Will Theist Model of God," in *Perspectives on the Doctrine of God: 4 Views*, ed. Bruce A. Ware (Nashville: B & H Academic, 2008); Kenneth Kealthy, *Salvation and Sovereignty: A Molinist Approach* (Nashville: B & H Academic, 2010); William L. Craig, "Response to Paul Kjoss Helseth," in *Four Views on Divine Providence*, eds. Stanley N. Gundry and Dennis Jowers (Grand Rapids: Zondervan, 2011).

4 개혁파 자유의지 교리에 대한 최근의 연구들은 특히 다음을 참고하라. Richard A. Muller, "Grace, Election, and Contingent Choice: Arminius's Gambit and the Reformed Response" in *The Grace of God: The Bondage of Will*, eds. Thomas R. Schreiner and Bruce A. Ware, 2 vols.

서술한 일차 자료에 근거해서 만들어진 것이 아닐 뿐더러, 개혁주의 자유의지 교리가 정교하게 발전되었던 시기인 16세기와 17세기의 역사적이며 철학적인 배경에 대하여 자세한 연구도 뒷받침되지 않았다는 것이 드러났다.

리처드 멀러(Richard A. Muller)는 개혁주의 자유의지 교리에 대한 학자들의 비판은 소위 "중심 교리"(central dogma)라 불리는 예정론 중심관으로 개혁주의를 바라보는 역사적 편견에 의해 촉발되었을 뿐 아니라, 이들이 종교개혁과 정통주의 시기를 인식할 때, 주로 18세기에 일어난 "칼빈주의적 철학적 결정주의"(Calvinistic philosophical determinism)의 렌즈를 통해서 바라보기 때문에 발생한 것이라고 주장한다.[5] 실제로, 개혁파 스콜라주의의 특징인 전통적인 아리스토텔레

(Grand Rapids: Baker Academic, 1995), 2:251-278; "Goading the Determinists: Thomas Goad (1576-1638) on Necessity, Contingency and God's Eternal Decree," *Mid-America Journal of Theology*, 26 (2016): 3-22; *Divine Will and Human Choice: Freedom, Contingency, and Necessity in Early Modern Reformed Thought* (Grand Rapids: Baker Academic, 2017); and *Grace and Freedom: William Perkins and the Early Modern Reformed Understanding of Free Choice and Divine Grace* (New York: Oxford University Press, 2020); Eef Dekker, "An Ecumenical Debate between Reformation and Counter-Reformation? Bellarmine and Ames on *liberum arbitrium*," in *Reformation and Scholasticism: An Ecumenical Enterprise*, eds. Willem J. van Asselt and Eef Dekker (Grand Rapids: Baker Academic, 2001), 141-154; Luca Baschera, "Peter Martyr on Free Will: The Aristotelian Heritage of Reformed Theology," in *Calvin Theological Journal*, 42/2 (2007): 325-340; *Reformed Thought on Freedom: The Concept of Free Choice in Early Modern Reformed Theology*, eds. Willem J. van Asselt, J Martin Bac, and Roelf T. de Velde (Grand Rapids: Baker Academic, 2010); Paul Helm, "Necessity, Contingency and the Freedom of God," *Journal of Reformed Theology* 8, 3 (2014): 243-262; Jeongmo Yoo, *John Edwards (1637-1716) on Human Free Choice and Divine Necessity: The Debate on the Relation between Divine Necessity and Human Freedom in Late Seventeenth-Century and Early Eighteenth-Century England* (Göttingen: Vandenhoeck & Ruprecht, 2013); Byung Soo Han, "Chance, Sovereignty, and Providence in the Calvinist Tradition," in *Abraham's Dice Chance and Providence in the Monotheistic Traditions*, ed. Karl W. Giberson (New York: Oxford University Press, 2016), 175-194.

5 Richard A. Muller, "Jonathan Edwards and the Absence of Free Choice: A Parting of Ways in the Reformed Tradition," *Jonathan Edwards Studies* vol. 1, no. 1 (2011): 21-22.

스 능력 심리학(faculty psychology)의 차용이 18세기에 그 효용을 잃어 가면서, 그 이전 시기에 사용하던 스콜라주의적 인과 관계의 언어, 필연성과 우연성의 개념 등이 보다 더 결정론적인 이해의 틀 안에 갇히게 된 것은 사실이다.

이 점을 고려했을 때, 개혁주의 자유의지 교리가 체계적으로 서술된 신학 원문들과 그것들의 학문적 배경을 살펴 보는 것이 요구되었고, 더 구체적으로는 개혁파 정통주의 시대에 대한 연구가 필수적이 되었다. 왜냐하면 이 시기를 거치며 개혁주의 진영 내부에서 하나님의 주권 하에 있는 인간의 자유의지에 대한 매우 체계적인 교리의 발전이 이루어졌을 뿐 아니라, 개혁주의 진영 외부에서도 예수회(the Jesuit), 소시니안주의(the Socinians), 항론파(the Remonstrants) 등과의 논쟁을 통하여 교리가 정교하게 다듬어질 수 있게 되었기 때문이다.

개혁주의 진영 내부에서의 교리 발전을 조사한 최근의 주목할 만한 연구로는, 빌렘 판 아셀트(Willem J. van Assetl, 1946-2014)와 그의 동료들이 저술한 『자유에 관한 개혁주의 사상*Reformed Thought on Freedom*』(2010)이 있다.[6] 이 연구에서 이들은 근대 초기의 개혁주의 신학이 말하는 자유의지 개념을 밝혀내고자, 여섯 명의 중요한 개혁파 정통주의 신학자들인, 지롤라모 잔키(Girolamo Zanchi), 프란시스쿠스 유니우스(Franciscus Junius), 프란시스쿠스 고마루스(Franciscus Gomarus), 기스베르투스 푸치우스(Gisbertus Voetius), 프란시스 튜레틴(Francis Turretin), 베르나르디누스 드 무어(Bernardinus de Moor)의 작품들을 조사하였다. 이 연구에서 저자들은 존 둔스 스코투스(John Duns Scotus)가

6 *Reformed Thought on Freedom: The Concept of Free Choice in Early Modern Reformed Theology*, eds. Willem J. van Asselt, J. Martin Bac, and Roelf T. de Velde (Grand Rapids: Baker Academic, 2010).

말하는 "공시적 우연성"(synchronic contingency)의 개념이 개혁파 정통주의 신학자들이 이해하는 인간의 자유의지 안에 전제되어 있다고 가정하고, 이 개념을 통해 이들은 하나님의 의지와 인간의 의지가 동시에 작동하는 원리가 이들의 자유의지 교리 안에 있다는 것을 보여주려고 했던 것이다.

구체적으로 설명하자면, 양상 논리의 용어인 "우연성"(contingency)은 어떤 대상이나 사건이 "다르게 될 수" 있다거나 "존재하지 않을 수" 있을 때 사용하는 개념이다.[7] 그렇다면 어떤 대상이나 사건이 "지금 바로 실재하고 있는 바로 그 순간에 실재하지 않을 수도 있을 때"(when it could be non-actual at the very moment of time at which it is actual) 공시적으로 우연성이 있는 상태에 있다고 말할 수 있다.[8] 그리고 이 공시적 우연성 개념을 인간의 의지에 적용시켜 보면, 한 행위자가 "어떤 하나를 의지하고 있는 바로 그 순간"(at the very time of willing one thing)에도 "그것의 정 반대되는 것도 의지할 능력을 보유하고"(retains a power for willing its opposite) 있는 것으로 확장될 수 있는 것이다.[9] 이 공시적 우연성을 개혁파 정통주의 신학자들의 인간의 자유의지에 대한 설명에 적용함으로써, 아셀트와 그의 동료 저자들은 하

---

7 우연성 개념의 자세한 정의를 위해서는 다음을 참고하라. see Richard A. Muller, *Dictionary of Latin and Greek Theological Terms: Drawn Principally from Protestant Scholastic Theology* (Grand Rapids: Baker Academic, 1985), 81. 스코투스의 공시적 우연성에 대한 개념에 대하여서는 다음을 참고하라. Antonie Vos, *The Philosophy of John Duns Scotus* (Edinburgh: Edinburgh University Press, 2006); J. Martin Bac, *Perfect Will Theology: Divine Agency in Reformed Scholasticism as Against Suárez, Episcopius, Descartes, and Spinoza* (Leiden: Brill Academic Pub, 2010).

8 Simo Knuuttila, "Review of The Philosophy of John Duns Scotus," *Ars Disputandi*, 7 (2007), 6.

9 Pieter L. Rouwendal, "The Method of the Schools: Medieval Scholasticism," in *Introduction to Reformed Scholasticism*, eds. Willem J. van Asselt et al. (Grand Rapids: Reformation Heritage Books, 2011), 65.

나님께서 작정하신 인간의 행동이 일어나고 있는 그 순간에도 인간 안에는 다른 것을 행할 수 있는 가능성이 여전히 남아 있다는 것을 보여주고 있다.

『자유에 관한 개혁주의 사상』의 저자들이 보여주고 있는 원문 분석은 확실히 개혁주의 자유의지 교리를 단순한 결정론으로 이해한 이전의 학자들의 비판이 부당한 것이었음을 보여주기에 충분하였지만, 개혁주의 자유의지 교리를 공시적 우연성의 관점으로 이해한 그들의 관점은, 폴 헬름(Paul Helm)의 직접적인 비판도 함께 불러일으켰다.[10] 사실 헬름이 이들에 대하여 가한 비판은 그가 안토니 보스(Antonie Vos)와 안드레아스 벡(Andreas J. Beck)과 벌이고 있던 논쟁의 외연적 확장이었다.[11] 이 논쟁에서 헬름은 개혁파 정통주의 신학자들이 하나님의 작정과 인간의 행동을 설명하기 위해 스코투스의 공시적 우연성을 차용했다는 전제를 받아들이지 않았으며, 오히려 개혁파 정통주의 신학자들은 토마스 아퀴나스(Thomas Aquinas)의 영향 하에 있다는 것을 주장하였다. 아셀트와 그의 동료들은 안토니 보스와 안드레아스 백의 전제를 사용하여 『자유에 관한 개혁주의 사상』을 저술하였기에, 이들에 대한 헬름의 정면 비판은 예상된 것이었다.

이 둘 사이에서 부딪히는 쟁점들 가운데, 가장 최근의 논쟁은

10 폴 헬름의 비판에 대하여는 다음을 보라. Paul Helm, "Reformed Thought on Freedom: Some Further Thoughts," *Journal of Reformed Theology* 4 (2010): 185-207; "'Structural Indifference' and Compatibilism in Reformed Orthodoxy," *Journal of Reformed Theology* 5 (2011): 184-205.

11 폴 헬름과 안토니 보스와 안드레아스 백과의 논쟁에 관해서는 다음을 보라.Paul Helm, "Synchronic Contingency in Reformed Scholasticism. A Note of Caution." *Nederlands Theologisch Tijdschrift* 57 (2003): 207-222; a reply by Andreas J. Beck & Antonie. Vos, "Conceptual Patterns Related to Reformed Scholasticism," *Nederlands Theologisch Tijdschrift* 57 (2003): 223-233; a final word by Paul Helm, "Synchronic Contingency Again," *Nederlands Theologisch Tijdschrift* 57 (2003): 234-238.

프란시스 튜레틴의 자유의지를 둘러싸고 일어났다. 『자유에 관한 개혁주의 사상』의 저자들은 튜레틴이 사용한 의지의 중립성(indifference of the will) 개념을 강조하며, 튜레틴의 관점이 스코투스의 공시적 우연성의 영향 아래에 있다고 주장했으나, 헬름은 이에 대하여 "튜레틴이 진술한 견해에 대한 총체적 왜곡이자 과장"이라고 말하며, 튜레틴의 관점은 스코투스가 아니라 아퀴나스에게로 귀속되어야 한다고 주장하였다.[12]

이 논쟁에서 헬름은 독자들에게 개혁파 정통주의는 다양한 중세 전통을 절충적으로 사용하고 있다는 것을 상기시켜 주며, '스코투스 공시적 우연성'이라는 또 하나의 개념적 틀로 개혁파 자유의지 교리를 묶어 내려는 것에 신중함을 보여주고 있다. 이 점에 있어서 헬름은 자신의 주장을 입증할 수 있는 다양한 증거들을 잘 보여주고 있다. 그러나 헬름이 튜레틴을 해석하는 관점 역시 한계를 보여주고 있는데, 그는 튜레틴의 자유의지 교리가 보다 근대적 개념인 양립 가능한 결정론과 크게 다르지 않다고 이해했기 때문이었다. 따라서, 헬름도 그리고 보스와 벡도 튜레틴의 자유의지 교리를 이해하는 통찰력 있는 관점을 제시해 주긴 하였지만, 이들 모두 각각 자신들이 전제하고 있는 제한된 모델 안에서 튜레틴의 입장을 해석하고 있다고 볼 수 있다.

따라서 본 연구는 이 둘의 입장을 반박하며, 프란시스 튜레틴의 자유의지 교리는 보스와 벡의 모델로도 정확히 설명되지 않고, 헬름의 모델로도 충분히 이해될 수 없다는 것을 보여주려고 한다. 이를 위해 튜레틴의 대표작인 『변증신학 강요*Institutio Theologiae*

12 Helm, "Reformed Thought on Freedom: Some Further Thoughts," 206-207.

Elencticae』(1679-1685)에 나타나 있는 그의 인간의 자유의지에 대한 이해를 자세히 살펴보되, 이 작품이 저술되었던 17세기의 역사적이고 철학적인 배경이 함께 고려될 것이다. 이를 통해 각각의 모델이 간과하거나 놓치고 있는 부분이 무엇인지를 본 연구의 저자의 이해에 비추어서 설명할 것이다. 결론적으로 본 연구가 보여주려는 바는, 튜레틴의 자유의지 교리는 스코투스 공시적 우연성의 틀에도, 근대적 개념의 양립 가능한 결정론의 틀에도 정확하게는 들어맞지 않으며, 튜레틴은 17세기에 그의 신학적 대적자들에 맞서 개혁주의 자유의지 교리를 변호하기 위해 매우 정교한 중세 스콜라주의 구분들과 다양한 철학 전통을 차용하고 있다는 것이다.

Ⅱ. 프란시스 튜레틴의 인간의 자유의지

튜레틴의 신학 교리 서술의 배열에 있어서 인간의 자유 의지는 인간의 죄와 연관하여 다뤄지고 있다. 따라서 그는 아홉 번째 주제로 일반적인 죄와 구체적인 죄를 다룬 이후에, 인간의 자유의지에 대한 그의 주요한 논의들을 열 번째 주제로 전개하고 있다. 여기서 튜레틴은 다섯 가지 질문들에 대하여 대답하는 형식을 통하여 죄의 상태에 있는 인간의 자유의지의 범위와 속성에 대하여 규명하고 있다. 다섯 가지 관련 주제는 다음과 같다. ① 자유의지라는 용어와 능력 심리학, ② 자유와 필연성 ③ 자유의지의 형식적 근거 ④ 죄의 상태에서 죄의 종 노릇하는 자유의지 ⑤ 이교도들의 자유의지.

이 중에서 본 연구는 처음의 세 질문을 자세히 조사하려고 한다. 이는 이 질문들이 헬름과 보스와 벡의 논쟁의 핵심을 차지하고 있을 뿐 아니라, 인간의 의지와 선택의 형이상학을 직접적으로 다루고 있기 때문이다. 따라서 이 세 질문들이 튜레틴의 자유의지 교리를 이해하는 데에 있어서 가장 중요한 부분을 차지하고 있다.

1. 첫 번째 질문: 자유의지라는 용어와 능력 심리학

튜레틴은 "자유의지" 또는 "자기결정능력"(αὐτεξουσιος, 아우텍수시우)이라는 용어가 기독교 학파들 내에서 사용되는 것이 과연 바람직한 것인지에 대하여 물으며 이 주제를 시작한다. 왜냐하면 튜레틴은 바로 이전 주제에서 원죄와 자범죄로 인하여 완전히 부패한 인간의 본성에 대하여 다뤘기 때문에, 그는 죄의 상태에서 인간의 자유의지라는 용어가 사용될 수 있는 적합한 범위를 설정하려고 하는 것이다.

따라서 튜레틴은 인간 본성의 부패함을 간과하며 자유의지의 능력을 부당하게 높이는 사람들을 비판하면서 시작한다. 튜레틴이 봤을 때 교회사의 매 시대마다 인간의 자유의지에 대한 오해들은 꾸준하게 잡음을 만들어 왔는데, 이교도 철학자들의 경우는 물론이거니와, 대표적으로는 펠라기우스주의자들과 반펠라기우스주의자들의 등장들이 그렇다는 것이다. 그는 이들의 꺼지지 않는 영향력에 대해서 다음과 같이 말한다.

> 수많은 교회 공의회의 권위로도, 히에로니무스, 아우구스티누스, 프로스페르, 힐라리우스, 풀겐티우스 등과 같은 교회사의 가장 빛나는 인물들의 수고와 노고조차도 그런 자들이 이후의 세대들에서 바로 그 동일한 것을 들고 다시 새롭게 등장하는 것을 막지 못했다. 그래서 심지어 당신은 이 원수들이 교부들에 의해서 완전히 정복되었다기보다, 오히려 승리를 거두었다고까

지 말할 수 있을 것이다.[13]

튜레틴은 이 거짓된 자유의지 교리가 여전히 그의 시대에도 퍼져있는 위협인데, 특히 예수회와 소시니안주의와 항론파 등의 사상을 통하여 나타난다고 말한다. 이러한 상황에서 튜레틴은 그의 신학적 대적자들에 대항하여 올바른 자유의지 교리를 세우기 위한 그의 의도를 드러내는 바, 죄에 대한 책임은 오직 인간에게로 돌리고, "구원의 모든 영광은 오직 하나님께만" 돌리려는 논리적 작업을 하려는 것이다.[14]

이제 튜레틴은 "자유의지"라는 용어의 유래를 살펴보고, 어떤 의미에서 이 용어가 사용되는지를 설명한다. 튜레틴에 따르면, 헬라 교부들이 보통 *αὐτεξουσιος*(아우텍수시우)로 표현한 "자유의지"라는 용어 자체는 성경에 나타나지는 않지만, 기독교 학파들에서 이성적 영혼의 중요한 능력을 가리키는데 사용하기에 적합한 용어로 받아들였다고 한다.[15] 즉, 이성적 영혼은 자유의지라는 능력을 발현하여, 선행하는 이성의 판단에 근거하여, 그 자신이 원하는 것을 자발적으로 할 수 있다는 것이다. 여기서 튜레틴은 비록 바울이 고린도전서 7장 37절에서 "그 자신의 의지의 능력"(*ἐξουσίαν περὶ τοῦ ἰδίου θελήματος*, 엑수시안 페리 투 이디우 텔레마토스)이라는 표현을 사용하고 있지만, 바울이 사용한 *ἐξουσίαν*(엑수시안)은 의지의 자유가 아니라 행함의 능력을 가리킨다고 지적한다. 이 점에서 튜레틴은 "자유의지" 또는 "아우텍수시

13 Francis Turretin, *Institutes of Elenctic Theology*, trans. George Musgrave Giger, ed. James T. Dennison Jr. (New Jersey: P&R Publishing, 1992), X. i. 1. 본 연구는 이 번역판을 주로 참고하나, 오역이나 용어 상의 혼동이 있는 부분에 한하여 라틴어 원본을 참고할 것이다.

14 Turretin, *Institutes*, X. i. 1.

15 Turretin, *Institutes*, X. i. 2.

우"라는 용어의 기원을 성경에서 찾지 않고, 플라톤 학파에서 찾고 있는데 다수의 헬라 교부들이 그리스도에게로 돌아서기 전에 플라톤 학파의 추종자들이었다는 점에서 그렇게 추정한다.[16]

그 기원이 플라톤 학파인 것을 고려해 볼 때, "자유의지"라는 용어를 인간에게 잘못 적용하면, 마치 인간이 독자적으로 그 어디에도 의존하지 않는 자기결정능력을 소유하고 있는 것처럼 오해할 수 있다. 그러나 그 같은 능력은 오직 하나님만 소유하신 것이다. 튜레틴은 이 용어가 오해의 소지를 불러일으킬 수 있다는 점을 알고 있음에도 불구하고 기독교 학파에서 오랫동안 받아들여져 왔기 때문에 굳이 거부할 필요는 없다고 말한다. 대신에 튜레틴은 "자유의지"라는 용어의 여러 오용들과 남용들을 바로잡음으로써, 인간이 가지고 있는 자유의지의 합당한 영역이 어디에 있는지를 그의 신학적 대적자들보다 더 올바르게 제시하겠다고 말한다.[17]

이를 위해, 우선적으로 튜레틴은 능력 심리학(faculty psychology)의 문제부터 다루고 있다. 즉 그는 자유의지라는 것이 영혼의 어떤 능력과 관계된 것인지, 즉 주로 지성의 영역인지 의지의 영역인지를 살펴보고 있다. 기독교 아리스토텔레스주의(Christian Aristotelianism)와 스콜라주의의 능력 심리학을 받아들인 대다수의 개혁주의 사상가들과 마찬가지로,[18] 튜레틴은 자유의지의 주체는 "지성도 의지도 단독

---

16 Turretin, *Institutes*, X. i. 2.

17 Turretin, *Institutes*, X. i. 3.

18 능력심리학에 관한 기독교 아리스토텔레스주의에 대하여는 다음을 보라. Richard A. Muller, *God, Creation, and Providence in the Thought of Jacob Arminius: Sources and Directions of Scholastic Protestantism in the Era of Early Orthodoxy* (Grand Rapids: Baker Books, 1991), 143. Richard A. Muller, *The Unaccommodated Calvin: Studies in the Formation of a Theological Tradition* (New York: Oxford University Press, 2000), 159-173 and idem; *God, Creation, and Providence*, 143-149, 167-169, 191-207.

적으로는 아니며 두 기능이 연합한 것"에 있다고 주장한다.[19] 즉 자유의지의 능력은 지성과 의지 두 기능의 연합 작용으로부터 나오는 것이다.

구체적으로 들어가서, 튜레틴은 선택의 결정은 지성의 역할로, 그리고 자유는 의지의 역할로 규정한다. 그러나 자유의지라는 것은 각각의 기능의 구분된 역할의 총합으로 만들어지는 것은 아니다. 튜레틴에 따르면 지성과 의지는 매우 밀접하게 연결되어 있기 때문에 자유의지의 발현에 있어서 각각은 절대로 독단적으로 작동되지 않는다. 그는 다음과 같이 말하고 있다 "지성의 결정이 의지에서 종결되는 것처럼, 의지의 자유는 지성에 뿌리를 두고 있다"[20] 결과적으로 영혼의 각 기능은 자유의지의 전체 작동 과정에서 다른 기능과 동반하지 않으면 제대로 작동할 수 없다고 말할 수 있다.

그래서 튜레틴은 마치 지성과 의지 사이에 아무런 실질적인 구분이 없는 것처럼 다음과 같이 말하기도 한다. "영혼의 하나의 동일한 기능이 함께 이해하고 판단하며, 좋은 것으로 판단한 그것을 함께 구한다."[21] 이 같이 자유의지에 있어서 두 기능의 연합 작용을 강조하며, 튜레틴은 아리스토텔레스를 직접적으로 인용하고 있다. "그것은 '욕구하는 지성(appetitive intellect)'이거나 '지성적인 욕구(intelligent appetite)'이다"(Ethic. V, 2).[22]

이 지점까지의 설명을 보자면, 튜레틴은 지성과 의지 중 그 어느

19 Turretin, *Institutes*, X. i. 4.

20 Turretin, *Institutes*, X. i. 4.

21 Turretin, *Institutes*, X. i. 5.

22 Turretin, *Institutes*, X. i. 4. 튜레틴이 니코마코스 윤리학으로부터 인용한 섹션은 실제로는 VI, 2 이어야 하나 표기 상의 실수나 오타로 보인다.

것이 우위에 있는지 명확하게 밝히지 않는 것처럼 보인다. 지성적 측면과 의지적 측면이 아주 밀접하게 하나로 연결되어 있어서 마치 그 둘 사이에 어떤 계층적 질서가 없는 것처럼 묘사하고 있는 것이다. 하지만, 튜레틴이 사용하고 있는 아리스토텔레스의 표현들과 그가 강조하고 있는 지성과 의지 사이의 뗄 수 없는 결합 관계에 비추어 볼 때, 튜레틴의 관점은 상대적으로 존 둔스 스코투스의 아리스토텔레스 해석보다는 토마스 아퀴나스의 아리스토텔레스 해석을 따르고 있음을 알 수 있다. 즉, 주의주의적 관점이 아니라 주지주의적 관점으로 지성과 의지의 관계를 이해하고 있다는 것이다.

자유의지의 문제를 다루면서 토마스 아퀴나스는 튜레틴보다 앞서서 의지의 연합작용을 설명하기 위해 아리스토텔레스로부터 "욕구하는 지성"(Ethic. VI, 2)이라는 용어를 인용하고 있으며, 의지를 지성에 종속시키고 있다.[23] 아퀴나스의 관점에 의하면 의지는 항상 지성의 판단에 따라야 하기 때문에, 지성과 의지의 관계는 상호 간에 논리적 순서가 명확한 안정적인 관계를 유지하고 있는 것이다.

그러나 멀러에 따르면, 스코투스는 "욕구하는 지성"이라는 표현을 쓰기를 피하였는데, 이 표현이 주는 주지주의적 함의 때문이었다.[24] 대신에 스코투스가 즐겨 사용한 표현은 "이성적 능력"(potentia rationalis) 또는 "이성적 욕구"(appetitus rationalis)으로써, 이를 통해 의지가 가진 지적 능력을 옹호하는 동시에, "지성에 맞서는 의지의 자유를 보호"하고자 한 것이었다.[25] 이것은 스코투스가 아리스토텔레스

23 Thomas Aquinas, *Summa Theologica*, trans. Fathers of the English Dominican Province (New York: Benzinger Brothers, 1947), Ia, q. 25, a. 3.

24 Muller, *The Unaccommodated Calvin*, 166.

25 Muller, *The Unaccommodated Calvin*, 166.

가 구분해 놓은 이성적 능력과 비이성적 능력을 독특하게 해석한 것으로부터 도출된다. 그는 『아리스토텔레스의 형이상학에 관한 질문 *Questions on Aristotle's Metaphysics*』 이라는 저술에서, 지성을 자연적이며 비합리적인 능력을 가진 기능으로 이해하고, 의지는 이성적 능력을 가진 기능으로 규정했다. 스코투스에게 있어서, 지성은 수동적이고 자연적 능력만을 소유했다. 왜냐하면 충분한 조건 하에서 눈이 외부 세계를 바라볼 수 있는 것이 필연적인 것처럼, 지성은 자신의 외부세계의 대상을 인식하는 것을 거부할 수 없기 때문이다. 따라서 스코투스는 지성이 아니라 오히려 의지에게 이성적 능력을 부여하고자 하는 것이다. 이 점에 있어 스코투스의 관점에서는 지성과 의지의 연합은 상대적으로 느슨하게 묶여져 있는 것이다. 의지의 결정은 항상 지성의 판단에 종속되어 있지는 않기 때문이다.[26]

이들의 아리스토텔레스 이해에 비추어 볼 때, 튜레틴은 "욕구하는 지성"이라는 단어로 지성과 의지의 관계를 이해하고, 그 둘 사이의 뗄 수 없는 관계를 상정한다는 점에서 스코투스의 방식보다는 분명히 아퀴나스의 방식을 따르고 있고, 이는 다시 말해 주지주의적 관점으로 인간의 자유로운 행동을 규정한다는 것이다. 실제로 바로 이어지는 질문에서 튜레틴은 확실히 지성의 우위를 다음과 같은 말로 규정하고 있다. "의지는 그것이 반드시 따라야 하는 실천적 지성의 최종 판단에 의하여 결정된다."[27] 이것은 튜레틴의 아리스토텔레스 능력 심리학의 이해가 분명히 아퀴나스의 이해와 일치하고 있다는 것을 보여준다.

26 John Duns Scotus, *Questions On the Metaphysics of Aristotle*, trans. Girard J. Etzkorn and Allan B. Wolter, (St. Bonaventure, NY: Franciscan Institute Publication, 1998), 603-39.

27 Turretin, *Institutes*, X. ii. 8.

2. 두 번째 질문: 자유와 필연성

두 번째 질문에서, 튜레틴은 모든 종류의 필연성이 자유와 충돌하는지를 묻는다. 이 질문은 다음 질문에 이어질 자유의지의 본질과 형식적 근거(ratio formalis)를 규정하기 이전에 중요한 전제 조건을 제시하려는 것이다. 튜레틴에 따르면, 그가 반박하고자 하는 교황주의자들과 항론파는 모든 종류의 필연성이 자유와 상충한다고 주장하고, 그에 따라 이들은 자유의 본질은 중립성에 놓여져 있다고 믿는다.[28] 이들의 주장에 맞서, 튜레틴은 여러 종류의 필연성에 따라 각각 다른 성질의 자유에 대하여 보여줌으로써, "모든 필연성이 자유와 배치되는 것은 아니라는 것"을 입증하려고 하는 것이다.[29]

튜레틴은 기본적으로 중세 스콜라주의 전통에서 구분해 오던 세 종류의 자유를 받아들이고 있는데, 이는 클레르보의 베르나르(Bernard of Clairvaus)와 페트루스 롬바르두스(Peter Lombard)가 사용하고 있을 뿐 아니라, 존 칼빈(John Calvin)도 그의 『기독교 강요』에서 인용하고 있는 구분으로서, 필연성으로부터의 자유(libertas a necessitate), 죄로부터의 자유(liberates a peccato), 그리고 불행으로부터의 자유(libertas a miseria)의 세 가지 구분이다.[30] 이 중에서 인간은 본질적으로 육체적 필연성이 가해지거나, 강제적 필연성이 가해지지 않는 이상은 필연성으로부터의 자유는 향유하고 있다. 그러나 죄의 상태에 있는 인간은 죄로부터, 그리고 불행으로부터의 자유는 누리지 못하고 있으며, 이는 각각 은혜의 상태에, 그리고 영광의 상태에 들어설 때에야 회복

28 Turretin, *Institutes*, X. ii. 1.

29 Turretin, *Institutes*, X. ii. 2.

30 다음을 보라. John Calvin, *Institutes of the Christian Religion*, translated from the original Latin, and collated with the author's last edition in French, by John Allen (Philadelphia: Presbyterian Board of Publication, 1813), II. ii. 5.

된다.

이 같은 중세 전통에서의 구분을 받아들이는 동시에, 튜레틴은 이를 더 발전시켜 여섯 가지 종류의 필연성을 구분하여, 어떤 종류의 필연성이 인간의 자유의지를 침해하지 않는지를 서술하고 있다. 튜레틴이 구체화한 여섯 종류의 필연성은 다음과 같다. ① 외부 행위자로 인하여 강제적으로 행해진 필연성, ② 본성의 맹목적 충동으로 인해 발생하는 물리적이며 이성이 결여된 필연성, ③ 하나님에 대한 의존의 필연성, ④ 실천적 지성의 판단에 의해 하나를 결정하는 이성적 필연성, ⑤ 도덕적 성향으로 인한 도덕적 필연성, ⑥ 어떤 실존하는 대상이나 사건이 갖는 존재의 필연성.[31]

이 각각의 필연성에 대한 설명에 앞서, 튜레틴은 자유의지의 형식적 근거가 되는 두 가지 주된 특징을 제시하는데, 그것은 선택과 자발성이다. 선택은 어떤 행동이 취해지기 전에 "선행하는 이성의 판단"을 의미하고, 자발성은 그 행동이 "강제가 아니라 자원해서" 이뤄진다는 것을 말한다.[32] 이후에 다시 등장하게 될 내용이지만, 이 점에 있어 튜레틴은 자유의지의 형식적 근거가 중립성이 아닌 "이성적 자발성"(lubentia rationali)에 있다고 주장하며, 이로 인해 사람은 선행하는 이성의 판단에 근거하여 자신이 기뻐하는 것을 행하는 것이라고 말한다.[33]

그렇다면 어떤 필연성이 "선택"(προαιρεσις, 프로아이레시스)이나 "자발성"(ήκουσιον, 헤쿠시온)을 위협하게 된다면, 그 필연성은 곧 자유의 본질을 훼손하는 것이 된다. 그러므로 튜레틴에 따르면 처음에 그가

31 Turretin, *Institutes*, X. ii. 4.

32 Turretin, *Institutes*, X. ii. 5.

33 Turretin, *Institutes*, X. iii. 10.

제시한 두 필연성인 "강제적으로 행해진 필연성"과 "물리적이며 이성이 결여된 필연성"은 인간의 자유의지와 상충된다. 왜냐하면 "강제적으로 행해진 필연성"은 자발성을 배제하고 있으며, 본능에 따라 행동하는 주체들이 보이는 "물리적이며 이성이 결여된 필연성"에 의해 결정된 행동들은 이성의 판단에 의한 선택이 결여되어 있기 때문이다.[34]

그러나 튜레틴은 이 두 필연성을 제외한 나머지 필연성들은 자유를 침해하지 않고, 오히려 자유를 보존하며 완전하게 해준다고 주장한다. 첫 번째로, 피조물이 갖는 하나님에 대한 의존의 필연성은 어떤 점에 있어서도 결코 자유를 침해하지 않으며, 피조물의 자유의 전제조건이 되는 것이다. 튜레틴은 설명하기를 하나님께서는 "최고의 통치자이자 존재에 있어 제1원인"이 되시므로, 모든 피조물은 자신들의 존재와 지속적 활동을 위해서는 그에게 의존할 수 밖에 없다.[35] 하나님께서는 피조물들의 모든 행위들을 결정하고 일어나게 하실 때, 그들 자신의 본성에 따라 행해질 수 있도록 정하셨고, 그들 자신의 의지를 제2원인으로 사용하신다. 그러므로 하나님의 의지의 근본적 토대 위에서 피조물의 자유의 적합한 자리가 세워지는 것이다.

두 번째로, 실천적 지성의 판단에 의해 하나를 결정하는 이성적 필연성 역시 자유의지를 손상시키지 않는다. 튜레틴의 이해를 따르면, 실천적 지성의 최종 판단을 따르는 것이 바로 의지의 속성이다. 능력 심리학의 구조를 다루면서, 튜레틴은 선택은 지성의 영역으로 그리고 자발성은 의지의 영역으로 분명히 이해하였다. 이러한 주지

34 Turretin, *Institutes*, X. ii. 5.

35 Turretin, *Institutes*, X. ii. 4.

주의적 구도 내에서 지성이 선택을 결정하게 되면 이에 따라 의지는 그것을 실행시키게 된다. 하지만 의지의 지성에 대한 순종은 어떠한 강제도 없이 항상 자발적으로 행해지는 것이다. 왜냐하면 인간은 자신의 본성에 따라 언제나 자신에게 좋은 것을 추구하고 나쁜 것은 배격하기 때문이다. 튜레틴은 이와 같이 말한다. "보편적이며 자연적인 욕구에 따라 모든 사람은 항상 자기 자신을 위하여 좋은 것과 행복을 추구하기 때문이다."[36] 그러므로 지성이 좋은 것이라고 판단한 그것을, 의지는 기꺼이 자발적으로 좇아서 행하고, 나쁜 것으로 판단한 것은 거부한다. 이 점에 있어 만약에 어떤 사람이 악을 좇는다면, 튜레틴은 말하기를, 그 행위자는 악이라는 개념 하에 있는 실질적인 악을 좇는 것이 아니라, 실상은 행위자가 판단하기에 유용하거나 좋은 것이라고 생각했기 때문에 그것이 선이라고 착각하여 좇을 뿐이라는 것이다.[37]

세 번째로 튜레틴은 도덕적 성향으로부터 나오는 도덕적 필연성은 자유를 해치지 않는다고 말한다. 언뜻 보기에 도덕적 성향상 윤리적 행동이 이미 한 방향으로 결정되었다고 말하는 것은, 인간에게 자유롭게 선과 악을 판단할 수 있는 여지를 주지 않는 것처럼 보인다. 그럼에도 불구하고 튜레틴은 인간은 태생적으로 그들의 본성을 따라 도덕적으로 선하거나 악한 존재인 까닭에, "이 같은 예속 상태는 자유의 참되고 본질적인 속성을 결코 무너뜨리지 않는다"고 주장한다.[38] 튜레틴은 창조의 교리를 다루면서 인간은 비록 하나님

36 Turretin, *Institutes*, X. ii. 8.

37 다음을 보라. Turretin, *Institutes*, X. ii. 7. "Quia non appetit illud sub ratione mali, sed sub specie boni apparentis, vel utilis, vel jucundi."

38 Turretin, *Institutes*, X. ii. 8.

의 형상을 따라 선하게 창조되었지만, 타락한 이후에 도덕적으로 악한 존재가 되었고, 따라서 인간은 의로운 상태이거나 부패한 상태 이 둘 중 하나에 속할 수 밖에 없는 존재라고 말한다.[39]

아퀴나스를 직접적으로 인용하면서, 튜레틴은 죄를 단지 "선의 부재"로 이해할 뿐 아니라, 또한 "부패한 성향"으로 설명하고 있다.[40] 따라서 죄의 상태에 있는 인간은 그 부패한 성향으로부터 필연적으로 도덕적인 악을 드러낼 뿐 아니라, 자신의 본성을 좇아 무엇보다 자유롭게 그것을 추구하게 된다는 것이다. 튜레틴은 이와 같이 말한다. "비록 죄인은 악에 예속되어 오로지 죄를 지을 수 밖에 없는 상태이지만, 여전히 최고의 자유 가운데서 지극히 자유롭게 죄를 짓기를 그치지 않는다."[41]

마지막으로, 사건의 필연성은 어떤 실재하는 대상이 가진 존재의 확실함과 참됨을 의미한다. 이것은 원인에 의한 인과관계적 필연성이 아니라, 보통 결과의 필연성(necessitas consequentiae)이라고 불리는 필연성이다. 튜레틴에게 있어, 이러한 종류의 필연성은 자유의 본질을 침해하지 않는다. 튜레틴은 이에 대하여 세 번째 주제인 삼위일체 하나님 챕터에서 하나님께서 가지고 계시는 미래의 우연한 일들에 대한 지식을 다루면서 더 자세하게 설명하고 있다. "결과의 무오성과 확실성은 어떤 사건의 우연적 속성을 제거하지는 않는다. 왜냐하면 그 일들이 일어나는 것은 결과와 관련해서는 필연성이 있지만, 일

39 다음을 보라. Turretin, *Institutes*, V. ix. 5-6.

40 Turretin, *Institutes*, IX. i. 5. "그래서 토마스 아퀴나스는 이렇게 말한다. '육신의 질병이 건강의 균형 상태를 제거하고 적극적으로 체질을 무질서하게 만들어 버린다는 점에서 건강의 부재라고 말할 수도 있지만, 원죄는 ... 단순한 무엇인가의 부재가 아니라 어떤 부패한 성향이다."

41 Turretin, *Institutes*, X. ii. 9.

어나는 방식과 관련해서는 우연적으로 발생할 수 있기 때문이다."[42] 즉 미래에 발생하게 될 어떤 사건은 하나님께서 그 사건의 발생을 아신다는 점에서는 틀림없이 확실하지만, 그것은 우연적인 원인에 의해서 발생할 수 있다는 점에서 여전히 우연성을 잃지 않는다는 것이다.

이것이 의미하는 바는 하나님의 확실한 지식 그 자체가 어떤 대상의 존재에 있어서 절대적 필연성을 부과하지는 않는다는 것이다. 비록 어떤 미래에 존재하게 될 한 대상은 하나님이 그 대상에 대하여 가지고 계신 예지라고 하는 외부적 필연성은 가지고 있지만, 그 대상이 존재하게 되는 방식은 그것의 본성에 따른 우연적 요소들에 의한 것이라는 구분을 두는 것이다. 이러한 이유로, 튜레틴은 결과의 필연성(necessitas consequentiae)과 원인에 따른 필연성(necessitas consequentis)을 다음과 같이 확실히 구분하고 있다. "모든 일은 결과의 필연성과 무오성의 필연성으로 인하여 필연적으로 발생하게 되지만, 원인에 따른 필연성과 절대적인 필연성으로 인하여 필연적으로 발생하는 것은 아니다."[43]

3. 세 번째 질문: 자유의지의 형식적 근거

이전의 질문들을 통해, 자유라는 것은 본질적으로 그것이 작동하기 위한 토대적 필연성을 전제하고 있다는 것을 보여준 후 튜레틴은 이제 그의 신학적 대적자들을 논박하려는 근본적인 질문을 던진다. 즉, "자유의지의 형식적 근거는 어디에 있는가? 중립성(indifferentia)

42 Turretin, *Institutes*, III. xii. 23.

43 Turretin, *Institutes*, III. xii. 23.

에 있는가? 아니면 이성적 자발성(lubentia rationali)에 있는가?”[44] 튜레틴에 의하면 예수회와 소시니안주의자들과 항론파 등은 자유의지의 본질을 중립성에 두지만, 그는 이것을 격렬하게 부정하고 이성적 자발성이 바로 자유의지가 작동하는 원리라는 것을 주장하고 있다.

그렇다면 중립성이란 무엇인가? 여기서 튜레틴은 그의 대적자들의 정의를 소개하고 있는데, 그들에 따르면 중립성이란 “어떤 행동을 하기에 필요한 모든 요구들이 상정되었는데, 의지는 그것을 할 수도 하지 않을 수도 있는 능력”이다.[45] 더 구체적으로 말하자면, 중립성이란 어떤 특정 행동을 이끌어 내기 위한 모든 필수불가결한 조건들이 이미 적용되어 있음에도 불구하고, 의지는 다른 행동들보다, 그 특정 행동을 하고 싶어할 아무런 이유도 찾지 못하는 동기 상의 균형 상태를 의미한다. 실제로 이 정의는 예수회의 수사인 루이스 드 몰리나(Louis De Molina)의 정의에 잘 드러나 있다. 몰리나에 따르면 “행동을 위한 모든 전제 조건들이 충족되었음에도” 의지는 “그 행동을 할 수도 있고, 하지 않을 수도 있으며, 그것과 완전히 정 반대의 것을 행할 수 있는 능력을 지닌 채로 그것을 행할 수도 있다.”[46] 즉 몰리나가 믿는 것은 그 어떤 외부적 동기가 작용할지라도 인간의 의지는 중립성의 상태를 지키며, “행동 실행 여부의 자유”(freedom of contradiction)와 “반대 행동 실행 가능의 자유”(freedom of contrariety)를 가

44 Turretin, *Institutes*, X. iii. 2.

45 Turretin, *Institutes*, X. iii. 3.

46 이 정의는 알프레드 프레도소(Alfred J. Freddoso)가 다음의 책 서문에서 소개한 것을 인용하였다. Luis Molina, *Part IV of the Concordia*, trans. Alfred J. Freddoso (Ithaca, NY: Cornell University Press, 2004), 24-25. 프란시스코 수아레스도 이와 비슷한 정의를 다음과 같이 소개하였다. “Nam causa libera est quae, positis omnibus requisitis ad agendum, potest agere et non agere.” Francisco Suarez, *Disputationes Metaphysicae* in *Opera Omnia*, vol. 25 (Paris: Vives, 1866), XlX, iv. 1.

지고 있다는 것이다.[47]

튜레틴이 볼 때, 이러한 중립성의 개념은 인간의 자유의지를 설명할 수 있는 적합한 정의가 될 수 없었다. 왜냐하면 이 개념은 이성적 필연성, 도덕적 필연성, 그리고 심지어 인간의 의지에 작용하시는 하나님의 작정과 협력 등의 모든 토대적 필연성 등을 배제하는 설명이기 때문이다. 물론 튜레틴은 어떤 특정 상태에 있을 때, 인간의 의지는 중립성에 있을 수도 있다고 인정한다. 그렇지만 튜레틴은 그의 신학적 대적자들과는 완전히 다른 방식으로 중립성의 적합한 위치를 제시하고 있다.

의지의 중립성을 올바른 자리에 두기 위하여, 튜레틴은 중세 스콜라철학의 개념을 이용하여 의지의 상태를 두 가지의 현실태로, 즉 제1현실태(actus primus)와 제2현실태(actus secundus)로 구분하여 설명하고 있다. 튜레틴은 제1현실태의 의지는 "다양한 대상들을 결정할 수 있고, 그것들을 향하여 다양하게 대응할 수 있는" 상태이므로, "특정 행동을 이끌어 낼 수도, 멈출 수도 있으며"(행동 실행 여부의 자유), 서로 반대되는 것들 모두를 향할 수도 있는"(반대 행동 실행 가능의 자유) 가능성을 보유하고 있지만, 제2현실태의 의지는 한 방향으로 결정되어 있다고 주장한다.[48] 여기서 제1현실태란 "그것의 활동 상태와 상관없는 순수 존재 상태"를 말하고 제2현실태란 "그것의 활동 상태"를

47 "행동 실행 여부의 자유"와 "반대 행동 실행 가능의 자유"는 본 저자의 번역으로, 다음의 정의를 참고하였다. "Freedom of contradiction or exercise consists in this, that the will is free to elicit or to not elicit some action, *e.g.*, to love some thing or not. Freedom of contrariety consists in this, that the will is free to wish an object or its opposite." W. L. Gildea, W. H. Fairbrother, and H. Sturt, "Symposium—The Freedom of the Will," in *Proceedings of the Aristotelian Society*, vol. 3, no. 1 (1895), 47.

48 Turretin, *Institutes*, X. iii. 4.

의미한다.[49] 즉, 튜레틴에 따르면 의지는 제1현실태에서 아직 활동하기 전 자신의 순수 존재 상태에 머물러 있을 때에는, 중립성을 지니고 결정되지 않은 채로 남아 있지만, 제2현실태에서 특정 행동을 위한 모든 조건들이 적용되었을 때에는, 그 행동을 위한 활동이 시작되어 중립성은 사라지게 된다는 것이다.

그렇다면 과연 어떤 조건들이 적용되어야 제1현실태의 의지가 제2현실태로 활성화될 수 있을까? 위에 언급한 바와 같이, 튜레틴은 의지는 반드시 실천적 지성의 최종 판단을 따라야 한다고 말한다. 그러므로 이 과정에서 지성이 내재적으로 의지를 특정 방향으로 향하도록 결정하는 조건이 된다. 그와 동시에 하나님의 섭리 또한 외재적으로 의지가 자신의 속성을 따라 움직일 수 있도록 작용하신다. 따라서 튜레틴은 "의지는 지성의 판단으로부터의 내재적인 결정 뿐 아니라, 하나님의 섭리로 인한 외재적인 결정 없이는 절대로 존재할 수 없다"고 말하고 있다.[50]

제1현실태에서 의지는 활동을 위한 그 어떤 전제 조건도 없이 중립 상태에 머물러 있지만, 외재적이며 내재적인 작용들이 더해짐에 따라 제2현실태의 상태로 넘어간다. 이 점에 있어서 튜레틴은 제1현실태를 분리적 의미(sensus divisus)의 상태로, 제2현실태를 복합적 의미(sensus compositus)의 상태로 표현하기도 한다.[51] 이 분리적 의미와 복합적 의미의 구분은 아리스토텔레스의 『소피스트적 논박』에서 유래하고 있는 것으로, 이 구분을 통하여 아리스토텔레스는 한 문장의

49 Richard A. Muller, *Dictionary of Latin and Greek Theological Terms: Drawn Principally from Protestant Scholastic Theology* (Grand Rapids: Baker Academic, 1985), 24.

50 Turretin, *Institutes*, X. iii. 7.

51 Turretin, *Institutes*, X. iii. 4.

의미는 그 문장에서 사용된 술어가 분리적 의미에서 쓰인 것인지, 복합적 의미에서 쓰인 것인지에 따라 달라질 수 있다는 것을 보여주고 있다. 예를 들어, "앉아 있는 누군가는 설 수 있다"는 문장은 만약에 "앉다"와 "서다"라는 술어를 복합적인 의미로 동시적으로 한 대상에게 적용할 수 있다고 간주한다면, 논리적으로 틀린 문장이 된다. 앉아 있으면서 동시에 설 수는 없기 때문이다. 그러나 각각의 술어가 다른 때에 분리해서 적용할 수 있다면 이 문장은 참이 될 것이다. 즉 지금 현재 앉아 있는 누군가는 다른 때에는 서 있거나 다른 것을 할 수 있는 능력을 보유하고 있기 때문이다.

이 같은 아리스토텔레스 양상 논리는 중세 스콜라 철학에 일반적으로 차용되었는데 대언양상(de dicto)과 대물양상(de re)의 형태로 주로 사용되었다.[52] 대표적으로 아퀴나스는 대언양상과 대물양상의 구분을 사용하여, 하나님께서 어떤 사건들을 알고 계신다는 사실 때문에 그것들이 필연적으로 발생하는 것은 아니라는 것을 보여주려고 했다.[53]

마찬가지로 튜레틴은 이 구분을 의지의 능력에 적용하여, 의지

52 *de dicto*와 *de re*의 구체적인 설명과 예시를 위하여서는, 다음을 참고하라. Gary Rosenkrantz and Joshua Hoffman, *Historical Dictionary of Metaphysics* (Lanham, MD: Scarecrow Press, 2010). 중세 철학이 사용한 이 구분에 대하여는 다음을 참고하라. Alfonso Maierù, *Terminologia Logica Della Tarda Scolastica* (Roma: Edizioni dell'Ateneo, 1972), 499-600; Norman Kretzmann, "*Sensus Compositus, Sensus Divisus* and Propositional Attitudes," *Medioevo* 7 (1981), 195-229; Simo Knuuttila, "Modal Logic," in *The Cambridge History of Later Medieval Philosophy: from the Rediscovery of Aristotle to the Disintegration of Scholasticism, 1100-1600*, eds. Norman Kretzmann, Anthony Kenny, and Jan Pinborg (Cambridge: Cambridge University Press, 1988), 345-50.

53 Thomas Aquinas, *De Veritate* I, Q. 2, A. 12, ad. 4. "'Whatever is known by God is necessary,' can concern either the manner of speaking or the thing spoken about. If the necessity is applied to the manner of speaking, then the proposition is composite and true (*Si sit de dicto, tunc est composita et vera*) ... If the necessity is applied to the thing spoken about, then the proposition is divided and false (*Si sit de re, sic est divisa et falsa*)."

가 분리적 의미로 이해될 때에는 여러가지 복수의 결과를 만들어 낼 수 있는 능력을 보유한 채 중립적인 상태에 있지만, 복합적 의미에서는 오직 결정된 한 행동만을 활성화시킬 수 있다고 주장하고 있다. 따라서 튜레틴은 제1현실태에서 또는 분리적 의미에서 의지 안에는 능력의 동시성(simultas potentiae)이 있지만, 제2현실태에서 또는 복합적 의미에서의 의지 안에는 동시성의 능력(potentia simultatis)이 없다고 말한다.[54] 이 도식을 사용하여 튜레틴이 보여주고자 한 것은, 비록 하나님께서 모든 것을 아신다는 점에서 미래 행동들은 필연적이지만, 그 행동들은 우연적인 방식에 의하여 도출될 수 있다는 것이었다.

이 같은 중세 스콜라철학의 논리와 언어를 사용하여, 튜레틴은 의지의 중립성이라는 개념은 오직 제1현실태에서만 가능하다는 것을 보여주었다. 튜레틴이 볼 때, 그의 신학적 대적자들이 말하는 중립성이라는 개념은 그 어떤 피조물의 자유의지에서도, 그리고 창조되지 않으신 하나님의 자유의지에서도 발견될 수 없는 것이다. 튜레틴에 따르면 하나님은 완전하게 자유로우신 분이지만, 마치 악을 행하실 수 있는 것처럼 중립성을 가지고 계시진 않다. 그 분은 도덕적 필연성을 가지신 불변하게 선하신 분이시다. 그리스도께서도 지극히 자유롭게, 그렇지만 필연적으로 하나님께 순종한 것이지만, 마치 죄를 범하실 수 있는 것처럼 중립성을 가지고 계시지 않았다. 천사들과 하늘에 있는 복된 자들도 죄를 범할 수 없는 상태에 있지만, 지극히 자유롭되 중립성의 상태에 있지 않다.[55]

아리스토텔레스의 관점을 수용하여, 튜레틴은 인간을 행복 지향적이며 목적 지향적인 존재로 이해한다. 즉, 모든 인간은 자신에게

54 Turretin, *Institutes*, X. iii. 4.

55 Turretin, *Institutes*, X. iii. 5.

좋은 것이 선이라는 개념 하에 그것을 달성하기 위한 합당한 목적을 위해 행동하려는 성향을 가지고 있다는 것이다. 그러므로 모든 인간은 자신의 본성을 따라 그들이 이해한 최고선 또는 궁극적 목적을 끊임 없이 추구한다는 점에서 중립적인 상태에 놓일 수 없다. 튜레틴은 이렇게 말한다. "우리는 최고선을 추구하는 것을 그만둘 수 없다. 왜냐하면 아무도 스스로를 비참한 상태에 빠지도록 몰아가지 않을 것이기 때문이다."[56] 튜레틴은 이 같은 가정을 근거로 하여, 인간의 자유의지는 절대로 중립성에 그 본질이 있지 않고, 이성적 자발성에 있다는 것을 거듭 말하고 있다. 왜냐하면 "최고선과 궁극적 목적을 향한 의지는 최고의 자발성 없이는 존재할 수 없고," 이 자발성이 맹목적 충동에 의해 행해지지 않으려면 이성적인 판단에 근거해야 하기 때문이다.[57]

그러므로 자유의지의 형식적 근거를 구성하기 위해선 선택(τὸ προαιρετικον, 토 프로아이레티콘)과 자발성(το εκουσιον, 토 헤쿠시온), 이 두가지가 반드시 결합되어야 한다. "선행하는 이성의 빛과 실천적 지성의 판단에 따라" 선택을 하는 것이며, "강제 없이 자연스럽고 자유롭게" 행해질 수 있도록 자발적이어야 한다. 이 지점에서 튜레틴은 다시 한번 아리스토텔레스를 인용한다. "그래서 그 철학자(아리스토텔레스)는 이것을 '헤쿠시온 프로베불류메논(ἑκουσιον προβεβουλευμενον)'이라고 불렀다.(Ethic. III. 2)"[58] 튜레틴은 이 두 요소는 창조된 자든, 창조되지 않은 자든, 모든 자유로운 행위자들에게서 발견되는 특징이라고 말하며, 다음과 같이 결론 짓는다. "이 이성적 자발성이 존재하는 곳에

56 Turretin, *Institutes*, X. iii. 8.

57 Turretin, *Institutes*, X. iii. 8.

58 Turretin, *Institutes*, X. iii. 10.

는 자유도 존재하고, 이 자발성이 존재하지 않는 곳에는 자유도 존재하지 않는다."[59]

결론적으로, 전술한 질문들을 통해 튜레틴은 인간의 자유는 그 적합한 작용을 위해서는 필수불가결한 필연성에 의존해야 한다는 것을 보여주었다. 중세 스콜라 철학의 양상 논리와 용어들을 사용하여, 튜레틴은 필연성과 자유의 관계를 정교하게 서술해 냈다. 이를 통해 비록 의지는 최고의 자유로움을 가지고 행동을 할지라도, 이 자유는 하나님에 의존해야 할 필연성을 배제하지 않으며, 지성에의 종속을 거부하지 않으며, 그 본성에 속한 도덕적 성향을 거스를 수는 없다는 것을 보여주었다. 튜레틴에게 있어 인간은 스스로를 위하여 자신들이 판단한 최고선이나 궁극적 목적을 따르려고 하는 본성적 성향을 가지고 있다. 그러므로 의지의 중립성이 아니라, 이성과 자발성의 결합된 능력이야말로 인간의 자유의지의 형식적 근거가 놓일 수 있는 본질적인 장소가 된다. 그러나 튜레틴은 의지의 중립성 그 자체를 부정하지는 않았으며, 그의 자유의지 교리에서, 그 개념은 매우 중요한 역할을 하고 있다는 것을 기억해야 한다. 튜레틴은 의지의 중립성을 의지의 제1현실태에 위치시킴으로써, 우연성이 발생할 수 있는 논리적 공간을 만들어 냈고, 이 상태에서 의지는 "행동 실행 여부의 자유(freedom of contradiction)"와 "반대 행동 실행 가능의 자유(freedom of contrariety)"를 보유하고 있다는 것을 보여주었고, 그 결과 미래에 발생할 사건들은 원인에 따른 필연성(the necessity of consequent)이 아니라 결과의 필연성(the necessity of consequence)에 의한 것이라는 점을 입증하려고 하였다.

---

59 Turretin, *Institutes*, X. iii. 11.

III. 최근 논쟁에서의 튜레틴 해석이 보여주는 문제점

지금까지 살펴 본, 튜레틴의 자유의지 이해는 정통주의 시대에서의 개혁주의 자유의지 교리의 발전을 뚜렷하게 나타내 주고 있다. 즉, 튜레틴은 정교하게 구분된 스콜라철학의 용어들과 개념들을 차용하고 있다는 것이다. 17세기에 예수회의 신학자들과 소시니안주의자들과 항론파 등과의 신학적 논쟁들은 튜레틴으로 하여금 더 날카롭고 더 체계적인 논리를 발전시키도록 하였고, 전통에 대한 더 명확한 이해와 함께 중세 스콜라주의의 공헌들을 활용할 수 있도록 이끌었다. 튜레틴이 다양한 철학 용어들과 매우 고양된 논리적 장치들을 절충적으로 활용했다는 점에 비추어 볼 때, 안토니 보스의 공시적 우연성 모델과 폴 헬름의 양립 가능한 결정론 모델은 튜레틴의 자유의지 교리의 뉘앙스를 완전히 담아내기에는 불충분하다는 것이 분명히 드러나고 있다.

1. 안토니 보스 모델의 한계

『자유에 관한 개혁주의 사상』의 저자들은 서론에서 그들의 편집 의도를 명백하게 보여주고 있는데, "보스의 혁신적인 연구 프로젝트의 가장 중요한 성과"를 그들의 책에 담아내겠다고 말하고 있다.[60] 즉, 그들은 개혁파 정통주의가 사용한 중세 양상 논리와 용어들은 "주로 스코투스의 획기적인 사상에 의존"하고 있으며, 대표적

60 Asselt et al., *Reformed Thought on Freedom*, 17. 안토니 보스의 연구 프로젝트에 관해선 다음을 참고하라. Vos, *The Philosophy of John Duns Scotus*; and John Duns Scotus, *Duns Scotus On Divine Love: Texts and Commentary On Goodness and Freedom, God and Humans*, ed. Antonie Vos et al. (Burlington, VT: Ashgate Pub Ltd, 2003).

으로 공시적 우연성 개념을 들 수 있다고 주장한다.[61] 이 개념을 개혁주의 자유의지 교리에 적용하며, 아셀트와 동료 저자들은 "오직 이 공시적 우연성만이 하나님의 편에서도, 인간의 편에서도 진정한 선택의 자유를 설명해 줄 수 있다"고 믿는다.[62]

튜레틴의 경우를 다루면서, 저자들은 특별히 튜레틴이 말한 제1현실태에 있는 의지의 중립성에 초점을 맞추면서, 이것을 직접적으로 스코투스 공시적 우연성과 연결하고 있다.[63] 하지만 이들의 가정은 확증될 수 없는 증거에 근거한 것으로 보인다. 왜냐하면 스코투스는 공시적 우연성 개념을 통해 튜레틴이 허용하는 것보다 훨씬 더 큰 범위의 자유를 인간의 의지에게 부여해 주고 있기 때문이다.

스코투스는 기본적으로 인간의 의지가 "행동 실행 여부의 자유"와 "반대 행동 실행 가능의 자유"를 소유하고 있다고 다음과 같이 설명한다. "의지는 그 자체로 그렇게 결정되지는 않지만, 이 행동을 취하거나 그 반대 행동을 취할 수도 있고, 행동하거나 전혀 행동하지 않을 수도 있다."[64] 이러한 기본적 전제 위에, 스코투스는 그의 『강독집 *Lectura*』에서 의지의 자유에 대하여 더 구체적으로 서술하고 있다.

> 우리의 의지는 반대되는 행동들에 대해 자유롭고(원하는 것과 원하지 않는 것, 사랑하는 것과 미워하는 것과 관련하여), 둘째, 반대되는 행동들에 의해 매개되어, 반대 대상과 관련하여 그것들을 자유롭

61 Asselt et al., *Reformed Thought on Freedom*, 17.

62 Asselt et al., *Reformed Thought on Freedom*, 41.

63 다음을 보라. Asselt et al., *Reformed Thought on Freedom*, 195.

64 Scotus, *Questions On the Metaphysics of Aristotle*, IX, q. 15, n. 22 (II: 608).

게 향하는 것에도 자유롭고, 셋째, 실행의 결과에 있어서도 자유로운데, 즉시 실행될 수도 있고, 다른 실행력에 의해 활성화될 수도 있다.[65]

여기서 스코투스는 의지의 자유의 범위를 한 대상에 대하여 반대되는 행동을 할 자유를 넘어, 그 자유가 행사되는 대상의 반대 대상으로까지 확장한다. 예를 들어, 의지는 한 특정 대상을 사랑할 수도 미워할 수도 있는 자유를 가지고 있을 뿐 아니라, 그 특정 대상과 동시에 그것과 반대되는 대상을 사랑하거나 미워할 수 있는 자유도 가지고 있다는 것이다.

더 구체적으로 설명하자면, 스코투스는 반대되는 행동을 할 자유는, 그 반대되는 행동이 순차적으로 이루어지는 것이라면, 여전히 불완전한 형태의 자유라고 주장한다.[66] 예를 들어, 한 동일한 대상을 동시에 사랑하면서 미워하는 것은 불가능하다. 그러나 순차적으로는 가능하다. 즉 사랑했지만 이후에 미워할 수 있는 것이다. 그러나 스코투스가 생각할 때, 이러한 순차적인 반대되는 행동의 실행은 그 대상에 대하여 갖는 의지의 가변성을 의미하는 것이기 때문에 불완전하다는 것이다. 그러나 반대되는 대상에 대한 자유는 더 완전한 형태의 자유이다. 한 대상을 사랑하는 동시에 다른 대상을 사랑하는 능력을 잃지 않기 때문이다.[67] 이를 통해 스코투스는 반대되는 행동에 대한 통시적 자유(diachronic freedom)와 반대되는 대상에 대한 공

65 John Duns Scotus, *Contingency and Freedom. Lectura I 39*, eds. Anthonie Vos Jaczn., H. Veldhuis, A. H. Looman-Graaskamp, E. Dekker and N. W. den Bok (Boston: Springer, 1994), § 45.

66 Scotus, *Lectura I 39*, § 46.

67 Scotus, *Lectura I 39*, § 46.

시적 자유(synchronic freedom)를 구분하고 있다.[68]

이제 스코투스는 인간의 의지 안에서 이러한 두 종류의 자유를 통해 어떤 가능성들과 우연성들이 도출되는지를 살펴본다.[69] 이 분석을 통해 스코투스는 통시적 우연성과 공시적 우연성을 확실하게 대조하게 된다. 스코투스는 아리스토텔레스가 말한 분리적/복합적 의미의 구분은 오직 순차적으로 활성화된 능력만을 설명해 줄 수 있는 논리 구조라고 이해하였다. 그러나 인간의 의지가 참되게 자유롭기 위해서는 하나를 간절히 바라는 바로 그 순간에도, 그 의지는 그것의 반대되는 것도 바랄 수 있는 가능성을 잃지 않아야 한다고 믿었다. 마침내 행동으로 나타나는 것은 단 하나일지라도, 그것이 행동이 실현되는 그 순간에도 그것의 반대되는 행동을 할 수 있는 가능성을 소유하고 있어야 비로서 의지의 자유는 보장된다는 것이었다. 공시적 우연성이 말하는 것이 바로 이것이다. 이 점에 있어 시모 크누틸라(Siomo Knuutila)는 스코투스가 아리스토텔레스의 통시적 우연성 개념에서 완전히 벗어나 있다고 설명했다.[70]

그러나 위에서 살펴본 바와 같이, 튜레틴은 명백하게 아퀴나스의 대언양상과 대물양상의 구분을 통해 매개된 아리스토텔레스의

68 이 구분에 대한 자세한 설명을 위해서는 특히 다음을 참고하라. Nico Den Bok, "Freedom in Regard to Opposite Acts and Objects in Scotus's Lectura I 39. §§45-54," *Vivarium*, vol. 38, No. 2 (2000): 243-54; Stephen D. Dumont, "The Origin of Scotus's Theory of Synchronic Contingency," *The Modern Schoolman* 72 (1995): 149-67.

69 다음을 보라. Scotus, *Lectura I 39*, §§ 48-51.

70 다음을 보라. Simo Knuuttila, "Duns Scotus' Criticism of the 'Statistical' Interpretation of Modality," *Sprache und Erkenntnis im Mittelalter*, ed. Jan P. Beckmann et. al. 2 vols. *Miscellanea Mediaevalia* 13 (Berlin and New York, 1981), 1:441-50; "Time and Modality in Scholasticism," *Reforging the Great Chain of Being: Studies in the History of Modal Theories*, ed. Simo Knuuttila (Dordrecht, 1981), 163-257.

통시적 구도 하에서 의지가 가진 능력을 구분하여 설명하였다. 튜레틴은 반대되는 행동들에 대한 자유는 오직 제1현실태에서만 가능하다고 주장하였다. 그는 제2현실태에서 동시적으로 존재하는 실현되지 않는 가능성들에 대해서 그 어떤 것도 언급한 적이 없다. 그러므로 튜레틴의 자유의지 교리에서 공시적 우연성의 확실한 증거를 찾는 것은 쉽지 않아 보인다.

게다가 스코투스는 의지가 "유일한 이성적 능력"이라는 사실에 근거해, 의지에게 "자기 결정 능력"을 부여하는 독특한 개념의 자유의지를 발전시켰다.[71] 그러나 튜레틴은 이성적 능력은 지성에게 부여하였고, 의지의 방향은 지성에 의해 결정되기 때문에 그 스스로 결정될 수 없다고 분명하게 주장하였다.[72] 다시 말하지만, 튜레틴의 능력 심리학은 확실히 아퀴나스의 주지주의적 관점을 수용하는 것이다. 따라서 튜레틴은 의지가 실천 지성의 최종 판단을 넘어설 수 있는 그 어떤 특권도 부여하지 않았다.

그러므로, 보스와 벡이 담대하게 말한 "개혁파 스콜라주의는 확실히 아퀴나스적 사고를 벗어났다"는 주장은 최소한 튜레틴의 자유의지 교리를 살펴 볼 때 설득력이 없어 보인다.[73] 이와 함께 튜레틴의 다양한 중세 논리 구분의 수용이 "공시적 우연성의 실재를 보여준다"고 말한 아셀트와 그의 동료들의 주장도 더 뚜렷한 증거가 필요해 보인다. 그러므로 튜레틴이 그의 자유의지 교리를 발전시키기 위해 스코투스 공시적 우연성 개념에 호소했다고 말하는 것은 분명

71 Mary Beth Ingham and Mechthild Dreyer, *The Philosophical Vision of John Duns Scotus: an Introduction* (Washington: Catholic University of America Press, 2004), 153.

72 Turretin, *Institutes*, X. ii. 14.

73 Beck and Vos, "Conceptual Patterns Related to Reformed Scholasticism," 229.

지나친 주장이 될 것이다.

2. 폴 헬름 모델의 한계

전술한 분석에 근거했을 때, 폴 헬름의 보스의 모델에 대한 반박은 확실히 근거가 있는 주장이다. 하지만 헬름은 튜레틴의 입장이 일반적인 결정론과 다른 것이 특별히 없고, 양립 가능 결정론자들이 말하는 인간의 자유의지의 일반적인 특징들을 보여주고 있다고 말한다.[74]

헬름은 제1현실태에서 인간의 의지에 중립성이 있다고 설명한 튜레틴의 주장을 경시하는 것처럼 보인다. 그러나 튜레틴은 지성과 의지가 결합하기 이전에 의지의 중립성을 전제함으로써, 행동 실행 여부의 자유와 반대 행동 실행 가능의 자유가 제한되지 않은 인간 자유의 실재적 원천을 마련하였다. 그러므로 튜레틴의 논리적 구도 하에서 제1현실태에 있는 의지의 중립성으로 인하여, 하나님의 예정은 특정 행동의 우연성을 무너뜨리지 않는 것이었다. 튜레틴은 이렇게 설명한다. "미리 정해진 것은 제2현실태 및 복합적 의미에서는 행동할 것인지 행동하지 않을 것인지와 관련하여 더 이상 중립적일 수 없지만, 의지는 제1현실태 및 분리적 의미에서는 항상 중립적일 수 있다."[75]

그러나, 헬름은 튜레틴의 자유의지 교리에서 그가 제1현실태에 위치시킨 의지의 중립성은 본질적인 논리적 장치라기보다는, 단지 아리스토텔레스 능력 심리학의 부산물일 뿐이라고 이해한다. 헬름

74 Paul Helm, "Jonathan Edwards and the Parting of the Ways?" *Jonathan Edwards Studies* vol. 4, no. 1 (2014), 50.

75 Turretin, *Institutes*, VI. v. 11.

은 이렇게 말한다. "나는 그것이 그들의 능력 심리학의 결과라고 생각한다. 그것으로 인해 각각의 기능에게 다른 능력을 부여했던 것이다."[76] 그럼으로써 헬름은 튜레틴의 자유의지 교리에서 의지의 중립성의 역할과 그것의 중요한 함의를 제한하고 있는 것이다.

헬름은 의지는 실천적 지성의 최종 결정에 따라야 한다는 튜레틴의 해석에 초점을 맞춰, 튜레틴의 능력 심리학 구조 속에서 지성과 의지 간에 상호 작용은 전혀 없고, 의지는 무조건 한 방향으로 결정된 명령을 따라야 하기 때문에, 튜레틴의 자유의지 교리는 일반적인 결정론자들의 주장과 다를 것이 없다고 말한다.[77] 그러나 헬름은 튜레틴이 소개하고 있는 여러 종류의 지성적 판단들과 그 중에서 의지가 거부할 수 있는 종류의 판단들에 대한 서술을 읽지 않은 것처럼 보인다.

튜레틴은 지성적 판단에 대하여 다음과 같은 세 종류의 구분을 하고 있다. 지성의 이론적 판단, 실천적 지성의 절대적 판단, 그리고 실천적 지성의 최종적 판단. 튜레틴에 따르면 의지는 이 중에서 지성의 이론적 판단과 실천적 지성의 절대적 판단은 지성이 아무리 명령을 내려도 거부할 수 있지만, 실천적 지성의 최종적 판단은 거부할 수 없다고 설명한다. 예를 들어서, 아담이 저지른 최초의 죄에서 아담의 지성은 하나님이 그 열매를 먹으면 반드시 죽을 것이라며 금지한 것을 근거로 해서 그 열매를 먹지 말아야 한다고 판단했지만, 그의 의지는 지성의 최초의 절대적 판단을 따르지 않고, 도리어 먹음직스럽고 보암직도 하다고 말한 것을 따라 내린 실천적 지성의 최종적

76 Helm, "Jonathan Edwards and the Parting of the Ways?" 47.

77 다음을 보라. Turretin, *Institutes*, X. iii. 2.

인 판단을 따른 것이다.[78]

이러한 여러가지 구분들에 비춰 봤을 때, 튜레틴이 보는 지성과 의지의 관계는 한 방향으로 굳어진 관계가 아니라, 그 안에 상호작용이 있는 관계이다. 실제로 튜레틴은 지성과의 관계에 있어서 의지가 항상 종속적이거나, 완전히 수동적이라고 설명하지 않았다. 지성은 의지를 강압적으로 움직이게 할 수 없다. 단지 지성이 가장 좋은 것을 선택하여 제시했을 때, 의지는 스스로를 위하여 그것을 자발적으로 선택하는 관계인 것이다. 그러므로 헬름이 튜레틴의 능력 심리학 구조 속에서 "지성과 의지의 작동 관계 안에는 필연성이 있다"고 말한 것은 지나친 주장이다.[79]

결과적으로 튜레틴의 자유의지 교리를 해석하며, 헬름은 튜레틴이 구분해 놓은 제1현실태와 제2현실태의 섬세한 차이를 지워버리고 있는 것이다. 그러나 튜레틴이 이 구분을 설정한 이유는 의지가 단지 자발성이 있고 강압되지 않았기 때문에 자유로운 것을 넘어서, 그것의 자발적 행동 이전에 우연성이 담보될 수 있는 중립성이라는 토대가 있기 때문에 근본적으로 자유롭다고 말하기 위한 것이다. 헬름의 방식으로 튜레틴을 해석하는 것은 결국 튜레틴이 말하는 의지의 자유의 개념을 단지 행동의 자유 수준으로 낮추는 것이므로, 양립 가능한 결정론과 다르지 않게 만드는 것이다.

튜레틴의 자유의지 교리에서 정교하게 구축된 스콜라 철학의 구분들을 배제하는 것은 그의 교리가 제시하는 가장 중요한 공헌을 무너뜨리는 것이 될 것이다. 왜냐하면 이 구분을 통하여 튜레틴은 인간의 의지 안에 본질적으로는 행동 실행 여부의 자유와 반대 행동

78 다음을 보라. Turretin, *Institutes*, X. ii. 15-16.

79 Helm, "Jonathan Edwards and the Parting of the Ways?" 52.

실행 가능의 자유가 있음을 보여주려 했고, 원인에 따른 필연성과 결과의 필연성을 구분했으며, 이를 통해 하나님의 작정과 인간의 자유를 조화시키려고 했기 때문이다.

IV. 결론

본 연구는 튜레틴의 자유의지 교리에 대한 전반적인 조사를 통해, 그의 인간의 자유의지에 대한 이해는 스코투스 공시적 우연성의 틀 안에서 개념화되지도 않고, 양립 가능한 결정론과 일치하지도 않음을 입증하였다.

다른 개혁주의 신학자들과 마찬가지로, 튜레틴은 타락으로 인해 상실된 것은 "의지의 능력의 상실"이나 의지의 내적 자유가 아니라 "선택의 자유, 구체적으로는 선을 자유롭게 선택하고, 악을 자유롭게 피할 수 있는 자유"라고 주장한다.[80] 비록 인간의 의지는 선 그 자체를 행할 능력은 없지만, 스스로가 자신에게 선이라고 판단한 것을 추구하는 능력은 상실되지 않았다는 것을 보여주기 위하여, 튜레틴은 다양한 중세 양상 논리와 용어들, 특히 아리스토텔레스 원천의 철학적 도구들을 사용하여 개혁주의 자유의지 교리를 설명하였다. 그는 다양한 구분들과 개념들을 인간의 의지와 선택의 형이상학에 적용시켰고, 이를 통해 개혁주의 자유의지 교리는 절대로 철학적 결정론이나 운명론으로 흐르지 않는다는 것을 입증하였다. 그가 서두에 언급하며 의도한 바대로 오직 하나님의 주권을 높이면서도, 인간

80 Muller, *Dictionary of Latin and Greek Theological Terms*, 177.

의 자유의 적합한 위치가 어디인지를 보여주려고 하였다.

하나님의 영원한 작정과 인간의 자유의지를 조화시키려는 가운데, 튜레틴은 의지의 중립성이 제1현실태에 있음을 전제하였다. 그럼으로써, 튜레틴은 비록 제2현실태의 의지는 결정된 방향으로 움직이지만, 제1현실태에의 의지는 여러 대체 가능한 선택들 가운데 복수의 결과들을 만들어 낼 수 있는 능력을 가지고 있음을 보여주었다.

그러나 이 구도를 이해하는데 있어, 안토니 보스는 의지의 중립성을 너무 크게 확대하여 그것을 스코투스 공시적 우연성 개념과 연결시켰고, 폴 헬름은 그것의 역할을 너무 작게 평가하여 근대 이후에 형성된 양립 가능한 결정론적 설명과 동일한 것으로 취급하였다. 그러므로 보스의 모델도, 헬름의 모델도 튜레틴의 자유의지 교리가 의도하는 섬세한 뉘앙스를 담아내기에는 실패한 것처럼 보인다.

참고 문헌

· Aquinas, Thomas. *Summa Theologica*, Complete English Edition in 5 vols. Translated by Fathers of the English Dominican Province. Allen, TX: Christian Classics, 1981.

· ______. *Truth (Quaestiones Disputatae de Veritate)*. Translated by Robert W. Mulligan, J. V. McGlynn, and R. W. Schmidt. Chicago: Regnery, 1952–54.

· Aristotle. *Sophistici Elenchi*. London: Macmillan, 1866.

· ______. *The Basic Works of Aristotle*. Edited by Richard McKeon. New York: Random House, 1941.

· Duns Scotus, Johannes. *Contingency and Freedom. Lectura I 39*. Translated, with introduction and commentary by Antonie Vos, et al. Dordrecht, Boston, and London: Kluwer, 1994.

· ______. *Questions on Metaphysics of Aristotle*. Translated by Etzkorn, Girard J., and Allan B. Wolter. St. Bonaventure, NY: Franciscan Institute Publication, 1998.

· Molina, Luis De. *On Divine Foreknowledge: Part IV of the Concordia*. Translated, with introduction and notes by Alfred Freddoso, Ithaca: Cornell University Press, 1988.

· Suarez, Francisco. *Disputationes Metaphysicae in Omnia Opera*, vol. 25, Edited by A. Michel and C. Berton, Paris: Vives, 1866

· Turretin, Francis. *Institutio Theologiae Elencticae*. 3 vols. Geneva, 1679-85

· ______. *Institutes of Elenctic Theology*, Translated by George Musgrave Giger. Edited by James T. Dennison Jr. New Jersey: P & R Publishing, 1992.

· ______. *Opera*. 4 vols. Edinburgh: Lowe, 1847

· Armstrong, Brian. *Calvinism and the Amyraut Heresy*. Madison: The University of Wisconsin Press, 1969.

· Asselt, Willem J. van, and E. Dekker, eds. *Reformation and Scholasticism: An Ecumenical Enterprise*. Grand Rapids: Baker Academic, 2001.

· Asselt, Willem J. van, J. Martin Bac, and Roelf T. te Velde, eds. *Reformed Thought on Freedom: The Concept of Free Choice in the History of Early Modern Reformed Theology*. Grand Rapids: Baker Academic, 2010.

· Asselt, Willem J. Van, Maarten Wisse, T. Theo J. Pleizier, and Pieter L. Rouwendal. *Introduction to Reformed Scholasticism*. Grand Rapids: Reformation Heritage Books, 2011.

· Audi, Robert, ed. *The Cambridge Dictionary of Philosophy*. New York: Cambridge University Press, 1999.

· Bac, J. Martin. Perfect Will Theology: *Divine Agency in Reformed Scholasticism as Against Suàrez, Episcopius, Descartes, and Spinoza*. Leiden: Brill Academic Pub, 2010.

· Bascher, Luca. "Peter Matyr Vermigli on Free Will: The Aristotelian Heritage of Reformed Theology." *Calvin Theological Journal 42*, no. 2 (2007): 325-340.

· Basinger, David, and Randall Basinger, eds. *Predestination and Free Will: Four Views of Divine Sovereignty and Human Freedom. Downers Grove*: InterVarsity Press, 1986.

· Beck, A. F., and Vos, Antonie. "Conceptual Patterns Related to Reformed Scholasticism." *Nederlands Theologisch Tijdschrift 57*, no. 3 (2003): 224- 233.

· Gelber, Hester Goodenough. *It Could Have Been Otherwise: Contingency and Necessity in Dominican Theology at Oxford, 1300-1350*. Boston: Brill Academic Pub, 2004.

· Gildea, W. L., Fairbrother, W. H., and Sturt, H. "Symposium—The Freedom of the Will." In *Proceedings of the Aristotelian Society*, vol. 3, no. 1 (1895): 45-60.

· Goudriaan, Aza. *Reformed Orthodoxy and Philosophy, 1625-1750: Gisbertus Voetius, Petrus van Mastricht, and Anthonius Driessen*. Leiden: Brill, 2006.

· Hall, Basil. "Calvin Against the Calvinists." In *John Calvin*, edited by G. E. Duffield, 19-37. Appleford: Sutton Courtney Press, 1966.

· Helm Paul. "Jonathan Edwards and the Parting of the Ways?" *Jonathan Edwards Studies* vol. 4, no. 1 (2014): 42-60.

· ______. "Reformed Thought on Freedom: Some Further Thoughts." *Journal of Reformed*

Theology 4 (2010): 185-207.

· ______. "'Structural Indifference' and Compatibilism in Reformed Orthodoxy." *Journal of Reformed Theology* 5 (2011): 184-205.

· ______. "Synchronic Contingency Again." *Nederlands Theologisch Tijdschrift* 57, no. 3 (2003): 234-23

· ______. "Synchronic Contingency in Reformed Scholasticism: A Note of Caution." *Nederlands Theologisch Tijdschrift* 57, no. 3 (2003): 207-223.

· Heppe, Heinrich. Reformed Dogmatics: *Set Out and Illustrated from the Sources*. Edited by Ernst Bizer. Translated by G. T. Thomson. Grand Rapids: Baker, 1978.

· ______. "Der Charakter der deutsch-reformirten Kirche und das verhältniss derselben zum Luthertum und zum Calvinismus." *Theologische Studien und Kritiken* 23 (1850): 669-706.

· Ingham, Mary Beth and Dreyer, Mechthild. *The Philosophical Vision of John Duns Scotus: an Introduction*. Washington: Catholic University of America Press, 2004.

· Kealthy, Kenneth. Salvation and Sovereignty: *A Molinist Approach*. Nashville: B & H Academic, 2010.

· Knuuttila, Simo. "Duns Scotus' Criticism of the 'Statistical' Interpretation of Modality." In *Sprache und Erkenntnis im Mittelalter*, ed. Jan P. Beckmann et. al., 441-50 Berlin and New York, 1981.

· ______. "Modal Logic." In *The Cambridge History of Later Medieval Philosophy: from the Rediscovery of Aristotle to the Disintegration of Scholasticism, 1100-1600*, Edited by. Norman Kretzmann, Anthony Kenny, and Jan Pinborg, 342-57. Cambridge: Cambridge University Press, 1988.

· ______. "Review of The Philosophy of John Duns Scotus." *Ars Disputandi*, 7 (2007): 156-60.

· ______. "Time and Modality in Scholasticism." In *Reforging the Great Chain of Being: Studies in the History of Modal Theories*, Edited by Simo Knuuttila, 163-257. Dordrecht, 1981.

· Korolec, J. B. "Free will and free choice" In *The Cambridge History of Later Medieval Philosophy: from the Rediscovery of Aristotle to the Disintegration of Scholasticism, 1100-1600*, Edited by. Norman Kretzmann, Anthony Kenny, and Jan Pinborg, 629-41. Cambridge: Cambridge University Press, 1988.

· Maierù, Alfonso. *Terminologia Logica Della Tarda Scolastica*. Roma: Edizioni dell'Ateneo, 1972.

· Muller, Richard A. Christ and the Decree: Christology and Predestination in Reformed Theology From Calvin to Perkins. Durham, NC: The Labyrinth Press, 1986.

· ______. *Dictionary of Latin and Greek Theological Terms: Drawn Principally from Protestant Scholastic Theology*. Grand Rapids: Baker Academic, 1985.

· ______. "Freedom." In *The Westminster Handbook to Reformed Theology*, Edited by Donald K. McKim, 87-89. Louisville: WJK, 2001.

· ______. God, *Creation, and Providence in the Thought of Jacob Arminius: Sources and Directions of Scholastic Protestantism in the Era of Early Orthodoxy*. Grand Rapids: Baker Books, 1991.

· ______. "Grace, Election, and Contingent Choice: Arminius's Gambit and the Reformed Response." In *The Grace of God: The Bondage of Will*, eds. Thomas R. Schreiner and Bruce A. Ware, 251-278. Grand Rapids: Baker Academic, 1995.

· ______. "Jonathan Edwards and the Absence of Free Choice: A Parting of Ways in the Reformed Tradition." *Jonathan Edwards Studies* vol. 1, no. 1 (2011): 4-22.

· ______. *Post-Reformation Reformed Dogmatics: The Rise and Development of Reformed Orthodoxy, ca. 1520-1725*. 4 vols. Grand Rapids: Baker Academic, 2003.

· ______. "The Placement of Predestination in Reformed Theology: Issue or Non-issue." *Calvin Theological Journal*, 40 (2005): 184-210.

· ______. *The Unaccommodated Calvin: Studies in the Formation of a Theological Tradition*. New York: Oxford University Press, 2000.

· ______. "Was Calvin a Calvinist?" In *Calvin and the Reformed Tradition: On the Work of*

Christ and the Order of Salvation, 51-69. Grand Rapids: Baker Academic, 2012.

· Picirilli, Robert E. Grace, *Faith, Free Will: Contrasting Views of Salvation: Calvinism and Arminianism*. Nashville: Randall House Publications, 2002.

· Pinnock, Clark H., ed. *The Grace of God and the Will of Man*. Minneapolis: Bethany House Publishers, 1995.

· Rouwendal, Pieter L. "The Method of the Schools: Medieval Scholasticism," in *Introduction to Reformed Scholasticism*, eds. Willem J. van Asselt et al. Grand Rapids: Reformation Heritage Books, 2011.

· Schweizer, Alexander. "Die Synthese des Determinismus und der Freiheit in der reformirten Dogmatik. Zur Veteidigung gegen Ebrard." *Theologische Jahrbücher* 8 (1849): 153-209.

· Velde, te R.T. *The Doctrine of God in Reformed Orthodoxy, Karl Barth, and the Utrecht School: a Study in Method and Content (Studies in Reformed Theology)*. Leiden: Brill Academic Pub, 2013.

· Vos, Antonie. *The Philosophy of John Duns Scotus*. Edinburgh: Edinburgh University Press, 2006.

· Ware, Bruce A. ed. *Perspective on the Doctrine of God: 4 Views*. Nashville: B & H Academic, 2008.

프란시스 튜레틴의 인간론

이신열

프란시스 튜레틴의 인간론[1]

이신열

I. 서론

이 글에서는 17세기 제네바(Geneva)의 개혁신학자 프란시스 튜레틴(Francis Turretin, 1623–1687)의 주저(opus magnum)로서 3권으로 구성된 『변증신학 강요*Institutes of Elenctic Theology*』(1679–1685)를 중심으로 살펴보고자 한다. 튜레틴은 누구이었는가? 그는 제네바에서 출생하고 교육받았으며, 거기에서 목회 및 교수 활동에 임했으며 17세기 이 도시에서 가장 강력한 영향력을 행사한 정통파 개혁신학자였다.[2] 튜레틴가(family)는 이탈리아에서 제네바로 16세기에 이민했다. 이탈리아의 루카(Lucca)라는 도시에서 피터 마터 버미글리(Peter Martyr Vermigli)는 개신교 신앙을 이유로 1542년 8월 12일에 취리히로 피난을 떠났는데 프란시스의 증조부 레골로(Regolo)도 개신교 신앙을 접했지만 로마 가톨릭 신앙을 저버리지는 않았다.[3] 레골로의 아들 프란체스코

1 이신열, "프란시스 튜레틴의 인간론", 종교개혁과 인간, 부산: 개혁주의학술원, 2021, 311-339.

2 튜레틴의 초기 삶과 그가 받은 교육, 그의 목회 및 교수 사역에 대해서는 다음을 참고할 것. Nicholas A. Cumming, *Francis Turretin (1623-87) and the Reformed Tradition* (Leiden: Brill, 2020), 22-69.

3 James T. Dennison, Jr., "The Life and Career of Francis Turretin", in *Institutes of Elenctic Theology*,

(Francesco)는 종교재판(the Inquisition)을 두려워하여 1592년에 제네바로 피난했다. 이미 실크 사업으로 상당한 부를 축적했던 그는 제네바에서 시민권을 획득했고 얼마 지나지 않아 거기에서 상당한 영향력을 행사하는 위치에 놓이게 되었다. 이런 부요한 가문 출신인 프란시스는 제네바 아카데미(the Geneva Academy)에서 수학했을 뿐 아니라 유럽의 다양한 개신교 대학에서 신학을 연마했다. 네덜란드의 레이든(Leiden), 안트베르프(Antwerp)에서 시작하여 파리, 소뮤르(Saumur), 몽타방(Montaban)과 니메(Nimes)에서 수학했다. 소뮤르에서는 가설적 보편주의를 주창했던 모세 아뮈로(Moses Amyraut, 1596-1664)의 강의를 듣기도 했는데 아뮈로는 그의 일탈적 칼빈주의(deviant Calvinism)로 프랑스 개혁교회에서 문제를 불러일으킨 인물이기도 했다.[4] 1648년에 제네바에서 이탈리아인 교회에서 목회활동을 시작했다. 1649년 12월에 프란시스는 제네바 목사회에서 목사 안수를 받았으며 1650년부터 제네바 아카데미에서 교수 사역을 시작했다. 남은 일생 동안 그는 교수 사역과 이탈리아인 교회에서 목회 사역을 동시에 담당했다. 그는 많은 논쟁적 글을 남겼지만 그의 대표적 저서는 아무런 의심의 여지없이 『변증신학 강요』이다. 그는 이 책에서 서양 기독교의 여러 잘못된 그룹들의 주장을 배격하고 논박하는 작업에 임했는데 이 책은 수많은 신학생들의 필독서가 되었다. 이 책의 영역본 편집자인 제임스 데니슨(James Dennison)에 의하면 튜레틴의 이 주저가 얼마나 오랜 기간 동안 지속적으로 출판되었는가를 알 수 있다.[5] 1679년

vol. 3, ed. James T. Dennison, Jr. (Philipsburg, NJ: P & R, 1997), 639-40.

4 아뮈로의 일탈적 칼빈주의가 제네바에 불러온 파장에 대해서는 다음을 참고할 것. Dennison, "The Life and Career of Francis Turretin", 643-45.

5 James T. Dennison, Jr., "Editor's Preface", in *Institutes of Elenctic Theology*, vol. 1, ed. James T. Dennison, Jr. (Philipsburg, NJ: P & R, 1992), xxvii-xxix.

에서 1685년까지 처음 인쇄된 후에 1680년에서 1686년까지 재판되었는데 이 재판은 3권으로 출판되었다. 1682년에서 1688년까지 새롭게 제2판이 출판되었고 이 2판의 재판은 1688년부터 1690년까지 출판되었다. 1734년판에는 그의 『논박서*Dispuationes*』가 첨가되어 4권으로 출판되기도 했다. 영역본은 1847년에 완성되었는데 찰스 핫지(Charles Hodge)의 친구였던 조지 머스그로브 가이거(George Musgrove Giger)가 번역자였다. 가이거는 1847년부터 1865년까지 프린스턴대학의 고전어 교수로 봉직했던 인물이었다. 이 영역본의 일부는 핫지의 프린스턴 조직신학 과목에 교재로 선정되어서 활용되었는데 특이한 것은 많은 사람들이 이 영역본이 출판되기를 원했음에도 불구하고 당대에는 한번도 정식으로 출판되지 않았다는 점이다. 1992년부터 1997년까지 데니슨에 의해서 이 영역본 전부가 3권으로 출판되어서 많은 연구가들과 신학생들에게 약 150년이 지난 후에야 비로소 세상에 빛을 보게 되었다.[6]

이 글에서는 튜레틴의 인간론을 인간의 기원, 죄의 정의, 원인, 그리고 결과, 자유의지와 죄, 마지막으로 자연언약의 4가지 주제로 나누어서 고찰하고자 한다.

---

6 Francis Turretin, *Institutes of Elenctic Theology*, 3 vols. trans. George Musgrove Giger & ed. James T. Dennison, Jr. (Philipsburg, NJ: P & R, 1992-97). 이하 *IET*로 약칭하여 사용하며 권과 페이지 번호를 제시하는데 괄호 안에 주제, 질문, 답변의 번호를 차례로 명시했다.

Ⅱ. 인간의 기원: 순수한 본성의 상태(a state of pure nature)와 하나님의 형상(imago Dei)을 중심으로

1. 순수한 본성의 상태

튜레틴은 인간 창조에 있어서 하나님께서 그를 순수한 본성의 상태로 지으셨다는 펠라기우스(Pelagius)의 주장에 반대한다. 아우구스티누스(Augustinus)에 의하면, 펠라기우스가 주장하는 순수한 본성이란 인간이 원래 지음 받았을 때 선과 악을 행할 수는 있지만 이 두 가지를 지닌 상태로 태어나지 않았음을 지칭하는 용어에 해당된다.[7] 펠라기우스가 주장하는 순수한 본성의 상태는 인간에게 결핍된 것으로 그의 행동에 의해서 채워져야 하는 것으로 이해된다. 인간의 자유의지에서 비롯된 이 행동은 인간이 도덕적 중립의 상태로 지음 받았음을 전제로 삼고 있으며,[8] 이 도덕적 중립 상태가 곧 순수한 본성의 상태와 동일시될 수 있다. 펠라기우스를 추종하는 새로운 펠라기우스주의자들은 이 결핍이 초자연적 은사에 의해서 충족될 수 있다고 보았다는 점에 있어서 펠라기우스와 이해를 달리한다.

튜레틴은 펠라기우스의 이 주장에 반대하는 이유로 다음의 네 가지를 언급한다.[9] 첫째, 인간이 하나님의 형상으로 지음 받았으므로 그는 도덕적으로 선하고 올바르다고 보았다. 이 형상은 주로 원의(original righteousness)로 구성되었기 때문에 인간의 처음 상태가 소위 순수한 본성의 상태로 지음 받았다고 가정하는 것은 불가능하다고

---

7 Augustinus, *A Treatise on the Grace of Christ and on Original Sin*, 2.14 (NPNF1, 5, 241).

8 헤르만 바빙크, 『개혁교의학 2』, 박태현 역 (서울: 부흥과개혁사, 2011), 666.

9 *IET* 1:463-64 (5.9.5-11).

보았다. 인간은 원의라는 선물을 통해 상대적으로 완전한 상태로 지음 받았다고 볼 수 있다.[10] 둘째, 인간이 지음 받은 목적은 하나님을 영화롭게 하고 그를 예배하는 것인데 이는 지혜와 거룩함과 같은 선물이 주어지지 않은 상태로는 수행할 수 없는 의무에 해당된다. 셋째, 인간에게 의와 죄는 직접적으로 서로 반립되는 것이므로 둘 중에 하나는 반드시 인간 속에 내재해 있어야 한다. 이 사실은 튜레틴에게 의롭지도 않으며 죄인이지도 않은 인간은 존재할 수 없음을 뜻한다. 넷째, 인간의 순수한 본성이란 개념은 순전한 허구이다. 튜레틴은 우리가 인간을 어떤 방식으로 상상한다 하더라도 그 인간은 실질적이며 구체적인 인간이지 결코 펠라기우스주의에서 주장하는 순수한 본성을 지닌 인간이 될 수 없다고 보았다.

2. 하나님의 형상

하나님의 형상에 대한 고찰에 있어서 튜레틴은 먼저 이 형상이 아닌 것에 대한 설명을 두 가지로 나누어서 제공한다.[11] 첫째, 이 형상은 신적 본질에 참여함을 뜻하지 않는다. 이런 경우 인간의 본성은 신적인 것의 그림자(aposkiasmation)나 신적 호흡의 한 요소로 이해된다. 튜레틴은 이런 방식으로 신적 본질에 참여하는 존재는 곧 하나님의 아들이라고 밝힌다. 하나님의 아들은 신적 본질에 본질적, 형상적, 그리고 내적(intrinsic)으로 참여하지만, 인간이 하나님의 형상에 참여하는 것(벧후 1:4)은 단지 은혜로 가능한 것이다. 이 참여는 어디까지나 유비적이며, 우연적이며 외적(extrinsic) 참여에 지나지 않는다.

---

10 루이스 벌코프, 『벌코프 조직신학 상』, 권수경 · 이상원 옮김 (고양: 크리스챤다이제스트, 2000), 419.

11 *IET* 1:465-66 (5.10.4-5).

둘째, 이 형상은 인간이 하나님의 몸이나 신적인 모습을 닮는 것을 뜻하지 않는다. 튜레틴은 구조, 대칭성, 유기체로서의 인체의 모든 기관들의 활용에 있어서 인체가 지닌 탁월함과 아름다움에 신적 빛이 반영되었다는 사실을 부인할 필요는 없다고 보았다. 인간이 하나님의 형상을 지닌다거나 하나님이 된다 (theopreptos)는 표현이 의도하는 바는 그가 형식적 또는 적합한 방식이 아니라 단지 비유적 그리고 유비적 방식으로 그렇게 된다는 점을 강조함에 놓여 있다.

이렇게 하나님의 형상이 아닌 것에 대한 설명을 제공한 후에 튜레틴은 하나님의 형상이 은사로 구성된다는 사실을 언급하는데 이 은사는 우연적일 뿐 아니라 본질적이며, 내적일 뿐 아니라 또한 외적이다. 구체적으로 이 은사는 거룩함과 지혜로 나타나는데[12] 이는 사실상 앞서 언급된 원의에 해당된다.

또한 튜레틴은 하나님의 형상의 구성 요소를 다음의 세 가지로 나누어서 고찰한다.[13] 첫째, 하나님의 형상은 영혼의 실체에 놓여 있다. 마틴 루터(Martin Luther)는 하나님의 형상이 원의, 즉 인간의 합리적이고 도덕적인 능력에 놓여 있다고 보았으며 이런 이유에서 이 형상을 진리의 형상으로 보았다.[14] 그 결과 그는 인간이 죄를 범할 때 이 형상이 상실된다고 보았다. 튜레틴은 이와 유사한 사고를 마티아스 플라키우스(Matthias Flacius Ilyricus, 1520–1575)에서 찾았는데 죄가 영

12 *IET* 1:612 (9.8.3).

13 *IET* 1:466-70 (5.10.6-23).

14 바빙크, 『개혁교의학 2』, 730; 벌코프, 『벌코프 조직신학 상』, 413. *WA* 39, I, 108, 5-8: "인간은 하나님의 형상대로 창조되었다. 그러므로 그는 하나님의 모습이었다. 이러한 사실은 인간이 하나님의 형상으로 창조되었다는, 즉 의와 거룩과 신적인 진리의 형상으로, 더 나아가서 이러한 것을 획득할 수 있도록 창조되었다는 사실을 말해준다." 베른하르트 로제, 『마틴 루터의 신학; 역사적, 조직신학적 연구』, 정병식 옮김 (서울: 한국신학연구소, 2002), 340에서 재인용.

혼의 본질에 상처를 입힌다고 보았던 이 강경파 루터파 신학자의 견해를 옳지 않은 것으로 비판한다.[15] 둘째, 이 형상은 원의로 구성되는데 이는 올바름(rectitude)과 온전함(integrity)으로 구성된다. 여기에서 튜레틴은 원의에 대해서 추가적인 설명을 제공하는데 이 설명은 어떻게 원의가 인간의 삶에서 구체적으로 그 모습을 드러내는가를 보여주되 어떻게 죄 없는 삶이 가능한가를 다음과 같이 제시한다.

> 원의는 사람과 더불어 피조되었고 그의 기원에 있어서 그에게 부여되었는데 이는 마음에서는 지혜를, 의지에 있어서는 거룩함을, 그리고 사랑에 있어서는 올바름과 좋은 질서를 품는다. 이는 인간의 모든 기능 가운데 조화를 말하는데 각각의 기능들은 사랑에, 사랑은 의지에, 의지는 이성에, 이성은 신적 율법에 순종한다. 그 결과 인간은 올바르고 무흠하며 죄 없이 존재하게 된다.[16]

셋째, 하나님의 형상은 인간의 지배(dominion)와 불멸성(immortality)으로 구성된다. 여기에서 튜레틴이 말하는 지배란 하나님에 의해서 모든 하등한 피조물에 대한 수장으로서의 인간에게 주어진 능력으로서 그는 이들을 자신의 즐거움을 위해서 사용할 권리를 가지는 것으로 정의된다.[17] 인간의 지배는 하나님의 탁월한 지배에

15 *IET* 1:466 (5.10.7). 플라키우스에 관해서는 다음을 참고할 것. Oliver K. Olson, *Matthias Flacius and the Survival of Luther's Reform* (Minneapolis: Lutheran Press, 2000); Luka Ilić, *Theologian of Sin and Grace. The Process of Radicalization in the Theology of Matthias Flacius Illyricus* (Göttingen: V & R, 2014).

16 *IET* 1:466 (5.10.8).

17 *IET* 1:469 (5.10.22).

대한 모방(impress)으로 볼 수 있지만, 이 지배는 독립적이며, 자연적이고, 절대적이며 무제한적인 하나님의 지배와는 달리 의존적이며, 불안정적이고 한정적인 성격을 지닌다. 그럼에도 불구하고 인간의 지배와 하나님의 지배는 다음의 두 가지 차원에서 공통된 토대를 갖게 된다.[18] 첫째, 다른 피조물에 대한 능력의 탁월함이 이 토대로 작용한다. 우월하고 보다 탁월한 존재가 열등하고 보다 비참한 존재들에 대해서 지배권을 갖는 것은 자연의 이치에 부합된다. 둘째, 한 사람이 다른 사람보다 우위에 서는 권한을 지니게 되는 것은 자선(beneficence)으로 간주된다. 그는 자애롭기 때문에 (다른 사람들에 대한) 주인이 된다.

튜레틴의 불멸성에 대한 주장은 사실상 앞서 언급된 의로움의 관점에서 비롯된 것이며 그 결과에 해당된다.[19] 왜냐하면 의로움과 생명 사이에는 하나님에 의해 제정된 필수적인 연결점이 존재하기 때문이다. 여기에서 불멸성이란 하나님에게만 적용될 수 있는 절대적 불멸성이 아니라 비교적이며 참여적인 불멸성을 뜻한다.[20] 이에 대해서는 몇 가지 설명이 제공되는데 첫째 설명은 이 불멸성이 인간의 존재와 자연적 상태에 관한 불멸성을 지칭하는 것이 아니라 도덕과 행복에 관한 것임을 보여준다. 하나님의 섭리와 공의는 선을 선으로, 악을 악으로 갚는다는 맥락에서 영혼의 불멸성을 요구한다.[21] 둘째, 이 불멸성은 죽음의 절대적 불가능성을 뜻하는 불멸성이 아니라 죄를 짓지 않음으로서 획득하게 되는 죽지 않을 수 있는 가능성

18 *IET* 1:250 (3.22.2).

19 *IET* 1:474 (5.12.4).

20 *IET* 1:473-74 (5.12.1-2).

21 *IET* 1:485 (5.14.10).

을 말한다. 이 가능성은 죽지 않는 조건적 능력에서 비롯된다. 셋째, 이 불멸성은 원격적 가멸성(remote mortality)이 아니라 근접적(proximate) 가멸성에 관계된다. 여기에서 원격적 가멸성은 죽음의 능력이 멀리 떨어져 있음을 뜻하는데 구체적으로 이는 인간이 지상적인 물질로 구성되었다는 사실에서 비롯된다. 예를 들면, 아담은 그의 몸이 흙으로 구성되었기 때문에 원격적 가멸성을 지닌 존재로 간주될 수 있다. 이와 달리 근접적 가멸성이란 죽음의 필연성을 즉각적으로 불러일으키는 행위에 의해 정의되는 가멸성을 가리킨다.[22] 여기에서 제기될 수 있는 질문은 아담이 근접적 능력에 의해서 죽을 수밖에 없는 존재이었는가에 관한 것이다. 튜레틴은 소키누스(Faustus Socinus, 1539-1604)가 내세운 인간의 자연적 죽음이 죄의 삯이 아니라 인간 본성에서 비롯되는 적절한 결과라는 주장[23]에 대해서 아담이 그의 온전함을 지키고 죄악을 범하지 않았더라면 그는 죽지 않을 가능성(posse non mori)을 지니게 되었을 것이라고 보았다.

22 인간에게 불멸성과 가멸성 모두가 적용된다는 사실에 대해서 부카누스(Guilielmus Bucanus)는 다음과 같이 주장했다. 하인리히 헤페, 『개혁파 정통교의학 1』, 이정석 역(고양: 크리스챤다이제스트, 2000), 368: "인간이 신에게서 받은 육체가 불멸적인가? 가멸적인가? 실제가 보여주는 것처럼 죽을 수 있기 때문에, 부분적으로는 가멸적이다. 그러나 만일 신에게 순종하였더라면 죽지 않을 수도 있기 때문에, 부분적으로는 불멸적이다. 그 본성의 조건으로서 죽음의 가능성을 가지고 있었던 것이다. 죽지 않을 가능성도 그에게 있었는데, 그것은 본성의 구성요소가 아니라 은혜의 혜택에 의한 것이었다. 만일 그가 신의 명령을 순종하였다면 신이 인간에게 죽지 않을 수 있는 은총을 부여하였을 것이기 때문이다." (*Institutiones theologicae*, XI, 12). 부카누스의 생애와 신학에 대한 간략한 고찰로는 다음을 참고할 것. Sung-Jai Cho, *Trinitarische theologie bij Guilielmus Bucanus* (d. 1603) (Apeldoorn: Theologische universität, 2013), 21-29.

23 Socinus, *De Iesu Christo Servatore*, Pt. III. 8(1594), 294; *IET* 1:474(5.12.2).

III. 죄의 정의, 원인 그리고 결과

1. 죄의 정의

튜레틴은 '죄'라는 단어를 디자인으로부터 편향(deflection)으로 설명한다.[24] 여기에 하나님의 창조와 율법에서 제시된 인간의 목표에서 벗어나서 방황하는 것 또한 죄의 개념으로 이해된다. 이런 맥락에서 죄를 짓는 것은 마치 짐승처럼 비이성적으로(alogos) 행동하는 것을 뜻하기도 한다. 튜레틴은 죄의 두 가지 차원을 언급하는데 이는 구체적이며 실질적인 차원과 추상적이며 형식적인 차원으로 구분된다. 전자의 차원에서 죄는 욕망과 하나님의 율법에 반대되는 행위로 정의된다는 어거스틴이 인용된다.[25] 히포의 주교가 제시한 이 정의가 단지 자범죄(actual sin)만 다루고 있다는 이유에서 튜레틴은 이 정의 대신에 죄를 경향, 행위 또는 하나님의 율법에 대한 다양한 간과(omission), 또는 거기에 당연히 있어야 하는 법적 올바름(rectitude)의 결여로 새롭게 정의한다. 이런 올바름의 결여라는 측면에서 죄는 무법성(illegality, anomia) 또는 율법과의 차이 또는 격차(discrepancy)로 이해되기도 한다.

죄의 본질과 관련해서 튜레틴은 모든 죄가 의지적(voluntary, hekousion)이라는 로마 가톨릭주의자들과 소시니우스주의자들의 견해를 논박한다. '의지적'이라는 용어가 넓은 의미가 아니라 좁은 의미로 이해되기 때문에 그에게 죄는 선택의 행위와 의지와 관계된다. 이 용어가 넓은 의미로 파악될 경우 죄는 행동이 아니라 의지에 영

24 *IET* 1:591(9.1.2).

25 Augustine, *Reply to Faustus the Manichean* 22.27(NPNF1 4:283).

향을 주는 것으로 이해된다. 튜레틴의 죄의 의지적 차원에 대한 이런 이해는 어거스틴의 다음 주장과 상충되는 것으로 보인다. "죄는 전적으로 의지적이므로, 그것이 의지적이지 않는 한 그것은 전혀 죄가 아니다."[26] 튜레틴은 이 표현이 모든 죄에 적용되는 것이 아니라 단지 자범죄(actual sin)에만 적용된다는 입장을 취했다.

2. 죄의 원인

튜레틴은 죄의 정의를 이렇게 고찰한 후에 죄의 원인에 대해서 다룬다.[27] 죄의 원인은 참된(true) 원인과 외적(external) 원인으로 구분된다.

먼저 참된 원인이란 근접적(proximate)이며 적절한(proper) 원인을 뜻하는데 이는 구체적으로 인간의 자유의지로 나타난다. 자유의지가 죄의 참된 원인이라는 주장의 의미는 인간 자신을 제외한 다른 요소가 이 원인으로 작용하지 않으며 죄악은 전적으로 인간 자신에게서 비롯된다는 사실을 가리킨다. 달리 말하자면, 이는 인간이 죄를 짓는 원인은 어떤 강압(compulsion)이나 외적 힘에 놓여 있지 않음을 뜻한다. 만약 인간이 원한다면, 그는 자신에게 주어진 도움을 사용하여 쉽사리 죄를 피할 수도 있었을 것이다. 그러나 인간에게 주어진 자유의지는 그 자체로서 가변성(movability)을 지니고 있다. 최초의 인간은 의롭고 거룩한 존재로 지음 받았지만 이 상태는 어디까지나 가변성을 지닌 상태를 의미했다. 칼빈은 이와 관련하여 최초의 인간이 지녔던 자유의지에 대해서 다음과 같은 설명을 제공한다. "그에게 인내를 위한 일관성이 부여되지 않았기 때문에 그의 의지는 양면

26 Augustine, *Of True Religion* 14(LCC 6:238).

27 *IET* 1:607-11 (9.7.6-18).

으로 굽어질 수 있었다."[28] 정리하면, 인간의 자유의지는 죄의 참된 원인인데, 이는 내적이며 동적인(internal and moving) 원인에 해당된다.

둘째, 죄의 외적 원인으로 사탄을 들 수 있다. 이 원인은 구체적으로 인간으로 하여금 죄를 짓도록 부추기고 유혹하는 결과를 초래하는데 이런 이유에서 이 원인은 외적이며 조력적(assisting) 원인에 해당된다. 위에서 설명된 죄의 참된 원인이 내적이며 동적 원인으로 간주되는 반면에, 외적 원인은 인간이 죄를 짓도록 만든다는 맥락에서 단지 조력의 차원에 머무른다는 점에 있어서 이 원인은 죄의 참된 원인과는 구별된다고 볼 수 있다. 튜레틴은 이 외적 원인을 다시 둘로 구분하여 제시하는데 주요한(principle) 원인과 수단적 또는 도구적(instrumental) 원인을 들 수 있다. 여기에서 전자는 사탄이며 후자는 뱀으로 간주된다. 사탄은 하나님의 영광과 인간의 행복을 부러워하고 시기하여 최초의 인간이 배교의 길로 달려가도록 자극하고 부추겼다. 사탄의 이런 사악한 행위들은 그가 지닌 자유의지의 오용에서 비롯된 것이었다.[29] 사탄은 뱀을 이용해서 최초의 인간을 폭력이 아니라 간교함으로 공격했다. 뱀이 간교하면 간교할수록, 그는 사탄의 목적에 더욱 적합하게 이용될 수 있었다. 사탄은 죄 자체에 대한 직접적 또는 참된 원인이 아니라 죄로 이끄는 유혹의 저자였다.

---

28 John Calvin, *Institutes of Christian Religion,* 1.15.8.

29 헤페, 『개혁파 정통교의학 1』, 323: " 자유의지의 오용으로 범한 천사의 첫 번째 죄가 무엇인지는 성경에 명백하게 서술되어 있지 않다. 그러나 그것이 신성에 대한 욕망과 신의 아들에 대한 반항심이었을 것이라는 생각이 상당히 높은 가능성을 가진다. 이것은 사탄이 우리의 최고 조상을 유혹한 시험과 질투적으로 신의 영광을 자기에게 돌리려는 계속적 노력, 그리고 특별히 그리스도와 그의 교회를 핍박하는 미움으로부터 유추된 것이다." (*Leidse Synopsis*, XII, 28).

3. 죄의 결과

죄의 결과는 죄책(guilt)과 오염(pollution)이라는 두 가지 개념으로 설명된다.[30] 첫째, 죄책은 인간이 전에 지은 죄에 대한 형벌을 받을 의무를 가리킨다. 죄책은 하나님 앞에서 인간에게 부과되는 것으로서 그 결과는 인간을 비참하게 만든다. 죄책은 칭의라는 그리스도의 은혜를 불러일으키는 개념에 해당된다. 튜레틴은 죄책의 두 가지 개념을 제시한다. 먼저 잠재적(potential) 죄책을 들 수 있는데 이는 죄와 분리될 수 없는 형벌의 내재적 방치(desert) 상태를 가리킨다. 또한 실제적(actual) 죄책이 언급된다. 이는 죄책이 하나님의 자비에 의해서 형벌로부터 분리될 수 있음을 뜻하는데, 이는 죄책이 실제적으로 제거될 수 있음을 의미한다.죄책의 제거는 모든 죄책의 완전한 제거를 의미하며 또한 형벌로부터의 면책을 포함한다.[31] 튜레틴은 스콜라주의자들이 죄책을 죄의 원인으로 간주하여 이를 죄의 형식(formal)이라고 불렀다는 사실을 상기시킨다. 그러나 이는 충분하게 정확하지 않은 개념에 지나지 않는다. 죄책은 죄의 무법성에서 비롯된 결과물임이 분명하다. 둘째, 오염은 영적이며 도덕적 오염을 가리키며 이는 인간 속에 내재한다. 이 오염의 결과로 인간은 사악해지며 그 결과 죄는 불순함, 질병 또는 상처로 간주된다. 이런 이유에서 오염은 성령의 효능으로 씻음을 받을 수 있으며 이는 또한 성화의 은혜의 작용이기도 하다.[32] 튜레틴은 다른 곳에서 성화를 통해서 오염에서 깨끗함을

30 *IET* 1:594-96 (9.3.1-7). 죄의 결과로서 주어지는 형벌 자체가 죄라는 튜레틴의 견해에 대해서는 다음을 참고할 것. Nicholas A. Cumming, "'Sin is Righteously Called the Punishment of Sin: Francis Turretin's Reformed Doctrine of Sin", *Reformation & Renaissance Review* 32/1 (2020), 48-63.

31 *IET* 2:661-62 (16.5.9).

32 튜레틴은 성화론을 다음에서 다루고 있다. *IET* 2:689-724 (17).

받는 것은 그리스도의 피가 지닌 능력에 의해서 가능하다고 주장한다.[33]

IV. 자유의지와 죄

1. 자유

튜레틴은 최초의 인간 아담이 누렸던 자유를 다음의 세 가지로 나누어서 고찰한다.[34] 첫째, 이 자유는 강제(coaction)에서의 자유를 뜻한다. 이 자유는 오직 하나님만이 누릴 수 있는 독립의 자유나 절대적 자유가 아니라 인간이 자발적으로 행동할 수 있는 자유를 가리킨다. 둘째, 이 자유는 이성적 자유로서 물리적 필연성에서의 자유를 의미한다. 아담에게 선택의 권한이 주어졌으므로 그는 야만적 본능이나 분별력을 상실한 충동에 의해서 행동하지 않고 합리적으로 선택할 수 있는 자유에 해당된다. 이 두 가지 자유는 아담이 누렸던 본질적 자유로 간주될 수 있다. 셋째, 이 자유는 노예 상태에서의 자유를 가리킨다. 여기에서 노예 상태란 죄와 비참함을 지칭하지만 이 세 번째 자유가 곧 위에서 언급된 가변성(mutability)에서의 자유를 뜻하지는 않는다. 따라서 아담이 누렸던 이 자유가 곧 그가 죄를 지을 수 있는 가능성(posse peccare)로부터 완전히 면제되었다는 것은 아니다. 이 가변성은 은혜의 상태보다 덜 완전한 것인데 은혜의 상태란 선물로서 주어진 것이지 결코 아담의 본성의 상태에 원래부터 내재해 있

33 *IET* 2:691 (17.1.14).

34 *IET* 1:570-71 (8.1.6-9).

었거나 또는 그의 노력으로 획득 가능하지 않았다.

튜레틴은 죄와 관련하여 인간의 자유를 4가지로 나누어서 설명한다. 이 구분은 인간이 어떻게 죄로부터 자유로울 수 있는가에 관해서 일목요연하게 그의 입장을 제시한다는 점에서 주목할 만한 가치를 지닌 것으로 볼 수 있다. 첫째, 영광의 자유가 언급된다. 이 자유는 지복의 상태에 들어간 인간이 누리게 되는 자유로서 모든 죄로부터 해방되는 자유를 가리킨다. 이 자유를 통해서 인간은 죄를 짓지 않을 수 있는(non posse peccare) 상태에 놓이게 된다. 둘째, 죄악의 상태에 놓인 죄인의 자유를 생각해 볼 수 있다. 이 자유를 통해서 인간은 죄를 짓지 않을 수 없는(non posse non peccare) 상태에 놓이게 된다는 뜻인데 사실상 이 자유는 죄의 노예된 상태에 해당된다고 볼 수 있다. 칼빈은 이런 자유에 대해서 다음과 같이 주장한다. "이런 방식으로 인간이 자유의지를 가졌다고 말하는 이유는 그가 선과 악을 모두 자유롭게 선택할 수 있기 때문이 아니라, 자기의 의지로, 즉 강요에 의하지 않고 악하게 행동하기 때문이다."[35] 셋째, 은혜 아래 놓인 신자의 자유가 제시된다. 이 자유는 죄를 지을 수 있음과 동시에 죄를 지을 수 없는(posse peccare et non peccare) 상태를 가리킨다. 신자는 "의인임과 동시에 죄인"(simul justus et peccator) 이라는 루터의 유명한 주장을 상기시키는 대목이라고 볼 수 있다. 마지막으로, 앞서 언급된 아담의 자유를 들 수 있다. 그에게 주어졌던 자유는 죄를 짓지 않을 수 있는(posse non peccare) 가능성을 지닌 자유였다.[36]

---

35 Calvin, *Institutes of Christian Religion*, 2.2.7.

36 튜레틴은 이 4가지 자유에 대한 설명이 어거스틴에 의해서 훌륭하게 설명되었다고 주장한다. Augustine, *Admonition and Grace*, 12 [33] (*The Fathers of the Church*, 2:285-86). 이 가운데 첫 번째 자유와 네 번째 자유는 다른 개혁신학자들에 의해서도 논의되었다. 다음을 참고할 것. 바빙크, 『개혁교의학 2』, 715-16.

튜레틴은 이 4가지 종류의 자유를 죄와 관련해서 요약적으로 다음과 같이 간략하게 제시한다. 첫째, 죄를 절대적으로 짓지 않을 자유, 둘째, 올바른 행동의 불가능성의 자유, 셋째, 죄를 지을 능력과 올바르게 행동할 능력의 자유, 넷째, 죄를 짓지 않을 능력의 자유.

2. 자유의지

(1) '자유의지'라는 용어에 대하여

타락 이전의 자유의지에 대한 논의에 앞서 튜레틴은 자유의지(free will)라는 용어의 기원에 대한 설명을 제공한다.[37] 먼저 성경에는 이 용어가 등장하지 않는다는 사실이 올바르게 언급된다. 고린도전서 7장 37절에 언급된 "자기 뜻대로 할 권리"(eksousian peri tou idiou thelematos)라는 표현이 자유의지와 동일시 될 수 없다는 사실이 지적된다.[38] 이 용어가 플라톤주의자들이 사용했던 autexousion에서 비롯되었다는 추론이 제기된다.[39] 이 용어가 헬라 철학에서 유래했다 하더라도 올바른 방식으로 설명되고 적절하게 사용된다면 신학에서

---

37 *IET* 1:660-61(10.1.2).

38 최근에 리처드 멀러(Richard Muller)의 주도 아래 여러 튜레틴 연구가들은 '자유의지'라는 용어 대신에 '자유 선택'이라는 표현을 선호한다. 다음을 참고할 것. Richard A. Muller, *Dictionary of Latin and Greek Theological Terms: Drawn from Protestant Scholastic Theology* (Grand Rapids: Baker Academic, 1985), 176; J. B. Korolec, "Free Will and Free Choice", in *The Cambridge History of Later Medieval Philosophy: From the Rediscovery of Aristotle to the Disintegration of Scholastics, 1100-1600*, ed. Norman Kretzmann, Anthony Kenny and Jan Pinborg (Cambridge: Cambridge Univ. Press, 1988), 630; HyunKwan Kim, "Francis Turretin on Human Free Choice: Walking the Fine Line between Synchronic Contingency and Compatabilistic Determinism", *Westminster Theological Journal* 79 (2017), 29.

39 17세기 네덜란드의 개혁신학자 마스트리히트(Petrus van Mastricht, 1630-1706)는 이 헬라어 단어가 상응하는 라틴어 arbitrium보다 더 자만하다고 평가한다. 헤페, 『개혁파 정통교의학 1』, 358.

사용하지 못할 이유가 없다고 보았던 것이다.[40]

(2) **자유의지의 주체에 대하여**

튜레틴은 지성이나 의지가 자유의지의 단독적 주체가 될 수 없으며 이 두 개념이 결합되는 경우에 그 주체가 될 수 있다고 보았다. 이 결합을 묘사하기 위해서 결혼(wedlock), 만남(synkyrian)이라는 단어가 사용되었는데 지성과 의지라는 두 기능이 혼합을 강조하기 위해서 채택되었던 것으로 볼 수 있다. 그럼에도 불구하고 튜레틴은 자유의지의 뿌리는 지성에 놓여 있다고 주장하는데 그 근거로서 아리스토텔레스(Aristotle)가 사용했던 '식욕을 증진시키는 지성(appetitive intellect, orektikon)' 또는 '지성적인 식욕'(intelligent appetitie, orexin dianoetiken)을 든다.[41] 이런 설명을 통해서 튜레틴은 자유의지에 있어서 지성은 긍정과 부정의 역할을, 그리고 의지는 욕망과 회피의 역할을 담당한다고 보았다.

(3) **자유의지와 필연성(necessity)에 대하여**

모든 필연성이 자유의지와 맞서는 입장에 놓이며 서로 상반된다는 로마 가톨릭주의자들과 항론주의자들의 주장에 대해서 튜레틴은 다음과 같은 반론을 제시한다.[42] 이를 위해서 먼저 필연성을 다음의 6가지로 세분화하여 설명한다. ① 강제적(coactive) 필연성 ② 물리적이며 야만적 필연성 ③ 피조물이 하나님께 의존해야 하는 필연성 ④ 실천적 지성을 활용하여 어떤 사물에 대해서 결정을 내리는

40 빌렘 판 아셀트, 234-35. "정통주의 절정기의 스콜라주의(1620-1700년)", 빌렘 판 아셀트 외 3명, 『개혁신학과 스콜라주의』, 한병수 옮김 (서울: 부흥과개혁사, 2012), 234-35.

41 Aristotle, *Nichomachean Ethics*, 1.13.18, 20.

42 *IET* 1:661-65 (10.2.1-17).

합리적 필연성 ⑤ 도덕적 필연성 ⑥ 사물의 존재의 필연성.[43]

이렇게 필연성을 세분화해서 설명하는 가운데 모든 필연성이 자유의지와 상반되지 않는다는 견해가 옹호된다. 그렇다면 위에 제시된 6가지 필연성 가운데 어떤 경우가 자유의지와 상반되는가? 튜레틴은 자유의지와 상반되는 필연성으로 강제적 필연성과 물리적 필연성을 내세운다. 그 이유를 설명하기 위해서 자유의지의 두 가지 중요한 특징이 다음과 같이 제시된다. 첫째는 선택(heproairesis)인데 이는 선택의 행위가 이성의 판단에 의해 행해진다는 사실을 강조한다. 그러나 물리적 필연성은 이성 작용에 의한 선택의 권한을 박탈하는 경우에 해당된다. 왜냐하면 이 필연성은 야만적 필연성으로서 분별력을 상실한 충동 또는 야만적 본성으로 정의되므로 지성의 역할이 배제되거나 차단하기 때문이다. 그렇다면 물리적 필연성은 선택의 권한을 박탈한다는 맥락에서 자유의지와 반립 된다고 볼 수 있다. 둘째는 자발성(to hekousion)인데 여기에서는 자유의지의 행사에 있어서 그 행위가 자발적으로 이루어지고 강제성이 없이 이루어져야 한다는 사실을 강조한다. 강제적 필연성의 경우에는 의지 작용이 차단되므로 이 필연성은 논리적으로 자유의지와 정확하게 반립된다고 볼 수 있다.[44] 이제 튜레틴은 나머지 4가지필연성의 경우 자유의지와 필연성이 서로 반립되지 아니하고 일치한다고 주장한다. 먼저 세 번째 필연성으로서 언급되었던 피조물이 하나님께 의존해야 하는 필연성과 같은 경우는 자유의지와 필연성이 일치한다고 주장한다. 왜

---

43 이에 대한 해설로는 다음을 참고할 것. 판 아셀트, "정통주의 절정기의 스콜라주의(1620-1700년)", 236-40.

44 헤페, 『개혁파 정통교의학 1』, 532; "이 경우에 선택이 자유롭다고 할 수 있는 것은 반대쪽, 즉 악으로 제한되며, 강요된 필연성에 의해서가 아니라 기쁨으로 범죄할 수 있다는 말이다." (*Leidse Synopsis*, XVII, 26).

냐하면 자유의지가 하나님께 의존하는 이 필연성을 전제로 삼기 때문에 양자는 서로 반립되지 아니하고 오히려 일치한다. 또한 네 번째 필연성으로서 합리적 필연성은 실천적 지성에 의해 작동되는 필연성에 해당되는데 여기에서 의지는 합리적 식욕(a rational appetite)으로 간주되므로 의지는 자유의지는 합리성에 근거를 둔 필연성과 서로 대치되는 개념이 될 수 없다고 보아야 한다. 다섯 번째 필연성에 해당하는 도덕적 필연성은 경향성(habit)에서 비롯된 것으로 이해된다. 여기에서 '경향성'이란 스콜라주의적 개념으로 이것의 결여가 의지를 자유롭게 만든다고 볼 수 있다. 달리 말하자면, 경향성은 의지를 파괴한다. 따라서 인간의 행위가 어느 정도 경향에 의해서 결정되어 행해진다면, 이 행위는 노예적(slavish) 행위일 수밖에 없다. 이런 고찰에 근거해서 튜레틴은 도덕적 경향성을 선한 것과 악한 것의 두 가지로 구분한다. 여기에서 노예됨의 두 가지 차원이 비롯되는데 하나는 선을 위한 의에 대한 노예됨이며 다른 하나는 악을 위한 죄에 대한 노예됨이 이에 해당된다. 의에 노예된 자는 참된 자유를 누리는 자이며 그는 은혜의 상태에 놓인 자이다. 이런 이유에서 도덕적 필연성과 자유의지는 서로 반립되지 않고 오히려 일치한다고 볼 수 있다.

3. 타락 이후의 자유의지

아담이 범죄하여 타락한 이후에 자유의지에 어떤 변화가 초래되었는가? 튜레틴은 이 질문에 대해서 다음과 같은 몇 가지 답변을 제공한다.[45] 첫째, 타락 이후에 인간이 중생의 은혜의 도움 없이 죄를

45 *IET* 1:668-71 (10.4.1-8).

짓지 않을 수 있는가에 대해서 부정적인 답변이 주어진다. 타락 후의 인간이 외적이며 시민적인 선행을 행할 수 있는 능력을 어느 정도 지니고 있기 때문에 정의와 관용, 자비와 자선을 위시한 다양한 선행들이 우리 사회에서 행해진다. 그러나 영적이며 초자연적인 선행을 행할 수 있는 능력은 이제 완전히 상실되었다. 달리 말하자면, 인간은 타락 이후에 더 이상 죄를 짓지 않고 선을 행할 수 있는 자유를 상실했으므로 죄의 노예된 상태에 놓이게 된 것이다. 그러나 펠라기우스주의자들은 타락 이후에도 인간의 자유의지가 남아 있다고 주장하며 인간을 자유로운 존재로 만들며 더 나아가서 구원에 관하여 하나님과 인간을 부분적이며 공동의 원인으로 삼고자 한다. 로마 가톨릭주의자들도 타락 이후에 하나님의 은혜의 도우심 아래 인간의 자유의지가 여전히 유효하다고 주장하면서 자유의지의 잔존과 그 능력을 극찬한다.[46] 이 사실에 대해서 이탈리아 예수회(Jesuit) 신부이자 로마 가톨릭의 주교(Cardinal)였던 벨라민(Robert Bellarmine, 1542-1621)은 다음과 같이 주장한다. "경건과 구원의 사실에 관해서 인간은 하나님의 특별한 은혜 없이 아무 것도 할 수 없으며 또한 하지 않으려 한다."[47] 또한 항론자들(Remonstrants)도 타락 이후 자유의지를 긍정하는 대열에 합류한다. 이들은 타락의 심각성과 중생의 필요성을 인정하지만, 궁극적으로 자유의지를 마치 우상을 대하듯이 극찬하면서 펠라기우스주의로 되돌아가는 우를 범한다. 아르미니우스(Jacobus Arminius, 1560-1609)는 자유의지가 무관심 또는 아디아포라로 구성된

46 *Canons and Decrees of the Council of Trent*, trans. Henry J. Schroeder (St. Louis; Herder, 1941), 43 (Canon 5). IET 1:670 (10.4.7).

47 Robert Bellarmine, "De Gratia et Libero Arbitrio," 6.4 in *Opera* (1858) 4:438. *IET* 1:670 (10.4.7). 벨라민의 생애에 관해서는 다음을 참고할 것. Shaun McAfee, *St. Robert Bellarmine* (St. Louis: En Route Books and Media, 2019).

다고 주장했을 뿐 아니라 은혜의 도움 없이도 이 의지가 선과 악 가운데 어느 방향으로도 기울 수 있는 유연함을 지니고 있다고 보았던 것이다.[48]

자유의지에 대한 이런 잘못된 견해들에 맞서서 튜레틴은 죄와 관련하여 자유의지의 무능함이 6가지로 나뉘어서 증명될 수 있다는 답변을 제공한다.[49] 첫째, 자유의지의 무능함은 죄의 노예된 상태에 의해서 증명된다. 성경은 인간을 죄의 노예로 언급한다(요 8:43). 그 결과 인간은 죄의 지배 아래 놓이게 되었으며(롬 6:12, 14), 사탄에게 붙들린 바 되었다(벧후 2:19). 이 노예 상태에서 인간은 사탄을 즐겁게 하기 위해서 필연적이 아니라 자발적으로 죄를 지으며 죄의 멍에를 짊어지는 삶을 추구한다. 둘째, 이 무능함은 영적 죽음(spiritual death, 엡 2:1)에 의해서 증명된다. 여기에서 '영적 죽음'은 하나님과의 연합의 파괴와 거룩함의 결여에 기인한다. 이런 영적 죽음에 놓인 인간은 자신을 죽음에서 생명으로 회복시킬 수 없다. 이 죽음의 상태는 죄를 짓는 가운데, 즉 죄 '안에서'(in) 살아 있는 상태를 가리킨다. 예를 들면, 사탄은 영적 죽음에 놓인 존재이지만 여전히 죄 가운데 활동하고 죄 안에서 살아 있다고 보아야 한다. 특히 사탄은 죄 가운데서 하나님을 대적하는 마음이 점증적으로 완악해진다는(hardening) 사실에 주목할 필요가 있다.[50] 셋째, 이 무능함은 인간의 마음이 무지하고 돌처럼 완강하다는 사실에 의해서 증명된다. 인간의 마음이 이렇게 부패 타락한 결과, 마치 맹인이 아무 것도 볼 수 없고 돌이 생각

48 Jacobus Arminius, *Opera Theologica* (1631), 604. *IET* 1:670 (10.4.8). 아르미니우스의 생애와 신학에 관해서는 다음을 참고할 것. Carl Bangs, *Arminius: A Study in the Dutch Reformation* (New York: Abingdon, 1971).

49 *IET* 1:671-83 (10.4.9-40).

50 사탄의 완악해짐에 대해서는 다음을 참고할 것. *IET* 1:525 (6.7.28).

하거나 스스로를 움직이지 못하는 것과 마찬가지로, 그는 어떤 진리도 알지 못하며, 어떤 선행도 행할 수 없다. 넷째, 이 무능함은 다수의 성경 본문에 의해서 증명되는데 이 증명은 구체적으로 '전적 또는 절대적' 무능(total or absolute impotency)이라는 개념을 통해서 주어진다. 타락한 인간에게 어느 정도의 선행, 어려움이 있지만 노력하면 선행이 가능하다는 표현이 성경에 등장하지 않는다. 다섯째, 이 무능함은 인간들 사이의 구원에 관한 차이(i. e. 어떤 사람은 구원받고 다른 사람은 구원받지 못하는 차이)의 문제가 곧 자유의지의 문제라는 사실에 의해서 증명된다. 튜레틴은 고린도전서 4장 7절[51]에 언급된 "받았던 것"은 다름 아닌 하나님의 구원의 은혜를 지칭한다고 보았다. 만약 타락한 인간에게 아직 자유의지가 남아 있고 이것이 아직 능력을 지니고 있다면, 어떤 사람이 하나님의 은혜를 받고 구원 받은 자신의 모습을 놓고, 이렇게 은혜로 받은 구원이 마치 자신이 지닌 자유의지의 능력의 결과로 주어진 것처럼, 그래서 자신이 받지 아니한 것으로 이루어진 것처럼 교만하게 행동하는 것에 대해서 튜레틴은 비판하고 있다. 이 비판을 통해서 자유의지는 무능한 것으로 판명되었다는 것이 바울의 주장이고 이에 대한 튜레틴의 해석의 내용에 해당된다. 여섯째, 이 무능함은 자신의 구원에 대해서 인간이 할 수 있는 것이 전혀 없다는 사실에 의해서 증명된다. 타락한 인간의 자유의지에 조금이라도 그의 구원에 기여할 수 있는 가능성이 남아 있다면, 이 의지는 무능하지 않고 여전히 능력을 지닌 것으로 간주될 수 있다. 그러나 은혜의 사역으로서의 인간의 회심은 하나님의 창조, 부활, 중생, 그리고 새로운 마음의 생산에 의해서 이루어지고 인간에게 값없

51 "누가 너를 남달리 구별하였느냐 네게 있는 것 중에 받지 아니한 것이 무엇이냐 네가 받았은즉 어찌하여 받지 아니한 것 같이 자랑하느냐"

이 주어지는 일종의 선물이므로, 자유의지는 하나님의 작용적 은혜(operating grace)가 주어져서 작용하게 되지 않고서는 그 자체로서는 무능하다는 사실이 증명된 것으로 볼 수 있다. 작용적 은혜에 관해서 튜레틴은 어거스틴을 언급할 뿐 아니라 클레어보의 베르나르(Bernard of Clairvaux, 1090–1153)의 다음 주장을 인용한다.

자유의지가 무엇을 하는가? 그것은 구원함을 받았다고 나는 간략하게 답한다. 이 사역은 두 가지가 없이는 완성될 수 없다. 그것이 그에 의해 이루어지는 자와 그 안에서 그것이 이루어지는 자. 다시 말하면 구원의 저자이신 하나님과 그 구원을 단지 수용하기만 하는 자유의지가 이 두 가지에 해당된다.[52]

V. 자연언약(the covenant of nature)과 자유의지

타락 전 자유의지에 대한 튜레틴의 논의는 자연언약이라는 교리적 범주 속에서 더욱 깊이 있게 진행된다. 이 주제에 대한 본격적 논의에 앞서 먼저 자연언약에 대한 그의 이해를 간략하게 살펴볼 필요성이 제기된다.[53]

52 Bernard of Clairvaux, PL 182, 1002 (*Tractatus de Gratia et Libero Arbitrio*). *IET* 1:676 (10.4.21).

53 자연언약에 대한 튜레틴의 견해에 대해서는 다음을 참고할 것. J. Mark Beach, *Christ and the Covenant; Francis Turretin's Federal Theology as a Defense of the Doctrine of Grace* (Göttingen: V & R, 2007), 78-119; Stephen R. Spencer, "Francis Turretin's Concept of the Covenant of Nature", in *Later Calvinism: International Perspectives*, ed. W. Fred Graham (Kirksville, MO: Sixteenth Century Journal Publishers, 1994), 71-91.

1. 자연언약의 정의

튜레틴은 왜 이 용어가 사용되어야 하는가에 대해서 다음과 같이 밝히는데 이는 곧 그 정의에 해당된다.[54] "창조주 하나님께서 그의 피조물인 무지한 인간에게 영원한 행복과 생명을 제공하기 위해서 그와 맺으신 언약으로서 그 조건은 완전하고 인격적인 순종으로 이루어진다."[55] 이 언약이 '자연'언약으로 명명된 이유는 인간에게 요구되는 의무가 자연스러운 것이기 때문이 아니라 이 언약이 인간의 본성(nature)과 그 본성의 온전함과 능력에 토대를 두고 있기 때문이다.[56] 인간의 본성이 지닌 능력은 하나님의 율법에 나타난 요구에 순종으로 나타나야 한다는 차원에서 이 언약은 또한 법적언약(legal covenant)으로 불리워지기도 한다.[57]

자연언약의 정의와 관련해서 바빙크(Herman Bavinck, 1854-1921)는 이 언약과 행위언약(the covenant of works)과의 차이를 다음과 같이 설명한다.[58] 행위언약이 성립되기 위해서 필요한 전제 조건 가운데 하나는 하나님 편에서 제공되는 시험적 계명과 인간 편에서 이에 대한 준수이다. 바빙크는 여기에서 행위언약을 맺은 인간에게 계명 준수

---

54 도르트총회의 13명의 항론파 참석자 가운데 대표를 맡았던 에피스코피우스(Simon Episcopius, 1583-1643)는 자연언약이 아담과 체결되었다는 사실을 부인했다. Simon Episcopius, "Institutiones theologica (1650)", 2.1 in *Opera theologica* (1678). *IET* 1:575 (8.3.6).

55 *IET* 1:575. 이 정의에 나타난 자연언약에서 제공되는 '영원한 행복과 생명'이라는 주제에 대해서 튤틴은 다음에서 논의를 지속한다. *IET* 1:583-86 (8.6.1-17). 이 주제에 대한 2차 자료로는 다음을 참고할 것. Beach, *Christ and the Covenant*, 128-31.

56 *IET* 1:575 (8.3.5).

57 Rowland S. Ward, *God and Adam: Reformed Theology and the Creation Covenant* (Wantirna, Australia: New Melbourne Press, 2003), 95. 워드는 자연언약과 창조언약(covenant of creation)이 동의어로 사용될 수 있다고 제안한다. Beach, *Christ and the Covenant*, 91, 각주 32.

58 바빙크, 『개혁교의학 2』, 713.

의 결과로서 영생이 자명하게 약속되지 않았다고 주장한다. 그 이유로서 도덕법은 인간의 본성과 더불어 인간에게 주어졌지만 시험적 계명은 이렇게 주어지지 않았다는 사실을 언급된다. 따라서 튜레틴이 정의한 자연언약에 영생의 개념이 포함되어 있다는 사실로 미루어볼 때, 바빙크는 튜레틴의 이 언약 개념에 동의하지 않았을 것으로 추정할 수 있다.

2. 자연언약의 체결자와 내용

(1) 체결자

자연 언약의 두 체결자 또는 당사자는 하나님과 인간이다.[59] 튜레틴은 하나님과 인간과의 관계라는 맥락에서 하나님을 4가지 용어를 사용하여 다음과 같이 묘사한다.[60] 첫째, 하나님은 인간의 창조주이자 주(Lord)로서 그와 이 언약을 체결하신다. 둘째, 하나님은 자신이 만드신 인간을 다스리는 통치자(governor)이시기도 하다. 셋째, 통치자로서 하나님은 피조세계를 다스리시는데 필요한 율법의 제정자(Lawgiver)이시다. 그의 통치는 그가 제정한 율법을 통해서 유효화되는데 여기에서 율법은 합리적 성격을 지니고 있다. 넷째, 이 통치의 결과로서 하나님은 자신의 선하심에 기초하여 통치의 대상인 이 율법에 순종하고 선행을 행하는 인간에게 보상을 내리시는 보상자(rewarder)이시기도하다. 피조물인 인간은 의롭고 첫 번째(the first) 존재로 인식된다. 의롭다는 측면에서 인간은 자신에게 부과된 의무를 수행할 수 있는 능력을 지닌 것으로 간주되었다. 첫 번째 존재로서 아

---

59 *IET* 1:575-77 (8.36-14).

60 Spencer, "Francis Turretin's Concept of the Covenant of Nature", 77.

담에 모든 인류가 포함되어 있다는 차원에서 이 존재는 대표성을 지닌다. 따라서 이 언약은 아담 뿐 아니라 그의 모든 후손에게도 적용된다. 프랑스의 개혁신학자로서 그리스도의 대속에 관해서 기존의 개혁신학과 달리 가설적 보편주의(hypothetical universalism)[61]를 내세웠던 아미랄드(Moses Amyrald, 1596–1664)는 아담의 대표성에 대해서 다음과 같은 주장을 남겼다. "그는 첫 번째 인간으로서 그로부터 태어나게 될 모든 인류를 대표했다."[62]

(2) 언약의 내용

언약 체결을 통해서 율법이 아담에게 주어졌는데 이 율법은 언약 체결자 모두의 동의를 요구했다. 율법의 수령자(recipient)는 이에 순종해야 하는데, 만약 불순종하게 될 경우 형벌이 부과된다는 조건이 함께 주어졌다. 반면에 율법의 수여자(grantor)는 순종하는 자에게 배상금과 더불어 그에게 안전을 보장해야 했다. 이런 조건하에 어떤 내용이 언약에 포함되었는가?[63] 하나님은 인간에게 부여된 의무를 수행할 것을 요구했으며, 인간은 이 요구를 포함한 협정 조항에 동의하고 서명해야 했다. 달리 말하자면, 하나님은 축복의 약속을 인간에게 제공하고, 인간은 하나님에 의해 제시된 약속을 수용해야 했던 것이다. 인간의 의무는 부분적으로 일반적이며 또한 특별한 것이었다. 일반 의무는 하나님에 대한 지식과 예배와 더불어 이웃을 향한 공의와 모든 종류의 거룩함을 지니는 것이었다. 특별 의무는 금

61 Oliver D. Crisp, *Deviant Calvinism: Broadening Reformed Theology* (Minneapolis: Fortress, 2014), 175-211.

62 Moses Amyrald, "Theses Theologicae de Tribus Foederibus Divinis", 8 in *Syntagma Thesium Theologicarum* (1664). *IET* 1:576-77 (8.3.11)에서 재인용.

63 *IET* 1:577-78.

지된 열매에 대한 자제를 그 내용으로 삼았다. 튜레틴은 이렇게 언약 체결을 통해서 인간에게 요구된 순종에는 4가지 특징이 주어진다고 설명한다. 첫째, 순종의 원리에 관해서 인간은 위선적이며 외적인 몸가짐이 아니라 온 마음에서 우러나온 신실하고 참된 태도를 지녀야 한다. 둘째, 순종의 범위는 보편적이다. 하나님의 율법의 일부가 아니라 모든 율법이 순종의 대상이 되어야 한다. 셋째, 순종의 강도(intensity)에 있어서 완전하고 절대적인 순종이어야 한다. 넷째, 순종의 지속성과 관련해서 인내가 요구되며 마지막 날까지 중단 없이 항구적이며 영속적인 순종이 이루어져야 한다.

VI. 결론

지금까지 튜레틴의 인간론에 대해서 4가지 주제로 나누어서 살펴보았다. 첫째, 인간의 기원에 대해서는 순수한 본성의 상태와 하나님의 형상을 중심으로 고찰했다. 그는 펠라기우스가 인간의 본성이 선을 행할 수도 악을 행할 수도 있는 일종의 중립상태로 지음 받았다는 주장을 논박하면서 본성은 선하게 지음받았다는 사실을 증명하고자 했다. 하나님의 형상에 대한 튜레틴의 설명은 먼저 이것이 아닌 것에 대해서 간략하게 말하는 것으로 시작된다. 그는 하나님의 형상이 영혼의 실체에 놓여 있으며, 원의로 구성되고, 마지막으로 인간의 지배와 불멸성으로 타난다고 보았다. 둘째 단락에서는 죄의 정의, 원인, 그리고 결과에 대해서 살펴보았다. 튜레틴은 죄를 하나님의 창조와 율법에서 제시된 인간의 목표에서 벗어나서 방황하는 것으로 정의한다. 또한 죄의 원인에는 참된 원인과 외적 원인의 두 가지가 있다고 보았다. 먼저 참된 원인이란 인간이 지닌 자유의지를 가리키는데 이는 구체적으로 그 원인이 강압이나 외적 힘에 놓여 있지 않음을 뜻한다. 또한 외적 원인으로는 인간으로 하여금 죄를 짓도록 유혹하고 부추기는 사탄이 지목되었다. 마지막으로 죄의 결과는 죄책과 오염의 두 가지 개념으로 제시되었다. 전자는 하나님 앞에서 인간에게 부과되는 것으로 인간을 비참하게 만드는 것인데 이는 오직 그리스도의 은혜에 의해서 제공되는 칭의를 불러일으키는 것으로 간주된다. 여기에서 칭의의 대상으로서 죄책은 칭의의 은혜를 통해서 제거될 수 있다는 사실이 특별히 강조된다. 후자는 영적이며 도덕적인 오염을 뜻하는데 이는 인간 속에 내재하는 개념으로 이해된다. 이 오염은 성령의 능력으로서 그리스도의 보혈에 의해서 씻음을 받게 되는데 이는 성화의 은혜의 작용에 의해서 가능한 것이다. 셋째, 자유의지와 죄에 대해서 살펴보았는데 이를 위해서 예비적 차원에서 튜레틴이 주장하는 4가지 자유의 개념(영광의 자유, 죄인의 자유, 은혜 아래 놓인 신자의 자유, 아담의 자유)에 대해서 각각 개괄적으로 고찰했다. 자유의지에 대해서는 용어, 주체, 그리고 필연성과의 관계라는 차원에서 간략하게 살펴보았다. 타락 이후의 자유의지에 관해서 튜레틴은 로마 가톨릭, 항론자들, 그리고 아르미니우스자들의 주장에 맞서서 자유의지의 무능함을 적극적으로 변호했는데 그는 이 변호를 위해서 이 무능함을 6가지로 세분화하여 제시하고 이를 차례대로 고찰하는 주도면밀함을 보여주었다. 마지막 주제에 해당하는 자연언약에 대해서는 용어의 정의, 체결자와 그 내용으로 구분하여 고찰했다. 이 언약을 지칭하기 위해서 '자연'이라는 용어가 선택된 이유는 이 자연이 인간의 본성과 이에 따르는 의무를 강조하기 위함이었던 것으로 해석된다. 이 언약의 체결자는 하나님이신데 그는 창조주, 통치자, 율법의 제정자, 그리고 보상자의 개념으로 설명된다. 체결의 대상자인 인간은 의로운 존재이자 첫 번째 존재로서 묘사되는데 여기에서 '첫 번째'라는 표현은 아담이 모든 인류의 대표라는 대표성을 강조한다. 마지막으로 이 언약의 내용은 크게 두 가지로 나누어지는데 율법의 수여자이신 하나님께서 인간이 언약에 요구된 바에 순종할 때 배상과 안전을 보장해야 한다는 조건이 이 내용의 첫째 부분이며, 율법의 수령자인 인간은 하나님께 예배하고 그의 공의와 거룩을 지키는 의무가 부여되었다는 사실이 이 내용의 둘째 부분에 해당된다.

언약의 실체 그리스도:

프란시스 튜레틴의 은혜 언약의 일체성 이해

문병호

언약의 실체 그리스도:
프란시스 튜레틴의 은혜 언약의 일체성 이해[1]

문병호

Ⅰ. 은혜 언약의 실체에 있어서 하나임

신약 신학자 제임스 던(James Dunn)은 근래 성공회 주체로 개최된 한 강좌에서 은혜 언약의 일체성에 관한 "하나의 새로운 관점"(a new perspective)을 제시하고 있다. 던은 이전 학자들이 구약과 신약을 율법 대 복음으로서 파악함으로써 옛 언약과 새 언약을 단절시켰음을 지적하고 유대주의적 관점에서 구약을 읽고 또한 그 관점에서 신약 시대의 언약의 성취를 파악함으로써 구약과 신약의 연속성을 고찰해야 한다고 주장하면서, 이러한 특면에서 신약을 구약의 "더욱 효과적인 판"(a more effective version)이라고 부른다.[2] 던이 전제하고 또한 그 전제에 따라서 결론에 이른 논지를 정리하면 다음과 같다. 아브라함의 언약을 비롯한 구약의 모든 언약은 율법의 이행을 조건으로 하고 있다. 예레미야가 말한 새 언약은 이러한 율법의 이행이 이제 내적으로 일어날 것임을 예언 했음에 불과하다. 이는 유대주의의

---

1 문병호, "언약의 실체 그리스도: 프란시스 뚤레틴의 은혜 언약의 일체성 이해", 개혁논총 9 (2008), 119-144.

2 James D. G. Dunn, "Judaism and Christianity: One Covenant or Two?" in Mark J. Cartledge and David Mills, ed., *Covenant Theology: Contemporary Approaches* (Carlisle, UK: Paternoster, 2001), 33-55, 인용 53.

가르침으로 발전되었으며 궁극적으로 신약의 새 언약 사상으로 나타났다. 이러한 던의 입장은 유대주의의 언약적 율법주의(covenantal monism)에 기초하여 바울의 신학을—특히 구원론과 관련하여—세우고자 했던 샌더스(E. P. Sanders) 이후의 "소위 바울 신학의 새로운 관점"을 충실히 반영하고 있다.[3]

신학자들이 율법과 복음을 대립시킴으로써 구약과 신약을 분리해서 다루어 왔다고 지적하는 제임스 던의 비판은 최소한 개혁주의 신학자들에게는 적실하지 않다. 왜냐하면 개혁주의 신학자들은 복음/율법 그리고 구약/신약의 경륜적 다양성이 실체적 일체성—그리스도—에 기초하고 있다고 보는 칼빈의 입장을 그들의 언약 신학의 확고한 기초로 삼고 있기 때문이다.[4] 던은 오히려 자기 자신을 비판했어야 할 것이다. 그 자신이야말로 비성경적인 유대주의에 신학을 정초시킴으로써 구약(율법)의 실체를 그리스도로 파악하는 길을 스

3 샌더스에 기초하여 던이 전개한 소위 바울 신학의 새로운 관점에 의하면 바울은 유대주의의 율법관을 견지했으며 그가 갈라디아서(특히 2장)에서 이신칭의를 강조한 것은 회심 직후 교리적 정립 없이 단지 이방인의 전도를 위해서 그렇게 했을 뿐이라는 것이다. 여기에서 행위 없이 오직 믿음으로만 구원에 이른다 함은 전체 율법의 행위가 아니라 단지 언약의 백성 이스라엘 사람들이 지켜 온 할례, 음식 규례들, 안식일 등 만을 의미한다고 본다. 던은 이러한 입장에 기초하여 은혜 언약의 일체성을 주장하고 있다. Cf. Seyoon Kim, *Paul and the New Perspective: Second Thoughts on the Origin of Paul's Gospel* (Grand Rapids: Eerdmans, 2002), 1-84, 특히 3, 34-35.

4 Cf. Eugene M. Osterhaven, "Calvin and Federal Theology," in Donald K. McKim, ed., *Readings in Calvin's Theology* (Grand Rapids: Baker, 1984), 89-90, 98-106; Anthony A. Hoekema, "The Covenant of Grace in Calvin's Teaching," *Calvin Theological Journal* 2 (1967), 136. 칼빈은 기독교 강요의 기독론 부분에서 중보자의 필연성(2.6)을 다룬 후 율법을 논하고(2.7-8) 이어서 그리스도의 인격과 사역을 다루기(2.12-17) 전에 율법/복음 그리고 구약/신약의 일체성과 차이성에 대해서 다룬다. 이와 같은 ordo docendi 가운데서 은혜 언약 전체의 실체에 있어서의 하나임(unitas) 경륜에 있어서의 다양함을 주장한다. *Institutio christianae religionis* . . . , 1559를 인용함에 있어서 다음 번역본을 참고한다. *Institutes of the Christian Religion*, ed. John T. McNeill, tr. Ford Lewis Battles, *Library of Christian Classics*, vols. 20-21 (Philadelphia: Westminster Press, 1960), 2.9-11, *Calvini Opera* 2.309-340.

스로 차단한 장본인이기 때문이다. 유대주의의 다리가 없이는 구약과 신약의 간극을 넘나들 수 없다고 주장하여 세대주의적 편향성을 노골적으로 드러낸 것은 오히려 던 자신이었기 때문이다. 칼빈과 이후 개혁주의 신학자들이 그리스도가 은혜 언약의 실체이심을 오직 그 조건이 그리스도를 믿은 믿음에 있다는 인식 가운데서 주장함을 고려해 볼 때, 은혜 언약의 실체적 일체성을 그리스도에게서가 아니라 율법의 규범과 그 이행이라는 관점에서 찾고자 하는 던을 위시한 소위 새로운 관점을 추구하는 신학자들이 이신칭의의 교리를 곡해하게 됨은 당연한 귀결이라고 할 것이다.[5]

본고에서는 이렇듯이 오늘날에도 여전히 논의가 활발한 구약과 신약의 일체성에 대한 문제를 은혜 언약의 일체성이라는 관점에서 프란시스 튜레틴(Francis Turretin, 1623–1687)이 어떻게 전개했는지 살펴본다.[6] 튜레틴은 칼빈의 신학을 체계적이며 학문적(scholastic)으로 정리한 제네바의 마지막 개혁주의 신학자로서 알려져 있다.[7] 그의 신학의 결정체(結晶體) Institutio theologiae elenticae는 찰스 핫지의 조직신학 책이 나오기까지 프린스턴 신학교의 교재였으며 그 책에 지대한 영향을 미쳤다.[8] 튜레틴은 그 책에서 당시 흥기했던 자연신학의 단

---

5 어거스틴, 루터, 칼빈을 잇는 신학자들의 믿음이나 의에 대한 이해에 있어서 행위를 배제하는 것은 당시 팔레스틴의 유대주의의 가르침과 다르고 이 가르침의 제자 바울의 교리에도 배치된다고 주장한 아래의 책 참조. Stephen Westerholm, *Perspectives Old and New on Paul: The "Lutheran" Paul and His Critics* (Grand Rapids: Eerdmans, 2004).

6 은혜 언약의 일체성에 대한 최근의 논의에 대해서, Robert L. Reymond, *A New Systematic Theology of the Christian Faith*, 2nd ed. (Nashville: Thomas Nelson, 1998), 503-544 ("The Unity of the Covenant of Grace").

7 Richard C. Gamble, "Switzerland: Triumph and Decline," in W. Stanford Reid, ed., *John Calvin: His Influence in the Western World* (Grand Rapids: Zondervan, 1982), 70.

8 특히 이와 관련해서, Earl W. Kennedy, "An Historical Analysis of Charles Hodge's Doctrines of Sin and Particular Grace," Ph. D. dissertation, Princeton Seminary, 1969; John Walter Beardslee III,

초를 오히려 칼빈의 자연법 사상을 깊이 고찰하고 전개함으로써 잘라 내고자 했다.[9] 또한 그는 당대 싹트기 시작한 성경 비평학적 방법을 지양하고 성경의 문자적 영감을 지지했다.[10] 이러한 과정에서 그는 개혁주의 인식론의 폭을 넓혔는데 그 중심 주제(locus)로서 언약을 다루었다.[11] 튜레틴 신학의 중심 교리는 그가 일생을 통하여서 정치하게 수립한 속죄론에 있다고 보아도 과언이 아닐 것이다.[12] 그런데 그의 속죄론의 기독론적 기초를 제공하며 그 부요함과 심오함을 더하게 한 것이 바로 그의 은혜 언약 교리였다.

은혜 언약이 그 실체(substantia) 혹은 본질(essentia)에 있어서는 하나이나 시기와 방식에 따른 고유한 경륜(oeconomia)에 있어서는 다양하다고 천명한 대표적인 학자로서 우리는 튜레틴과 동시대인으로서 화란의 언약신학을 대표하며 불후의 명저 『*De oeconomia foederum Dei cum hominibus*』를 저술한 윗시우스(Herman Witsius, 1636–1708)를 들 수 있다. 그는 은혜 언약이 동일성을 다음 세 가지로 지적한다. 첫째,

---

"Theological Development at Geneva under Francis and Jean-Alphonse Turretin (1648-1737)," Ph. D. dissertation, Vanderbilt University, 1986.

9 Stephen R. Spencer, "Francis Turretin's Concept of the Covenant of Nature," in *Later Calvinism: International Perspectives*, ed. W. Fred Graham (Kirksville, Mo.: Sixteenth Century Essays & Studies, 1994), 71-91; Stephen J. Grabill, *Rediscovering the Natural Law in Reformed Theological Ethics* (Grand Rapids: Eerdmans, 2006), 151-174.

10 Martin I. Klauber, *Between Reformed Scholasticism and Pan-Protestantism: Jean-Alphonse Turretin(1671-1737) and Enlightened Orthodoxy at the Academy of Geneva* (London: Associated University Presses, 1994), 25-28.

11 Stephen Strehle, *Calvinism, Federalism, and Scholasticism: A Study of the Reformed Doctrine of Covenant* (New York: Peter Lang, 1988), 301-314.

12 튜레틴의 속죄론에 관한 글은 다음에 광범위하게 수록되어 있다. Francisci Turrettini, *De satisfactione Christi disputationes*, Genevae, 1667. 이 책은 다음 세 부분으로 구성된다. "De satisfactionis Christi necessitate," pars i-ii, 1-59; "De satisfactionis Christi veritate," pars i-ix, 60-303; "De satisfactionis Christi perfectione," 305-361.

하나이며 동일한 영생이 약속되었다. 둘째, 그리스도께서 구원의 저자시며 수여자시다. 셋째, 오직 참되고 살아 있는 믿음으로만 구원에 이른다.[13] 이로부터 윗시우스는 은혜 언약의 실체적 일체성을 그리스도가 언약의 약속이라는 사실, 그가 언약의 조건인 믿음의 대상이라는 사실, 그리고 그가 언약의 완성이라는 사실에 기초하여 기독론적으로 파악하고자 한다.

본고에서 필자는 튜레틴이 기본적으로 윗시우스의 이해를 공유했음을 고찰할 것이다. 즉 그리스도가 언약의 실체임과 언약의 효과에 이르는 믿음의 대상임을 파악할 것이다. 뿐만 아니라 그리스도를 믿는 믿음의 언약적 의미를 또한 기독론적 의미에서 파악할 것이다. 이하 필자는 그리스도가 은혜 언약의 유일하고 동일한 실체라는 튜레틴의 이해를 다음 세 가지 관점에서 살펴 본다. "그리스도를" 믿음 – 언약의 질료(materia), 그리스도를 "믿음" – 언약의 도구(instrument),[14] "그리스도를 믿음" – 언약의 작용(efficacia) 혹은 감화(persuasio, affectus). 이러한 논의 가운데 우리는 튜레틴이 언약의 일체성을 기독론적이며 구원론적인 관점에서 역동적으로 파악하고 이를 충실하게 교리화했음을 논증하게 될 것이다.[15]

---

13 Herman Witsius, *The Economy of the Covenants between God and Man: Comprehending A Complete Body of Divinity*, 2 vols., tr. William Crookshank (London: R. Baynes, 1990), 3.2.1-2.

14 칼빈은 구원의 네 가지 원인은 동력인(하나님의 사랑), 형상인 혹은 도구인(믿음), 질료인(그리스도의 공로), 그리고 목적인(하나님께 영광 돌림)으로 파악한다. 주지되는 바와 같이 칼빈은 철학적 개념을 신학에 도입하는 것을 의도적으로 회피하였다. 다만 이 경에 구원의 전체 역사를 극적으로 표현하기 위해서 아리스토텔레스의 개념을 사용한다. 이러한 관점에서 필자는 튜레틴이 사용한 materia라는 단어를 "질료"로서 해석한다. Cf. *Inst.* 3.14.17, 21 (*CO* 2.575, 579). 칼빈은 이를 또한 그의 로마서 3:24 주석(*CO* 49.61)에서도 말한다. 그리고 로마서 5:19의 주석(*CO* 49.101)에서는 구원의 의(iustitia)가 그리스도에게 속한 "고유한 것(proprium)"임을 나타내는 동인 causa materialis임을 지적한다.

15 튜레틴의 언약 신학을 다룬 다음 작품에서 저자는 은혜 언약의 일체성을 그리스도께서

II. "그리스도"를 믿음 – 언약의 질료

튜레틴은 은혜 언약을 "그리스도 안에서 범법함을 당한 하나님과 범법한 사람 사이에 도입된 값없는 계약"이라고 정의한다. "은혜 언약 가운데서 하나님께서는 그리스도로 말미암아 사람에게 값없이 죄사함과 구원을 약속한다. 그러나, 사람은, 동일한 은혜에 의지하여 믿음과 순종을 약속한다."[16] 그리스도께서는 하나님께서, 말미암아, 은총을 베푸시고 사람이, 말미암아, 은혜를 입는 은혜 언약의 "질료"(materia)시다.[17] 그런데 은혜 언약의 질료가 되시는 그리스도께서 친히 중보자로서 하나님과 사람 사이를 중보하지 않으면 언약은 유효하게 체결될 수 없다. 첫 번째 행위 언약에서는 중보자가 없이도 아담은 자유의지를 좇아서 언약의 조건을 성취할 수 있음으로 그 자체로 가능한 계약이었지만 은혜 언약은 중보자가 없이는 불능하였다. 하나님에 관하여서는 아들의 중보만이 무름이 되었으며 사람의 편에서는 아들의 중보만이 속죄가 되었기 때문이다.[18] 그리스도의 무름(satisfactio)는 삼중적이었다. 첫째, 그것은 일(res)과 관련해서 죄의 값 자체를 민사적으로 치르는 것이었다. 둘째, 그것은 죄로 말

믿음의 대상이라는 측면에 집중해서 다루는 경향이 있다. J. Mark Beach, *Christ and the Covenant: Francis Turretin's Federal Theology as a Defense of the Doctrine of Grace* (Göttingen: Vandenhoeck & Ruprecht, 2007), 216-224.

16 Francis Turretin, *Institutes of Elenctic Theology*, tr. George Musgrave Giger, ed. James T. Dennison, Jr. 3 vols. (Presbyterian and Reformed Publishing, 1994), 12.2.5. *Institutio Theologiae Elencticae* (New York: University Press, 1847), 2.156. 이하 *Institutio Theologiae Elencticae* 12.2.5 (2.156)와 같이 표기: "Foedus hoc gratiae est pactum gratuitum inter Deum offensum et hominem offendentem in Christo initum, in quo Deus homini gratis propter Christum remissionem peccatorum et salutem pollicetur, homo vero eadem gratia fretus pollicetur fidem et obedientiam.".

17 Turretin, *Institutio Theologiae Elencticae* 12.2.7 (2.156).

18 Turretin, *Institutio Theologiae Elencticae* 12.2.11 (2.157).

미암은 하나님의 진노를 누그러뜨리는 것이었다. 셋째, 그것은 인격(persona)과 관련해서 죄의 값 자체를 형사적으로 치르는 것이었다.[19] 그리스도의 대속적 공로는 단지 우리의 죄를 사함에 그치지 아니하고 우리를 하나님의 백성으로 삼음에 미친다. 은혜 언약은 죄 사함과 영생의 선물을 포함한다.[20] 그리스도께서 달리신 것은 단지 우리가 그를 달았기 때문도 아니며 그가 특별한 목적을 성취하고자 하심도 아니었다. 그것은 우리를 위한 의가 되시기 위함이었다. 그리스도의 대속은 "사안에 합당하게"(occasionaliter) 혹은 "목적에 합당하게"(finaliter) 라기 보다 "공로에 합당하게"(meritorie) 수행되었다.[21] "그분께서는 무르심으로써 공로를 취하셨고 공로를 취하심으로써 무르셨다."[22]

그리스도께서는 아버지를 향하여서는 공로를 취하셔야 하셨으며 우리를 향하여는 무르셔야 하셨다. 그리스도께서 우리를 위하여 모든 육체와 영혼의 고통을 당하셨으므로 우리가 죄사함을 얻는다. 그리고 그리스도께서 우리를 위하여 율법에 온전히 순종하셨기 때문에 우리가 하나님의 백성으로서 온전한 삶 즉 영생을 누리게 된다. 그리스도의 순종은 "속상적이며 공로적"(satisfactoriam et meritoriam)이다.[23] 속상적이라 함은 무죄함에 이르는 그리스도의 의의 전가를 뜻하며 공로적이라 함은 영생의 의를 이루는 하나님의 뜻을 좇은 전체 삶의 의를 이룸을 뜻한다. 이러한 이중적 의는 개혁주의 신

---

19 Turretin, *Institutio Theologiae Elencticae* 14.10.6-12 (2.368-371).

20 Turretin, *Institutio Theologiae Elencticae* 14.13.10-11 (2.393-394).

21 Turretin, *Institutio Theologiae Elencticae* 14.11.13 (2.379).

22 Turretin, *Institutio Theologiae Elencticae* 14.13.12 (2.394): "Meruit ergo satisfaciendo, et merendo satisfecit."

23 Turretin, *Institutio Theologiae Elencticae* 14.13.10 (2.393).

학자들이 말하는 그리스도의 수동적인 순종(obedientia passiva)과 능동적인 순종(obedientia activa)에 해당한다.[24] 튜레틴이 인용하듯이 이러한 이중적 의에 대한 인식은 그리스도의 전 생애의 공로가 우리를 위한 의로서 전가 된다고 보는 칼빈에 의해서 부각되었다.[25] 튜레틴은 그리스도의 이중적인 의를 "무죄함의 의"(iustitia innocentiae)와 "견인의 의"(perseverantiae)라고 부르며 이를 율법의 이중적인 측면에서 읽어 낸다.[26] 즉 그리스도의 의는 율법의 형벌에 대한 값으로 뿐만 아니라 율법의 규범을 준수함에 있어서 역사한다고 본다.[27] 이러한 공로는 구원의 전체 과정을 통하여서 역사한다. 그 역사는 그리스도의 중보로 말미암는다. 그러므로 그리스도는 중보자로서 언약의 제3의 당사자로 불린다. 세 당사자가 있다. "범법함을 당한 하나님, 범법한 사람, 그리고 범법한 사람을 범법함을 입고 진노한 하나님에게로 화목하게 하는 중보자 그리스도."[28]

튜레틴은 그리스도를 은혜 언약의 유일한 실체로서 파악함으로써 신약과 구약의 연속성과 일체성을 추구한다. 그리스도가 은혜 언약의 실체(substantia foederis gratiae)가 됨은 은혜 언약을 행위 언약(foedus operum)과 구별하는 표지가 된다. 은혜 언약은 그 당사자로서 중보자 그리스도를 필연적으로 요구하며, 그 분의 인격과 순종에 기반하며, 그 분의 은혜를 약속으로, 그 분을 믿는 믿음을 조

---

24 cf. 능동적 순종과 수동적 순종에 대해서, Herman Bavinck, *Reformed Dogmatics*, vol. 3, *Sin and Salvation in Christ*, ed. John Bolt, tr. John Vriend (Grand Rapids: Baker, 2006), 345; Charles Hodge, *Systematic Theology*, vol. 2, rep. (Grand Rapids: Eerdmans, 1995), 489-496.

25 Turretin, *Institutio Theologiae Elencticae* 14.13.32 (2.399).

26 Turretin, *Institutio Theologiae Elencticae* 14.13.28 (2.398).

27 Turretin, *Institutio Theologiae Elencticae* 14.13.29 (2.398-399).

28 Turretin, *Institutio Theologiae Elencticae* 12.2.9 (2.157).

건으로, 그 분께 속한 선택된 사람들에게 작용한다.[29] "언약적 실체"(substantiam federalem) – 그리스도 – 는 동일하다. 다만 그 "경륜의 방식"(modum dispensationis)이 다양할 뿐이다.[30] 새 언약과 옛 언약의 실체적 동일성을 설명하면서 튜레틴은 중보자의 한 분이시라는 사실, 그리스도를 믿는 믿음이 같다는 사실, 영적이며 천상적인 은총에 대한 약속이 동일하다는 사실, 화목과 구속의 방식이 동일하다는 사실을 거론한다.[31]

이로써 튜레틴은 은혜 언약의 실체가 중보자 그리스도의 인격과 사역과 더불어서 그 분께서 다 이루신 공로 자체와 그 가치 그리고 그것의 전가에 까지 미침을 천명하고 있다. 튜레틴이 구약의 성도들에게도 그리스도의 은혜가 "단지 기술되었을 뿐만 아니라 약속되었다는" 사실을 적시하면서 그 약속에 기초하여 그들이 오실 그리스도를 믿었으며 그 믿음으로 말미암아 그리스도의 은혜를 받게 되었다고 단언하게 되는 것은 은혜 언약의 일체성에 대한 이러한 이해에 기초해서이다.[32] 육체 가운데 오신 그리스도를 보지 못했다는 사실과 그 분의 중보의 은총을 맛 보지 못했다는 사실은 별개라는 점이 지적된다. 그리고 비록 그들이 그리스도의 성육신을 보지는 못했지만 그 분의 죽음의 능력은 그들의 죄를 사하고 그들이 하나님과 화목하게 하는 "작용"(efficaciam)을 했다는 점이 명확하게 제시된다.[33]

그리고 이어서 구약 백성들의 구원은 그들이 신약 백성들과 동

29 Turretin, *Institutio Theologiae Elencticae* 12.4.2-10 (2.169-179).

30 Turretin, *Institutio Theologiae Elencticae* 12.5.26 (2.178-179).

31 Turretin, *Institutio Theologiae Elencticae* 12.5.5 (2.172). 이러한 사실들을 튜레틴은 "언약의 핵심 부분들(partes essentiales foederis)"라고 부른다.

32 Turretin, *Institutio Theologiae Elencticae* 12.5.6 (2.172-173).

33 Turretin, *Institutio Theologiae Elencticae* 12.5.28 (2.179).

일한 언약의 실체를 가지고 있었기 때문이었음이 적시된다.[34] 이상 논의를 통해서 우리는 튜레틴이 신약과 구약의 실체에 있어서의 일체성을 중보자 그리스도의 한 분이심(unitas)과 동일하심(continuitas)에 문의하면서 전개하고 있음을 발견할 수 있다. 달리 말하면 은혜 언약의 일체성에 대한 진술은 다음과 같이 쓸 수 있다. 중보자 그리스도는 한 분 이시다. 다만 그 분의 중보는 경륜(oeconomia, administratio, dispensatio)에 있어서 다양하다.[35]

이하 튜레틴이 언약의 "정체성"(identitas, 正體性)을 설명하면서 제시하는 다양한 관점들은 모두 그 실체가 그리스도의 인격과 사역과 공로에 연관되어 있다. 첫째, 성경이 전하는 아브라함 이후의 모든 후속 언약들을 통해서 그에게 계시하셨던 약속이 반복되었음을 지적된다. 갈라디아서 3장 17절을 인용하면서 튜레틴은 아브라함의 언약을 "하나님에 의해서 그리스도를 향하여 확정된 이전의 언약"(diaqhkhn procecurwmenhn u'po tou Qeou eivj Kriston)이라고 부른다.[36]

둘째, 하나님께서 우리와 우리 후손의 하나님이 되신다는 언약의 은혜가 신약과 구약을 통하여서 동일하게 선포되었음을 지적한다. 특히 주님께서 자신의 부활을 가르치시면서 하나님께서는 아브라함과 이삭과 야곱의 하나님, 살아 계신 하나님이심을 선포하신 것을(마 22:32) 인용함으로써 튜레틴은 이러한 약속이 그리스도의 부활의 권능으로 말미암은 것이라고 자신이 이해하고 있음을 암시하고

---

34 Turretin, *Institutio Theologiae Elencticae* 12.5.5 (2.179).

35 튜레틴에 있어서 경륜은 이상의 세 단어로 구별 없이 사용되고 있다. Cf. Turretin, *Institutio Theologiae Elencticae* 12.5.5 (2.172), 12.5.26 (2.178-179).

36 Turretin, *Institutio Theologiae Elencticae* 12.5.7 (2.173): "foedus primo ratificatum a Deo in Christo."

있다.[37]

셋째, "중보자의 정체성"(identitas)이 부각된다. 중보자 그리스도가 예언된 여자의 후손이자 아브라함의 씨앗에 나실 복의 근원으로서 구약 시대에 현재(顯在, praesentia)하셨음이 강조된다. 그 분께서 어제나 지금이나 영원히 동일하신 분으로서 새 언약의 주이심이 확정된다. 이러한 진리가 그리스도께서 태초부터 은혜 언약의 중보자가 아니셨다면 논의될 수 없음을 지적한다. 구원 받을 유일한 이름이 오직 예수 그리스도이심은(행 4:12) 신약와 구약에 공히 적용된다. "창세 이후로" 그 이름이 생명책에 기록된 자들만이 구원에 이르는 바, 그것은 구약 시대의 백성을 포함한다고 주장한다.[38]

넷째, 중보자의 한 분이심으로부터 그 분을 믿는 믿음이 동일함이 제시된다. 믿음의 교리는 의의 전가에 기초하는 바, 의의 전가는 그리스도의 구속 사역으로말미암는다. 신약과 구약 백성 모두 그리스도의 의의 전가로 구원에 이르게 되었음으로 그들의 믿음은 유일하신 주 그리스도를 믿음으로 동일하다.[39]

다섯째, 언약의 약속이 동일함이 제시된다. "조상들에게 주신 약속(행 13:32)"이 신약에서 전부 성취되었다. 아브라함 이후 주어진 은혜 언약의 약속들은 신약에서 성취된 것들을 망라함이 주장된다. 구약 시대에도 중보자 그리스도로 말미암아 하나님을 아는 지식의 부요함이 있었음과 그의 의의 전가로 말미암은 구원과 중생과 성화가 계시되었음이 지적된다. 욥은 구속주가 살아 계심을 노래했으며(욥 19:25) 다윗과 다니엘은 부활과 영생의 가르침에 감화 받아서 말씀을

37 Turretin, *Institutio Theologiae Elencticae* 12.5.8 (2.174).

38 Turretin, *Institutio Theologiae Elencticae* 12.5.9-13 (2.173-175).

39 Turretin, *Institutio Theologiae Elencticae* 12.5.14 (2.175).

기록했음이 함께 지적된다.[40]

여섯째, 신약과 구약의 성례들의 실체(substantia)가 동일함이 제시된다. 모든 성경의 성례들은 그리스도 자신과 그 분의 은혜들을 표징한다. 이러한 의미에서 튜레틴은 성례들을 "언약의 징표들"(sigilla foederis)이라고 부른다. 특히 성례들이 "믿음의 의의 징표"(sigillum iustitiae fidei)로서 주어졌음이 할례가 무할례시의 믿음을 인친 것이라는 사실로부터(롬 4:11) 설명된다. 광야 시대 만나와 물의 표징들이 신약의 성례들과 실체상 동일한 뜻을 가지고 있음이 지적되고 물이 나온 광야의 반석이 예수께서 바위로 시험 받으신 사건과 관련되어 설명된다. 이렇듯 튜레틴은 성례의 의미(significatio)를 그리스도 인격과 사역이라는 관점에서 함께 파악하고 있다.[41]

일곱째, 모세의 율법이 은혜 언약에 관해서 가르쳤으며 그 은혜를 누리도록 준비시켰으며 자극했음이 제시된다. 율법이 그리스도에게 이르는 몽학선생이라는 말씀과(갈 3:24) 그리스도께서 율법의 완성이라는 말씀이(갈 3:24) 세 가지 관점에서 논의된다. "도덕적 관점에서"(ex morali) 율법은 죄로 말미암은 하나님의 저주를 깨닫게 했으며 그리하여서 그리스도 안에서 죄 사함과 용서를 구하게 했다. "법정적 관점에서"(ex forensi) 율법은 이스라엘 국가를 예수께서 오실 때까지 무질서로부터 지켰다. 그리하여서 그 분께서 오실 준비를 하게 했다. "의식적 관점에서"(ex coeremoniali) 율법은 그리스도의 모범(typus)이자 형상(forma)으로서 그 분의 희생 제사를 예표했다.[42]

튜레틴은 하나님께서 모세와 맺은 시내산 언약이 아브라함과

40 Turretin, *Institutio Theologiae Elencticae* 12.5.15-20 (2.175-177).

41 Turretin, *Institutio Theologiae Elencticae* 12.5.21-22 (2.177-178).

42 Turretin, *Institutio Theologiae Elencticae* 12.5.23 (2.178).

맺은 언약과 경륜에 있어서는 다르나 실체 – 혹은 본질(cssentia) – 에 있어서는 동일했다고 간파한다.[43] 시내산 언약은 그리스도를 예표했을 뿐만 아니라 그 분의 현재(顯在)를 증거했다. 그것은 그리스도의 피 위에 세워졌으며 그 피로 인증되었다. 그러므로 그리스도께서 시내산 언약으로 수여된 율법의 "주요한 목표이자 영"(scopus praecipuus et anima)이 된다.[44] 시내산 언약은 그 안에 그리스도를 "목적물"(objectum)로 포함하고 있었다. 그러므로 그 언약의 율법은 죄를 깨닫게 할 뿐만 아니라 동시에 믿음으로 그리스도를 찾도록 하는 작용을 한다.[45] 하나님께서는 은혜 언약에 기초하여 율법 – 그 요약으로서 십계명 – 을 통하여서 자신의 백성에게 순종과 거룩함을 명령하신다.[46] 은혜 언약 가운데 율법은 법적인(legalis) 명령과 "더욱 달콤함"(suavior) 복음적인(evangelica) 약속을 포함한다.[47] 구약의 언약은 외부적으로 "율법적인 가르침의 경륜"(oeconomiam paedagogiae legalis)을 내부적으로 "복음적인 약속의 진리"(veratatem promissionis Evangelicae)를 포함한다.[48] 언약의 율법은 그 안에 그리스도의 구원 은혜의 약속을 포함한다.[49]

따라서 행위 언약에서 우리에게 요구되었던 것들이 무엇이든지 은혜 언약 가운데 그리스도에 의해서 성취되었다. 칭의가, 이러한 방식으로, 행위와 믿음에 의해서 일어난다고 – 그리스도의 행위에 의

43 Turretin, *Institutio Theologiae Elencticae* 12.12.5 (2.232); 12.12.18-19(2.235).

44 Turretin, *Institutio Theologiae Elencticae* 12.12.20 (2.235-236).

45 Turretin, *Institutio Theologiae Elencticae* 12.12.21 (2.236).

46 Turretin, *Institutio Theologiae Elencticae* 12.7.30 (2.200-201).

47 Turretin, *Institutio Theologiae Elencticae* 12.7.31 (2.201).

48 Turretin, *Institutio Theologiae Elencticae* 12.7.32 (2.201).

49 Turretin, *Institutio Theologiae Elencticae* 12.12.25 (2.237).

해서 그리고 우리의 믿음에 의해서 – 말하는 것은 불합리하지 않다. 이렇듯 율법과 복음이 달콤한 조화로 이 언약 가운데 만난다. 율법은 복음 없이 역사하지 않는다. 복음도 율법 없이 역사하지 않는다. 마치 그것은 율법적 복음 그리고 복음적 율법 – 순종으로 가득한 복음 그리고 믿음으로 가득한 율법 – 이 만나는 것과 같다. 그러므로 복음은 율법을 파괴하지 않는다. 오히려, 우리에게 그것을 완전히 성취하신 그리스도를 줌으로써, 그것을 세운다(롬 3:31). 율법은 복음과 배치되지 않는다. 왜냐하면 그것은 복음을 자체의 목적으로 삼으며 우리를 그것으로 이끌기 때문이다.[50]

III. 그리스도를 "믿음" – 언약의 도구

튜레틴에게 있어서 새 언약(신약)과 옛 언약(구약)의 일체성이 중보자 그리스도께서 은혜 언약의 실체로서 한 분이시라는 사실로부터 개진됨을 지금까지 살펴보았다. 복음은 그리스도께서 은혜 언약의 질료(materia)가 되는 조건을 다 이루심으로써 이제는 그 분을 믿기만 하면 그 분의 공로(의)를 전가 받아서 구원에 이르게 된다는 복된 소식이다. 은혜 언약이 복음으로 역사함은 그리스도의 공로가 믿음

50 Turretin, *Institutio Theologiae Elencticae* 12.12.22 (2.236): " … atque ita quod exigebatur a nobis in foedere operum, impletur per Christum in foedere gratiae. Nec absurdum est hoc pacto iustificationem fieri per opera et per fidem, per opera Christi, et per fidem nostram. Atque ita suavi harmonia Lex et Evangelium simul concurrunt in hoc foedere; Lex non administratur sine Evangelio, nec Evangelium sine Lege, ut sit veluti Legale Evangelium, et Lex Evangelica Evangelium plenum obedientia, et Lex plena fide. Sic Evangelium non destruit Legem, sed eam stabilit, Rom. Iii. 31, dando nobis Christum, qui perfecte eam implevit. Et Lex non est contra Evangelium, cum ad illud ut ad fidem suum respiciat et nos manuducat.

으로 말미암아 성도에게 전가됨에 있다. 그러므로 그리스도께서 은혜 언약의 실체임은 오직 그 분을 구주로서 믿음으로만 구원에 이른다는 약속을 전제한다. 새 언약과 옛 언약이 공히 그리스도를 실체로 함은 양자 모두 그 분을 믿는 믿음에 기초하고 있기 때문이다. 복음의 정체성(identitas)은 그 "대상"(objectus)이 중보자 그리스도이심에 있다.[51] 구약 시대에도 그리스도를 믿는 믿음으로만 언약의 은혜가 역사함이 구체적으로 계시되었다(출 23:20,21; 신 18:18,19; 시 2:12; 사 5:1,5). 신약 시대 백성들에게는 이러한 구약 시대의 백성들의 믿음이 따라야 할 본으로 제시되었다(히 12:1,2; 롬 4:12).[52] 복음의 영원성(perpetuitas)은 그 분을 믿는 "믿음의 항구성"(fidei constantiam)에 기인한다.[53]

튜레틴은 믿음의 작용을 삼중적으로 파악한다. 첫째, 그리스도를 믿는 자마다 죄사함을 받게 되리라는 믿음의 "보장(寶藏)적 작용"(actus dispositorius)이 있다. 둘째, 믿는 자에게 죄사함이 실제로 부여되는 믿음의 "칭의적 작용"(iustificatorius)이 있다. 셋째, 믿음 가운데 그리스도의 은혜가 현재 역사함에 대한 확신을 갖게 하는 믿음의 "위로적 작용"(consolatorius)이 있다. 이러한 삼중적 작용은 그리스도의 중보로 말미암은 의의 성취와 그 적용과 계속적 작용에 상응한다. 이렇듯 튜레틴은 믿음의 작용을 중보자 그리스도의 계속적 중보의 역동성에 기초하여 파악하고 있다.[54] 믿음은 칭의의 "도구인"(causa instrumentalis)이다. 믿음은 언약의 백성이 그 실체인 "그리스도의 공로"(meritum Christi)를 수납하는 유일한 도구이다. 믿음의 요소로서

---

51 Turretin, *Institutio Theologiae Elencticae* 12.5.10 (2.174).

52 Turretin, *Institutio Theologiae Elencticae* 12.5.14 (2.175).

53 Turretin, *Institutio Theologiae Elencticae* 12.5.10 (2.174).

54 Turretin, Institutio Theologiae Elencticae 15.12.4 (2.507).

"확신"(fiducia)은 "완전히 충만한 그리스도의 무름에 대한 감화에"(in persuasione de Satisfactione plenissima Christi) 있다. 그리스도의 무름이 구원의 질료인이며 믿음이 그 도구인이다.[55]

믿음은 그리스도의 의를 받는 도구가 될 뿐만 아니라 경건에 대한 열망을 갖게 하고 거룩해 지는 훈련을 받도록 성도를 이끈다.[56] 이 때 성령은 양자의 영과 성화의 영으로 역사한다.[57] 이러한 성령의 역사로 말미암은 믿음의 역사는 그리스도께서 "보증"(vas)과 "머리"(caput)로서 성도의 구원을 위하여 중보하심에 상응한다. "[그리스도께서는] 보증으로서 우리를 의롭게 하시고, 머리로서 거룩하게 하신다." 그리스도로 말미암아 우리의 옛사람이 죽고 새사람이 살게 되지 않는다면 그 분의 사심과 죽으심의 공로는 무익하다. 믿음은 객관적인 주님의 공로가 나의 것으로 여겨 지는 유일한 도구임이 강조된다.[58] 성부는, 오직 믿음을 조건으로, 이러한 성자의 공로를 성령의 역사로 말미암아 칭의와 성화 과정에 적용하신다.[59] 칭의가 믿음을 도구로 그리스도의 의를 받음이라면 그것은 성화의 "뿌리이며 원리"(radix et principium)가 된다. 칭의는 성화와 관련해서 "목적에 이르는 수단"(medium ad finem)이 된다. 그러므로 "은혜의 전체 경륜"(tota oeconomia Gratiae)이 믿음에 놓여 있다.[60] 비록 의롭다 함을 받은 백성도 죄를 짓지만 성화는 칭의와 분리되지 않는다. 언약의 실체이신 그리스도의 공로가 구원의 전체 과정을 통하여서 역사함에 있어서 "믿

55 Turretin, Institutio Theologiae Elencticae 15.12.6 (2.508).

56 Turretin, Institutio Theologiae Elencticae 17.1.19 (2.612).

57 Turretin, Institutio Theologiae Elencticae 17.1.18 (2.612).

58 Turretin, Institutio Theologiae Elencticae 17.1.17 (2.612).

59 Turretin, Institutio Theologiae Elencticae 17.1.16 (2.611-612).

60 Turretin, Institutio Theologiae Elencticae 17.1.19 (2.612).

음의 견인"(Perseverantia fidei)이 작용한다.[61]

언약의 실체이신 그리스도께서 어제나 오늘이나 영원토록 동일하시듯이 그 분을 믿는 믿음으로만 구원에 이르는 은혜도 신약이나 구약을 통하여서 동일하다.[62] 믿음으로 말미암는 은혜는 그 "정도와 지각에 있어서는"(quoad gradum et sensum) 다양하나 "실체에 있어서는"(quoad substantiam) 동일하다.[63] 실체에 있어서는, 그리스도를 믿는 믿음이 구약 백성에게도 동일하게 역사하였다.[64] 은혜 언약의 조건(conditio)으로서 믿음은 그 의를 사전에(a priori) 이루는 공로로 역사하는 것이 아니라 사후적으로(a posteriori) "부수적이자 결과적으로"(concomitanter et consequenter) 역사한다. 오직 은혜 언약이 "조건 되어진"(conditionatum) 것으로서 여겨 지는 것은 이러한 의미에 따라서 믿음을 조건으로 삼기 때문이다.[65]

이렇듯 믿음은 중보자 그리스도의 은혜를 성도의 의로 여기시는 하나님의 은혜의 약속에 기초하여 역사한다. 은혜 언약 가운데 역사하는 믿음은 행위 언약에 있어서 행위의 자리를 차지한다. 다만 그것은 사전적이 아니라 사후적으로서, 원인으로서가 아니라 결과로서 그러하다. 믿음은 행위가 아니라 하나님의 사랑에 대한 감화(persuasio)로서 그 자체 복음의 약속 가운데 수여된다. 믿음은 중보자 그리스도께서 다 이루신 무름의 의를 전가 받게 되는 도구로서 작용한다. 오직 그리스도와 연합한 사람만이 그 분의 의를 믿음으로써

61 Turretin, Institutio Theologiae Elencticae 17.1.21 (2.612).

62 Turretin, Institutio Theologiae Elencticae 16.10.2 (2.603).

63 Turretin, Institutio Theologiae Elencticae 17.10.4 (2.603).

64 Turretin, Institutio Theologiae Elencticae 15.2.19 (2.447).

65 Turretin, Institutio Theologiae Elencticae 12.3.2 (2.165).

전가 받게 된다. 그러므로 믿음은 그리스도와 연합에 이르는 도구로서 역사한다. 믿음은 "연합의 믿음"(fides unionis)이라고 할 것이다.[66] 믿음이 그리스도와의 교제(communio)에 이르게 하는 도구로 역사함으로 그 작용은 칭의와 성화의 전체 과정에 미친다.[67] 언약의 약속은 칭의에 머물지 않는다. 그것은 그리스도의 공로 전체를 전가 받음에 미친다. 언약은 오직 믿음으로 말미암은 칭의 외에 행위를 요구한다. 그런데 이러한 행위는 구원에 이르는 믿음으로 그리스도와 연합한 성도에게 열매로 나타난다. "믿음은 사랑을 통하여서 작용해야 한다"(fides debet esse per charitatem efficax, 갈 5:60).[68]

Ⅳ. "그리스도를 믿음" - 언약의 성취와 효과(affectus)

우리는 지금까지 튜레틴이 은혜 언약의 조건인 믿음이 그리스도를 믿음이며 그 조건에 대한 약속이 다름 아닌 믿음의 대상인 그 분의 공로로 말미암은 의라는 것을 기독론적이며 구원론적으로 파악하고 있음을 살펴보았다. 기독론적으로 "그리스도를 믿음"은 성육신한 그리스도의 전체 공로에 미침이 파악된다. 그것은 그 분의 고난과 순종을 함께 아우른다. 그리스도께서 는 하나님께서 택하신 자들을 위하여 자신의 의를 전가하시기 위하여 다 이루시기 위하여 이 땅에 오셨다. 구원론적으로 "그리스도를 믿음"은 칭의와 성화를 포함한 전 과정에 역사함이 파악된다. 성도의 믿음은 그리스도의 계

66 Turretin, Institutio Theologiae Elencticae 12.3.11-13 (2.166-167), 인용 12.3.13 (2.167).

67 Turretin, Institutio Theologiae Elencticae 12.3.14 (2.167-168).

68 Turretin, Institutio Theologiae Elencticae 12.3.15-17 (2.168-169).

속적 중보로 말미암은 의의 전가로서 열매를 맺게 된다. 따라서 "그리스도를 믿음"은 단지 "그리스도를" "믿음" 이상의 의미가 있다. 그리스도를 믿음의 대상(obiectus)이라고 할 때 그것은 그 분께서 중보자로서 다 이루셨음 뿐만 아니라 지금 중보하심으로써 그 다 이루신 의를 전가하심을 믿는 믿음을 포함한다. 주관적으로 그리스도를 믿음은 객관적으로 그리스도와의 연합을 통한 그의 의를 전가 받음으로 설명된다. 여기에서 우리는 은혜 언약의 약속으로서 하나님의 완전한 백성 됨의 어떠함에 대한 인식에 이르게 된다.

튜레틴은 중보자 그리스도의 부활과 승천과 보좌 우편에의 재위(sessio)를 대체로 두 가지 측면에서 파악하고 있다. 첫째로 그것은 그 분의 다 이루심이 우리를 의롭게 하시기 위한 충분한 무름이 됨을 의미함을 강조한다.[69] 그리스도의 승귀는 자신의 공로를 자신의 영 가운데 자신의 백성에게 전가하심으로써 다스리심에 다르지 않음이 부각된다.[70] 둘째로 승천하신 그리스도께서 여전히 신인양성의 위격적 연합 가운데 중보하심이 강조된다. 내려오신 분으로서 올라가신 분께서는 "본성이 아니라 인격에 있어서"(quoad personam, sed non quoad naturam) 그러하심이 천명된다.[71] 재위는 "양성에 따른 그리스도의 인격에 고유하게 속한다."(proprie Personae Christi competere secundum utramque naturam)[72] 그리스도의 승귀는 한 인격 양성 가운데서의 아들의 "중보자직에 [삼위일체 하나님의 구원의] 경륜"(Officii Mediatorii

---

69 Turretin, Institutio Theologiae Elencticae 13.17.7 (2.321): " ... ad nostri iustificationem, ut testatur sibi plene satisfactum esse per ipsum."

70 Turretin, Institutio Theologiae Elencticae 13.18.7, 8; 19.2, 3 (2.321, 322).

71 Turretin, Institutio Theologiae Elencticae 13.18.9 (2.323).

72 Turretin, *Institutio Theologiae Elencticae* 13.19.4 (2.324).

administratio)이 돌려졌음에 대한 선포로서 다루어 진다.[73]

그리스도의 승귀에 있어서의 중보를 다루면서 튜레틴은 그 분의 비하가 그러하듯이 승귀 역시 인성과 관련해서 "주관적으로"(subiective)가 아니라 "주체적으로"(denominative)으로 파악되어야 함을 강조한다.[74] 신성과 관련해서는 그리스도는 하나님과 동일한 본질이시다. 이는 언제나 동일하다. 이러한 신성 가운데 제2위 로고스 하나님은 영원히 중보직을 감당하셨다. 그러나 이러한 성육신 전의 중보직은 "위격적 연합에 의해서"(ab unione hypostatica) 가운데 역사하지 않았다.[75] 그리스도의 비하와 죽음이 없이는 그 분의 중보도, 그 분의 왕국도 없다.[76] 오직 "경륜에 따라서"(oeconomice) 그리스도는 이제 우리를 위한 중보자가 되셨다.[77] 그리스도의 삼중직은 오직 신인양성의 중보 가운데서만 역사한다.[78] 그리스도께서 참 하나님이시자 참 사람으로서 "우리를 위하여 하나님과 함께"(ta proj ton Qeon) 역사하시며 "하나님을 위하여 우리와 함께"(ta proj h'maj) 역사하신다.[79] 그리스도께서 우리를 위하여 "길(via, 제사장)이요 진리(veritas, 선지자)요 생명(vita, 왕)이" 되심으로[80] 우리의 구원을 위한 모든 의를 "선포, 획득, 적용"(Annunciatio, Acquisitio, Applicatio) 하셨다.[81] 구약 시대에도 이러

73 Turretin, *Institutio Theologiae Elencticae* 13.19.5 (2.324).

74 Turretin, *Institutio Theologiae Elencticae* 13.19.7 (2.325).

75 Turretin, *Institutio Theologiae Elencticae* 13.19.12 (2.325-326).

76 Turretin, *Institutio Theologiae Elencticae* 13.19.11 (2.325).

77 Turretin, *Institutio Theologiae Elencticae* 13.19.8 (2.325).

78 Turretin, *Institutio Theologiae Elencticae* 14.2 (2.334-339).

79 Turretin, *Institutio Theologiae Elencticae* 14.5.10 (2.347).

80 Turretin, *Institutio Theologiae Elencticae* 14.5.7 (2.346).

81 Turretin, *Institutio Theologiae Elencticae* 14.5.9 (2.347).

한 중보자의 사역이 있었다. 다만 그것은 경륜상 그림자에 해당하였다.[82] 여기에서 툴레틴은 중보자 그리스도의 다 이루신 공로를 전가 받아서 사는 신약 시대 성도들의 나음은 바로 그 분께서 그들을 위하여 친히 중보하심에 있음을 강조하고 있음을 우리는 깨달을 수 있다. 언약의 실체로서 중보자 그리스도께서 동일하시니 그 분의 왕국도 "실체 자체에 있어서는"(quoad substantiam ipsam) 동일하나 "경륜의 형상과 방식에 있어서는"(formam et modum administrationis) 다양하다는 입장이 여기에서도 유지되고 있다.[83]

튜레틴은 그리스도의 삼중직을 다루면서 대부분의 논의를 그리스도의 무름(satisfactio)에 할애하고 있다. 이는 그리스도의 제사장직에 해당한다. 그런데 튜레틴은 그리스도의 무름을 다시금 협의의 그리스도의 무름과 중재(intercessio)로 나누어서 이해하고 있다. 전자는 십자가 상에서 다 이루신 그리스도의 공로를 의미하고 후자는 지금도 천상에서 중보하시는 그리스도의 사역을 의미한다고 천명한다.[84] 전자는 구원의 의의 획득(acquisitio)과 적용(applicatio)에, 후자는 그것의 보존(conservatio)에 관련시킨다.[85] 그리스도의 천상에서의 대제상적 중보는 단순히 "탄원의 방식"(per modum suffragii)이 아니라 "사법적인 방식으로"(per modum iurisdictionis) 역사한다. 그리스도는 이러한 중재를 통해서 한 번 흘리신 자신의 피의 "능력과 작용"(vi et efficacia)으로 하

82 Turretin, *Institutio Theologiae Elencticae* 14.5.2 (2.344-345).

83 Turretin, *Institutio Theologiae Elencticae* 14.17.3 (2.431).

84 Turretin, *Institutio Theologiae Elencticae* 14.15.2 (2.424). Cf. John Murray, *Collected Writings of John Murry*, Vol. 2, *The Claims of Truth* (Carlisle, PE: Banner of Truth, 1977), 62-76. 머리는 이러한 그리스도의 계속적 중재를 하늘에서의 대제사장적 중보라고 부른다.

85 Turretin, *Institutio Theologiae Elencticae* 14.17.4 (2.431); 14.15.2 (2.424).

나님께서 자신의 백성을 의롭게 하실 것을 간구하신다.[86] 그런데 이러한 그리스도의 중재는 단지 계속적인 제사장 직분에 국한된 것이 아니라 선지자직과 왕직과 함께 역사함이 지적된다. 그리스도께서 자신의 단번에 영원한 제사로 구속의 의를 이루셨을 뿐만 아니라 지금도 그것을 적용하심이 자신의 지식으로 새롭게 하심과 더불어서 교회의 머리로서 다스리심과 분리되지 않음이 지적된다.[87] 이러한 그리스도의 계속적 중보로 말미암아 "우리의 하나님과의 영원한 교제"(perpetuae nostrae communionis cum Deo)가 있게 되는데[88] 이는 오직 우리가 지체들로서 머리이신 그리스도와 연합하여 있기 때문이다. 이렇듯이 우리의 구원은 그리스도의 계속적 중보로서 보증되며, 그리스도의 계속적 중보는 "성도들의 그리스도와의 연합의 본질로부터 확증된다."(confirmatur ex natura unionis fidelium cum Christo)[89]

V. 결론: 칼빈 – 개혁주의 언약관의 수립

지금까지 우리는 "그리스도를 믿음"이라는 개념으로 은혜 언약의 조건, 약속, 성취를 살펴 봄으로써 튜레틴이 어떻게 옛 언약과 새 언약을 실체적으로 동일하게 파악했는지 고찰했다. 튜레틴은 그리스도께서 은혜 언약의 실체라는 사실은 은혜 언약의 유일한 조건이 그리스도의 공로를 질료인(causa materialis)으로서 믿는 믿음을 도구인

86 Turretin, *Institutio Theologiae Elencticae* 14.15.11 (2.425).

87 Turretin, *Institutio Theologiae Elencticae* 14.17.7 (2.432).

88 Turretin, *Institutio Theologiae Elencticae* 14.17.8 (2.432).

89 Turretin, *Institutio Theologiae Elencticae* 15.16.16-18 (2.527-528). 인용, 15.16.17 (2.527).

(causa instrumenti)으로 삼고 있다는 사실에 있음을 강조했다. 이 믿음으로 말미암아 그리스도와의 연합한 성도들은 그 분의 계속적 중보로 말미암아 그 분의 의를 계속적으로, 전체적으로 전가 받게 된다. 튜레틴은 이러한 논지를 특히 그리스도의 대리적 무름교리에서 깊게 전개하고 있음을 보았다. 주목해야 할 것은 그리스도의 이러한 대리적 무름이 이미 만세 전에 작정되었으며 구약과 신약의 시대를 통하여서 경륜적으로 역사해 왔다는 사실을 튜레틴이 강조하고 있다는 사실이다. 은혜 언약의 약속이 경륜으로서 드러난 것이 오직 믿음으로만 구원에 이르는 복음으로서 이는 신약과 구약에 공히 역사한다.[90]

튜레틴은 구약을 "약속된 복음으로서,"(pro Evangelio promissio) 신약을 "성취된 복음"(pro Evangelio completo)로서 부른다. 우리가 evpaggglia라고 부를 때 이는 전자를, euvagglion이라고 부를 때 이는 후자를 의미하는 것으로 본다. 이러한 구별 가운데, 세례 요한과 예수의 사역을 복음의 시작이라고 부를 때,[91] 그것은 "그리스도 안에서의 하나님의 은혜의 시작"(principium doctrinae de gratia Dei in Christo)을 의미하는 것은 아니다고 한다.[92] 이러한 은혜의 시작은 이미 구약 시대에 시작되었다는 것이다. 튜레틴은, 신약 시대에 예수 그리스도를 새 언약의 보증(evgguoj)이라고 부를 때와(히 7:22) 마찬가지로,[93] 구약 시대의 예수 그리스도의 보증(sponsio)은 그 분께서 단지 담보자(fideiussor)가 된다는

90 Cf. Strehle, *Calvinism, Federalism, and Scholasticism: A Study of the Reformed Doctrine of Covenant*, 310-313.

91 Turretin, *Institutio Theologiae Elencticae* 12.5.24 (2.178).

92 Turretin, *Institutio Theologiae Elencticae* 12.5.25 (2.178).

93 Turretin, *Institutio Theologiae Elencticae* 12.9.18 (2.218).

사실에 그치는 것이 아니라 약속의 이행자(expromissor)가 된다는 사실에 미친다고 강조한다.[94] 구약 시대의 할례가 "믿음으로 된 의를 인친 것"(롬 4:11)으로서 불리고 그 시대의 조상들이 마친 신령한 음료가 "신령한 반석"이신 그리스도로부터 나왔다고 전해지는 것은(고전 10:4) 그 당시에도 주님께서는 단지 그들의 구원의 담보자가 될 뿐만 아니라 전체 약속의 이행자가 되셨음을 보여 주었다고 논증한다.[95] 구약 시대에는 아직 그 약속이 성취되지 않았지만 그 요구는 마찬가지였으며 그들 역시 우리와 마찬 가지로 그리스도께서 대신 죽으심으로 그들이 살게 될 것을(고후 5:15, 21) 믿었다는 사실이 적시된다.[96] 튜레틴은 신약과 구약을 통한 중보자 그리스도의 약속이 동일했음을 설명함에 있어서 영원 전에 있었던 성부와 성자 사이의 구원의 협약에 문의한다. 심지어 그는 콕체우스를 인용하여 예수 그리스도에게 죄의 전가에 대한 작정이 없었다면 아담의 죄가 인류에게 전가되지 않았으리라고 말한다.[97]

이러한 입장에 서서, 우리가 위에서 살펴 본 바와 같이, 튜레틴은 승귀하신 그리스도의 신인 양성 가운데서의 계속적 중재(intercessio)가 구약시대에 단지 예표(repraesentatio)되었을 뿐만 아니라 이미 역사했음을 강조한다. 다만 구약 시대의 그리스도의 중재는 아직은 몸(corpus)이 아니라 그림자(umbra)로서 그 분의 현재(顯在, praesentia)를 계시했을 뿐이라고 지적한다. 튜레틴은 성육신 전에도 영원하신

94 Turretin, *Institutio Theologiae Elencticae* 12.9.4 (2.213).

95 Turretin, *Institutio Theologiae Elencticae* 12.9.20 (2.218).

96 Turretin, *Institutio Theologiae Elencticae* 12.9.14 (2.216-217).

97 Turretin, *Institutio Theologiae Elencticae* 12.9.5-11 (2.214-216). 특히 콕체우스의 인용, 12.9.9 (2.215).

하나님의 말씀이신 제2위 로고스 하나님께서는 중보자의 사역을 감당하셨음을 지적한다. 다만 그 사역은 다 이루신 예수 그리스도의 공로를 그 분과의 연합 가운데서 인격적으로 전가하시는 것은 아니었다. 옛 언약과 새 언약은 공히 중보자 예수 그리스도를 그 실체로 삼는다는 측면에서는 동일하다. 다만 그 분의 계속적 중보 사역에 있어서 경륜상 차이가 있다. 새 언약의 백성들에게 있어서는 이제 그리스도께서 자신의 영을 부어 주신 성도들을 위하여 친히 중보하심으로써 구원의 전체 과정을 주장하신다. 구약 시대 백성에게 있어서는 이 점이 결여되어 있었다. 그들은 단지 그리스도를 약속 가운데 믿었기 때문이다. 제임스 던이 말하듯이 구약과 신약의 차이는 율법의 규범을 어떻게 이행했는가에 있지 않고 구속사적으로 어떤 경륜 가운데 그리스도를 믿었는가에 있다.

학자들 가운데는 개혁신학의 연속성을 다룸에 있어서 칼빈의 언약관이 16세기와 17세기의 언약 신학자들에 의해서 순수하게 보존된 가운데 교리화 되고 심화되었다고 보거나 역으로 그들이 그것을 왜곡시켰다거나 부패시켰다고 보는 견해가 있다. 불연속성을 주장하는 후자에 속한 신학자들은 칼빈의 언약관에는 조건성이 없으나 후에 칼빈주의자들에 위해서 그것이 강조되었다고 보거나,[98] 칼빈은 하나님의 의지에 따른 행위를 강조한 반면 이후의 언약 신학자들은 웨스트민스터 신앙고백서에서와 같이 인간의 의지에 따른 행위에 중점을 두어서 회개가 믿음에 앞선다고 보았다고 하거나,[99] 이

98 Cf. James B. Torrance, "The Concept of Federal Theology—Was Calvin a Federal Theologian?" in *Calvinus Sacrae Scripturae Professor: Calvin as Confessor of Holy Scripture*, ed. Wilhelm H. Neuser (Grand Rapids: Eerdmans, 1994), 15-40.

99 R. T. Kendall, *Calvin and English Calvinism to 1649* (New York: HarperSanFrancisco, 1978), 201-204. 켄달의 이론은 헬름에 의해서 반박된다. Paul Helm, *Calvin and the Calvinists* (Edinburgh:

와는 반대로 칼빈과는 달리 언약신학자들이 중세의 실재론과 유명론을 혼합해서 현상적(유명론적)이며 주의주의적인 언약관을 전개했다고 보는 견해가[100] 있다. 그러나 우리가 윗시우스와 튜레틴의 경우를 통하여서 보듯이, 은혜 언약의 조건으로서의 믿음 조차도 은혜로 보는 가운데 그리스도의 대속적 공로를 강조하는 칼빈의 입장은 후의 개혁주의 신학자들에게도 기본적으로 계승되었으며 오히려 더욱 심화되어 발전했음을 알 수 있다.[101]

개혁주의 신학을 언약의 토대 위에 세우고자 하는 노력은 최근에도 계속되고 있다. 마이클 홀튼(Michael S. Horton)의 저작들은 특히 주목할 만하다. 그는 종말론적 관점에서 언약의 궁극적 성취를, 삼위일체론과 기독론적 관점에서 언약의 구속사적 성취를, 구원론적 관점에서 그 성취된 의의 적용을 다룬다. 그는 개혁주의 신학적 전통에 서서 원형계시와 모형계시를 구별하고 후자의 역사 가운데 오직 낯선 분으로서 하나님을 만나는 것이 언약이라고 보았다. 언약의 존재론적 의미는 우리를 만나시는 그 분 자신의 존재가 아니라 그

Banner of Truth, 1982), 5-6, 9, 61-70, and "Calvin and the Covenant: Unity and Continuity," *Evangelical Quarterly* 55/2 (1983), 65-81.

100 Stephen Strehle, "Calvinism, Augustinianism, and the Will of God," *Theologische Zeitschrift* 48/2 (1992), 221-237.

101 이러한 입장에 서 있는 학자들은 대체로 개혁주의 언약의 전통이 칼빈으로부터 기원한 것으로 소위 "단일 전통설"을 주장한다. Cf. Lyle D. Bierma, *German Calvinism in the Confessional Age: The Covenant Theology of Caspar Olevianus* (Grand Rapids: Baker, 1996), 150-153; "Federal Theology in the Sixteenth Century: Two Traditions?" *Westminster Theological Journal* 45 (1983), 317-321; Richard A. Muller, "The Covenant of Works and the Stability of Divine Law in Seventeenth-Century Reformed Orthodoxy: A Study in the Theology of Herman Witsius and Wilhelmus à Brakel," *Calvin Theological Journal* 29 (1994), 93-95. 언약의 일체성의 교리에 대한 칼빈과 이전 신학자들의 견해에 대해서, 김영규, "칼빈에게 있어서 신구약 실체의 통일성," 개혁주의 학술원, 편, [칼빈과 성경] (부산: 고신대학교 출판부, 2008), 89-126.

분께서 우리를 향하신 존재라는 측면에서만 추구된다고 본다.[102] 이러한 관점에서 저자는 그리스도와의 연합 교리를 언약 교리의 핵심으로 제시한다. 그리스도의 연합에 있어서 중보자의 인격이 강조되고, 이러한 연합이 의의 전가에 기초함을 합당하게 지적한다.[103] 홀튼의 일련의 언약에 관한 작품들은 주요한 신학적 주제들에 따른 언약신학적 의미를 추구함에 유익하다. 다만 그는 칼빈의 신학을 수시로 인용했음에도 불구하고, 그리스도와의 연합을 단지 개인 구원 과정으로서 강조했을 뿐 그 분께서 언약의 유일한 실체가 되심을 통하여서 신약과 구약의 연속성을 다룸에 있어서는 미진했다.[104]

언약의 일체성을 다룸에 있어서 신약과 구약의 연속성에 대한 문제 의식을 새롭게 환기시킨 공이 "소위 바울 신학의 새로운 관점"을 주장하는 신약 신학자들에게 있음은 인정해야 한다. 그러나 그들의 결론은 물론 전제 자체가 잘못되었다. 우리가 튜레틴에게서 보았듯이 칼빈과 그 이후 개혁신학자들은 은혜 언약의 하나임(unitas)을 그 실체가 되신 중보자 그리스도에게서 찾고 그로써 이신칭의 교리를 수립했다. 이러한 은혜 언약에 대한 기독론적이며 구원론적인 이해가 함께 전개된 가르침이 성도의 그리스도와의 연합 교리로서 제시되었다. 칼빈은 오직 성령의 은밀한 감화로 말미암은 믿음으로 성

---

102 Michael S. Horton, *Lord and Servant: A Covenant Christology* (Louisville: Westminster John Konx, 2005), 3-13, 16-17.

103 Michael S. Horton, *Covenant and Salvation: Union with Christ* (Louisville: Westminster John Konx, 2007), 특히 143 ff., 183 ff., 267 ff.

104 Michael S. Horton, *Covenant and Eschatology: The Divine Drama* (Louisville: Westminster John Konx, 2002), 특히 181-219. 여기서는 신약과 구약을 언약이라는 관점에서 파악은 하되 단지 그 역사성을 강조하는데 그치는 보스의 영향이 느껴진다. Cf. Geerhaedus Vos, *Biblical Theology: Old and New Testaments* (Grand Rapids: Eerdmans, 1948), 14, 16, 19-26.

도가 그리스도와 연합하여[105] 그 분의 몸에 접붙임 되며 그 분의 모든 은혜와 그 자신에게 참여하여서 하나되기 까지 자람을 강조한다.[106] 개혁주의 언약 신학을 대표하는 윗시우스는 말씀과 성령의 역사로 그리스도를 받음이 믿음이라고 간파했다.[107] 개혁주의 신학의 열매인 웨스트민스터 신앙고백서는 은혜 언약이 실체 – 그리스도 – 에 있어서는 하나이나 경륜에 있어서는 다양함을 분명히 선포하고 있다. 그리고 구약 시대의 성도의 칭의도 신약 시대의 성도와 하나며 동일함을 천명하고 있다.[108] 그러므로 칼빈과 그의 신학을 체계적으로 심화시킨 개혁신학자들이 복음보다 율법의 우위를 강조하면서 언약 신학을 발전시켰다는 이론은 마땅히 수정되어야 한다.[109]

튜레틴의 언약의 실체에 대한 기독론적 이해를 통하여서 우리는 개혁주의 신학의 핵심 교리(locus)인 sola Scriptura 원리가 tota Scriptura 원리와 궤를 같이하며 전개되었다는 사실을 파악하게 되었다. 튜레틴의 언약 이해는 대체로 전통적인 주제들에 집중되어 있다. 그의 논의는 만세 전의 삼위 하나님의 구원 협약(pactum salutis)과 그

---

105 *Inst*. 3.11.5 (*CO* 2.536-537); 3.17.12 (*CO* 2.600).

106 *Inst*. 3.2.24 (*CO* 2.418): "... quia Christus non eatra nos est, sed in nobis habitat, nec solum individuo societatis nexu nobis adhaeret, sed mirabili quadam communione in unum corpus nobiscum coalescit in dies magis ac magis, donec unum penitus nobiscum fiat."

107 Witsius, *The Economy of the Covenants between God and Man*, 3.7.25-26.

108 "The Westminster Confession of Faith, 1647," in Philip Schaff, ed. *The Creeds of Christendom with a History and Critical Notes*, Vol. 3, *The Evangelical Protestant Creeds*, Rep. (Grand Rapids: Baker, 1996), 618 (7.6): "Under the Gospel, when Christ the substance was exhibited, ... There are not, therefore, two covenants of grace differing in substance, but one and the same under various dispensations"; 628 (11.6): "The justification of believers under the Old Testament was, in all these respects, one the same with the justification of believers under the New Testament."

109 이러한 입장을 주장하는 견해에 대해서, James B. Torrence, "Strengths and Weaknesses of the Westminster Theology," in Alasdair I. C. Heron, ed. *The Westminster Confession in the Church Today* (Edinburgh: Saint Andrew Press, 1982), 49.

성취로서의 그리스도의 비하와 승귀에 집중되어 있다. 칼빈과는 달리 튜레틴은 승귀하신 그리스도의 계속적 중보 자체에 대해서는 깊이 다루지 않는다. 그러나 그 신학적 토대가 되는 그리스도의 공로와 그 전가에 대한 교리는 충분히 전개하고 있다. 튜레틴은 칼빈의 신학을 철학화한 것이 아니라, 다만 학문적 열의와 방법론으로 그것을 정치하게 기술했다.[110] 튜레틴은 언약을 옛 언약(신약)과 구약(새 언약)으로 파악하고 그것의 실체로서 중보자 그리스도의 인격과 사역을 체계적으로 고찰함으로써 객관적 속죄론의 이해에 이르고 그 기초 위에 구원론과 교회론를 전개했다는 측면에서 칼빈의 언약관을 합당하게 전개한 칼빈신학자라고 평가할 만하다.[111]

110 Richard Muller, "Scholasticism Protestant and Catholic: Francis Turretin on the Object and Principles of Theology," in *After Calvin: Studies in the Development of a Theological Tradition* (Oxford: Oxford University Press, 2003), 144.

111 Cf. Beach, *Christ and the Covenant: Francis Turretin's Federal Theology as a Defense of the Doctrine of Grace*, 332-333.

그리스도의 구약 언약 보증에 대한 프란시스 튜레틴의 견해

권경철

그리스도의 구약 언약 보증에 대한 프란시스 튜레틴의 견해1

권경철

I. 서론

칼빈 사후 100년 후의 제네바 신학을 책임졌던 프란시스 튜레틴(Francis Turretin, 1623–1687)는 개혁파 정통주의 혹은 개신교 스콜라주의라고 흔히 일컬어지는 17세기 신학을 대표하는 인물 중 한명이다. 그는 이탈리아 루카에서 종교개혁 신앙 때문에 제네바로 피난 온 집안의 이민 3세로서 이탈리아 이민교회에서 사역을 하였을 뿐만 아니라, 제네바 아카데미 신학교수였던 아버지 베네딕트 튜레틴의 뒤를 이어 평생동안 제네바 아카데미에서 신학 교수 사역을 하였다. 그의 대표저서인 총 세 권의 『변증신학 강요*Institutio theologiae elencticae*』(1권 1679, 2권 1682, 3권 1685)는, 17세기 개혁파 개신교 신학이 다양한 주제들에 대해서 전반적으로 어떤 입장을 취하였는지 알 수 있도록 안내해주는 백과사전같은 책이라고 할 수 있다. 찰스 핫지가 자신의 조직신학책을 완성하기 전까지 구프린스턴에서 교과서로 사용하기

1 권경철, "그리스도의 구약 언약 보증에 대한 프랑수아 투레티니의 견해", 갱신과부흥 26 (2020), 143-180.

도 했던 이 책을 읽어내려가다보면, 로마 가톨릭과 아르미니우스주의와 소키누스주의 등에 대한 논박과 신랄한 비판을 자주 접할 수 있다. 따라서 그리스도의 구약 언약 보증에 대한 논쟁에 있어서 튜레틴이 강한 목소리를 내더라도 전혀 놀랄 일이 아닌 것처럼 보인다.

그런데 흥미롭게도 제2권에 수록된 주제 12번의 질문 9–10번에는 대적에 대한 신랄한 비판이 생략되고 그 대신 짤막한 논증이 수록되어 있을 뿐이다. 게다가 논쟁의 대상도 가톨릭, 아르미니우스주의, 소키누스주의 등과 같이 명확하지 않고, 다소 불분명하게 설정되어 있다. 그리고 그리스도의 구약 언약 보증에 관한 논쟁의 원인을 제공하였던 요하네스 코케이우스(Johannes Cocceius, 1603–1669)에 대하여 "칭송받는 코케이우스"라는 표현과 함께 존경을 표하면서도,[2] 그의 반대자요 푸치우스 학파의 대변자였던 멜키오르 레이데커(Melchior Leydekker)의 저서 『진리의 능력 *Vis veritatis*』를 읽을 것을 추천하는 등 이 부분에서 튜레틴의 행보는 일견 이해하기 어려운 면이 있다.[3]

그렇다면 그리스도의 구약 언약 보증에 대한 튜레틴의 구체적인 입장은 무엇이며, 그가 자신의 입장을 평소와는 약간 다른 방식으로 제시하고 있는 이유는 무엇인가? 이 문제에 대해서 기존에 깊이있게 다룬 연구는 거의 없다시피 하며, 그나마 있는 연구들도 서로 의견의 일치를 보지 못하는 경향이 있다. 예를 들어, 헤르만 바빙크(Herman Bavinck, 1854–1921)는 그리스도의 구약 언약 보증 문제에 있어서 튜레틴이 코케이우스의 대척점에 있으며, 이 점에서 튜레틴은 레이데커와 그의 스승 푸치우스(Gisbertus Voetius, 1589–1676)와 궤를 같

2 Turrettinus, *Institutio theologiae elencticae*, XII.ix.9.

3 Turrettinus, *Institutio theologiae elencticae*, XII.ix.20.

이 한다고 간단히 언급하였다.[4] 튜레틴의 언약신학을 연구했던 비치(J. Mark Beach))역시도 바빙크의 의견에 동의를 표하고 있다.[5] 반면 반 아셀트(Willem J. van Asselt, 1946-2014)는 비록 튜레틴이 코케이우스주의자는 아니었어도 그의 생각을 푸치우스의 추종자인 레이데커의 그것과 동일하다고 볼 수는 없다고 주장하면서 바빙크와 다른 견해를 보였다.[6]

이와 같이 학계의 의견이 엇갈리고 있는 이유 중 하나는, 지금까지 튜레틴의 입장을 그의 시대배경을 및 그의 동시대 신학자들의 견해들과 비교하면서 철저하게 분석하며 제시하려는 시도가 부족했기 때문이다. 따라서 필자는 본 논문을 통해 프란시스 튜레틴이 그리스도의 구약 언약 보증에 관해서 정확히 어떤 입장을 어떤 방식으로 표명했으며 그렇게 표명했던 뒷배경이 무엇이었는지를 레이데커의 『*Vis veritatis*』와 비교하며 풀어냄으로써 학계에 기여하려고 한다. 튜레틴은 레이데커와 함께 푸치우스편에 확고하게 서있으면서도, 코케이우스주의에 대한 레이데커의 격양된 비판과는 논조를 달리하며 부드럽게 코케이우스주의를 논박하였다. 이같이 부드러운 논박은, 튜레틴 시대 제네바에서 코케이우스주의보다는 그 외 문제들이 더 심각하게 여겨졌다는 것을 암시하고 있다.

---

4 Herman Bavinck, *Sin and Salvation in Christ*, vol. 3 of *Reformed Dogmatics*, ed. John Bolt, trans. John Vriend (Grand Rapids, MI: Baker Academic, 2006), 213-214.

5 J. Mark Beach, *Christ and the Covenant: Francis Turretin's Federal Theology as a Defense of the Doctrine of Grace* (Göttingen: Vandenhoeck&Ruprecht, 2007), 285.

6 Willem J. van Asselt, "Expromissio or Fideiussio? A Seventeenth-Century Theological Debate between Voetians and Cocceians about the Nature of Christ's Suretyship in Salvation History," *Mid-American Journal of Theology* 14 (2003): 51.

II. 그리스도의 구약 언약 보증에 관한 신학논쟁의 역사

17세기 코케이우스주의자들과 푸치우스주의자들 사이에 있었던 그리스도의 구약 언약 보증에 관한 신학논쟁은, 보증이라는 의미를 가진 fidejussio와 expromissio라는 두 개의 로마법 용어를 어떻게 이해할 것인지의 문제를 그 핵심에 두고 있었다. 유스티니아누스 법전에 따르면, 전자는 빚진 사람이 미처 다 갚지 못하는 빚을 일부 갚아주는 보증을 가리킨다.[7] 후자는 전자만큼 자주 언급되지는 않지만, 전통적으로 전자와 동의어로 이해되어왔다.[8]

성경에서도 주기도문 등에서 죄를 빚에 비교하고 있기에, 보증이라는 개념으로 그리스도의 구속사역을 설명하려는 시도 역시도 자연스럽게 따라오게 되었다. 밀란의 감독 암브로시우스(340-397)는 그리스도를 fidejussor에 비교하였다. 사탄은 고리대금업자와 같으며, 인류는 빚진 자이며, 그리스도는 그 빚을 갚아주는 보증인과 같다는 것이다.[9] 하지만 암브로시우스 이후로부터 종교개혁시대에 이르기까지, 그리스도의 보증이라는 주제는 신학계에서 크게 주목을 받지 못하였다.

그런데 17세기에 이르러 언약신학의 아버지라고 불리우는 코케이우스와 그의 후계자들에 의하여 그리스도의 보증이라는 개념이 주목을 받기 시작했다. 코케이우스는 구약성경과 신약성경의 차이점을 강조하면서, 그리스도의 십자가 사건으로 인해 구약의 죄용

7 Justinian, *Institutes*, III.xx.4-5.

8 Justinian, *Institutes*, II.i.40-41; Richard Muller, *Dictionary of Latin and Greek Theological Terms: Drawn principally from Protestant Scholastic Theology* (Grand Rapids, MI: Baker, 1985), 111, 287.

9 Lois Miles Zucker, *S. Ambrosii, De Tobia: A Commentary, with an Introduction and Translation* (PhD diss., The Catholic University of America, 1933), 33.

서(πάρεσις)와 신약의 죄용서(ἄφεσις)는 질적으로 다르게 봐야한다고 주장하였다. 구약의 죄용서는 십자가 대속사건 이전이므로 죄를 완전히 제거할 수 없었던 반면, 신약의 죄용서는 십자가 대속사건 이후이므로 진정한 의미에서의 죄용서라고 할 수 있다는 것이 그의 주장의 골자였다.[10] 코케이우스 사후에 그의 추종자들은 구원계시의 발전과 구약과 신약의 차이점을 더욱 효과적으로 주장하기 위하여 fidejussio와 expromissio를 구분하기 시작했다.[11] 구약의 그리스도는 죄를 지겠다는 약속을 했지만 아직 그것을 이행하지 않았으므로 fidejussor라고 불러야 하고, 신약의 그리스도는 실제로 약속을 성취하여 인류에게 남아있는 죄라는 빚을 청산해주었기에 expromissor라고 불러야 한다는 것이 그들의 생각이었다.

그렇지만 코케이우스 학파의 반대자들인 푸치우스 학파는 원래 로마법에서 fidejussio와 expromissio가 엄밀하게 구별되지 않았다는 사실을 지적하였다.[12] 푸치우스 학파의 주장은 고전과 고전어 연구에 매진하는 인문주의 운동에 힘입어 출간된 헬라어-라틴어 대조사전들에 의하여 뒷받침되었다. 사전들에 따르면, 옛날부터 이 두 용어는 동의어로 사용되었기에, 코케이우스 학파의 주장은 성립될 수 없다는 것이다.

일견 지엽적인 신학논쟁으로 끝날 수 있을 것으로 보였던 이 논쟁은, 익명의 코케이우스주의자가 『구약과 신약의 죄용서 구분을 놓고 벌인 심각한 논쟁의 상태 *De staet des gemeynden verschils over het onderscheyd der vergevinge der Sonden onder het Oude en Nieuwe*

10 Cocceius, *Moreh nebochim*, §43, §76, §88, §119.

11 Petrus van Mastricht, *Theoretico-practica theologia* (Utrecht and Amsterdam, 1715), 402.

12 Leydekker, *Vis veritatis* (Utrecht, 1679), a:96-98.

Testament』라는 책을 써서 푸치우스주의자들을 강하게 비판하면서 과열되었다. 오늘날에는 이 책이 소실되어 자세한 내용을 알 수 없지만, 레이데커에 따르면 이 책에는 구약 성도보다 나은 지위를 누리면서도 그것을 인지하고 감사할줄 모르도록 만드는 푸치우스주의자들의 이론 때문에 네덜란드가 하나님의 진로를 받는다는 과격한 비판이 담겨있었다고 한다.[13] 마침 1672년 프랑스와의 전쟁에서 연달아 패전하면서 국력이 쇠한 네덜란드의 입장에서는, 이러한 과격한 발언이 패전의 책임을 푸치우스주의자들에게 전가하는 듯한 인상을 주었을 것이다. 이에 푸치우스주의자들 역시도 코케이우스주의의 위험성에 대해서 과격한 어조로 비판하며 자신들을 변호하게 되었다. 이러한 논쟁에서 푸치우스주의자들의 입장을 대변하며 코케이우스주의를 강하게 논박하는 책이 바로 레이데커의 『*Vis veritatis*』이다.

한편 튜레틴의 상황은 레이데커의 그것과는 차이가 있었다. 네덜란드에 거주하지 않는 튜레틴 입장에서는, 네덜란드의 패전의 책임이 누구에게 있느냐를 따지는 문제가 그다지 중요하지 않았다. 그 당시 제네바에서 가장 중요한 문제는, 가톨릭을 신봉하는 사보이와 프랑스의 위협에 맞서서 신앙과 독립을 지켜내는 것이었다. 예전에 제네바를 식민지배하던 사보이가 여전히 제네바를 위협하고 있었을 뿐만 아니라, 1679년 루이14세의 사절단이 제네바에 가톨릭 미사를 회복하라는 사명을 가지고 파견되기도 하였고, 1685년에는 마침내 개신교도들을 관용하겠다는 낭트칙령이 폐기되면서, 제네바의 신앙과 안보가 위협당하게 되었다. 이러한 상황에서 튜레틴이 얼마나 위

13 Leydekker, *Vis veritatis*, b:45.

협을 느꼈는지는 그의 『변증신학 강요』 제2권 서문에 거듭 등장하는 로마 가톨릭 논박과,[14] 그가 말년에 재출간한 『로마 가톨릭으로부터의 분열의 필요성과, 그와 합할 수 없음에 관하여 *De necessaria secession nostra ab ecclesia Romana et impossibili cum ea syncretismo disputationes*』라는 논쟁서, 그리고 낭트 칙령 폐기로 고통받는 프랑스 성도들을 격려하기 위한 설교들을 모은 그의 두 번째 설교집 『교회의 현재 상황을 위한, 다양한 성경본문 설교 모음집 *Recueil de sermons sur divers texts de l'ectriture s. pour l'état present de l'Eglise*』을 보면 잘 알 수 있다. 이전에 네덜란드의 도움을 받아 제네바 성채를 보수하였던 제네바와 튜레틴에게는, 이런 시국에 로마 가톨릭을 대항하여 함께 싸울 제네바의 소중한 친구이자 동맹군이었던 코케이우스 학파와 푸치우스 학파 중에서 그 누구도 잃고 싶지 않았을 것이다. 그러므로 튜레틴은 레이데커로 대표되는 네덜란드 푸치우스 학파보다는 부드럽게 코케이우스주의자들을 대하려고 했던 것이다. 이제부터 우리는 튜레틴의 작품에서 이 논쟁을 다루는 부분을 분석함으로써, 그가 푸치우스 학파로서 자신의 신학적인 소신을 지키면서도 동시에 논쟁이 불필요하게 커지는 것을 원하지 않았다는 사실을 입증하도록 하겠다.

14 Turretinus, Institutio, 2:xxi-xxiii.

III. 그리스도의 구약 언약 보증에 대한 튜레틴과 레이데커의 입장 비교분석

튜레틴의 이와 같은 바램은 그의 작품을 네덜란드 푸치우스 학파의 입장을 대변하는 레이데커의 책『*Vis veritatis*』와 비교해 보았을 때 여실히 드러난다. 튜레틴의『변증신학 강요』에서 코케이우스 – 푸치우스 논쟁을 다루는 부분은, 언약신학을 다루는 열 두 번째 주제 중에서 그리스도의 구약 언약 보증의 성격을 다루는 아홉 번째 질문과 구약 성도의 지위가 신약 성도의 지위보다 열등했는지를 탐구하는 열 번째 질문이다. 레이데커의 경우 총 다섯 권으로 이루어져 있는『*Vis veritatis*』라는 책 전체를 코케이우스와 푸치우스 논쟁에 할애하고 있고, 그 중에서 제2권이 튜레틴의 아홉 번째 질문에 상응하고 제5권이 튜레틴의 열 번째 질문에 상응하는 구조를 갖고 있다.

레이데커의 제2권은 크게 두 개의 논쟁주제를 화두로 던지고 있다. 첫 번째는 그리스도의 구약 언약 보증의 성격이 expromissio라기 보다는 fidejussio인가의 여부에 대하여 묻고,[15] 두 번째는 그리스도가 오셔서 죄의 값을 실제로 모두 지불하기 전까지 하나님께서 구약 성도들에게 대해 죄의 삯을 있는 그대로 요구할 권리를 보유하고 계셨는지에 대해 묻는다.[16] 물론 레이데커는 두 질문에 하나같이 부정적으로 대답한다. 각각의 논쟁은 세 개의 분과(sectio)로 나눠진다. 첫 번째 분과는 논쟁의 핵심이 무엇인가에 대해서 설명하고, 두 번째는 레이데커가 주장하는 입장을 뒷받침하는 근거들을 나열하며, 세 번째는 반론에 답변하는 형식으로 구성되어 있다. 반면 튜레틴은 논제

15 Leydekker, *Vis veritatis*, a:72.

16 Leydekker, *Vis veritatis*, a:107.

제시(status quaestionis), 증명, 해법을 위한 자료들(fontes solutionum)이라는 삼중 구조에서 『변증신학 강요』를 전개한다는 점에서 『*Vis veritatis*』의 삼중구조와 닮아있으나, 전체적으로 코케이우스-푸치우스 논쟁에 관련된 부분에 있어서만큼은 『변증신학 강요』가 『*Vis veritatis*』보다 간소화된 경향을 보인다. 일단 튜레틴은 레이데커보다 반론에 답변하는 마지막 세 번째 부분이 짧고, 반론에 대한 답변에 더하여 추가적인 진술들도 들어가 있다. 또한 레이데커가 『*Vis veritatis*』 제2권에서 두 가지 논쟁주제를 다루었다면, 튜레틴은 그것을 하나의 질문으로 뭉뚱그려서 다루고 있다. 그럼으로써 튜레틴은 레이데커의 두 번째 논쟁인 십자가 전 구약 성도의 죄 값을 요구하는 문제를, 그리스도의 보증직에 관한 첫 번째 논쟁에 종속시키는듯한 인상을 준다. 그리고 우리는 이 같은 차이점이 부분적으로는 『*Vis veritatis*□와 『변증신학 강요』의 서로 다른 저작 목적에서 기인한다는 것도 염두에 두어야 하겠다. 코케이우스-푸치우스 논쟁에 특화된 『*Vis veritatis*』는 코케이우스주의의 주장을 낱낱이 파헤치고 그들의 반론에 답변하는 것이 책의 목적을 위해 매우 중요했을 것이지만, 보다 더 광범위한 조직신학 논쟁을 백과사전식으로 다루는 『변증신학 강요』의 경우는 같은 정도의 코케이우스주의자들에 대한 세밀한 분석과 모든 반론에 대한 정밀한 답변이 필요하지는 않았을 것이기 때문이다. 게다가 튜레틴 자신이 『변증신학 강요』를 저술할 때 많은 증거와 인용구 나열을 생략하고 "간단하고 명료하게"(brevitate et perspicuitate) 각 신학분야를 서술하는 것을 목표로 저술했다고 언급한 것을 생각해보면,[17] 『변증신학 강요』가 『*Vis veritatis*』보다 훨씬 더 간소하게 코케이

17 Turrettinus, *Institutio*, I:xxv.

우스-푸치우스 논쟁을 다룬 것은 의도된 것이었다고 할 수 있다. 이제부터 필자는 튜레틴과 레이데커의 삼중 구조를 중심으로 실제 본문을 비교 및 대조하며 분석하도록 하겠다.

IV. 논제 제시, 첫 번째 분과

튜레틴과 레이데커는 각각 다른 방식으로 글을 시작하고 전개하지만, 그 핵심내용에 있어서는 실질적인 차이를 보이지 않는다. 일단 레이데커는 구약과 신약의 속죄 및 그리스도의 보증이 동일하다는 결론을 먼저 제시하면서, 코케이우스주의 이전에 소키누스주의가 그리스도의 보증에 대하여 오류를 범했었다는 말로 논쟁의 포문을 열기 시작한다.[18] 이를 통해서 우리가 유추해볼 수 있는 것은, 레이데커가 코케이우스주의와 소키누스주의를 은연중에 동일선상에 놓고 비교한다는 것이다. 한편 튜레틴은 레이데커보다 신중하게 그리스도의 보증이란 어떤 분야이고 그것이 무엇을 뜻하는 것인지에 대하여 살펴보면서 그의 글을 시작한다. 튜레틴에 따르면, 은혜 언약의 근간을 이루는 것이 그리스도의 보증이므로, 은혜 언약을 다루는 부분에서 그것이 다루어지는 것은 자연스럽다.[19] 이어서 튜레틴은 자신이 여기서 그리스도의 보증과 그리스도의 중보직을 함께 논의할 생각이 아니며, 그리스도의 구약 언약 보증이 어떠했는지만을 논의할 것이라고 논의의 범위를 규정짓는다.[20] 그러면서 그는 소키누

18 Leydekker, *Vis veritatis*, a:72.

19 Turrettinus, *Institutio*, XII.ix.1.

20 Turrettinus, *Institutio*, XII.ix.1.

스주의의 그리스도관은 그 어떤 정통이라도 다 거부하고 있으므로 여기서는 논외로 취급한다는 것을 밝힌다.[21] 이러한 조심스러운 접근을 통해 튜레틴은, 자신의 입장이 본질적으로 레이데커의 그것과 같으면서도, 동시에 코케이우스주의와 소키누스주의를 동일선상에 놓고 비교하려고 하는 레이데커의 접근법과 자신의 접근법 간에는 다소간의 온도차가 있을 수 있다는 사실을 암시한다.

서로간의 상이한 도입부분 이후에, 튜레틴과 레이데커는 본격적으로 논제를 제시하는 부분으로 진입한다. 먼저 레이데커는 푸치우스주의자들을 깎아내리는 소책자를 출간함으로써 논쟁을 과열되게 만들었던 "박식한 양반"(Vir Doctus), 즉 익명의 코케이우스주의자에 대해서 언급한다.[22] 반 아셀트는 이 익명의 코케이우스주의자가 레이데커의 고향 미델부그르(Middelburg)에 설교자로 청빙될 뻔 했던 빌헬무스 몸마(Wihelmus Momma, 1642-1677)였을 것이라고 추측하기도 하지만,[23] 그것은 어디까지나 추측일 뿐 확실한 것은 아니다. 어쨌든 레이데커에 따르면, 이 익명의 코케이우스주의자는 법률가들의 구분에 호소하면서, 십자가 사전 이전에는 그리스도에게 죄의 빚이 아직 완전히 전가되지 않았고, 또 그리스도가 그의 보증직분을 포기할 가능성이 남아있었기에, 그리스도의 구약 언약 보증은 부분적인 보증을 베푸는 fidejussio이지, 절대적인 성격을 띄는 expromissio가 될 수 없다는 논리를 폈다.[24] 그러나 레이데커는 구주의 영광에 합당한 것

21 Turrettinus, *Institutio*, XII.ix.2.

22 Leydekker, *Vis veritatis*, a:73.

23 Willem J. van Asselt, "Expromissio or Fideiussio," 47.

24 Leydekker, *Vis veritatis*, a:73.

은 expromissio이지 fidejussio가 아니라고 강하게 반박한다. [25] 구약의 그리스도가 expromissor가 아니라면, 그것은 하나님의 구원계획이 변경 혹은 좌절될 수도 있다는 말이 되고, 따라서 구약 선조들의 믿음은 헛것이 되어버린다.[26] 그러므로 "그리스도께서 유일한 expromissor가 아니라면, 그리고 완전한 죄값 지불이 없다면, 모든 것이 흔들리게 된다."[27] 레이데커는 또한 이 "박식한 양반"이 그리스도의 보증의 직분을 나누어놓은 것처럼 구약의 죄용서(πάρεσις)와 신약의 죄용서(ἄφεσις)를 구분한 것도 문제가 된다고 지적한다. 그와 같은 임의적인 구분은 구약 성도를 죄로부터 자유하지 못하게 하는 문제를 일으키게 된다. 따라서 정통신학자들은 하나님께서 구약 성도의 죄를 단지 간과하시고 그에 대한 처벌을 유예하셨다고만 하면 안되고, 영원하신 하나님 아들의 완전한 보증으로 인해 하나님의 법정에서 구약 성도들이 이미 무죄 선언을 받았다고 주장해야 옳다.[28]

반면 튜레틴은 문제의 소책자 저자나 그에 얽힌 역사적 정황에 대하여 일절 언급하지 않고, 특정 인물이나 논쟁의 구체적인 배경이 아닌, 일반적인 코케이우스주의자들의 주장을 요약함으로써 그의 논제를 제시한다. 레이데커가 "박식한 양반"(Vir Doctus)을 주로 상대하려고 했다면, 튜레틴은 "박식한 양반들"(Viri Docti), 즉 보통의 코케이우스주의자들을 논쟁의 상대로 생각하면서 그의 글을 전개해 나간다.[29] 튜레틴에 따르면 코케이우스주의자들은 일반적으로, 구약

---

25 Leydekker, *Vis veritatis*, a:78.

26 Leydekker, *Vis veritatis*, a:78.

27 Leydekker, *Vis veritatis*, a:77.

28 Leydekker, *Vis veritatis*, a:75.

29 Turrettinus, *Institutio*, XII.ix.9.

에서 죄가 그리스도에게 완전히 전가되었다는 사실을 인정하지 않음으로써, 그리스도가 보증의 직분을 저버릴 경우 하나님께서는 그의 택하신 성도들에게 형벌을 내리실 수 있는 권리를 보유하고 계셨다는 주장을 했다.[30] 코케이우스–푸치우스 논쟁의 핵심은, 그리스도의 보증직이 신구약 성경간의 여러 차이점의 하나로 취급될 수 있는지 여부, 그리고 구약에서 그리스도가 수행하신 보증직의 성질이 fidejussio였느냐 아니면 expromissio였는가의 문제였다.[31]

이와 같은 외견상의 차이점이 있기는 하지만, 결국 튜레틴의 주장은 레이데커의 주장과 동일하다. 그들은 expromissio와 fidejussio를 엄밀히 구분할 수 없다고 생각하면서도, 만일 그 용어들을 구분한다면 그리스도의 구약 언약 보증에 더 가까운 개념은 expromissio이지 fidejussio가 아니라는 시각을 공유한다.[32] 그렇지만 전체적으로 볼 때 레이데커보다는 튜레틴이 코케이우스주의자들에 대해서 훨씬 더 신사적인 태도로 자신의 논지를 전개해나가고 있음을 간파할 수 있다. 실제로 레이데커는 위의 두 법률용어를 엄밀하게 구분할 수 있다는 주장에 반대하면서, 아마도 "박식한 양반"이 자신의 주장을 정확히 이해하지 못한 상태에서 그러한 주장을 했을 것이라는 말을 남겼고,[33] 튜레틴은 그러한 감정적인 언급을 배제한채 "정통주의 신학자들의 공통적인 의견은 그리스도의 보증직이 fidejussio가 아니라 expromissio라는 것이며 ... 우리들은 fidejussor와 expromissor가 엄밀하게 구분될 수 있다고 생각하지도 않는다"고만 논평하였

30 Turrettinus, *Institutio*, XII.ix.3.

31 Turrettinus, *Institutio*, XII.ix.3.

32 Turrettinus, *Institutio*, XII.ix.4; Leydekker, *Vis veritatis*, a:74.

33 Leydekker, *Vis veritatis*, a:74.

다.[34] 이와 같은 초연한 태도로 미루어 볼 때, 튜레틴은 자신의 『변증신학 강요』의 주독자층이라고 할 수 있는 제네바의 교리교육생(τοις κατηχουμενοις)들과 "하나님께 헌신된 젊은이들," 즉 신학생들에게는 네덜란드에서 과열되어가던 논쟁이 그다지 중요한 문제가 아니라고 판단했던 것으로 보인다.[35]

여기서 짚고 넘어가야 할 사실은, 튜레틴과 레이데커가 fidejussio와 expromissio간의 엄밀한 구별의 불가능성을 지적한 것이 그리스도의 보증을 법률용어로 다 표현할 수 없다는 생각에서 기인한 것이기도 하지만 동시에 코케이우스주의에 대한 반론의 의미도 내포하고 있다는 점이다. 튜레틴과 레이데커는 공통적으로 그리스도의 천상적 보증이 이 땅의 그 어떤 제도와 사회의 법률로 완전하게 설명될 수 없다는 것을 기정사실로 받아들임과 동시에,[36] 두 법률 용어를 엄밀하게 구분할 수 없다는 사실을 들어 코케이우스주의를 반박하려고 시도한다. 레이데커가 『*Vis veritatis*』 제2권 서두에서부터 익명의 코케이우스주의자가 두 법률 용어간의 엄격한 구분을 주장하는 것에 대해서 불신을 표현하듯이, 튜레틴 역시도 『변증신학 강요』의 제12주제9문 4절의 둘째 문장, "우리들은 fidejussor와 expromissor가 엄밀하게 구분될 수 있다고 생각하지도 않는다"를 부정어 "nec"(영어의 nor)으로 시작함으로써, "fidejussio가 아니라 expromissio를 통해 선조들이 형벌로부터 자유함을 얻었다"고 했던 앞 구절을 이어가고 있다. 이것은 튜레틴과 크게 두 가지 근거에서 코케이우스주의의 주장에 반대한다는 것을 암시한다. 즉 첫째 근거는 믿음의 선조들의

34 Turrettinus, *Institutio*, XII.ix.4.

35 Turrettinus, *Institutio*, I:xx, xxv.

36 Turrettinus, *Institutio*, XII.ix.4; Leydekker, *Vis veritatis*, a:80-81.

구원과 속죄를 위해 expromissio가 필요하다는 것이고, 둘째 근거는 fidejussio와 expromissio의 엄밀한 구분이 불가능하다는 것이다. 이 두 단어가 서로 "조화롭게" 사용될 수 있다는 사실을 증명하기 위해 튜레틴과 레이데커는 공히 종교개혁시대 프랑스의 저명한 법률 연구가 야코부스 쿠야키우스(1522-1590)와 로마 시대 원로원의 소위 벨레이아누스법의 일부를 인용한다.[37]

튜레틴과 레이데커가 이처럼 똑같은 근거구절에 호소하고 서로 유사한 모습을 보이는 것은 우연이 아니라, 그들이 서로의 글을 읽었기 때문이었다. 레이데커는 『*Vis veritatis*』에서 "제네바 사람으로서 리옹에서 목회사역을 하러 오라고 청빙을 받기도 했던 튜레틴 교수는 그의 비견할 수 없는 책 『속죄론』에서 완전히 우리의 편을 들면서 형제들의 새로운 주장을 정죄한다"고 언급하면서, 튜레틴이 그리스도의 보증이 형법상의 빚, 즉 죄를 위한 것이지 금전적인 빚을 위한 것이 아니라고 한 부분을 직접 인용한다.

> 형법상의 빚과 금전적인 빚은, 그것의 속상 혹은 지불 여부와 상관없이, 그 면제받음에 있어서 큰 차이가 있다. 튜레틴의 『속죄론』 34쪽을 보라 ... 금전적인 빚에 있어서 빚을 준 이는, 빚만 갚는다고 한다면 빚진 자 자신이 빚을 갚든 혹은 보증인(fidejussor)이 빚을 갚든지간에 상관하지 않는다 ... 반면에, 형법상의 빚은 법이 정하는 만큼의 엄격성에 따라 죄인 그 자신이 죄책에 대한 벌을 받아야 한다는 점에서 그 성격이 다르다. 그렇기 때문에 다른 이가 빚 납부를 하는 것으로만은 자유를 얻

37 Turrettinus, *Institutio*, XII.ix.4; Leydekker, *Vis veritatis*, a:76.

> 기에 부족하고, 죄인을 대신해서 다른 이가 납부하는 빚의 대가를 받아들이고 그것을 죄인에게 전가시켜주는 자비롭고 은혜로운 재판장의 존재가 필수적인 것이다. 마찬가지로, 죄인들은 보증인에게 형벌이 지워질 때 빚 면제를 받게 된다. 즉, 재판장이 죄인을 방면하고 다른 사람이 그를 대신하여 법이 요구하는 형벌을 받도록 한다는 것이다. 이것이야말로 소키누스주의자들에 대한 가장 정확한 답변이다 ... 그리스도의 속죄에 대해 흐로티우스(Grotius)가 말하고 튜레틴이 반복하는 말을 첨언하는 것이야말로 기쁜 일이다.[38]

이와 같은 찬사에 응답이라도 하듯이, 튜레틴은 『*Vis veritatis*』보다 약 3년 후에 출간된 『변증신학 강요』 제2권에서, 코케이우스-푸치우스 논쟁에 대해서 "더 많은 것을 알고 싶은 분은, 이러한 논증을 견고하고 자세하게 전개해나가는 우트레흐트 신학자요 교수인 칭송받는 레이데커의 책 『*Vis veritatis*』, 제1번과 2번 논쟁을 참고하라"고 기록한다. 레이데커와 튜레틴이 서로간에 주고 받았던 이러한 추천사들로 미루어 볼 때, 튜레틴의 『변증신학 강요』 XII.ix.4가 『*Vis veritatis*』 제2권의 첫 번째 분과와 매우 닮아있는 것은 놀랄 일이 아니다.

물론 튜레틴이 레이데커의 책을 있는 그대로 사용하기만 한 것은 아니다. 논제 제시 부분에서 튜레틴은 『*Vis veritatis*』의 논지배열과 순서를 대체로 따르면서도, 레이데커의 논지 중에서 몇 가지를 생략 혹은 요약하면서 자신의 논지를 전개한다. 일단 마레시우스와 유니

38 Leydekker, *Vis veritatis*, a:82-83.

우스와 틸레누스와 클로펜베르그 등이 사실상 expromissio를 지지하며 코케이우스주의자들은 소키누스주의 및 아르미니우스주의와 타협하고 있다는 레이데커의 주장은, "정통주의 신학자들의 공통된 의견은 expromissio"라는 말만을 남긴 채 생략해버렸다.[39] 또한 πάρεσις와 ἄφεσις간의 구분을 비판하면서 금전적인 빚과 형법상의 빚에 대해서 레이데커가 다루는 부분은, 『변증신학 강요』 제10문으로 재배치되었다. 튜레틴에 대해서 레이데커가 칭찬하면서 인용하는 부분 역시도 생략되었다.

하지만 전체적으로 볼 때, 비록 레이데커만큼의 구체적이고 자세한 서술은 아니더라도 튜레틴의 논제 제시 부분이 『*Vis veritatis*』 제2권을 매우 닮아있는 것은 분명한 사실이다. 두 신학자 모두는 expromissio를 지지하며, fidejussio와 expromissio를 법적으로 엄밀하게 구분하는 것에 대해서 회의적이다. 또한 인간 법의 한계에 대한 공통된 인식이 나타나있으며, 그리스도의 보증이 금전적인 빚을 위한 것이 아니며 영혼을 위한 보증(ἀντίψυχος)이라는 사실도 공통적으로 천명되었다.[40] 무엇보다도, 『변증신학 강요』 XII.ix.4와 『*Vis veritatis*』 제2권의 제1번 논쟁간의 유사성은 자명하다.

V. 증명, 두 번째 분과

논제 제시 혹은 첫 번째 분과에서 예열을 마친 튜레틴과 레이데커는, 증명이라고도 하는 둘째 분과에서 본격적으로 자신들의 주장

39 Turrettinus, *Institutio*, XII.ix.4.

40 Turrettinus, *Institutio*, XII.ix.4; Leydekker, *Vis veritatis*, a:81.

을 입증하기 시작한다. 튜레틴은 fidejussio보다 expromissio를 선호하는 네 가지 이유를 제시하고, 레이데커는 10개의 서로 중복되는 주장을 한다.

튜레틴은 Expromissio가 선호되는 첫째 이유로 그리스도 보증의 성격 그 자체를 든다. 즉 "그리스도의 보증이란 다름아닌 그리스도의 절대적이고 변함없는 의지"를 뜻하는 것이기에, 완전하지 않은 보증이란 있을 수 없다는 것이다.[41] 그리스도를 fidejussor라고 하는 것은, 성도 스스로가 죄에 대한 속상을 제공할 수 있다는 것을 암시하기에 용인될 수 없다.[42] 이사야 53장 5-6절과 시편 40편 7-8절의 말씀은 구약 성도의 죄까지도 보증인이신 그리스도에게 완전하게 전가되었음을 가르친다.[43] 이사야는 하나님께서 그리스도에게 죄를 담당시키셨다고 말하지, 그리스도께서 실제로 죄 값을 대신 치르실 때에야 우리의 죄가 그에게 전가되었다고 말씀하지 않는다.[44] 십자가 대속사역 이전에도 하나님의 계획에 따라 그리스도에게 죄가 전가되어 있었고, 하나님의 완전한 대속이 절대적인 보증을 전제 조건으로 한다는 사실을 고려하면, 그리스도의 보증은 expromissio이어야 한다.[45] 마찬가지로 튜레틴이 보기에 시편 40편은 영원하고 변하지 않는 하나님의 의지가 율법 제사들을 거부하고 창세전부터 그리스도를 보증으로 예정한 사실을 나타내주고 있는 성경구절이다.[46] 그리스도께 이미 죄가 전가되지 않았다면 시편 40편 7-8절에서 그

41 Turrettinus, *Institutio*, XII.ix.5.

42 Turrettinus, *Institutio*, XII.ix.5.

43 Turrettinus, *Institutio*, XII.ix.6.

44 Turrettinus, *Institutio*, XII.ix.6.

45 Turrettinus, *Institutio*, XII.ix.6.

46 Turrettinus, *Institutio*, XII.ix.7.

리스도는 그와 같이 신속하고 기꺼이 자신을 바치려는 의지를 보이지 하지 않았을 것이다.[47] 그러므로 그리스도는 실로 요한계시록 13장 8절이 증거하는 것처럼, 세초부터 죽임을 당한 어린양이다.[48]

튜레틴의 첫 번째 이유에 상응하는 진술은, 레이데커의 『*Vis veritatis*』 곳곳에 흩어져 있지만, 그 중에서도 그와 가장 비슷한 것은 "그리스도의 보증의 성격과 유효성 그 자체"라는 제목이 붙은 여덟 번째 주장이다.[49] 그리스도의 보증이 절대적인 성격의 것이기에, 구주께서는 구약 성도의 죄도 짊어지셨다. 그리스도는 하나님의 정하신 보증인이기에 그에게 모든 죄가 전가되었고, 그리하여 창세부터 모든 구원의 혜택은 그리스도로부터 흘러나오게 되었다.[50] 그러므로 그리스도는 요한계시록 13장 8절 말씀처럼 세초부터 이미 죽임을 당한 어린양과 같다.[51] 비록 여기서 레이데커의 요한계시록 13장 8절 인용구가 튜레틴의 인용구와 약간의 차이가 있고, 또 시편 40편 7-8절을 레이데커가 인용하지 않는다는 차이가 있긴 하지만, 그들이 내리는 결론은 분명 일치하고 있다.

둘째로 튜레틴은, 하나님 입장에서나 보증인 그리스도의 입장에서나 성도의 입장에서나 어느 면에서 보아도 expromissio가 적절하다고 진술한다.[52] 그것이야말로 그리스도의 완전한 의를 요구하시는 하나님의 공의에 적절하다.[53] 그리스도의 속죄를 작정하신 하나님께

---

47 Turrettinus, *Institutio*, XII.ix.7.

48 Turrettinus, *Institutio*, XII.ix.7.

49 Leydekker, *Vis veritatis*, a:92.

50 Leydekker, *Vis veritatis*, a:92-94.

51 Leydekker, *Vis veritatis*, a:95.

52 Turrettinus, *Institutio*, XII.ix.8.

53 Turrettinus, *Institutio*, XII.ix.8.

서 성도들을 자유케하는 그리스도의 보증에도 불구하고 성도들에게 여전히 책임을 요구하신다는 것은 어울리지 않는다.[54] 영원전부터 그리스도의 보증은 예정되어 있었기에 신약시대와 구약시대를 막론하고 그의 보증의 효력은 동일하다.[55] 이러한 보증은 fidejussio일 수 없다.[56] 하나님의 무한하심과 완전하심처럼 그리스도 보증 역시도 완전하기 때문에, 또한 그리스도께서 하나님의 예정하심에 순종하여 영원 전에 자신을 성부께 드리신 것이라고 볼 수 있기 때문에, 그리스도의 보증은 fidejussio가 아니라 expromissio라고 표현되어야 한다.[57] 그리스도의 expromissio덕분에 구약 성도들은 형벌과 죄책으로부터 완전한 자유를 얻었기에, 그들에게는 더 이상 빚 지불이 요구되지 않는다.[58] 그러면서 튜레틴은 "박식한 양반" 코케이우스도 이 점을 인정할 수 밖에 없었다고 지적한다.[59]

레이데커 역시도 튜레틴과 동일하게 "보증인 그리스도가 어떤 분인지를 고려해도 그렇고 그 보증의 직분을 정하시는 재판장되신 성부를 고려해도 그렇고 그리스도는 expromissor라고 밖에는 생각할 수 없다"고 주장한다.[60] 튜레틴이 하나님의 공의와 지혜에 호소했던 것처럼, 레이데커 역시도 하나님의 의와 지혜에 적절한 것이 expromissio라고 본다.[61] 하나님께서는 의로우시기에, 원래 죄를 지은

54 Turrettinus, *Institutio*, XII.ix.8.

55 Turrettinus, *Institutio*, XII.ix.8.

56 Turrettinus, *Institutio*, XII.ix.8.

57 Turrettinus, *Institutio*, XII.ix.9.

58 Turrettinus, *Institutio*, XII.ix.9.

59 Turrettinus, *Institutio*, XII.ix.9.

60 Leydekker, *Vis veritatis*, a:86.

61 Leydekker, *Vis veritatis*, a:86.

이들의 빚 지불이 아니라 그리스도의 절대적인 보증만이 지불완료(solutio) 및 속상(satisfactio)으로 인정받을 수 있다.[62] 지혜로우신 하나님께서는 죄인들로부터가 아닌 하나님의 아들로부터만 빚 지불을 요구하신다.[63] 하나님의 지혜와 긍휼과 의와 권능을 나타내는 택함받은 성도들의 "완전한 자유"야말로, 그리스도의 시간을 초월한 보증이 목표로 하는 것이다.[64] 그와 같은 완전한 구원이 택한 성도들에게 허락되기 위해서, 하나님 아들의 보증은 하나님의 완전성과 무한하심을 반영하는 것이어야만 한다.[65] 삼위일체 하나님께서는 구속언약(pactum salutis)을 통해 변함이 없고 취소되지 않는 작정을 하셨기에, 그리스도의 완벽한 보증 역시도 언제나 expromissio이어야만 한다.[66] 이 점을 입증하기 위해 레이데커는 정통주의 신학자들의 여러 글들과 함께 코케이우스의 『하나님의 언약에 관한 교리 대전 *Summa doctrinae de foedere et testamento Dei*』 중 134분과(sectio)를 인용하는데, 사실 이 같은 구절을 튜레틴 역시도 인용하고 있다.[67]

셋째로, 튜레틴은 구약시대에 택함을 받은 성도들에게 필요한 분은 fidejussor가 아니라 expromissor였다고 말한다.[68] 빚을 준 사람에게, 꼭 보증인 자신이 아니더라도 누구든 어떻게든 빚을 갚도록 할 것이라는 약속을 하는 것으로 족한 fidejussor의 개념은 영혼을 대속함으로써(ἀντίψυχος) 형벌을 면제시키는 그리스도의 보증개념에 어울

62 Leydekker, *Vis veritatis*, a:87.

63 Leydekker, *Vis veritatis*, a:86.

64 Leydekker, *Vis veritatis*, a:86, 88, 90.

65 Leydekker, *Vis veritatis*, a:86.

66 Leydekker, *Vis veritatis*, a:86.

67 Turrettinus, *Institutio*, XII.ix.9; Leydekker, *Vis veritatis*, a:93.

68 Turrettinus, *Institutio*, XII.ix.10.

리지 않는다.[69] 성도들이 그리스도의 보증의 능력에 힘입어서 천국에 들어간다는 사실을 염두에 두면, 구약 성도들은 죄와 형벌로부터 완전한 자유를 얻기 위해서 expromissio를 필요로 했던 것이다.[70]

마찬가지로 레이데커도 성도들이 죄된 상태로부터 구원을 받기 위해서는 expromissio가 필요하다는 것이 자명하다고 주장한다.[71] 영혼을 위한 보증인(ἀντίψυχος)은 단순히 자신의 신용을 걸고 금전적인 빚을 갚겠다고 약속하는 fidejussor정도일 수 없다.[72] 영혼을 위한 보증인은 성도들을 모든 형벌과 개인적인 제반 의무로부터 구해주기 위하여 형법상의 빚을 보증인 자신이 홀로 짊어지고 그것을 모두 갚아주는 분이어야만 한다.[73] 하나님께서 영원 전부터 정하신 "그리스도 보증의 능력"을 힘입어 구약 성도들은 구원을 받고 영광스러운 천국에 입성할 수 있었던 것이다.[74]

넷째로, "그리스도의 expromissio 보증에는 절대성과 변함없음과 확실성이 포함된다"고 선언했던 레이데커를 따라,[75] 튜레틴은 그리스도 보증의 탁월성에 적합한 것은 expromissio라고 주장한다.[76] 빚진 이의 모든 의무와 책임을 넘겨받음으로써 빚진 이를 자유케하는 expromissio처럼, 오직 그리스도에게만 빚 지불이 요구됨으로써 죄의

69 Turrettinus, *Institutio*, XII.ix.10.

70 Turrettinus, *Institutio*, XII.ix.10.

71 Leydekker, *Vis veritatis*, a:85.

72 Leydekker, *Vis veritatis*, a:85.

73 Leydekker, *Vis veritatis*, a:85.

74 Leydekker, *Vis veritatis*, a:85-86.

75 Leydekker, *Vis veritatis*, a:87.

76 Turrettinus, *Institutio*, XII.ix.11.

빚을 진 성도가 완전한 자유를 얻는다.[77] 이것이야말로 그리스도 보증의 목적에 부합한다.[78] 레이데커도 마찬가지로 그리스도 보증의 탁월성을 고려하면 빚진 이에게 그 어떤 의무도 지우지 않고 모든 것을 보증인이 짊어지는 expromissio가 fidejussio보다 적절한 개념일 수 밖에 없다고 한다.[79] 그리스도 보증의 목적이 성도들의 완전한 구원임을 고려하면, 구약에서도 그리스도는 expromissor이어야만 한다는 것이다.[80]

이처럼 두 번째 분과에서도 『변증신학 강요』와 『*Vis veritatis*』가 일치한다는 사실이야말로, 레이데커 뿐만 아니라 튜레틴 역시도 푸치우스주의자임을 나타내주는 것이다. 레이데커와 마찬가지로 튜레틴은, 그리스도의 무한하며 영원한 능력을 고려할 때 구약 성도의 구원은 완전해야 하며 따라서 그리스도의 보증은 완벽한 성격의 것이어야만 한다고 주장하였다. 레이데커와 튜레틴은 공히 구약 성도의 구원이 완전해야 한다는 점을 들어 코케이우스주의를 논박했던 것이다. 튜레틴이 레이데커의 논증들을 그대로 가져다가 재구성하여 사용하고 있다는 것이야말로 튜레틴이 레이데커를 통하여 푸치우스주의 전통을 받아들였다는 강력한 증거가 된다.

---

77 Turrettinus, *Institutio*, XII.ix.11.

78 Turrettinus, *Institutio*, XII.ix.11.

79 Leydekker, *Vis veritatis*, a:87.

80 Leydekker, *Vis veritatis*, a:88.

VI. 해법을 위한 자료들, 세 번째 분과

앞에서 살펴보았던 부분들에서 우리는 튜레틴이 레이데커의 논증을 약간의 재구성만 거쳐서 거의 그대로 사용하고 있다는 사실을 증명하였다. 그런데 이 점에 있어서 세 번째 분과는 다소 예외적인 면이 있다. 왜냐하면 레이데커의 세 번째 분과에 상응하는 튜레틴의 '해법을 위한 자료들' 부분은, 『*Vis veritatis*』의 논증순서에 크게 연연하지 않고 있기 때문이다. 레이데커는 이 부분에서 코케이우스주의자들이 제기하는 온갖 반론에 답변하는 것에 치중하는 반면, 튜레틴은 반론보다도 추가적인 진술을 하는 것에 더 의의를 두고 있다. 그러나 좀 더 깊이 분석해보면, 이러한 외관상의 차이를 뛰어넘는 내용상의 일치도 분명히 존재하고 있다.

일단 튜레틴은 "하나님께서는 택한 백성이라고 하는 원래의 빚진 이들로부터 빚 지불을 요구하실 자유 혹은 권리를 언제나 보유하고 있었다"는 코케이우스의 진술이 사실이 아니라고 하는데, 사실 이 점은 레이데커가 『*Vis veritatis*』 제2권의 두 번째 논쟁에서 이미 자세히 다루었었다.[81] 튜레틴과 레이데커는, 그리스도의 대속을 결정한 하나님의 불변하는 작정 개념을 붙드는 한 하나님께서 성도들에게 죄 값을 요구하신다는 생각은 설 자리가 없다고 천명한다.[82] 공동 지불을 요구할 수 있는 사회제도와는 달리, 하나님께서는 그리스도의 빚 지불만을 요구하신다.[83] 푸치우스의 시각에서 볼 때, 그리스도의 대속에 대한 보증을 영원전에 결정하신 하나님께서 성도들에게 죄

81 Turrettinus, *Institutio*, XII.ix.12; Leydekker, *Vis veritatis*, a:107.

82 Turrettinus, *Institutio*, XII.ix.12; Leydekker, *Vis veritatis*, a:111.

83 Turrettinus, *Institutio*, XII.ix.12; Leydekker, *Vis veritatis*, a:116.

값을 요구하신다는 것은, 하나님의 공평과 지혜와 진리와 선하심과 긍휼에 어울리지 않았다.[84]

이어서 튜레틴과 레이데커는, 코케이우스주의자들이 상상했던 그리스도께서 자기 자신의 보증물(vadimonium)을 취소할 가능성에 대해서도 다시금 부정적인 답변을 내놓는다.[85] 인간의 보증물과는 달리, 그리스도의 "참되고 능력있고 이상적인" 보증은 구약성경과 하나님의 작정을 모두 뒤엎지 않고서야 버려질 수가 없는 것이기 때문이다.[86] 이와 마찬가지로 레이데커도, 그리스도는 자신이 약속한 보증물에 절대적으로 매였다고 진술하면서,[87] 코케이우스주의가 그리스도가 이미 하나님께 성별된 보증물이 되었다고 가르치는 구약성경의 가르침에 역행하고 있다고 비판한다.[88] 참되신 그리스도께서 하나님의 작정을 따르지 않고 자신의 보증인으로서의 직분을 버린다는 것은 상상할 수 없는 일이라는 것이다.[89]

튜레틴이 코케이우스주의자들의 제안에 설득력이 떨어진다고 생각했던 또 다른 이유는 바로 그리스도와 신자간에 존재하는 연합의 교리 때문이었다. 비록 구약시대에는 빚 지불이 아직 이루어지지 않았던 것이 사실이기는 하지만, 그리스도께서 성도와 연합하여 그들의 빚을 대신 갚아주기로 약속했기에 그들은 죄의 빚으로부터 풀려난 것이다(고후 5:15, 21).[90] 튜레틴 뿐만 아니라 레이데커 역시도, 그

84 Turrettinus, *Institutio*, XII.ix.12; Leydekker, *Vis veritatis*, a:113.

85 Turrettinus, *Institutio*, XII.ix.13; Leydekker, *Vis veritatis*, a:105.

86 Turrettinus, *Institutio*, XII.ix.13.

87 Leydekker, *Vis veritatis*, a:103-104.

88 Leydekker, *Vis veritatis*, a:120.

89 Leydekker, *Vis veritatis*, a:78, 105.

90 Turrettinus, *Institutio*, XII.ix.14.

리스도께서 지불하실 죄의 대가를 구약 성도가 직접 지불한다는 것은 어불성설이라고 본다.[91] 구약성도들이 단독으로든 혹은 하나님과 협력해서이든 죄의 빚을 지불한다는 것은 아예 불가능한 일이었고, 오직 그리스도 보증의 능력만이 빚을 지불할 수 있었다.[92] 그리스도께서 영원전부터 성도들을 위해 대속사역을 감당하기로 하나님과 언약을 맺으신 덕분에, 구약 성도들은 죄와 형벌 아래 있지 않았다.[93] 하나님이시요 동시에 사람이신 그리스도께서 성육신을 통해 택자들의 죄를 짊어지고 고난 당할 것이 영원 전부터 예정되어 있었으므로 그가 시간 속으로 들어와 죄와 저주가 되셨다고 말하는 것이 불경한 일이 아니듯이, 그리스도께서 성도들의 죄를 짊어지시는 것 역시도 영원전부터 효력이 발생할 수 있다.[94] 비록 레이데커가 코케이우스주의를 논박하는 과정에서 그리스도와의 연합을 튜레틴만큼 부각시키지는 않지만, 그럼에도 두 신학자가 본질적으로 같은 말을 하고 있다는 점에는 의심의 여지가 없다.

그리스도께서 하신 사역의 영원한 가치에 대해서 강조한 후에, 튜레틴은 금전적인 빚과 형벌적인 빚의 구분에 대해서 소개하는데, 이 구분에 대해서는 레이데커가 이미 『*Vis veritatis*』 제2권의 첫 번째 논쟁에서 자세히 설명한 바가 있다. 금전적인 빚의 전가는 형법적인 빚의 전가와는 구분되는데, 왜냐하면 전자는 빌린 돈의 액수만을 고려하고 돈을 지불하는 사람에 대해서는 고려하지 않는 반면, 후자는 사람에 관한 것이며 그것에 상응하는 형벌을 면제받는 길 역시도 빚

91 Turrettinus, *Institutio*, XII.ix.14; Leydekker, *Vis veritatis*, a:116.

92 Turrettinus, *Institutio*, XII.ix.14; Leydekker, *Vis veritatis*, a:117.

93 Turrettinus, *Institutio*, XII.ix.14; Leydekker, *Vis veritatis*, a:117.

94 Turrettinus, *Institutio*, XII.ix.15; Leydekker, *Vis veritatis*, a:113-114.

진 사람을 대신하는 보증인을 통해서만 가능하기 때문이다.[95] 물론 개인적인 책임문제는 보증인에게 전가되지는 않고 은혜롭게 사라지게 된다고 보아야 하므로 여전히 우리의 죄가 우리의 것이라고 말할 수 있는 상황에서, "그리스도께서 우리의 이름으로 빚을 갚아주신 것이다."[96] 레이데커 역시도 "우리의 개인적인 책임은 그리스도에게 옮겨지지 않고, 은혜로이 사라진다"고 기록하고 있다.[97] 비록 표현이 약간 달라지기는 했으나, 여기서 튜레틴과 레이데커가 공통된 주장을 펴고 있다는 것은 의심의 여지가 없는 사실이다. 튜레틴과 레이데커는 여기서 공히 "속상을 통한 속죄"와 "빚 지불을 통한 해방"을 구별하고 있다고 할 수 있다.[98] 게다가 튜레틴이 성도의 개인적인 책임이 보증인에게 전가되지 않고 은혜롭게 사라진다고 한 것도, 형벌을 면제받기 위해서는 법정에서 판사의 판결이 있어야 한다고 강조했던 레이데커의 주장과 궤를 같이하는 것이다. 그리하여 튜레틴과 레이데커가 함께 주장하는 바는, 죄인이 벌을 면제받기 위해서는 성도 대신 벌을 받으시고 그들의 책임은 면제시켜주시는 하나님이라는 은혜로우신 재판장의 판결이 필요하다는 것이다.[99] 동시에 두 신학자는 법정적인 용어의 한계를 지적하는 일도 잊지 않는다. 판사가 채무지불 의무를 다른 사람에게 새롭게 넘기는 것(novation)이라는 법정 용어를 사용하는 것으로는 그리스도의 보증을 완전하게 설명하기에 부족하다.[100] 왜냐하면 그리스도께서 대신 형벌을 받으신 것은

95 Turrettinus, *Institutio*, XII.ix.16; Leydekker, *Vis veritatis*, a:82-83.

96 Turrettinus, *Institutio*, XII.ix.16.

97 Leydekker, *Vis veritatis*, a:100.

98 Turrettinus, *Institutio*, XII.ix.16; Leydekker, *Vis veritatis*, a:84.

99 Turrettinus, *Institutio*, XII.ix.16; Leydekker, *Vis veritatis*, a:83.

100 Turrettinus, *Institutio*, XII.ix.17; Leydekker, *Vis veritatis*, a:99-100.

형법상의 죄를 위한 것이었지, 금전적인 빚을 위한 것이 아니었기 때문이다.[101]

9문의 나머지 부분에서 튜레틴은 몇 가지를 추가로 언급하고 있는데, 이 부분에서도 그는 서술은 레이데커의 그것과 매우 유사하다. 레이데커와 마찬가지로 튜레틴은 히브리서 7장 22절이 신약 시대 뿐만 아니라 구약 언약까지도 포괄하고 있다고 하면서, 그 성구에서 보증을 뜻하는 헬라어 ἔγγυος가 fidejussio뿐만 아니라 expromissio 라고도 번역될 수 있다고 주장한다.[102] 그리고 그와 같은 번역은 전설적인 헬라어 사전 편찬자 알렉산드리아의 헤시키우스(5세기에 활동했던 것으로 추정), 파리의 인문주의자 귀욤 뷔데(Guillaume Budé, 1468–1540), 그리고 코케이우스의 선생님인 마티아스 마르티니우스(Matthias Martinius, 1572–1630)의 연구에 의하여 뒷받침된다.[103]

뿐만 아니라 레이데커와 튜레틴은 공통적으로, 자원해서 자신을 제물로 드린 천상의 그리스도와 율법적으로 바치는 이성 없는 짐승 제물을 비교하면서, 하나님께서 예정하신 보증인 예수 그리스도는 율법이 있기 전에 이미 자신을 하나님께 기꺼이 드릴 준비가 되어 있었다는 언급을 한다.[104] 따라서 구약 성도들도 하나님의 작정하심에 의거하여 시간과 상관없이 중보자 그리스도 의의 혜택을 모두 누렸다는 것이다.[105]

마지막으로 튜레틴은, 골로새서 2장 14절을 인용하면서 그

101 Turrettinus, *Institutio*, XII.ix.17; Leydekker, *Vis veritatis*, a:100.

102 Turrettinus, *Institutio*, XII.ix.18; Leydekker, *Vis veritatis*, a:98.

103 Turrettinus, *Institutio*, XII.ix.18; Leydekker, *Vis veritatis*, a:98.

104 Turrettinus, *Institutio*, XII.ix.19; Leydekker, *Vis veritatis*, a:117.

105 Leydekker, *Vis veritatis*, a:77, 100.

리스도의 십자가 전에 살았던 구약 성도들은 '법조문으로 쓴 증서'(chirographum) 아래 있어서 제사 때마다 자신의 죄가 생각나 두려워 떨 수 밖에 없었다는 주장을 했던 코케이우스주의자들을 논박한다. 의식법과 그것이 규정한 제사들은 율법적인 측면에서(σχέσει) 보면 '법조문으로 쓴 증서'요 행위언약을 위반한 댓가를 치르게 하는 것일 수 있겠으나, 동시에 그것은 로마서 4장 11절과 고린도전서 10장 4절이 암시하듯이 복음적인 측면에서는 죄로부터의 자유를 주시고 칭의를 해주시는 보증인 그리스도의 표상이기도 하다.[106] 레이데커 역시도 로마서 4장 11절과 고린도전서 10장 1–3절을 인용하면서 동일한 언급을 한다. 그에 따르면, 모세 언약의 시대에 의식법이 율법적인 측면에서 '법조문으로 쓴 증서'로서 기능하면서 행위언약을 위반한 댓가를 요구하는 것일 수는 있겠으나, 그렇다고 해서 구약 성도들이 그것으로 인한 죄의 공포 아래 있었다고 말할 수는 없는데, 왜냐하면 복음적인 측면에서 '법조문으로 쓴 증서'란 그리스도 안에서 이미 주어진 죄로부터의 자유 및 칭의의 표상이기 때문이다.[107]

지금까지 『*Vis veritatis*』 제2권의 세 번째 분과와 『변증신학 강요』 열두 번째 주제의 9문 해법을 위한 자료들 부분을 비교하면서, 그것들이 서로 다른 구조를 보이고 있으나 내용에 있어서는 동일하다는 것을 밝혔다. 튜레틴과 레이데커는 공통적으로 변함이 없으신 하나님의 속성에 힘입은 하나님의 변함없는 작정으로 말미암아 결정된 그리스도의 영원하고도 완벽한 제사가 구약 성도들을 완전히 구했다는 것을 주장했고, 금전적 빚과 형법적 빚에 대한 구분을 소개했으며, expromissio의 사전적 의미를 설명하면서 인간사

106 Turrettinus, *Institutio*, XII.ix.20.

107 Leydekker, *Vis veritatis*, a:116.

회에서 빛을 전가시키는 원리와 그리스도에게 죄를 전가시키는 원리의 차이에 대해서도 언급하였다. 그리스도와의 연합이라는 주제를 제외하면, 사실상 『*Vis veritatis*』의 모든 주요 주제가 『변증신학강요』에서 간략하게나마 다루어졌다고 할 수 있다. 심지어는 그리스도와의 연합이라는 측면도 레이데커에서 완전히 이탈한 것이라기 보다는, 그의 서술을 보다 더 발전시킨 것이라고 볼 수 있다. 튜레틴은 "독창적인 사상가라기보다는 여러가지 의견을 모아서 종합하는" 사람답게,[108] 그리스도의 구약 언약 보증 분야에 있어서 이미 레이데커가 서술했던 전형적인 푸치우스주의적 견해를 자신의 말로 풀어서 설명하고 있는 것이라고 할 수 있겠다.

Ⅶ. 결론: 기존 연구들 평가 및 수정

이제는 결론적으로 그리스도의 구약 언약 보증에 대한 튜레틴의 견해를 다루는 문헌들을 평가할 차례이다. 첫째로, 튜레틴과 레이데커를 동일한 푸치우스학파로 분류한 바빙크의 견해는 옳다.[109] 그들은 모두 expromissio를 지지하면서 구약의 구원이 절대적이고 완전하다는 것을 주장함으로써 푸치우스주의편에 분명하게 섰기 때문이다. 바빙크의 분류법을 그대로 따르고 있는 비치(Beach) 역시도 옳다.

---

108 Richard A. Muller, *After Calvin: Studies in the Development of a Theological Tradition* (New York: Oxford University Press, 2003), 144.

109 Herman Bavinck, *Sin and Salvation in Christ*, 214.

반면 반 아셀트는 기본적으로는 바빙크와 비치의 분류법에 동의하면서도, 그것에 전적으로 동의하기보다는 다소 유보적인 모습을 보인다. 그에 따르면 레이데커는 튜레틴이 덧붙인 주의사항들을 생략하고 있다.

> 레이데커는 ... 네덜란드 밖에 있는 어떤 개혁주의 신학자들이 fideiussio를 거부했다고 언급한다. 프랑수아 튜레틴 역시도 이런 맥락에서 언급된다 ... 여기서 레이데커가 헛짚는 것은 분명히 아니지만, 동시에 그는 튜레틴이 언급하는 몇 가지의 유보사항들을 언급하지 않는다. 튜레틴은 fideiussio와 expromissio가 그리스도의 보증직을 설명하는 데에 적절하다고 생각하지 않는다. 왜냐하면 사회법의 절차와는 그것이 비교될 수 없기 때문이다. 그러나 이러한 차원으로 질문이 어차피 이끌어진다고 할 것 같으면, 제네바 교수 튜레틴은 그나마 그리스도의 보증직의 충족성과 능력에 가깝다고 판단되는 expromissor 쪽을 더 선호한다고 한 것이다. 하지만 튜레틴에 따르면, 그리스도의 보증은 expromissio와 완전히 일치 될 수는 없다. 현안이 형법적인 빚이지 금전적인 빚이 아니라는 점을 고려하면, 전자는 보증인에게 전적으로 전가될 수가 없는 것이다. 형법적인 빚은 구체적인 처벌과 도덕적인 죄책이라는 두 가지로 나누어지는데, 전자의 경우는 보증인이 되신 그리스도에게 전가되지만, 우리의 도덕적인 죄책은 그리스도께 전가될 수 없고 다만 그리스도 안에서 은혜로 없어지는 것이다. 이러한 방식으로 튜레틴은 expromissio에 대한 코케이우스주의자들의 비판을 염두에 두

고 있다.[110]

물론 레이데커가 1708년에 출간한 소책자 『*Filius Dei Sponsor*』만을 염두에 두고 말한다면 반 아셀트의 진술은 옳다. 하지만 『*Vis veritatis*』의 경우를 놓고 보면 이야기가 전혀 달라진다. 우리는 위에서 튜레틴과 레이데커를 비교하면서, 둘 다 expromissio라는 단어가 지니고 있는 한계를 잘 인지하고 있음을 보았다. 특히 레이데커는『*Vis veritatis*』 제2권의 첫번째 논쟁의 5번째 관찰(observatio)에서, expromissio가 그리스도의 보증직을 있는 그대로 나타내주기에는 부족하다는 것을 기꺼이 인정한다. 또한 위에서 우리가 살펴보았듯이 튜레틴과 레이데커는 공히 형법적 빚과 금전적 빚의 구분, 그리고 형법적 빚의 전가 가능한 부분과 전가되지 않고 은혜로 사라지는 부분에 대해서 말하고 있다. 따라서 반 아셀트의 주장은 레이데커의 『*Vis veritatis*』에 대해서는 성립하지 않는다. 그러므로 우리는 튜레틴과 레이데커의 차이점을 과장하지 않도록 주의해야 할 것이다.

더욱이, 위에서 우리는 expromissio를 fidejussio로부터 엄밀하게 구분할 수 없다는 자체가 코케이우스주의에 대한 푸치우스주의자들의 반격 도구였음을 보았다. 비치는 그리스도의 보증을 표현하는 두 법률 용어들을 구별할 수 없다고 튜레틴이 표현하는 이유가 다름이 아니라 이 땅의 법률 용어들이 그리스도의 천상적 보증을 완전하게 나타낼 수 없는 태생적 한계를 가지기 때문이라고만 설명하는 경향이 있지만,[111] 사실 튜레틴은 이 땅의 법률 용어들의 한계만을 염두에 두고 그 같은 표현을 한 것이 아니라, 코케이우스주의에 대한

110 Van Asselt, "Expromissio or Fideiussio," 51.

111 Beach, *Christ and the Covenant*, 275.

논박 역시도 의도하면서 그와 같은 표현을 했다고 보는 것이 더 타당하다. 『변증신학 강요』 XII.ix.4가 『*Vis veritatis*』 제2권 첫 번째 논쟁과 유사하다는 점, 그리고 fidejussio와 expromissio의 엄밀한 구분을 부정하면서 4절의 둘째 문장을 nec으로 시작하는 튜레틴의 문장구조로 미루어 볼 때, 비치와 반 아셀트의 해석은 좀 더 가다듬어질 필요가 있다.

끝으로, 이 연구는 동일한 푸치우스주의의 입장에 선 튜레틴과 레이데커 사이에서도 작은 차이점들이 발견된다는 것을 밝혔다. 튜레틴은 일반적인 코케이우스주의자들, 즉 "Viri Docti"를 상대하려고 한 반면에, 레이데커는 문제를 심각하게 만들었던 특정 코케이우스주의자, 즉 "Vir Doctus"를 염두에 두고 그의 글을 써내려가고 있다.[112] 또한 튜레틴과 레이데커는 같은 내용을 말하면서도 그 전개와 순서를 일부 다르게 하는 경우가 있다. 비록 바빙크의 관측이 옳기는 하지만, 그의 관측만으로는 두 신학자의 서로 다른 어조와 논지 전개 형식에 배어있는 미묘한 차이점을 알아차릴 수가 없다. 반 아셀트의 경우는 두 신학자간의 차이가 있을 수 있다는 것을 간파하기는 했으나, 그들의 차이가 내용상의 차이가 아니라 같은 내용을 전개하는 방식에 있어서의 차이임을 잘 드러내지 못했다. 비치의 경우에는 튜레틴이 논쟁의 당사자인 네덜란드 신학자들보다는 중립적인 태도로 문제를 다루고 있다고 잘 관측했지만, 원론적인 진술에 그쳤을 뿐 『*Vis veritatis*』와 비교하면서 그의 진술을 구체적으로 증명해내지는 못했다. 이 논문은 튜레틴의 작품이 코케이우스주의자들을 논박하는 과정에서 어디까지 어떻게 네덜란드 푸치우스주의자들

112 Turrettinus, *Institutio*, XII.ix.9; Leydekker, *Vis veritatis*, a:73.

의 생각을 반영하고 있고 또 어떤 면에서 독특한지를 알 수 있는 가장 좋은 방법은 역시 레이데커의 『*Vis veritatis*』와 튜레틴의 글을 비교해보는 것임을 밝히고, 그러한 비교분석을 통해 튜레틴이 레이데커의 푸치우스주의를 거의 그대로 받아들이면서도, 그의 인신공격적인 요소들은 배제하고 부드러운 논박을 했음을 증명하였다. 앞으로의 연구들은 튜레틴의 『변증신학 강요』가 레이데커의 『*Vis veritatis*』에게 영향을 받았다는 사실을 왜곡하지 않는 범위 내에서, 튜레틴의 작품의 독특한 면을 진지하게 다룰 필요가 있다.

프란시스 튜레틴의 개혁주의 정통 기독론:

'예수 그리스도의 인격론'을 중심으로

김은수

프란시스 튜레틴의 개혁주의 정통 기독론:
'예수 그리스도의 인격론'을 중심으로[1]

김은수

Ⅰ. 프란시스 튜레틴의 생애 및 신학적 특징과 중요한 공헌들

1. 프란시스 튜레틴의 간략한 생애

프란시스 튜레틴(Francis Turretin/François Turrettini, 1623-1687)은 스위스 제네바에서 16세기 종교개혁운동을 이끌며 개혁신학의 기초를 놓았던 존 칼빈(John Calvin, 1509-1564)과 테오도레 베자(Theodore Beza, 1519-1605)의 뒤를 이어서 17세기 '개신교 스콜라신학'(Protestant Scholastic Theology)의 최전성기에 '개혁파 정통주의 신학'(Reformed Orthodox Theology)을 가장 완전한 형태로 체계화하고 집대성한 신학자이다.[2] 그는 이탈리아 출신으로 1592년 제네바로 이주하여 개혁

1 김은수, "프란시스 튜레틴의 기독론", 종교개혁과 그리스도, 부산: 개혁주의학술원, 2019, 199-254.

2 17세기 정통주의 신학에 대하여 집중적으로 연구한 리처드 멀러(Richard A. Muller)는 종교개혁으로부터 정통주의 시대까지 개혁파 신학발전의 역사를 다음과 같이 구분하고 있다. (1) 종교개혁시대(ca. 1517-1565), (2) 초기 정통주의(ca. 1565-1640), (3) 전성기 정통주의(ca. 1640-1700) 그리고 (4) 후기 정통주의(ca. 1700-1790). 이러한 시대 구분에 따르면, 프란시스 튜레틴은 제3기 '전성기 개혁파 정통주의' 시대에 활약한 가장 중요한 신학자들 가운데 한 사람이며, 이 시기에 함께 활약한 주요 개혁파 신학자들은 다음과

파 교회 목사이자 칼빈과 베자가 설립한 '제네바 아카데미'에서 신학교수로 사역했던 베네딕트 튜레틴(Benedict Turretin, 1588-1631)의 아들로 태어났으며, 그 역시 이 제네바 아카데미에서 신학을 공부하였다. 이후 네덜란드 레이던(Leyden)과 우트레흐트(Utrecht), 그리고 프랑스 파리(Paris)와 소뮈르(Saumer) 등 유럽의 여러 도시들을 방문하여 그곳에서 활동하던 개혁파 신학자들과 깊이 교류하며 신학연구를 통해 학문적인 견문을 크게 넓혔고, 1648년부터 제네바 교회의 목사로 섬기며 동시에 이탈리아계 개혁교회 총회의 설교자로 사역하였다. 그리고 1650년 레이든 대학교의 요청으로 철학부 교수로 잠깐 동안 사역하다가 제네바 아카데미의 신학교수로서 '도르트 총회'(the Synod of Dortrecht, 1618-19)에서도 큰 역할을 감당하였던 존 디오다티(John Diodati, 1576-1649)와 테오도르 트론친(Theodore Tronchin, 1582-1657)의 뒤를 이어 1653년에 '제네바 아카데미'의 신학교수로 부름을 받아 평생 동안 그 교수직과 더불어 '제네바 시의 목사직'(City Pastor)을 신실하게 수행하였다. 튜레틴은 그러한 그의 모든 사역들을 통하여 당대에 가장 논리적으로 명징하고 체계적인 개혁파 신학을 종합적으로 완성하여 제시한 신학자임과 동시에 아주 경건하고 열정어린 명설교자로서 제네바 교회의 성도들로부터 큰 사랑을 받은 충성된 말씀의 사역자였다. 이러한 그의 주요 저서들 가운데 그동안 영문으로 번역된 것으로는 가장 중요한 저작인 3권으로 구성된 『변증신

같다. 스테펜 차르녹(Stephen Charnock, 1628-1680), 요하네스 콕케이우스(Johannnes Cocceius, 1603-1669), 요한 하인리히 하이데거(Johann Heinrich Heiddeger, 1633-1698), 존 오웬(John Owen, 1618-1683), 기스베르트 보에티우스(Gisbert Voetius, 1589-1676), 토마스 왓슨(Thomas Watson, d. ca. 1689), 헤르만 비치우스(Hermann Witsius, 1636-1708), etc. Cf. Richard A. Muller, *Post-Reformation Reformed Dogmatics,* vol. 1: *Prolegomena to Theology*, 1st ed. (Grand Rapids: Baker Book House, 1987), 40-52; [한역] 이은선 역, 『종교개혁 후 개혁주의 교의학: 신학 서론』 (서울: 이레서원, 2002), 52-72.

학 강요*Institutes of Elenctic Theology*』와 더불어 『그리스도의 속죄*The Atonement of Christ*』, 그리고 『칭의론 *Justification*』 등이 있다.[3]

2. 프란시스 튜레틴의 신학적 특징과 중요한 공헌들

개혁파 신학의 발전 역사에 있어 튜레틴의 신학적인 중요성과 더불어 그의 많은 공헌에도 불구하고 그동안 그의 신학에 대한 연구가 아주 미진하였고, 동시에 현대의 신학적 논의에 있어 상대적으로 '잊혀진' 신학자가 되었기 때문에 여기에서는 우리의 주제인 그의 '기독론'(Christology)을 본격적으로 다루기 전에 먼저 그의 전체적인 신학에 있어 중요한 몇 가지 특징들과 공헌들에 대하여 살펴보고자 한다. 스위스 제네바에서 16세기 종교개혁운동을 이끌며 개혁파 신학의 기초를 놓은 칼빈과 베자 이후 개혁주의 신학이 계속하여 발전하였고 또한 개혁파 교회가 유럽 여러 곳으로 확장되어 가면서, 특히 칼빈의 예정론에 반대한 아르미니우스(Jacobus Arminius, 1560-1609)와 그 추종자들인 '항론파'(the Remonstrance)가 일련의 심각한 교리적인 문제들을 제기하였고, 이로 인해 소집된 국제적인 개혁교회 대표자들의 모임인 '도르트 총회'(the Synod of Dortrecht, 1618-19)는 그러한 문

---

3 Cf. Francis Turretin, *Institutes of Elenctic Theology*, 3 vols., trans. George Musgrave Giger, ed. James T. Dennison, Jr. (Phillipsburg, NJ: P&R Publishing, 1992); idem, *The Atonement of Christ*, trans. James R. Willson (Eugene, OR: Wipf & Stock Publishers, 1999 Reprinted); idem, *Justification*, trans. George Musgrave Giger, ed. James T. Dennison, Jr. (Phillipsburg, NJ: P&R Publishing, 2004). 이러한 저서들 가운데 *The Atonement of Christ*는 이태복 역, 『개혁주의 속죄론: 그리스도의 속죄』 (서울: 개혁된신앙사, 2002), 그리고 *Institutes of Elenctic Theology*, 제1권이 박문재/한병수 역, 『변증신학 강요』, vol.1 (서울: 부흥과개혁사, 2017)로 번역되어 출간되었다. 또한 프란시스 튜레틴의 모든 라틴어 원전 저서들은 종교개혁이후 정통주의 시대의 거의 모든 신학 저술들에 대한 원문 자료들을 전문분야로 하여 디지털 문서형태로 제공하고 있는 "Post-Reformation Digital Library"(PRDL의 인터넷 웹사이트 - http://www.prdl.org/author_view.php?a_id=50)에서 찾아 볼 수 있다.

제들에 대하여 깊이 있는 신학적인 논의를 거쳐 그들의 주장을 논박하는 「도르트 총회 신앙표준서(도르트신경)*The Canons of the Synod of Dort*」(1619)를 채택하였다.[4] 그러나 이후에도 이와 관련한 신학적 논쟁들이 계속되었으며 튜레틴은 그러한 논쟁들 속에서 특히 정통 칼빈주의 견해와 아르미니안주의자들의 견해를 절충하고자 시도했던 아미랄디안니즘(가설적 보편속죄론, Hypothetical Universalism)을 성경의 올바른 가르침에 따라 철저하게 논박하며 『도르트 총회 신앙표준서』가 천명했던 정통 교리들을 신학적으로 더욱 명료하게 변증하는데 큰 공헌을 하였다.[5] 또한 그와 연관된 여러 가지 교리적인 논쟁들에 있어, 먼저 칼빈주의자들 안에서 일어난 '예정론 논쟁'에서 신학자들의 견해가 크게 '타락전 선택설'(supra-lapsarianism)과 '타락후 선택설'(infra-lapsarianism)로 나누어졌는데, 튜레틴은 그 가운데 토르트 총회의 주류적 입장이었던 '타락후 선택설'을 주장하고 견지 하였다.[6]

---

4 이때 아르미니우스주의자들(Arminians)인 "항변파"가 주장한 것은, "(1) 인간의 부분적인 타락, (2) 조건적 선택, (3) 비한정적(보편적) 속죄, (4) 항거할 수 있는 은혜, (5) 상실 가능한 구원의 은혜"로 요약된다. 이에 대하여 "도르트 총회"에서 채택한 『도르트 총회 신앙표준서(도르트 신경)』은 흔히 "칼빈주의 5대 강령"(TULIP)으로 불리는 다음의 5가지 신학적 선언으로 대답하였다: "(1) 전적타락(Total Depravity), (2) 무조건적인 선택(Unconditional Election), (3) 제한속죄(Limited Atonement), (4) 불가항력적 은혜(Irresistible Grace), (5) 성도의 견인(Perserance of Saints)." 이와 관련하여 Edwin H. Palmer, *The Five Points of Calvinism*, Enlarged ed. (Grand Rapids: Baker Book House, 1972); James M. Boice & Philip G. Ryken, *The Doctrines of Grace: Rediscovering the Evangelical Gospel* (Wheaton, IL: Crossway, 2009 Reprinted), 이용중 역, 『개혁주의 핵심』 (서울: 부흥과개혁사, 2010)을 참조하라.

5 이 속죄론 논쟁과 관련하여 '도르트 총회'에서의 아르미니안주의자들과 논쟁, 그리고 그 이후 계속 이어진 신학적 논쟁에 있어 아미랄두스주의와 튜레틴의 논박에 대하여는 김은수, "개혁주의 속죄론 이해: 도르트 신앙표준의 '형벌대속적 제한속죄론'," 『삼위일체 하나님과 신학』 (서울: 새물결플러스, 2018), 477-519를 참조하라.

6 이와 관련하여 Francis Turretin, *Institutes of Elenctic Theology*, vol. 1, trans. George Musgrave Giger, ed. James T. Dennison, Jr. (Phillipsburg, NJ: P&R Publishing, 1992), 311-430; [한역]

다음으로 17세기 '정통주의 시대'(신앙고백의 시대)로 접어들면서 로마 가톨릭, 루터파, 개혁파 등 기독교의 다양한 진영들 간에 신학적으로 심화된 논쟁들이 더욱 격화되었고, 심지어 개혁파 안에서도 여러 중요한 신학적인 주제들에 있어 견해가 다양하게 서로 나뉘기 시작하였다. 그 가운데서도 개혁파 진영 안에서 '도르트 총회' 이후에 프랑스 '소뮈르 아카데미'(the Academy of Saumur)에서 페트루스 라무스(Petrus Ramus, 1515–1572)의 신학적 영향을 받은 일군의 신학자들이 비교적 자유주의적인 견해들을 주장하기 시작하였는데, 특히 카펠(Louis Cappel, 1585–1658)은 성경의 영감론과 관련하여 '히브리어 맛소라 성경본문의 오류 가능성'을, 라 플레이스(Josué de La Place, 1596–1655)는 아담의 원죄로 인한 죄책이 직접적으로가 아니라 간접적으로 전가된다는 '간접 전가설'을, 그리고 그들과 더불어 아미로(Moise Amyraut/Amyraldus)아미랄두스, 1596–1664)는 '제한속죄론'을 보다 유화시킨 '가설적 보편속죄론'(Amyraldianism)을 주장함으로써 신학적으로 심각한 논쟁을 야기시켰다. 그리고 마침내 그러한 신학적 주장들이 큰 영향력을 발휘하며 급속하게 번져갔고, 심지어 개혁파 신학교육의 요람이었던 '제네바 아카데미'의 교수진 가운데 많은 이들도 그들의 주장에 점차 동조하게 되는 상황이 벌어졌다. 이러한 상황에서 스위스 정통 개혁주의자들은 그들의 주장을 성경적으로 반박하며 칼빈으로부터 도르트 총회까지 이어온 개혁신학의 교리적 정통성

박문재/한병수 역, 『변증신학 강요』 vol.1 (서울: 부흥과개혁사, 2017), 481-652; 이은선, "프란시스 튜레틴의 예정론 연구," 「한국개혁신학」 46 (2015): 33-59를 참조하라. 또한 개혁주의 예정론에 대한 보다 전반적인 논의는 Richard A. Muller, *Christ and the Decree: Christology and Predestination in Reformed Theology from Calvin to Perkins* (Grand Rapids: Baker Book House, 1986); Loraine Boettner, *The Reformed Doctrine of Predestination* (Phillipsburg, NJ: P&R Publishing, 1991 Reprinted), 홍의표/김남식 역, 『칼빈주의 예정론』 (서울: 보문출판사, 1990)을 참조하라.

을 보존함과 동시에 교회를 보호하기 위하여 제네바의 튜레틴(Francis Turretin)의 요청으로 취리히의 하이데거(John H. Heidegger, 1633-1698)의 주도하에 바젤의 게른러(Lucas Gernler, 1625-1675)와 함께 「스위스 일치신조 *The Helvetic Consensus Formula*」(1675)를 작성하여, 개혁파 신학의 근간이 되는 "성경의 축자영감"(verbal inspiration), "원죄의 직접적인 전가", 그리고 "타락후 선택", "제한속죄", "유효적 소명", "인간의 본성적 무능력", "이중적 언약"(행위언약/은혜언약) 등의 교리들을 보다 명확하게 재천명하였다.[7]

다음으로 언급해야할 중요한 요소는 17세기 정통주의 신학을 특징짓는 소위 '프로테스탄트 스콜라주의'(Protestant Scholasticism) 혹은 '개혁파 스콜라주의'(Reformed Scholasticism)로 명명되는 신학방법론(theological methodology)과 관련된 것이다.[8] 16세기 종교개혁운동의 초기에 유럽 전역의 역사를 휘몰아쳤던 혼란스러웠던 격동의 시간들이 지나고 점차 프로테스탄트 교회가 안정적으로 자리를 잡아가면서 1

---

7 Cf. Philip Schaff, *The Creeds of Christendom,* vol. I: *The History of Creeds* (Grand Rapids: Baker Books, 1983 Reprinted), 477-89. 그리고 전체 26개 항목으로 1675년에 라틴어로 작성되어 선포된 이 "스위스 일치신조"(*The Helvetic Consensus Formula*)의 전문에 대한 영어 번역본은 "*The Helvetic Consensus Formula* (1675)," *Reformed Confessions of the 16th and 17th Centuries in English Translation,* vol. 4 (1600-1693), James T. Dennison, Jr. (Grand Rapids, MI: Reformation Heritage Books, 2014), 516-30을 참조하라.

8 이러한 종교개혁과 정통주의 시대의 '프로테스탄트 스콜라주의'(Protestant Scholasticism), 혹은 '개혁파 스콜라주의'(Reformed Scholasticism)에 대한 논의들과 관련하여 Richard A. Muller, *Post-Reformation Reformed Dogmatics,* vol. 1: *Prolegomena to Theology,* 2nd ed. (Grand Rapids: Baker Academic, 2003), 조호영 역, 『신학 서론』 (서울: 부흥과개혁사, 2018); idem, *After Calvin: Studies in the Development of a Theological Tradition* (Oxford: Oxford University Press, 2003), 한병수 역, 『칼빈 이후 개혁신학』 (서울: 부흥과개혁사, 2011); Willem van Asselt, et al., *Introduction to Reformed Scholasticism* (Grand Rapids: Reformation Heritage Books, 2011), 한병수 역, 『개혁신학과 스콜라주의』 (서울: 부흥과개혁사, 2012); Willem van Asselt & Eef Dekker, eds., *Reformation and Scholasticism* (Grand Rapids: Baker Publishing, 2001), 한병수 역, 『종교개혁과 스콜라주의』 (서울: 부흥과개혁사, 2014) 등의 자료들을 참조하라.

세대 종교개혁자들의 신학을 보다 명확하게 구체화하여 계승함과 동시에 종교개혁을 통하여 제기된 여러 핵심적인 교리적인 요소들을 이제 기독교 신학 전체의 주제들과 서로 조화시키고 논리적으로도 더욱 체계화하여 종합해야 할 긴급한 필요성이 제기되었다. 이것은 앞서 언급한 바와 같이 엄밀한 중세 스콜라신학 방법론에 기초한 로마 가톨릭의 '반종교개혁운동'(Counter-Reformation)에 의한 신학적인 도전과 더불어 루터파, 급진주의자들 등 여러 종교개혁 진영들 사이에서 일어난 논쟁들과 함께 상호 경쟁적인 신학적 체계화 작업들과 신앙고백서의 작성 운동, 그리고 개혁파 자체 안에서 촉발된 다양한 신학적 논쟁들이 그 중요한 촉매제의 역할을 하였다. 이러한 일련의 흐름 속에서 개혁파 안에서는 먼저 칼빈의 신학적 후계자라고 할 수 있는 베자가 '제네바 아카데미'를 이끌면서 칼빈의 예정론을 논리적으로 더욱 엄밀하게 신학적인 체계화를 시도하는 가운데 이미 그러한 '개신교 스콜라적 신학'(학문적 신학/학교의 신학)의 경향이 나타났다. 이후 계속하여 이어진 여러 개혁파 신학자들이 신학적 논쟁들과 그들의 신학 저술 작업들 속에서 총체적으로 '개혁된 기독교신학'의 핵심 교리적인 요소들을 새로운 성경 주석적 기초 위에서 더욱 논리적으로 명확하게 하고, 또한 그러한 교리들을 통합하여 신학 전반에 걸쳐 전체적으로 체계화된 신학적인 종합을 위하여 '스콜라적 학문방법론'을 본격적으로 차용하여 사용하게 되었다. 특히 그 초기에 당대에 널리 통용되던 엄밀한 학문방법론이었던 그러한 '스콜라적 방법'(Scholastic Methodology)을 적극 수용하여 개혁파 정통주의 신학의 체계화 작업에 중요한 역할을 한 신학자들이 곧 「하이델베르크 요리문답 *Heidelberg Catechism*」(1563)와 그 해설서를 저술한 자카리우스 우르시누스(Zacharius Ursinus, 1534-1583)와 그의 후계자 제롬 잔키우스(Jerom Zanchius, 1516-1590), 그리고 유니우스(Franciscus Junius, 1545-1602)와

폴라누스(Amandus Polanus, 1561–1610) 등이다.[9]

이러한 개혁파 정통주의 신학(Reformed Orthodox Theology)은 17세기 후반 그 전성기에 이르러 튜레틴에 의하여 가장 완성된 형태로 체계적으로 종합되었으며, 특히 그의 생애에 있어 신학적인 최고의 완숙기에 저술된 『변증신학 강요 *Institutio theologiae elencticae*』(3 vols., 1679–86)는 이 시대 '개혁파 정통주의 교의학'(Reformed Orthodox Dogmatics)의 정점을 보여 주었다.[10] 보다 특징적인 것은, 튜레틴이 이 저서에서 중세 로마 가톨릭 스콜라 신학의 정점을 보여준 토마스 아퀴나스(Thomas Aquinas, 1224/25–1274)의 『신학대전*Summa Theologiae*』의 저술방식을 의도적으로 차용하여 종교개혁 이후 '개혁된 신학'에 대한 개혁파 신학(Reformed Theology)의 전체적인 신학체계를 다시 종합하여 재정립하고자 시도하였다는 사실이다. 그러한 저간의 여러 상황들을 살펴 볼 때 필자가 짐작하기로는, 튜레틴이 이 저서를 통하여 하나의 '개혁파 신학의 신학대전'(Reformed Summa Theologiae)을 완성하여 제시하기를 의도하였다고 본다. 그리하여 튜레틴의 이 저서는 당시 정통주의 개혁파 신학을 대표하는 가장 표준적인 교의학 저서로 널리 수용되어 읽히며 많은 영향을 미쳤다. 이와 더불어 여기에서 튜레틴의 신학과 관련하여 우리가 한 가지 새롭게 바로잡아야 할 큰 오

---

9 Cf. 김재성, "개혁파 스콜라주의 정통신학의 흐름", 『개혁신학 광맥』 (용인: 킹덤북스, 2016), 317-59.

10 이 저서는 다음과 같이 라틴어로 초판이 출판되었고, Francis Turretin, *Institutio theologiae elencticae*, 3 vols. (Geneva: Samuel de Tournes, 1679-1686), 이후 개정판이 그의 사후 1688-90에 동일 출판사에서 다시 출간되어 널리 보급되어 읽혔다. 현대 신학자들 가운데 튜레틴의 신학에 대하여 전체적으로 연구하고 다루는 경우가 극히 부족하며, 그러한 가운데 튜레틴의 신학적 특징에 대한 아주 간략한 소개와 평가를 제공하는 다음의 자료를 참조하라. "The Full Development of Reformed Scholasticism: Francis Turretin," Jack B. Rogers and Donald K. McKim, *The Authority and Interpretation of the Bible: An Historical Approach* (New York: Harper & Row Publishers, 1979), 172-87.

해 가운데 한 가지는 그동안 흔히 이 시기의 개혁파 정통주의 신학을 단순하게 아주 무미건조한 '사변적 이론신학'(speculative theoretical theology)에 불과한 것으로 치부하며 폄훼해 온 것이다. 그러나 그러한 일반적인 견해가 얼마나 왜곡된 것인지는 '신학의 본질적인 성격'에 대한 튜레틴의 다음과 같은 언명을 통하여 간단하게 논박된다.

> 신학은 본질적으로 이론-실천적이다(Theologia ita est Theoretico—Practica). 신학은 단순히 실천적인 것이라고 할 수도, 또는 이론적이라고 할 수도 없다. 그것은 신비로운 것들에 대한 지식이 신학의 본질적인 부분이기 때문이다. ... 그럼에도 불구하고 신학은 사변적(speculativam)이라기보다는 더욱 실천적(practicam)인 것인데, 이것은 신학의 궁극적인 목적(fine ultimo)이 실천(praxis)이라는 사실에서 명백하게 확인된다. 모든 신비가 작용(operation)을 규제하는 것은 아니지만 그럼에도 불구하고 모든 신비는 작용을 촉구한다. 이는 신비가 너무도 이론적이어서 실천으로 이끌지 않고 하나님에 대한 사랑과 경배도 유발하지 않는 그러한 경우는 존재하지 않기 때문이다. 실천으로 인도하지 않는 그 어떤 이론도 [우리를] 구원하지 못한다(nec Theoria salutaris est nisi ad praxim revocetur).[11]

이러한 튜레틴의 『변증신학 강요』는 이미 언급한 바와 같이 당대에도 널리 수용되어 읽히며 큰 영향을 미쳤지만, 18세기 근대 계몽

11 Turretin, *Institutio theologiae elencticae*, vol.1, I.vii.14-15. 여기서 튜레틴의 『변증신학 강요』의 인용표시는 학계의 일반적인 규칙에 따라 '주제번호'(I), '질문번호'(vii), '논의번호'(14-15)의 순서로 표기하였고, 이후에도 동일하게 적용하였다.

주의 시대에 이성주의(rationalism)의 거친 회오리가 신학계 전반을 초토화시키며 한차례 휩쓸고 지나간 다음, 특히 19세기 칼빈주의 개혁신학의 부흥을 이끌었던 미국 프린스톤 신학교의 찰스 핫지(Charles Hodge, 1797-1878)는 그 자신의 『조직신학*Systematic Theology*』(3 Vols.)을 저술하기 이전에 그의 강의에서 튜레틴의 이 저서를 교의학 교과서로 사용하였고, 또한 이 시기에 네덜란드의 개혁파 신학을 다시 체계적으로 종합하여 재정립한 헤르만 바빙크(Herman Bavinck, 1854-1921)의 『개혁 교의학 *Gereformeerde Dogmatiek*』(4 Vols.) 저술에도 큰 영향을 주었다.[12]

3. 프란시스 튜레틴의 '기독론'의 논의 구조

튜레틴은 개혁파 신학에 대한 하나의 표준적인 교의학적 저술로서 그의 『변증신학 강요』의 구조를 '서론/성경론', '신론', '인간론/죄론', '기독론', '구원론', '교회론', 그리고 '종말론' 등의 교의학 각론에 대하여 각기 구별된 명칭으로 아직 뚜렷하게 구분하여 나누지는 않고 개혁신학의 전체 교의학적 주제들(loci theologiae, topics of theology)을 단순하게 총20개로 나누어 차례로 나열하면서 다루고 있지만, 그 내용에 있어서는 이미 오늘날 우리에게 익숙한 개혁파 교의학의 각론적 구조와 순서를 명확하게 갖추고 있다. 그는 특히 여기에서 우리가 살펴볼 '기독론'과 관련된 주제들을 특히 제2권의 "제13주제, 그리스도의 인격과 상태"(The Person and State of Christ), 그리고 "제14주

12 Cf. Charles Hodge, *Systematic Theology*, 3 vols. (New York: C. Scribner and Company; London and Edinburgh: T. Nelson and Sons, 1872-73); Herman Bavinck, *Gereformeerde Dogmatiek*, 4 vols. (Kampen: J. H. Kok, 1895, 1906-11), [영역] *Reformed Dogmatics*, 4 vols., trans. John Vriend (Grand Rapids; Baker Academic, 2003-08), [한역] 『개혁교의학』 4 vols., 박태현 역 (서울: 부흥과개혁사, 2011).

제, 그리스도의 중보적 직무"(The Mediatorial Office of Christ)에서 본격적으로 다루고 있다.[13]

그러한 그의 기독론의 논의 구조와 관련하여 먼저 언급할 것은 튜레틴 역시 개혁파 신학의 가장 중요한 특징 가운데 하나인 '언약신학'(Covenant/Federal Theology)의 전체적인 맥락 속에서 그 자신의 기독론에 대한 논의를 진행하고 있다는 사실이다.[14] 또한 튜레틴이 칼빈의 신학을 발전적으로 계승하여 더욱 체계화하고 있다는 점을 고려하여 이 부분에 대한 논의를 서로 간단히 비교해 보자면, 칼빈이 그의 교의학적인 저술인 『기독교 강요 *Institutio Christianae Religionis*』(1559)에서 그렇게 하고 있는 것처럼,[15] 튜레틴도 기독론 문제를 본격적으로 논의하기에 앞서 "제11주제. 하나님의 율법"과 "제12주제. 은혜의 언약"에 대하여 먼저 논하고 있다.[16] 나아가 칼빈은 전체적으로 삼위일체론적인 사도신경의 구조를 따라 그의 『기독교 강요』를 4개의 대주제로 나눈 다음 그 각각에서 세부적인 신학적 주제들에 대한 논의를 진행하는데,[17] 특히 사도신경의 두 번째 항목인 '성자 하나님

13 여기에서 우리는 주로 다음의 영어 번역문을 통하여 내용을 분석할 것이다: Francis Turretin, *Institutes of Elenctic Theology*, vol. 2, trans. George Musgrave Giger, ed. James T. Dennison, Jr. (Phillipsburg, NJ: P&R Publishing, 1994), 271-499. 다만 특별히 필요한 경우에만 다음의 라틴어 본문을 참조할 것이다: Francis Turretin, *Institutio theologiae elencticae*, vol. 2. (Geneva: Samuel de Tournes, 1679-1686), 295-544.

14 튜레틴의 언약신학에 대한 체계적인 분석은 J. Mark Beach, *Christ and the Covenant: Francis Turretin's Federal Theology as a Defence of Doctrine of Grace* (Göttingen: Vandenhoeck & Ruperecht, 2015)를 참조하라.

15 John Calvin, *Institutio Christianae Religionis* (1559), *Calvini Opera*, vol. II; [영역] *Institutes of the Christian Religion,* trans. Ford L. Battles (Philadelphia: The Westminster Press, 1960); [한역] 『기독교 강요』, 김종흡 외 3인 역 (서울; 생명의말씀사, 1986).

16 Turretin, *Institutes of Elenctic Theology*, vol. 2, XI-XII(1-269).

17 칼빈은 그의 『기독교 강요』(*Institutio Christianae Religionis*, 1559) 최종판에서 공교회의 신앙고백인 '사도신경의 삼위일체론적 구조'에 따라 기독교 신학이 다루어야 하는

이신 예수 그리스도'에 해당하는 부분인 "제2권, 그리스도 안에 계신 구속자로서의 하나님의 대한 지식"에서 먼저 '인간의 타락과 부패한 상태'(제1장-제6장), 그리고 '율법과 복음'(제7장-제11장)에 대하여 다룬 연후에 곧바로 이어서 본격적으로 '기독론'에 대하여 논의하면서 차례로 '중보자로서의 예수 그리스도의 인격'(제12장-제14장), '예수 그리스도의 중보자로서의 삼중직무'(제15장), 그리고 '예수 그리스도의 두 상태론과 은혜의 공로'(제16장-제17장)의 순서로 논하고 있다.[18] 이에 반하여, 튜레틴은 해당부분에 대한 칼빈의 그러한 논의 구조를 더욱 체계화하고 순서를 다소 변경하여 '타락 이전의 인간과 자연언약'(제8주제), '죄론'(제9주제), '자유의지와 인간의 부패한 상태'(제10주제), 그리고 '율법'(제11주제)과 '은혜언약'(제12주제)을 아예 서로 독립된 주제 항목으로 다루고, 그 다음 '기독론'에 대한 주제를 다음과 같이 크게 두 부분으로 나누어 진행하고 있다.

본질적인 내용을 전체적으로 4권으로 나누어 재구성하고 있는데, '제1권, 창조주 하나님에 대한 지식(성부)', '제2권, 구속주 하나님에 대한 지식(성자)', '제3권, 성령 하나님과 구원의 은혜(성령)', 그리고 삼위일체 하나님의 공동사역의 결과로서 '제4권, 교회'에 대하여 다루고 있다. 참고로, 필자는 현대 개혁파 교의학의 논의 구조에 있어 지나치게 각론 중심으로 치우쳐 그 유기적인 신학적 통일성을 놓치는 위험성을 매우 경계해야 하며, 따라서 그러한 칼빈의 견해를 아주 중요하게 참조하면서 이것을 보다 발전적으로 회복할 필요성이 있음을 여기에서 다시 한번 더 재차 강조하고자 한다.

18 Cf. Calvin, *Institutio Christianae Religionis* (1559); 『기독교 강요』(1559), II.xii-xvii.

제13주제.

그리스도의 인격과 상태(The Person and State of Christ)

1. 약속의 메시아: 나사렛 예수(Q.1-2)

2. 성자 하나님의 성육신(Q.3-5)

3. 위격적 연합과 속성의 교류 문제(Q.6-8)

4. 그리스도의 이중상태: 낮아지심[비하] & 높아지심[승귀](Q.9-19)

제14주제.

그리스도의 중보적 직무(The Mediatorial Office of Christ)

1. 그리스도의 중보자 되심과 삼중직무(Q.1-6)

2. 그리스도의 선지자적 직무(Q.7)

3. 그리스도의 제사장적 직무(Q.8-15)

4. 그리스도의 왕국(Q.16-18)[19]

그럼 이제 우리는 다음에서 그러한 논의 구조와 순서로 이루어진 튜레틴의 '기독론'의 구체적인 내용들을 그 소주제별로 나누어 차례로 분석하면서 그 중요한 특징적인 요소들을 간략하게 요약적으로 살펴보고자 하는데, 다만 여기에서는 지면의 제한으로 인하여 '제13주제'에서 특히 "그리스도의 인격"(The Person of Christ, Q.1–8)에 대한 튜레틴의 논의만을 한정하여 다루고자 한다.

19 Turretin, *Institutes of Elenctic Theology*, vol. 2, XIII-XIV(271-499). 여기서 각 주제의 내용을 이렇게 각각 '4가지 소주제'로 나눈 것은 원저자인 튜레틴의 것이 아니라 여기에서 논의를 보다 요약적으로 일목요연하게 정리하고 진행하기 위한 필자의 편의적인 견해임을 밝혀 둔다.

II. 약속의 메시아: 나사렛 예수(XIII.Q.1-2)

1. '약속의 메시아'는 이미 오셨는가?

튜레틴은 그의 기독론에 대한 논의를 시작하면서, 이에 앞서 그가 논한 '은혜의 언약'(the covenant of grace)과 연관된 맥락에서 그 첫 문장을 다음과 같이 시작하고 있다.

> 그리스도께서는 신약성경의 중보자이시고 은혜의 언약으로부터 우리에게 흘러넘치는 모든 복들의 원인과 기원이기 때문에, 그러한 언약에 대한 교리는 그리스도에 대한 지식이 없이는 결코 올바로 이해될 수가 없다.[20]

따라서 그는 가장 먼저 과연 그렇게 언약을 통하여 약속된 '메시아'(Messiah)가 이미 도래했는지(Q.1), 그리고 그 약속의 메시아가 바로 '마리아의 아들, 나사렛 예수'(Jesus of Nazareth, the son of Mary)인지에 대한 질문(Q.2)을 제기하면서, 이것을 거부하는 유대인들의 주장에 대하여 많은 성경적인 증거들과 역사적 사실들을 통하여 논박하며 입증한다.

이 부분의 상세한 그의 논증들을 간단하게 요약하자면, 비록 우리의 구속자이신 '메시아'는 인류 역사 초기의 타락 사건 직후에 유일한 구원의 방편으로 즉각적으로 약속되었지만, 그가 오시기까지는 많은 이유로 인해 긴 시간의 간격이 있었다. 그리고 비록 하나

20 Turretin, *Institutes of Elenctic Theology*, vol. 2, XIII.i.1(271).

님께서는 인간의 죄와 악이 온 땅에 번성함에도 불구하고 이를 오래 참으시며 '그 정하신 때'(kairos)를 비밀로 남겨 놓으셨지만, 이미 구약성경에서 성령께서는 많은 선지자들을 통하여 그렇게 약속된 메시아의 오심에 대하여 믿는 자들이 분명히 알 수 있고 또한 그 누구도 부인할 수 없도록 명백한 수많은 '표지'(marks)들을 알려주셨다.[21] 따라서 비록 유대인들은 그 사실을 부인하지만, 그러한 성경의 수많은 증거들은 이제 하나님께서 정하신 '때가 차매(pleroma kairon, in the fullness of times), 그 약속된 메시아께서 이미 오셨다'는 것을 명백하게 입증하고 있다.[22]

2. '나사렛 예수'는 참된 메시아인가?

그렇다면 바로 이어서 제기되는 질문은 '그와 같이 약속의 메시아가 이미 오셨다면, 과연 그는 누구인가?'하는 것이다. "나사렛 예수는 진정 참된 메시아인가?"(Q.2) 튜레틴은 이 질문이야말로 바로 기독교의 근본 토대이며, 우리 신앙의 지렛목에 해당하는 것임을 올바로 강조하고 있다.[23] 따라서 그는 유대인들이 거부한 '동정녀 마리아의 아들, 나사렛 예수가 약속의 참 메시아이심'을 다음의 여러 사실들을 통하여 철저하게 논증한다. ① 그의 탄생과 관련된 여러 가지 사실들에 나타난 증거가 이미 예언된 것들과 정확하게 일치함(Q.2.4-8), ② 그리스도의 특수한 인격(person)과 상태(state)에 나타난 부인할 수 없는 메시아로서의 분명한 표지들(9-11), ③ 그리스도의 복음의 선포와 가르침 및 그가 행하신 구속의 사역들(12-20), ④ 선지

21 Cf. Turretin, *Institutes of Elenctic Theology*, vol. 2, XIII.i.2-5(271-72).

22 Cf. Turretin, *Institutes of Elenctic Theology*, vol. 2, XIII.i.7-38(273-87).

23 Cf. Turretin, *Institutes of Elenctic Theology*, vol. 2, XIII.ii.1(287).

자들로 말미암아 예언된 바와 같이 온 세상으로부터 이방인들을 부르시고 기독교[교회]를 세우신 명백한 사실(21), etc. 이러한 모든 증거들에 근거한 논증은 많은 신앙의 장애물들에도 불구하고 '나사렛 예수가 약속된 참 메시아이심'을 거부할 수 없도록 확증한다(22-28).[24]

이와 같이 튜레틴은 그의 기독론 논의에 대한 기초로서 개혁파 신학의 가장 중요한 특징 가운데 하나인 '언약 신학'의 맥락 가운데서 진행함과 동시에, 또한 오늘날 현대 신학의 기독론 논의들과의 연관 속에서 보자면, 그의 기독론 이해의 기초는 어떤 '신학적 사변'(theological speculation)이나 추상적인 '형이상학적 개념 혹은 원리'(metaphysical ideas or principles)가 아니라, 가장 우선적으로 성경의 구체적인 '구속역사적인 맥락' 속에서 '역사적 예수', 즉 '나사렛 예수'의 역사적 사실성(historical reality)에 그 토대를 두고 진행하고 있다는 사실을 우리는 특별히 기억해야 할 것이다. 이러한 방법론은 특히 현대 신학에서 많이 논의된 기독론의 방법론과 관련하여 소위 '위로부터의 방법론'(Christology from Above)과 '아래로부터의 방법론'(Christology from Below) 모두를 지양할 수 있는 개혁파 기독론을 위한 좋은 방법의 한 가지 사례라고 할 수 있을 것이다.[25]

24 Cf. Turretin, *Institutes of Elenctic Theology*, vol. 2, XIII.ii.4-28(288-99).

25 특히 이러한 현대신학에 있어 '기독론의 방법론'과 관련한 논쟁과 더불어 그것에 대한 개혁신학적인 대안에 대하여는 다음을 참조하라: 김은수, "개혁주의 기독론 이해: 연구방법론적 소묘 – 언약론적/성령론적/삼위일체론적 접근방법," 『삼위일체 하나님과 신학』 (서울: 새물결플러스, 2018), 369-476.

III. 성자 하나님의 성육신(XIII.Q.3-5)

1. 왜 하나님께서는 인간이 되셨는가(Cur Deus Homo)?

먼저, 튜레틴은 '영원한 말씀'(λογος)이신 '하나님의 아들'(the Son of God)이 인간의 본성을 취하신 사실, 곧 '성육신의 신비'(the mystery of incarnation)와 관련하여 다음과 같은 세 가지의 중요한 신학적인 질문들을 제기한다(Q.3). "① 만일 인간이 범죄하지 않았다 하더라도, 성자 하나님의 성육신은 필연적인 것인가?, ② 우리를 위하여 성자의 성육신의 불가피성 외에 하나님께서는 다른 구원의 방법이 가능하지 않은가?, ③ 우리의 중보자가 되시기 위해서 그리스도께서 반드시 '신-인'(God-man/theanthrōpon)이 되셔야 하는 것은 불가피한 것인가?"[26]

첫 번째 질문에 대하여, 비록 중세 스콜라 신학자들 가운데 몇 사람들(Alexander of Hales, Occam, Bonaventur, etc), 그리고 루터파 오시안더(Osiander)와 소시니안주의자(Socinians)들이 인간이 죄를 범하지 않았더라도 성자께서 성육신하셨을 것이라고 주장하지만, 튜레틴은 그러한 견해가 '가장 치명적인 이단적 사상'이라고 논박한다. 성경의 증거들에 따르면, 인간의 타락 사건 이후에 속죄를 위한 희생제물로 구속자가 약속되었고(창 3:15), 바로 그 약속에 따라 그리스도께서는 죄로부터 그의 백성을 구원하시려고 성육신하셨다(마 1:21; 요 1:29; 마 9:13; 20:28; 갈 4:4,5 etc). 또한 그리스도의 모든 직무들은 오직 죄인들과 관계된 것이다. 즉, 그는 '선지자'(Prophet)로서 죄인들을 가르치시

26 Turretin, *Institutes of Elenctic Theology*, vol. 2, XIII.iii.2(299).

고 믿음과 회개로 이끄시며, '제사장'(Priest)으로서 죄 값으로 자기 자신을 내어주실 뿐만 아니라 죄인들을 위하여 기도하시고, '왕'(King)으로서 사탄과 세상으로부터 그의 백성들을 지키시며 다스리신다.[27] 따라서 성경이 가르치는 그러한 모든 사실들에 근거하여, 튜레틴은 말하기를 "단언컨대, 그는 중보자(Mediator)가 되시기 위하여 성육신하셨으며, 만일 죄가 없었더라면 그러한 중보자는 필요로 하지 않았을 것이다."[28]

다음으로 두 번째 질문과 관련하여, 튜레틴은 그러한 질문이 함축하는 바는 인간의 구원에 대한 하나님의 절대적인 작정과 관련된 것이 아니라, 인간을 구원하시기 위하여 성육신이 불가피 한 것인지 아니면 다른 수단이 있을 수 있는지, 혹은 반드시 둘째 위격인 성자께서 성육신하셔야 하는지, 그리고 하나님의 공의가 만족될 수 있는 또 다른 방법은 없었는지에 관한 것이라고 규정하면서, "죄와 인간의 구속과 관련한 하나님의 작정이 성취되기 위해서는 성자께서 성육신하셔야 하는 것은 적절할 뿐만 아니라 필연적인 것"이라고 말한다.[29] 그 이유는, ① 하나님께서는 자신의 공의(justice)를 부인하시지 못하며, 또한 그것이 만족됨이 없이 인간을 자유롭게 하실 수 없다. 나아가 무한한 보상이 없이는 무한한 공의는 만족될 수 없고, 하나님의 아들 외에는 어느 곳에서도 그와 같은 무한한 보상을 찾을 방법이 없다. ② 그리고 만일 혹여 그러한 또 다른 방법이 있었다 하더라도, 그것은 하나님의 무한한 지혜와 선하심에 대하여 결코 신뢰

27 Cf. Turretin, *Institutes of Elenctic Theology*, vol. 2, XIII.iii.1-5(299-300).

28 Turretin, *Institutes of Elenctic Theology*, vol. 2, XIII.iii.5(300).

29 Turretin, *Institutes of Elenctic Theology*, vol. 2, XIII.iii.14(301).

할 만한 것이 될 수 없었을 것이다.[30]

마지막으로 세 번째 질문과 관련하여, 구속사역은 성육신을 통하여 인간의 본성을 끊을 수 없는 결합으로 자신의 것으로 취하신 '신-인'(God-man)을 제외하고는 성취될 수 없다는 사실이다. 즉, 죄로 말미암아 죽은바 된 우리를 구속하기 위해서는 특별히 다음 두 가지가 동시에 요구되는데, "구원의 획득과 그것의 적용, 그리고 구원을 위하여 죽음을 견디고 또한 생명을 누리게 하시기 위하여 그것을 극복하는 것, 이 모든 것을 동시에 성취하기 위하여 우리의 중보자는 반드시 '신-인'(God-man/theanthrōpon)이 되셔야만 했다."[31] 나아가 튜레틴은 그 이유에 대하여 다음과 같은 아름다운 표현으로 추가적인 설명을 제공하고 있다.

> 그는 인간으로서는 고통당하시고 하나님으로서는 극복하시며; 인간으로서는 우리가 당해야할 형벌을 받으시고 하나님으로서는 그것을 이기시고 쓰레기로 던지시며; 인간으로서는 우리를 위하여 죽으심으로 구원을 획득하시고 하나님으로서는 그것을 이기심으로 우리에게 적용하시며; 인간으로서는 육신을 취하심으로 우리들 가운데 하나가 되시고 하나님으로서는 성령의 수여로 우리를 자기 자신처럼 만드신다. 이것은 단순히 인간으로서만(mere man) 혹은 하나님으로서만(God alone) 하실 수 없는 것이다. 신성만으로는(God alone) 죽음에 넘겨지실 수 없고, 또한 인성만으로는(man alone) 그것을 이기실 수 없다. 인간만이(man alone) 우리를 위하여 죽으실 수 있고, 또한 하나님만

30 Cf. Turretin, *Institutes of Elenctic Theology*, vol. 2, XIII.iii.16-17(302).

31 Turretin, *Institutes of Elenctic Theology*, vol. 2, XIII.iii.19(302).

이(God alone) 그것을 정복하실 수 있다. 그러므로 반드시 두 본성이 모두 함께 연합하여 결합되셔야 하며, 그러한 결합 안에서 동시에 인성의 최고의 약점으로는 고통당하시고 신성의 최고 권능과 위엄으로는 승리하신다.[32]

그러므로 성경은 그리스도에 대하여 언제나 "그는 참으로 '신-인'(God-man/theanthrōpon)"이시라고 가르친다. 그리하여 '신-인'이신 그리스도께서는 우리를 하나님께 화해시키기 위하여 중보자로서 그의 모든 사역들을 수행하신다.[33]

2. 왜 오직 '성자 하나님'(the Son of God)께서 성육하셨는가?

다음으로 튜레틴이 제기하는 질문은 "왜 삼위일체 하나님의 세 위격들 가운데 제2위격이신 성자께서만 성육신하여야 하는가?"하는 것이다Q.4. 그리고 이 '놀라운 성육신의 신비'에 대한 바로 그 질문과 관련하여 즉각적으로 고려되어야 하는 몇 가지 핵심적인 의문들은 대체로 다음과 같은 것들이다. '① 삼위일체 하나님의 세 위격들 가운데 어느 위격이 인성을 취하시는가?, ② 그가 취하신 본성은 과연 무엇인가?, 또한 ③ 인성을 취하시는 방식인 위격적 연합(hypostatical union)은 어떠한 것인가?, 그리고 ④ 그것의 영향들은 무엇인가?'하는 것이다.[34]

튜레틴에 의하면, 먼저 우리가 반드시 기억해야 할 것은 삼위일체 하나님의 모든 위격들(the whole Trinity)께서 이 '성육신의 신비'에 관

32 Turretin, *Institutes of Elenctic Theology*, vol. 2, XIII.iii.19(302f).

33 Cf. Turretin, *Institutes of Elenctic Theology*, vol. 2, XIII.iii.20-22(302).

34 Turretin, *Institutes of Elenctic Theology*, vol. 2, XIII.iv.1(304).

계하시는데, 고대 교부들로부터 수납된 신학적 명제에 의하면 삼위일체 하나님의 외적 사역들(external works)은 결코 나뉘지 않기 때문에, 삼위일체 하나님의 세 위격들 전체가 이 성육신 사건에 있어 모두 공동으로 하나가 되시어 역사하시는 것에는 아무런 의심의 여지가 없다. 그러므로 성부께서는 성자를 보내셨으며, 성령께서는 그를 동정녀의 자궁에 잉태케 하셨다.

> 그러므로 삼위일체 하나님의 삼위격 모두 이 성육신 사역에 필연적으로 관계하신다. 첫 번째 위격께서는 만물의 창조자이시며 최고 심판자이신 하나님의 엄위하심을 유지하시기 위하여; 둘째 위격께서는 인간과 하나님 사이의 중보자로서 일하시며 우리를 위해 만족을 드리시기 위하여 그리고 셋째 위격께서는 우리 안에서 구원의 사역을 수행하시기 위하여 그리하신다. 그러므로 첫째 위격께는 구원의 최종적인 운명이, 둘째 위격께는 그것의 획득이, 셋째 위격께는 그것의 적용과 완성이 각각 속하게 된다.[35]

따라서 튜레틴에 의하면, 이 질문이 제기하는 주된 논점은 삼위일체 하나님의 삼위격 가운데 과연 어느 위격께서 성육신하는가 하는 것이며, 또한 삼위격 가운데 누구라도 가능한지, 아니면 오직 두 번째 위격께서만 가능한 것인지에 대한 것이다. 이러한 신학적인 질문에 대하여 튜레틴의 대답은 '오직 두 번째 위격께서만 성육신하실 수 있다'는 것이다.[36] 왜냐하면 성경은 이 성육신의 신비와 관련하여

35 Turretin, *Institutes of Elenctic Theology*, vol. 2, XIII.iv.2(304).

36 Cf. Turretin, *Institutes of Elenctic Theology*, vol. 2, XIII.iv.3(304).

성부나 성령이 아니라 오직 성자께만 이를 돌리고 있는데, '영원한 말씀(λογος)이 육신이 되셨고'(요 1:14), '하나님과 동일본질이신 성자께서 종의 형체를 취하셨으며'(빌 2:6,7), 죄를 제외하고는 모든 것에 있어 우리와 같이 되셨다고 가르치고 있다.[37]

그렇다면 그러한 신학적인 이유는 과연 무엇인가? 튜레틴에 의하면, 삼위일체 하나님의 세 위격들 가운데, '성부'(the Father)께서는 결코 성육하실 수 없는데, 왜냐하면 그는 첫 번째 위격으로서 그 누구에게서도 보내심을 받지 않으시는 분이며, 또한 성자와 성령에 대하여 중보자의 역할을 행하실 수 없기 때문이다. 또한 신성에 있어 성부이신 그가 동정녀에게서 출생하시는 인성에서의 성자가 되실 수는 없다. 나아가 성령(the Holy Spirit)께서도 역시 그렇게 하실 수 없다. 왜냐하면 그는 바로 중보자에 의하여 교회에 보내심을 받는 분이신데(요 16:7), 그 자신을 보내실 수는 없기 때문이다. 그럼에도 불구하고 만일 그렇게 된다면, 결국 '두 아들'이 존재하게 되는바, 하나는 영원 출생(eternal generation)에 의한 아들(성자), 그리고 시간 안에서 동정녀에게서 성육하신 또 다른 아들(성령)이 되시는 결과를 초래하기 때문이며, 그것은 아주 불합리한 것이다.[38]

결과적으로, 오직 성자 하나님(the Son of God)께서만이 다음의 기능을 수행하실 수 있다. ① 오직 그만이 성부와 성령 사이에, 그리고 동시에 하나님과 인간 사이에 중보자가 되실 수 있다. ② 우리를 은혜로 그의 자녀(양자) 삼으시고 또한 자신에게 속한 모든 것들에 대하여 공동 상속자로 만드시는 것은 그 본성상 성자에게 가장 어울리는 것이다. ③ 첫 번째 창조에서 모든 것을 그 자신이신 영원한 말

37 Cf. Turretin, *Institutes of Elenctic Theology*, vol. 2, XIII.iv.4(304).

38 Cf. Turretin, *Institutes of Elenctic Theology*, vol. 2, XIII.iv.5(304f).

씀(the Word)을 통하여 창조하신 분, 곧 성자께서는 두 번째 창조에서 그의 형상에 따라 우리를 재창조 하신다. ④ 성부께서 특별히 사랑하시고 기뻐하시는 아들(마 3:17), 곧 성자 이외에 우리를 하나님과 진정으로 화해케 하실 수 있는 더 적절하신 분은 없다.[39]

다음으로 한 걸음 더 나아가서, 우리가 '성자 하나님의 성육신의 신비'에 대하여 고찰하면서 한 가지 더 깊이 생각해야 할 것은 비록 '성자 안에서 신성(divine nature)이 온전히 성육하셨다'고 말할 수는 있지만, 그것을 결코 삼위일체 하나님 전체의 성육신이라고 이해해서는 안된다는 것이다. 즉, 우리가 '신성이 성육신했다'고 할 때, 그것은 어떤 절대적인 것이 아니라 성자의 인격 안에서 매개된 것, 혹은 성자의 위격 안에서 구별되고 특정화된 신성이라는 것이다. 그러므로 "성육신은 결코 본성(nature)에 따른 사역이 아니라 위격(person)에 따른 사역이며, 본성에서 이루어진 것이 아니라 위격에서 이루어진 것으로 이해하여야 한다."[40] 그럼에도 불구하고, 튜레틴에 의하면, "하나님의 완전한 신성 전체(the whole divine nature)가 참으로 성육하셨지만, 그것은 삼위일체 하나님의 모든 위격들이 아니라, 성자의 완전한 신성에 따라서 그러한 것이다. 또한 동시에 나머지 위격들을 제외한 특별히 한 위격의 성육은 삼위일체 하나님 자신에 있어 위격들 사이의 관계나 위격(the person)과 본질(the essence)의 관계에 있어 그 어떠한 방해도 초래하지 않는다."[41] 이러한 논의의 결과, 성자에 의하여 취해진 인간의 본성(the human nature)은 삼위일체 하나님의 다른 구별된 위격들(성부와 성령)에 의해서는 취해지지 않는다. 말하자면, 인성

39 Cf. Turretin, *Institutes of Elenctic Theology*, vol. 2, XIII.iv.6(305).

40 Turretin, *Institutes of Elenctic Theology*, vol. 2, XIII.iv.7(305).

41 Turretin, *Institutes of Elenctic Theology*, vol. 2, XIII.iv.7(305).

은 전체 삼위일체 하나님께 위격적으로 연합되는 것이 결코 아니다. 그것은 참으로 신성과 연합하는 것이긴 하지만, 성부와 성령께 속한 범위까지 확대되는 것이 아니라, 오직 성자의 위격(인격) 안에서 특정화되고 한정된다.[42]

튜레틴의 이러한 '성육신의 신비'와 관련한 모든 논의들은 어떻게 보면 다소 사변적이라고 볼 수도 있겠으나, 그와 같은 그의 주도면밀한 논의와 명료한 논증들을 통하여 우리에게 주는 신학적인 유익들 또한 참으로 많으며 또한 반드시 필요한 것이기도 함을 잘 알 수 있다. 그 가운데 한 가지 특기할 만한 것은 앞서 살펴 본 '성육신의 신비'와 관련한 그의 모든 논의들에 있어 튜레틴은 그것을 본질적으로 삼위일체론 이해와 연결시키고 있는데, 여기서 우리가 유의하여 볼 것은 우리를 위한 구원사역이 철저하게 삼위일체 하나님의 공동사역이라는 것과 그 가운데서 삼위일체 하나님의 각 위격들 사이에 서로 구별되는 독특한 역할과 기능들이 있으며, 또한 그러한 모든 위격적인 사역들이 그 존재론적 본질에서 그러한 것과 꼭 마찬가지로 서로 나누일 수 없도록 '하나'(Unity)임이 분명하게 드러난다는 것이다. 이와 더불어 그러한 튜레틴의 기독론 이해를 통하여 역으로 또 한 가지 명확하게 드러나는 것은 삼위일체론 이해에 있어 애초에 '양태론'이나 '역동적 단일신론'과 같은 이단사상이 자리할 곳이 전혀 없다는 것이다. 이와 같이 튜레틴은 삼위일체 하나님의 두 번째 위격이신 성자의 하나님의 성육신 사건과 그의 구속사역에 대한 이해는 전체적으로 삼위일체론 이해와 완전하고도 정확하게 부합되어야 함을 그의 깊이 있는 신학적 논의들을 통하여 잘 보여주고

42 Cf. Turretin, *Institutes of Elenctic Theology*, vol. 2, XIII.iv.8-11(305f).

있다 하겠다.[43]

3. 성자 하나님에 의해 취해진 '인간의 본성'은 무엇인가?

튜레틴의 기독론에 대한 논의는 이제 '그리스께서 취하신 인성의 본질이 과연 무엇인가?'하는 질문으로 나아간다. 먼저, 그는 기독교 교리사를 통하여 제기된 다양한 이단적인 사상들을 소개한다. 기독교 초기 역사에서 나타난 '가현설'은 그리스도께서 참된 인성을 취하셨음을 전혀 부정하며(Manichaeans & Marcionites), 또한 발렌티누스주의자들(Valentinians)은 하늘로부터 온 육체를 취하셨다고 하거나 혹은 마리아로부터 취한 육체는 단지 그리스도의 육체가 지나온 통로였을 뿐이라고 주장하였다. 그리고 아폴리나리우스주의자들(Apollinarists)은 그리스도께서 진정한 육체를 가지긴 하셨지만 그것은 마리아로부터 취한 것이 아니라 성육신 때에 말씀(the Word)의 어떤 부분이 육체로 변하였고, 또한 그의 신성이 영혼의 자리를 취하였다고 보았다. 이와 더불어 종교개혁 이후에도 재세례파들(Anabaptists)을 비롯한 어떤 개신교 교회들 역시 그러한 오류의 전철을 되밟으면서 그리스도께서 마리아의 본질로부터 그의 육신과 피를 취하셨음을 부인하였다.[44]

그러므로 이 질문과 관련된 핵심 사항은 '그리스도께서 죄를 제외하고는 모든 부분에서 우리와 진정 동일한 인간이셨는지? 그리고 그의 육체를 진정 동정녀 마리아로부터 취하셨는지 아니면 다른 어

43 특히 '삼위일체론'과 관련된 튜레틴의 논의는 다음을 참조하라: "Third Topic: The One and Triune God," Turretin, *Institutes of Elenctic Theology*, vol. 1, III.i-iii, xxiii-xxxi(p.169-82; 253-310).

44 Cf. Turretin, *Institutes of Elenctic Theology*, vol. 2, XIII.v.1-2(306).

떤 재료로부터 그리하셨는지에 관한 것'이다.[45] 이러한 질문들에 대하여, 튜레틴은 그리스도께서 죄를 제외하고서는 모든 면에서 우리와 진정으로 동일한 '참된 인간'(true man)이셨음을 다음과 같은 성경의 증거들을 통하여 논증한다. ① 성경은 그리스도를 '사람'(man) 혹은 '인자'(the Son of man)라고 칭하는데, 그가 참으로 우리와 같은 본성을 가지지 않으셨다면 이는 불가능한 일이다. ② 또한 그리스도에 대하여 성경이 '여자의 후손'(창 3:15), '아브라함의 자손'(창 12:3; 22:18; 행 3:25), 혹은 '다윗의 자손'(눅 1:32; 롬 1:3), '마리아의 아들', '그 복중의 아이'(눅 1:31,42), '여자에게서 나셨다'(갈 4:4)고 표현하는 것은 모두 그의 완전한 '참된 인성'을 증거하는 것이다. ③ 그리스도께서는 육신의 살과 피를 취하심으로 '우리의 형제'(히 2:10,14,16)라 불리우실 뿐만 아니라 '모든 것에 있어 형제들과 같이 되시고 백성들의 죄를 속량하시기 위하여 고난 받으셨다'(히 2:17)고 하는 것은 참으로 우리와 같은 '육체와 피', 즉 동일한 '인간의 본성'을 가지셨음을 증거한다. ④ 또한 그리스도께서는 '천사들이 아니라 아브라함의 자손들을 붙드시며'(히 2:16), 그리고 '자녀들은 혈과 육에 속하였으매 그도 또한 같은 모양으로 혈과 육을 함께 지니셨다'(히 2:14)고 하는 것은 그가 우리와 완전히 동일한 육체와 피에 동참하심으로 진정한 의미에 있어 우리와 실제로 "동일본질"(consubstantiality, homoousion)이심과 동시에 '참된 인성'을 가지심을 확증하는 것이다. ⑤ 성경에 기록된 그리스도의 계보들(마 1장; 눅 3장; 롬 1:3)은 모두 육신의 조상을 따라서 그렇게 된 것이며, 만일 그의 '인성'이 동정녀 마리아로부터 취하신 것이 아니라 다른 어떤 재료로부터 취한 것이라면 그것은 부인되어야 할

45 Turretin, *Institutes of Elenctic Theology*, vol. 2, XIII.v.3(p.307).

것이다. ⑥ 마지막으로, 만일 그리스도께서 그 본성에 있어 모든 면에서 우리와 같지 않으시다면, 그는 우리를 참으로 구속하실 수 없게 될 것이다. 왜냐하면 죄는 반드시 그 죄를 범한 것과 동일한 본질 안에서만 속하여질 수 있기 때문이다.[46]

또한 튜레틴에 의하면, 그리스도께서 우리와 '동일본질'(homoousion)이라고 함은 그 본성(nature)과 본질적 특성들(essential properties)에 있어서 동일하다는 것을 의미하며, 단지 어떤 존재론적 관계(the relation of subsistence)를 말하는 것이 아니다. 그러므로 그리스도의 개별적 인성은 완전한 부분들에 이르기까지 속속들이 그 실체적 존재에 있어 물리적으로(physically) 성취된 것이며, 단지 존재의 방식에 있어서 형이상학적으로(metaphysically) 그러한 것이 아니다.[47]

IV. '위격적 연합'과 그에 따른 두 본성의 관계와 영향들(XIII.Q.6-8)

1. 그리스도의 성육신과 '위격적 연합'(Hypostatical Union)

지금까지의 논의에서, 약속의 메시아이신 그리스도께서는 영원한 말씀(the Word), 곧 '완전한 신성'을 가지신 성자 하나님(the Son of God)이시며, 그는 동정녀 마리아에게서 나심으로 우리와 동일한 '완전한 인성'을 취하셨음이 성육신의 신비를 통하여 분명하게 논증되었다. 그러므로 그는 신성(divine nature)에 있어서는 삼위일체 하나님의 다른 위격들과 완전하게 '동일본질'(homoousion)이심과 동시에 인성

46 Cf. Turretin, *Institutes of Elenctic Theology*, vol. 2, XIII.v.4-10(307-09).

47 Cf. Turretin, *Institutes of Elenctic Theology*, vol. 2, XIII.v.13(309).

(human nature)에 있어서는 우리와 완전하게 '동일본질'(homoousion)이심이 밝혀졌다. 바로 그러한 성육신의 진리와 관련하여 다시 제기되는 질문은 이제 그러한 그리스도의 한 인격 안에서 '신성과 인성'이 과연 어떤 방식으로 결합하는 것인가에 대한 것이며, 정통신학에서는 그와 같은 예수 그리스도의 '한 인격 안에서 두 본성의 결합'(the union of two natures in one person)을 "위격적 연합"(hypostatical union)이라고 불러왔다. 이러한 위격적 연합에 의하여 그리스도께서는 '하나님의 아들'(the Son of God)이심과 동시에 '사람의 아들'(the Son of Man)이 되셨다. 이러한 '그리스도의 한 인격 안에서 두 본성이 연합하는 방식'과 관련하여 튜레틴은 먼저 다음과 같은 언급을 하고 있다.

> 기독교 [신학]에 있어 많은 어려운 질문들 가운데 다른 그 무엇보다도 가장 어려운 두 가지가 있다. 하나는 삼위일체 하나님의 한 본질(one essence) 안에 세 위격들의 연합(the unity of the three persons)에 관한 것이고; 다른 하나는 성육신에 있어 한 인격(one person) 안에 두 본성의 연합(the union of the two natures)에 관한 것이다. 비록 이 두 가지는 서로 다른 것이기는 하지만(전자는 삼위일체의 세 위격들과 본질의 연합에 대한 것이고, 후자는 하나의 인격에 서로 다른 두 본성의 연합에 대한 것이기에), 그러나 그 중 하나에 대한 이해는 또 다른 것의 이해에 있어 큰 도움을 준다. 즉, 삼위일체에 있어 본질의 연합이 각 위격들에 있어 서로 간에 상호 구별과 함께 각각의 속성들과 사역들이 전달되지 않음으로써(incommunicable) 전혀 침해하지 않는 것처럼, 그리스도의 위격 안에서 본성들의 연합에 있어서도 두 본성과 그 특성들이 혼동

되지 않고 그 구별됨이 방해받지 않는다.[48]

그렇다면, 그리스도의 한 인격 안에서 유일독특하게 이루어진 두 본성(신성/인성)의 '위격적 연합'(hypostatical union)은 도대체 어떤 성격의 것인가? 튜레틴은 우선 그것이 의미하는 바가 무엇이 아닌지에 대하여 다음과 같이 아주 치밀하게 설명하고 있다. ① 그것은 서로 다른 두 가지가 결합되어 제3의 무엇을 구성하는 어떤 '물리적/본질적 연합'(physical/essential union)이 아니다(cf. 영혼이 육체에 연합하여 한 인간을 구성하는 것). ② 또한 그것은 어떤 '구성적/관계적 연합'(schetic/relative union)이 아니다(cf. 영혼들 혹은 의지들의 동의에 의하여 여러 친구들이 서로 하나로 연합하는 것). ③ 그것은 단순히 나란히 함께 서있는 것처럼 어떤 '병렬적 연합'(parastatic union)도 아니다(cf. 천사들이 어떤 육체에 빙의하는 것). ④ 그것은 일반적인 효능이나 유지에 의한 어떤 '효과적 연합'(efficient union)'이 아니다(cf. 하나님 안에서 모든 것들과 더불어, '우리가 그를 힘입어 살며 기동하며 존재하느니라', 행 17:28). ⑤ 그것은 어떤 '신비적 연합'(mystical union)이 아니다(cf. 성도들이 은혜로 그리스도와 함께 결합하는 것). 마지막으로, ⑥ 그것은 어떤 '본질적 연합'(substantial/essential union)이 아니다(cf. 삼위일체의 각 위격들이 하나의 본질 안에서 연합하는 것).[49]

그러므로 튜레틴에 의하면, 그리스도의 한 인격 안에서 이루어진 이 유일 독특한 '위격적 연합'이 진정으로 의미하는 것은 "말씀의 인격 안으로 인성이 취해짐(획득됨, assumption)으로써 일어난 연합이며, 또한 이것이 그렇게 불리는 것[cf. '위격적 연합'(hypostatical union)]은 그 형식(form, 그것은 말씀의 인격 안에서 일어난 것임과 경계(term, 그것은 그 안에서 한

48 Turretin, *Institutes of Elenctic Theology*, vol. 2, XIII.vi.1(310).

49 Cf. Turretin, *Institutes of Elenctic Theology*, vol. 2, XIII.vi.3(311).

계 지워진 것임)의 두 측면에서 그러한 것이다. 그러므로 이 연합은 인격들(persons)의 연합이 아니라 위격[인격]적(personal) 연합이며, 본질적(natural) 연합이 아니라 본성들(natures)의 연합이다."[50] 즉, 이 연합은 삼위일체 하나님의 전능하신 능력에 따른 전이적 행위로 말미암아 영원한 말씀(the Logos)의 인격 안에서 그리스도의 인성을 결합하시는 것이지만, 또한 그것은 오직 그 말씀(성자)의 인격의 경계 안에서 완결되는 것이다. 다시 말하자면, 이것은 어떤 절대적인 의미에서 삼위일체 하나님의 신성이 성육하는 것이 아니라, 상대적인 의미에서 오직 둘째 위격이신 말씀의 인격이 성육하는 것임을 의미한다.[51]

좀 더 명확한 이해를 위하여, 그렇다면 영원한 말씀(the Logos)에 의하여 취함을 받은 것은 정확하게 말해서 무엇인가? 튜레틴의 설명에 따르자면, 영원한 말씀이신 성자께서 취하신 것은 그리스도의 '인성'(human nature)이며, 전유불가의 진정한 존재론적 실재로서의 '인격'(person)이 아니다. 예를 들어, 육체로부터 분리된 영혼은 비록 단일한 지적인 실체이긴 하지만 그것은 불완전한 부분적인 존재로서 하나의 '인격'이 아닌 것과 같다. 그러나 이러한 정상적인 인격성(proper personality)의 결핍은 그리스도의 인성에 있어 진실성이나 완전성을 결코 훼손하는 것은 아니다. 왜냐하면 인성의 진실성은 그것의 질료와 형상 및 본질적인 특성들에 의한 것이지, 그것의 '인격성'에 따라 판단되는 것이 아니기 때문이다. 그러므로 '본성'(nature)에 대한 정의는 '존재'(실체적 실재, subsistence)와는 다른 것이다. 결론적으로, 인격성(personality)은 본성에 있어 완전성이라거나 본질적인 것이 아니며, 오히려 그것의 종착점(경계, terminus)과도 같은 것이다. 따라서 성자 하나

50 Turretin, *Institutes of Elenctic Theology*, vol. 2, XIII.vi.3(311).

51 Cf. Turretin, *Institutes of Elenctic Theology*, vol. 2, XIII.vi.4(311).

님께서 취하신 것은 하나의 완전하고 전유불가의 존재론적 실재로서의 '인격'(person)이 아니라 바로 '인성'(human nature)이다.[52]

그러므로 이 '위격적 연합'은 영원한 말씀의 고유한 인격 안에서 신성과 인성의 두 본성들이 아주 친밀하고 영속적으로 결합됨을 의미하는 것에 다름 아니다. 다시 말하자면, 그러한 위격적 연합에 의하여 그 자체로서는 고유한 인격성(personality)과 존재론적 실재성(subsistence)이 결여된(anyhostatos, cf. 만일 그렇지 않다면 그 자체로서 또 다른 하나의 인격이 되기 때문에) 인성이 영원한 말씀(the Logos)의 인격 안으로 취해짐으로써 그러한 위격적 연합 안에서(in the unity of person) 그와 더불어 결합(conjoined) 혹은 연결(adjoined)되어, 이제 말씀의 인격(enypostatos Logō)에 있어 본질적인 것이 되었다.[53] 따라서 우리는 이제 '신–인'(God–man/theanthrōpō)이 되신 그리스도에게 있어 그의 인성을 어떤 측면에서는 '부가물'(adjunct) 혹은 '부분'(part)이라고 말할 수 있다. 즉, '부가물'이라고 할 수 있는 것은 영원 속에서 육신[인성]이 없으신 말씀(the Logos)이 시간 속에서 위격적 연합에 의해 그것을 자신의 것으로 결합하셨기 때문이며, 또한 '부분'이라고 할 수 있는 것은 한 인격 안에서 두 본성들이 이제 서로 본질적으로 완전히 부합하여 일치하기 때문이다.[54]

결론적으로, 이러한 '위격적 연합'에 대한 깊이 있는 신학적 논의들은 다시금 우리에게 '그리스도의 참된 성육신의 진리'를 확증해 준다. 즉, 거룩하고 영원하신 삼위일체 하나님의 제2의 위격이신 성자께서는 '위격적 연합' 안에서 하나의 인격(a person)이 아니라 인성(a

52 Cf. Turretin, *Institutes of Elenctic Theology*, vol. 2, XIII.vi.18-19(316).

53 Cf. Turretin, *Institutes of Elenctic Theology*, vol. 2, XIII.vi.5(311).

54 Cf. Turretin, *Institutes of Elenctic Theology*, vol. 2, XIII.vi.6(312).

human nature)을 온전히 자신의 것으로 결합시키셨다. 또한 그것은 신성이 인성에로의 어떤 '전환'(conversion)이나 '변형'(transmutation)이 아니라, 오직 완전한 신성을 가지신 영원한 말씀의 인격 안에서 인성을 '획득'(assumption)하시고 '보존'유지(, sustentation)하시는 방식에 의해 그렇게 하심으로써, 이제 '하나님의 아들'(the Son of God)이 동시에 '사람의 아들'(the Son of man), 곧 우리의 중보자(the Mediator)가 되셨기 때문에, 그는 참으로 '신-인'(God-man/theanthrōpos)이시다.[55]

2. 위격적 연합(Hypostatical Union)에 있어 '두 본성의 관계'

앞서 살펴본 것과 같이, 그리스도의 한 인격 안에서 두 본성이 위격적으로 연합되었다면, 이제우리가 가질 수 있는 다음 질문은 '그의 인격과 본성들 간의 관계, 그리고 두 본성들 사이의 관계는 어떻게 되는가?' 하는 것이다. 튜레틴은 바로 그러한 질문들을 다루기 위해 먼저 고대 교회의 교리논쟁사 속에서 이와 관련하여 대표적인 잘못된 이해 두 가지를 소환하는데, 그것은 바로 '네스토리우스주의'(Nestorianism)와 '유티키안니즘'(Eutychianism)이다.[56]

(1) 네스토리우스주의(Nestorianism)의 '두 인격론' 비판

먼저, 콘스탄티노플의 총대주교였던 네스토리우스(Nestorius, ca. 381-450/51)는 그리스도의 두 본성은 두 인격으로 나누어졌다고 주장하였다. 동시에 그는 동정녀 마리아를 '하나님의 어머니'(theotokon)로 부르는 것을 반대하며, 그녀는 단지 '그리스도의 어머니'(Christokon)라고 불러야 한다고 주장함과 동시에 그리스도는 '하나

55 Cf. Turretin, *Institutes of Elenctic Theology*, vol. 2, XIII.vi.10(313).

56 Cf. Turretin, *Institutes of Elenctic Theology*, vol. 2, XIII.vii.1(317).

님'(θεος)이 아니라 단지 '하나님에 의해 선택된 인간'이라고 하였다. 따라서 튜레틴에 따르면, 네스토리우스는 결과적으로 '두 그리스도'(two Christs)를 주장하는바, 하나는 유대인들에게 십자가에서 죽으신 분이요, 다른 하나는 그렇지 않다는 것이다. 그러므로 네스토리우스는 그 어떠한 '본성의 연합'도 부인하며, 영원한 말씀(the Word)이신 성자께서 마치 그가 성전에 임재하시는 것과 같이 인간 그리스도(the man Christ)에게 임재하심에 의해 양자는 서로 나란히 함께하는 것이라고 보았다. 따라서 양자는 그 은혜와, 선한 의지, 행위의 능력, 의지에 따른 효과들, 가치와 영광에서 동일하며 그리고 그 엄위하심이 육신에도 동일하게 배분되었다고 주장하였다.[57]

네스토리우스의 그러한 주장들은 당시 알렉산드리아의 총대주교였던 키릴루스(Cyrillus, ca. 370/80–444)에 의하여 즉각적으로 반박되었고, 논쟁 끝에 에베소 공의회(the Council of Ephesus, 431)에서 정죄되었다.[58] 이때 에베소 공의회에서 활약한 레린의 빈켄티우스(Vincentius of Lérins, d. ca. 445)는 그의 저작인 『기억하기 위하여 *Commonitories*』에서 다음과 같이 기록하고 있다.[59] "네스토리우스는 아폴리나리우스의 그

57 Cf. Turretin, *Institutes of Elenctic Theology*, vol. 2, XIII.vii.3(318).

58 Cf. Turretin, *Institutes of Elenctic Theology*, vol. 2, XIII.vii.4(318). 더불어 이러한 네트토리우스와 키릴루스 사이의 기독론 논쟁과 더불어 '에베소 공의회'(431)의 배경 역사에 대한 보다 상세한 자료들과 관련하여 다음을 참조하라: Aloys Grillmeier, *Christ in Christian Tradition,* vol. 1: *From the Apostolic Age to Chalcedon (451)*, 2nd Revised Ed., trans. John Bowden (Atlanta: John Knox Press,1975), 443-519; Frances M. Young, *From Nicaea to Chalcedon: A Guide to the Literature and Its Background* (London; SCM Press, 1983), 229-65; Leo D. Davis, *The First Seven Ecumenical Councils (325-787): Their History and Theology* (Collegeville, MN: The Liturgical Press, 1983), 134-69, etc.

59 레린의 빈켄티우스 (Vincentius of Lérins, d. ca. 445)는 그의 시대까지 고대 교회사에 출현한 다양한 이단적인 신학사상들을 논박하고 공교회 신앙(the Catholic Faith)의 보편성을 주장하기 위하여 쓴 『기억하기 위하여(*An Aid to Memory*)』(*Commonitories*)라는 저작을 남겼다. 여기에서 그는 '공교회의 보편적 신앙'(the universal faith of the Catholic Church)에

것과는 정반대되는 부적절한 거짓된 주장을 하였는데, 그는 그리스도 안에서 두 본질을 구별하다가 갑작스레 두 인격(two persons)과 더불어 전대미문의 사악한 주장을 제시하여 두 하나님의 아들(two Sons of God), 두 그리스도(two Christs)가 있는데, 하나는 하나님 또 다른 하나는 인간(one God, the other man)이라고 하였다."[60] 따라서 공교회의 공의회뿐만 아니라 정통신학은 그러한 네스토리우스의 주장을 비성경적인 것으로 거부하였으며, 이 문제 대한 성경의 많은 증거들은 그리스도의 하나의 인격 속에 두 본성이 있음을 가르쳐 주고 있다(cf. 롬 1:3,4; 딤전 3:16; 빌 2:6,7 etc).[61]

(2) 유티키안니즘(Eutychianism)의 '단성론' 비판

다음으로, 콘스탄티노플의 대수도원장이었던 유티케스(Eutyches, ca. 370/78-454)는 네스토리우스의 '두 본성에 따른 두 인격론'(two natures and two persons)을 반대하기 위하여 아폴리나리우스의 견해의 영향 하에 있었던 그는 네스토리우스를 논박했던 키릴루스의 견해를 극단화하여, 오히려 그리스도의 한 인격 안에서 두 본성이 연합한 이후 신성이 인성을 흡수하거나 혹은 서로 혼합되어서 제3의 성질의 것으로 변화하여 '하나의 인격 안에 오직 하나의 본성'(one nature in one

---

대하여 다음과 같은 유명한 정의(definition)를 제시하고 있다: "공교회에서 우리가 모든 가능한 주의를 기울여 취하여야 신앙은 반드시 모든 곳에서, 항상, 그리고 모두에 의하여 믿어져 온 것이어야 한다"(Moreover, in the Catholic Church itself, all possible care must be taken, that we hold that faith which has been believed everywhere, always, by all). Vincentius of Lérins, *A Commonitory*, Philip Schaff & Henry Wace, eds., *Nicene and Post-Nicene Fathers*, 2nd Series, vol. 11 (Peabody, MS: Hendrickson Publishers, 2004 Reprinted), ii.6(132).

60 Turretin, *Institutes of Elenctic Theology*, vol. 2, XIII.vii.4(318f); Vincentius of Lérins, *A Commonitory*, NPNF, 2nd Series, vol. 11, xii.35(140).

61 Turretin, *Institutes of Elenctic Theology*, vol. 2, XIII.vii.5-7(319).

person)만이 존재한다는 '단성론'(Monophysitism)을 주장하였다.[62] 결국, 이러한 그의 잘못된 신학적인 주장은 '칼케돈 공의회'(the Council of Chalcedon, 451)에서 정죄되었다.[63]

(3) 고대 '기독론 정통교의'의 완성: 칼케돈 공의회의 '신앙 표준'

여기에서 튜레틴의 기독론 논의를 조금 더 보완하기 위하여, 325년 니케아 공의회로 부터 451년 칼케톤 공의회까지 고대 교회 공의회에서의 핵심 결정 내용을 기독론적 관점에서 그 특징을 간략하게 다시 요약해 보자면 다음과 같다. ① 그리스도를 창조된 피조물로 해석하여 그의 완전한 신성을 부인한 아리우스주의(Arianism)를 정죄했던 니케아 공의회(325년)는 그리스도께서 완전한 '참된 신성'(true divinity)을 가지신 참 하나님이심(vere θeos)이, ② 성육신한 로고스의 신성이 그의 영혼을 대체하였다고 주장한 아폴리나리우스(Apollinarius)를 정죄했던 콘스탄티노플 공의회(381년)에서는 그리스도께서 완전한 '참된 인성'(true humanity)을 가지신 참 인간이심(vere homo)이, ③ 네스토리우스(Nestorius)와 시릴루스(Cyrillus)의 논쟁 때문에 소집되었던 에베소 공의회(431년)에서는 그리스도의 한 인격(one person) 안에서 두 본성(two natures)이 서로 '위격적 연합'에 의하여 결합되어 하나의 통일성(unity)을 이루고 있음이 각각 강조되어 고백되었다. ④ 그리고 유티케스(Eutyches)가 제기한 그리스도의 두 본성들이 위격적 연합 후

---

62 Cf. Turretin, *Institutes of Elenctic Theology*, vol. 2, XIII.vii.13(320).

63 Cf. Turretin, *Institutes of Elenctic Theology*, vol. 2, XIII.vii.2, 13(317f, 320). 이러한 유티케스의 주장에 따른 기독론 논쟁과 더불어 마침내 고대 공교회의 기독론 관련 "정통신앙표준"(Definition of the Faith)을 산출한 '칼케돈 공의회'(451)의 배경 역사에 대한 보다 상세한 자료들과 관련하여 다음을 참조하라: Grillmeier, *Christ in Christian Tradition,* vol. 1, 520-57; Davis, *The First Seven Ecumenical Councils (325-787)*, 170-206, Richard A. Norris, Jr. ed., *The Christological Controversy* (Philadelphia: Fortress Press, 1980), 123-59, etc.

에 혼합 혹은 변화되어 결국 하나의 본성만이 존재한다는 '단성론'의 주장을 정죄한 칼케톤 공의회(451년)에서는 마침내 "이 두 본성은 혼합이 없고(inconfuse), 변화도 없으며(immutabiliter), 분할될 수도 없고(indivise), 분리될 수도 없다(inseperabiliter). 이 구별된 두 본성은 이 위격적 연합으로 인하여 결코 없어질 수 없으며, 각 본성의 속성들은 한 인격(unam personam)과 한 실체적 존재(subsistentiam) 안에서 둘 다 온전히 보존되고 함께 역사한다. 주 예수 그리스도는 두 인격으로 나뉘시거나 분리되실 수 없다"는 '공교회의 신앙표준'을 도출하였다.

이와 같이 참으로 '칼케돈 신경'의 선언은 기독론에 대한 성경의 올바른 가르침에 따라 수백년에 걸친 고대교회의 신학적 논쟁을 종식시킨 것으로서, 오고 오는 세대들에 있어 모든 기독론 논의에 대한 하나의 표준적인 신앙원칙을 제시해 주었다. 그러므로 우리는 이것을 기독론에 대한 "칼케돈 명제 혹은 원칙"(Chalcedonian Axiom/Principle)이라 부를 수 있을 것이다. 다음에서 고대 정통 기독론의 표준적인 준거가 된 「칼케톤 신앙표준(칼케돈 신경)」(451)의 전문을 그 원문에서 번역하여 인용하였으며,[64] 또한 각 핵심표현에 담긴 교리적인 논쟁의 역사적 배경과 그 신학적 의의에 대하여 간략한 설명을 각주에 표기해 두었다.

> 우리들은 교부들의 가르침을 따라서 유일하신 하나님의 아들, 우리 주 예수 그리스도를 [다음과 같이] 고백하도록 만장일치로 가르치는 바이다. 그는 신성에 있어서 완전하시고 인성

64 이 '칼케톤 신경'의 원문은 "Symbolum Chalcedonese"(451), Philip Schaff, ed. *The Creeds of Christendom,* vol. II: *The Greek and Latin Creeds* (Grand Rapids: Baker Books, 1983 Reprinted), 62-65를 참조하라.

에 있어서 완전하시며, 참 하나님이시며 참 인간이시고(Deum verum et hominem verum),[65] 이성적 영혼과 몸(anima rationali et corpore)을 가지셨다.[66] 그는 신성에 따라서 성부와 동일본질이시고, 인성에 따라서 우리와 동일본질이시며, 모든 것에 있어 우리와 같으시나 오히려 죄는 없으시다.[67] 그는 신성에 따라서 창세전에 아버지에게서 나셨으며,[68] 인성에 따라서 마지막 날에 우리와 우리의 구원을 위하여 하나님의 어머니(theotokos) 동정녀 마리아에게서 나셨다.[69] 그는 유일하신 그리스도시요, 하

65 이 구절은 양태론(Modalism)과 가현설(Docetism), 그리고 역동적 단일신론(Dynamic Monarchism) 등을 동시에 배격함으로써, 예수 그리스도께서 참 하나님이심(true God)과 동시에 참 사람(true man)이심을 선언한 것이다.

66 이것은 아폴리나리우스주의(Apollinarianism)에 반대하여 예수 그리스도께서 육체와 더불어 "이성적 영혼"을 가지신다는 점을 분명히 함으로써 우리와 마찬가지로 완전하고 참된 인성(true humanity)을 가지셨다는 사실을 선언하고 있다.

67 이 구절은 성자이신 예수 그리스도께서 성부 하나님과 "동일본질"(*homoousia*)을 가지셨음을 분명히 함으로써, 창세 전에 창조되어 성부와 단지 "유사본질"(*homoiousia*)을 가지셨다고 주장한 아리우스주의(Arianism)를 정면으로 반박하는 것이며, 동시에 우리와 "동일본질"(*homoousia*)을 가지셨음을 분명히 함과 동시에, 그리스도의 완전한 참된 인성을 부인하였던 아폴리나리우스주의(Apollinarianism)를 반박하는 것이기도 하다.

68 이것은 예수 그리스도께서 우리와 동일한 인간이셨으나 하나님의 아들로 승격되었다는 에비온파(Ebionism) 혹은 양자론(Adoptionism)을 반박하는 것이며, 또한 동시에 영원 속에서 성자께서 성부로부터 나셨음을 언명함으로써 삼위일체 하나님의 세 위격들의 구별을 부인하는 양태론(Modalism) 또는 사벨리안주의(Sabellianism)를 반박하는 것이다.

69 여기에서는 네스토리우스주의(Nestorianism)에 반대하며 키릴루스의 견해를 수용하여 동정녀 마리아를 "데오토코스"(*theotokos*) - "하나님의 어머니"(the Bearer of God, 혹은 '하나님을 낳으신 자')라고 분명히 언명하고 있는데, 이것은 마리아를 조금이라도 높이려는 의도가 있는 것이 아니라 예수 그리스도의 참된 신성과 성육신의 실제성을 강조하기 위함이다. 이에 대하여 네스토리우스는 예수 그리스도의 완전한 인성을 강조하고자 마리아를 단지 "안드로포토코스"(*anthropotokos*, '인간의 어머니', '사람을 낳은 자') 혹은 "크리스토토코스"(*christotokos*, '그리스도의 어머니')라고 불러야 한다고 주장하였다. 그러나 그러한 표현에 있어 심각한 문제는 예수 그리스도의 한 인격 안에서 완전한 신성과 인성을 함께 담보할 수가 없다는 것이다. 즉, 예수 그리스도께서는 참으로 인간이 되셨지만 결코 신성을 포기하시지 않으시고 두 본성을 동시에 가지신다. 이러한

나님의 아들이시요, 주님이시요, 독생하신 분이신데, 우리에게 두 본성으로 되어 있으심이 알려진 바, 이 두 본성은 혼합 없이(inconfuse), 변화 없이(immutabiliter), 분할 없이(indivise), 분리 없이(insceperabiliter) 연합되셨다. 이 연합으로 인하여 두 본성의 구별이 결코 없어지지 않으며, 각 본성의 속성들은 한 인격(unam personam)과 한 실체적 존재(subsistentiam) 안에서 둘 다 온전히 보존되고 함께 역사한다.[70] 그는 두 인격으로 나뉘시거나 분리되실 수 없으시니,[71] 동일하신 한분 아들, 독생자, 하나님의 말씀, 곧 주 예수 그리스도이시다. 이에 관하여는 옛 선지자들과 예수 그리스도 자신이 가르치셨고, 교부들의 신조(patrium nobis sybolum)가 우리에게 전하는 바이다.[72]

3. '위격적 연합'(Hypostatical Union)에 따른 영향들

이제까지 우리가 살펴 본 것처럼, '그리스도의 한 인격 안에서

견해로 인해 네스토리우스는 결국 그리스도의 '두 인격론'(two persons)으로 나아갔다.

70 이 구절은 유티키아니즘(Eutychianism)에 반대하여 예수 그리스도의 한 인격 속에 신성과 인성이 혼동되거나 변화되거나 하지 않고 두 본성이 서로 구별되게 온전히 보존되고 동시에 실재한다는 사실을 언명하고 있다. 또한 네스토리우스주의(Nestorianism)에 반대하여 한 인격 속에 신성과 인성이 서로 나뉘거나 분리됨이 없이 "위격적 연합"(hypostatic union)을 이루고 있음을 분명히 밝혀 선언하고 있다. 따라서 이 선언적 고백에는 기독론 이해에 있어 '고대 공교회 정통 신앙표준'의 핵심이 담겨 있다고 하겠다.

71 이것은 네스토리우스가 한 인격 안에서의 두 본성의 '위격적 연합'을 거부하며 제기하였던 '그리스도의 두 본성에 따른 두 인격론(two persons)'을 정죄한 '에베소 공의회'(431)의 결정을 분명하게 계승하여 재확인 하는 것이다.

72 이 부분의 전체적인 내용은 김은수, "개혁주의 기독론 이해: 연구방법론적 소묘 – 언약론적/성령론적/삼위일체론적 접근방법," 401f에서 약간의 수정과 보완을 거쳐 인용한 것임을 밝혀둔다.

두 본성이 서로 혼합이나 변화 없이 또한 서로 나뉘거나 분리됨이 없이 온전히 보존되며 서로 위격적 연합을 이루고 있음'이 공교회 정통신앙의 표준으로 고백되어 왔고(칼케돈 신경, 451), 또한 성경적으로 잘 논증되어 확증되었다. 그렇다면, 그러한 위격적 연합(hypostatical union)이 그리스도의 '인격과 본성들 사이에', 그리고 또한 '두 본성들 사이에' 과연 어떠한 영향을 미치게 되는가? 튜레틴은 먼저 위격적 연합에 의한 영향(효과/결과, effects)들을 크게 두 가지로 대별하여 세부적으로 설명하고 있는데, ① '인성(human nature)에 있어서의 영향들'과 ② '인격(person)에 있어서의 영향들'이 그것이다. 이러한 영향들에 대한 튜레틴의 상세한 구분과 설명은 다음과 같다.[73]

(1) 인성(human nature)에 있어서의 영향들

튜레틴에 의하면, 위격적 연합으로 인하여 먼저 영원한 말씀(the Logos)께서 취하신 그리스도의 '인성'(human nature)에 나타나는 영향들이 있는데, 그것은 다시 '탁월성의 은혜'(the grace of eminence)와 '지속적인 은혜'(habitual graces)로 구분된다. 먼저, ① '탁월성의 은혜'는 신성과 연합함으로써 그의 육신(인성)이 성자 하나님의 한 특성이 됨으로써, 그의 인성의 엄위성이 다른 모든 피조물들보다 탁월한 것으로 끌어올려지게 되는 것을 말한다. 다음으로 ② '지속적인 은혜'는 그의 신성으로부터 인성으로 분여되는 '놀라운 은혜'들을 의미하는데, 그의 인성은 비록 그 자체로서 가장 고귀하고 완전한 것이기는 하지만, 그럼에도 불구하고 무한한 것은 아니다. 그러나 은혜의 지속적인 충만함으로 말미암아 창조 질서 안에서 존재의 고귀함이나 완전성의 정도에 있어 그 어떤 천사들이나 성인들보다도 탁월하게 된다. 이

73 Cf. Turretin, *Institutes of Elenctic Theology*, vol. 2, XIII.viii.1(321).

것이 "하나님께서 그에게 성령을 한량없이 주심이니라"(요 3:34; cf. 눅 2:40)고 말하는 것의 의미이다.[74] 여기서 튜레틴이 이러한 '은혜의 교통'을 위격적 연합으로 인해 특별히 그의 '인성'에 주어지는 영향으로 따로 구분하여 논하는 이유는 아마도 루터파와의 '속성의 교류에 대한 논쟁'과 관련하여, 그리스도의 인성에 나타나는 그러한 '탁월성과 고귀함'이 그의 신성에 따른 속성들이나 특성들이 여하한 방식으로든 '직접적으로'(directly) 그의 인성에 전달되어서 그러한 것이 아니라 단지 '지속적이고도 탁월한 은혜의 분여'에 따른 것임을 특히 강조하기 위한 것으로 보인다.

(2) **인격(person)에 있어서의 영향들**

튜레틴은 그리스도의 한 인격 안에서 두 본성들이 위격적으로 연합함으로써 그의 '인격'(person)에 미치는 영향들을 또다시 다음의 세 가지로 구분한다. ① 각 본성들의 '속성들'(attributes)과 '특성들'(properties)이 그의 인격으로 교류(교통/전달, communication)된다. ② 또한 각 본성들에 따라 각기 이루어진 '직무'(사역, office)와 '효과들'(effects)이 인격으로 교류됨으로써, 우리에게 구원을 가져오는 모든 그리스도의 중보적 사역들이 오직 한 인격의 행위로 돌려지게 된다. 마지막으로, ③ 모든 영예(honor)와 경배(worship)가 교류되어 그 모든 것이 '신-인'(God-man/theanthrōpō)이신 그리스도의 한 인격에게 돌려진다.[75] 이와 같이 두 본성이 위격적 연합을 이룸으로써 그리스도의 인격에 나타나는 영향들에 대한 튜레틴의 논의는 '속성의 교류'에 대한 개혁파의 일반적인 이해와 잘 부합하며, 그것을 더욱 체계적으

74 Cf. Turretin, *Institutes of Elenctic Theology*, vol. 2, XIII.viii.1(321).

75 Cf. Turretin, *Institutes of Elenctic Theology*, vol. 2, XIII.viii.2(322).

로 잘 정리하여 제시하고 있는 것이다.

V. '속성의 교류'에 관한 이해와 논쟁(XIII.Q.8)

튜레틴은 그리스도의 한 인격 안에서 두 본성들의 '위격적 연합'에 따른 영향들을 구분하여 나누어 앞서 언급한 바와 같이 간략하게 설명한 이후, 이제 특별히 '속성의 교류'(communicatio idiomatum)에 대한 문제를 더욱 깊이 있게 논하고 있다. 그것은 특별히 종교개혁 시대 때부터 루터파(the Lutherans)와의 계속된 '성찬 논쟁'과 연관된 '속성의 교류'에 대한 이해의 차이가 심각하였기 때문이다. 그는 먼저 '속성의 교류'에 대한 개혁파의 본질적인 이해를 다음과 같이 분명하게 요약하여 설명하고 있다.

1. '속성에 교류'에 대한 개혁파의 이해

① 그 본질적인 의미에 있어, '속성의 교류는 연합에 따른 영향(효과, effect)으로서 두 본성의 특성들이 그리스도의 인격에 공유되는 것을 말한다.' 이에 따른 그리스도의 인격에 대한 성경의 서술 방식은 크게 두 가지 형태로 나타나는데, 먼저 '직접적'(directly)인 표현 방식은 신성에 속한 것들을 신성에 따른 인격에 명시할 때, 혹은 인성에 속한 것들을 인성에 따른 인격에 명시할 경우에 그러하다(cf. 요 1:1; 눅 9:22). 다음으로 '간접적'(indirectly)인 표현 방식은 신성에 속한 것을 하나님으로서 그리스도의 인성에 따라 명시하거나(cf. 행 20:28), 혹은 편재성을 인자(the Son of man)에게 돌릴 경우에 그러하다(cf. 요

3:13).[76]

② 이러한 속성의 교류는 '본성의 측면'에서가 아니라, 오직 '인격의 측면'에서 '축자적'(verbal)으로 뿐만 아니라 '실제적'(real)으로 그러하다. 따라서 그러한 교류가 한 본성에 속한 특성들이 실제로(really) 직접적인(directly) 방식으로 다른 본성으로 전달된다는 의미가 결코 아니며, 오직 두 본성들이 실제로 연합함으로써 양 본성의 특성들이 그리스도의 '인격' 그 자체에 속한다는 점에서 그러하다는 것이다. 따라서 본성들의 연합이 실제적(real)이라고 해서, 그것이 필연적으로 두 본성의 특성들이 직접적으로 교류해야 한다는 것을 의미하는 것은 결코 아니다. 그러므로 각 본성들의 특성들이 그러한 위격적 연합에 근거하여 '전체적인 실체적 존재'(the whole subsisting substance)에로 교류된다고 말하는 것으로 충분하다.[77]

③ 이러한 속성의 교류는 본성의 측면에서 '추상적인 것'(the abstract)으로나, 혹은 인격의 측면에서 '구체적인 것'(the concrete)으로 생각될 수 있다. 그런데, 이러한 '추상적'/'구체적'이라는 표현을 루터파는 아주 오용하고 있는바, 그들은 인성이 신성으로부터는 '추상화'(abstracted) 혹은 분리되었다(separated)고 말함과 동시에, 또한 인성이 말씀(the Logos)에 연합되어 '구체화'(concrete)되었다고 주장한다. 그러나 인성은 결코 말씀으로부터 분리될 수 없으며, 동시에 참으로 '구체적'인 것은 그러한 형식이나 본성을 가진 한 '인격'(person)이며, 그것은 '하나님'(God) 혹은 '인간'(man)이라는 구체적인 단어들로 표현된다. 그러므로 속성의 교류는 '추상적(abstract)'인 본성으로부터 또 다른 본성으로 '추상적'으로 일어나는 것이 아니라, 오직 '구체적(실제적,

76 Cf. Turretin, *Institutes of Elenctic Theology*, vol. 2, XIII.viii.3(322).

77 Cf. Turretin, *Institutes of Elenctic Theology*, vol. 2, XIII.viii.4(322).

concrete)'인 인격 안에서 '구체적'(실제적)으로 일어나는 것이다.[78]

이러한 튜레틴의 설명을 다시 요약적으로 정리하자면, 개혁파적 '속성의 교류' 이해에 있어 각 본성들에 속한 속성들과 특성들의 교류는 하나의 본성에서 또 다른 본성으로 '직접적으로'(directly) 일어나는 것이 아니라, 항상 각 본성의 속성들이 그리스도의 '인격으로'(into the person) 교류(교통/전달, communicatio)되며, 따라서 한 본성에 속한 속성들은 '인격을 통하여'(through the person) 다른 본성에로 오직 '간접적으로'(indirectly) 일어나는 것이다. 그러므로 속성의 교류는 그리스도의 두 본성이 한 인격 안에서 이루어진 위격적 연합의 결과(영향/효과, effect)이며, 이로써 각 본성의 속성들이 '인격'을 매개로 공유되고 전유되는 것이다. 그럼에도 불구하고 이러한 속성의 교류는 '실제적(real)이고 또한 구체적(concrete)인 것'인데, 그것은 그리스도의 한 인격 안에서 두 본성의 위격적 연합이 '실제적이고 또한 구체적인 것'이기 때문이다.

2. '속성에 교류'에 대한 루터파의 이해 비판

먼저, '속성의 교류'에 대한 이해에 있어 논쟁의 핵심은 루터파가 주장하는 것처럼, 그러한 속성의 교류가 '본성에서 본성으로 직접적으로(directly) 이루어지는 것인가?' 조금 더 좁혀서 말하자면, '위격적 연합에 의하여 신성의 어떤 속성들이 실제로 그리고 참으로(really and truly) 인성으로 교류(전달) 되는가?'하는 것이다. 사실 이러한 논쟁의 기원은 16세기 종교개혁 시대부터 촉발된 '성찬(the Lord's Supper)에 대한 논쟁'이었다. 루터파는 성찬에 있어 그리스도의 실제적인 '육

78 Cf. Turretin, *Institutes of Elenctic Theology*, vol. 2, XIII.viii.5(322).

체적 임재'(the bodily presence)에 대한 주장을 유지하기 위하여, 특히 그의 부활 승천 이후의 인성의 편재성(ubiquity)에 의지한다. 비록 루터(Martin Luther, 1483-1546) 자신은 나중에 이를 철회하였지만, 그의 사후 루터파 후예들(cf. Brentius and others)이 위격적 연합으로 인하여 편재성을 비롯한 어떤 신적 속성들이 그리스도의 인성으로 전이된다고 다시 주장하였다. 결국, 말브룬 회의(the Conference at Maulbrunn, 1575)에서 그들은 '인격적 연합'(personal union)은 형상적으로 '속성의 교류'를 구성한다고 하거나, 혹은 '인격적 연합'이 '존재론적 실재의 교류'(the communication of subsistence)를 구성하게 되고 그 결과적 효과가 '속성의 교류'라고 주장하였다. 그리고 바로 이러한 '속성의 교류'로 인하여 신성의 편재성이 인성에도 교류(전달)되어 그리스도께서 육체적으로 편재하여 실제로 그의 육신(살과 피)이 성찬에서 편재하여 임재하신다고 주장하는 것이다(cf. 공재설, Consubstantiation Theory).[79]

그러므로 이 논쟁에 있어 핵심 논점은, 결코 인성에 따른 속성들이 신성으로 전이된다거나 혹은 신성의 모든 속성들이 인성으로 전이되는가 하는 것이 아니라, 특별히 신성에 따른 몇 가지 속성들(편재성/omnipresence, 전지성/omniscience, 전능성/omnipotence, 그리고 살리는 능력/the power of making alive)이 인성으로 교류되는가 하는 것인데, 특히 루터파가 바로 이것을 주장하기 때문이다.[80] 튜레틴은 루터파의 그러한 이해와 주장들에 대하여, 앞서 요약적으로 언급한 '속성의 교류'에 대한 개혁파의 일반적인 이해에 근거하여 철저하게 논박하는데, 여기에서는 몇 가지 중요한 핵심 사항들만 언급하고자 한다.

① 먼저, 신적 본질(divine essence)은 결코 피조물에게 교류될 수 없

---

79 Cf. Turretin, *Institutes of Elenctic Theology*, vol. 2, XIII.viii.6-7(322-23).

80 Cf. Turretin, *Institutes of Elenctic Theology*, vol. 2, XIII.viii.8(323).

기 때문에, 하나님의 본질적인 속성들 가운데 그의 신적 본질과 일치하는 그 어느 것도 피조물에게 전달될 수 없다. 또한 속성의 교류는 루터파의 주장에서처럼, 두 본성들 사이에서 '추상적'(abstract)인 방식에 의하여 직접적으로 이루어지는 것이 아니라, 오직 두 본성의 '실제적인'(concrete) 위격적 연합에 의하여 간접적으로 이루어지는 것이다. 그리고 루터파의 주장에 있어 또 다른 중요한 근거인 '신화론'(θεοσις)과 관련하여, "신성한 성품에 참여하는 자가 되게 하려 하셨느니라"(벧후 1:4)는 말씀은 '형상적'(formally)으로가 아니라 오직 은혜의 방편에 의하여 이루어지는 중생(regeneration)에 대한 '유비적'(analogically)인 의미로 이해하는 것이 더욱 적절하다.[81]

② 루터파는 두 주체(subjects)가 서로 겹침에 따른 두 본성의 추상적인 연합에 따라 교류가 일어난다고 주장하나, 속성의 교류는 그러한 '추상적인 본성의 연합'(union of natures in the abstract)에 기인하는 것이 아니라 한 인격 안에서 전체의 본성들이 연합하는 '실제적인 위격적 연합'(hypostastical union in the concrete)에 따라서 일어나는 것이다. 또한 그리스도의 은혜의 탁월성과 그 직무(사역)의 고귀함은 속성의 교류에 의한 것이 아니라 '신-인'(God-man/theanthrōpō)으로서의 그의 한 인격에 돌려지는 것이다.[82]

③ 루터파는 속성의 교류에 있어 오직 신성으로부터 인성으로의 교류만을 말하며, 그것도 전체가 아니라 단지 몇 가지 속성들만 그러하다고 주장한다. 그러나 올바른 신학적 이해에 따르면, 신성에 따른 모든 속성들이 교류되거나 아니면 그 어느 것도 되지 않아야만 하는데, 왜냐하면 모든 신적인 속성들은 그 단순성(simplicity) 때문에

81 Cf. Turretin, *Institutes of Elenctic Theology*, vol. 2, XIII.viii.9(323f).

82 Cf. Turretin, *Institutes of Elenctic Theology*, vol. 2, XIII.viii.10(324).

실제로 분리 불가능하며(inseparable) 오직 하나(one)이기 때문이다. 그러므로 그 가운데 일부만 교류된다는 루터파의 주장은 아주 불합리한 신학적인 오류이다. 마찬가지로 위격적 연합에 의하여 어떤 속성들이 그의 육신에 교류된다면, 말씀(the Logos)의 모든 속성들이 또한 교류되어야 하는데, 왜냐하면 그 모든 속성들은 실제로 서로 분리될 수 없는 하나의 완전한 신적 본성에 속한 것이기 때문이다. 따라서 그와 같이 애초에 서로 나눌 수 없는 것을 나누어서 그 가운데 일부만 교류된다고 주장하는 것은 역시 불합리한 신학적인 오류이다. 즉, 만일 인성이 영원하다는 것이 거부되어야 한다면, 마찬가지로 편재성 또한 거부되어야 한다.[83]

④ 만일 연합의 결과로서 말씀(the Logos)의 신적 속성들이 육신으로 교류된다면, 그때 육신의 속성들도 동일하게 말씀으로 교류되어야 한다. 왜냐하면 위격적 연합은 서로 '상호적인 것'(reciprocal)이기 때문이다. 그러나 루터파는 바로 이것을 부인한다. 그들은 여기서 '취한 것'과 '취함 받은 것'을 서로 구별해야 한다고 주장하나, 이것으로 그 어려움이 결코 해소되는 것은 아니다. 그리고 그러한 상호적 교류의 기초는 본질적으로 '취함'(assumption)에 있는 것이 아니라, 오히려 그의 신성이 인성에 그리고 그의 인성이 신성에 결합한 '상호적 연합'(reciprocal union) 그 자체이다. 또한 이와 같은 상호적 교류는 '실제'(the concrete)에 있어서만이 아니라 '추상'(the abstract)에서도 동일하게 그러해야만 한다.[84] 만일 루터파의 주장과 같이 '추상'(the abstract)의 방식에서 어떤 실제적인 속성들의 교류를 허용하게 된다면, 이것은 결국 각 본성들의 구별을 균등하게 하고 혼합함으로써 이미 오

83 Cf. Turretin, *Institutes of Elenctic Theology*, vol. 2, XIII.viii.11(324).

84 Cf. Turretin, *Institutes of Elenctic Theology*, vol. 2, XIII.viii.12(325).

래 전에 정죄된 유티케스(Eutyches)가 주장한 '단성론'의 오류로 빠지게 될 것이다. 그러한 결과는 '혼합'(confusion)이라는 말의 의미 그 자체로부터 도출되는바, 혼합이란 결국 두 가지 혹은 더 이상의 것들에 있어 그들의 특성들이 교류될 때(i.e., 섞여서 서로 공통적인 것이 될 때) 일어나는 것이기 때문이다.[85]

⑤ 그리스도의 양 본성들의 '실제적 연합'(the real union)은 각 본성들의 차이와 구별을 결코 제거하지 않으며 오히려 더 확실하게 하는데, 왜냐하면 연합 안에서 양 본성이 서로 구별됨이 없이 '실재적으로 결합'(actually united)하는 것이 아니기 때문이다. 또한 본성의 측면에서 속성들이 교류되는 것이 아니라 인격의 측면에서 두 본성이 연합하는 것이며, 이때 양 본성의 속성들이 모두 그 자체로서 독자적으로 유지, 보존되기 때문이다. 따라서 우리는 그의 인격에 속한 것을 즉각적으로 본성들의 것으로 단정할 수 없는데, 왜냐하면 인격은 참으로 양 본성의 독자적인 특성들을 각각 그 자체로서 요구하지만, 한 본성은 다른 본성의 독자적인 특성들을 결코 요구하지 않으며, 그것은 오직 연합된 한 인격에 속한 것이기 때문이다. 그렇지 않다면, 결과적으로 양 본성을 서로 혼합하게(confounded) 될 것이다.[86]

⑥ 영원한 말씀(the Logos)께서 인간의 본성을 취하심은 위격(인격, hypostasis)의 교류 없이 일어날 수 있다. 즉, 위격적 유지는 '실체적 실재'(인격, subsistence)가 없는 인성(anypostatos)이 영원한 말씀의 인격(enypostatos)에 본질적인 것으로 받아들여지고 보존되는 것으로 충분하다. 따라서 인성은 그 자체로는 실체적 실재(인격)를 가지지 않으며, 그 자체의 고유한 인격으로 실재하는 것이 아니다. 심지어 위격

85 Cf. Turretin, *Institutes of Elenctic Theology*, vol. 2, XIII.viii.13(325).

86 Cf. Turretin, *Institutes of Elenctic Theology*, vol. 2, XIII.viii.22-23(328).

적 연합 안에서도 그리스도의 인성은 그 자체만으로는 하나의 인격이 아니지만, 그럼에도 불구하고 오직 영원한 말씀(the Logos)의 한 인격 안에서 하나의 본질적인 부분으로써 실제로(really) 실재하며(subsists) 유지된다(be sustained).[87]

⑦ "그리스도 안에는 신성의 모든 충만이 육체로 거하시고"(골 2:9)라는 성경의 말씀은 루터파의 주장처럼 어떤 '추상'(the abstract)의 방식으로 속성이 교류됨을 말하는 것이 아니다. 그것은 먼저 어떤 '추상적인 본성'을 말하는 것이 아니라 '구체적인 그리스도'에 대하여 말하는 것이다. 또한 '육체로 거하시고'에서 사도가 의미하는 것은 신성의 전체적인 충만함(cf. 그 완전성의 전체적인 충만한 신적 본질)이 참되게 인격적으로 그의 인성에 연합되었다는 것이지, 그림자처럼 드리웠다거나 어떤 지속적인 효과를 말하는 것이 결코 아니다. 그런데 만일 이 성경구절을 루터파의 주장처럼, 신성의 전체적인 충만함이 인성과 육신으로 전이된 것으로 본다면, 결과적으로 그 육체는 그 자체로서 신적인 것이 될 것이며 또한 모든 신적 속성들이 동일하게 교류될 것이다. 왜냐하면 '신성의 모든 충만함'은 그의 모든 속성들을 포함하는 하나님의 신적 본질 그 자체를 말하는 것이기 때문이다. 그러나 루터파 자신들도 그러한 모든 신적인 본질과 속성들의 교류는 역시 부인하는 것이기에, 이것으로 인해 그들은 스스로 오류에 빠지게 된다.[88]

⑧ 다음으로, 그리스도의 위격적 연합이 하나의 '분할불가능'(indivisible, adiairetos)하고 또한 '영구적'(permanent, adiastatos)인 것이라고 하여, 또한 그러한 연합 안에서 하나의 본성이 편재한다고 해서 다

87 Cf. Turretin, *Institutes of Elenctic Theology*, vol. 2, XIII.viii.24(328).

88 Cf. Turretin, *Institutes of Elenctic Theology*, vol. 2, XIII.viii.25(328).

른 본성에게도 필연적으로 그러해야 하는 것이 요구되는 것은 아니다. 즉, 유한한 본성이 무한한 본성에 연합되어도 그 유한성은 계속하여 유지된다. 바로 이점과 관련하여 또 다른 한편, 만일 영원한 말씀(the Logos)이 그의 인성으로부터 분리되어(by separation) 어디엔가 존재한다면, 그것이 분리되었기 때문에 '그 인간'(인성, the man)은 사실상 그 어디에도 존재하지 않는다고 말해야 함이 옳다. 그러나 만일 인성이 '포함되지 않은'(non-inclusion) 영원한 말씀이 어디엔가 존재하다면, 사람이 되신 하나님의 아들 곧 그러한 특성을 가진 '그 인간'이 신성과 함께한 인성의 어떤 국지적인 공재(a local coexistence)의 의미에서가 아니라, 인성의 위격적인 연합에 의하여 어디에도 존재하지 않는다고는 말할 수 없다. 그것은 그리스도의 인성이 어떤 장소(a place)와 연합된 것이 아니라 바로 그 말씀(the Logos)과 함께 위격적으로 연합된 것이기 때문이다. 바로 그러한 이유에서, 부활 승천하신 이후에 지상에 존재하시는 말씀(the Logos)은 또한 이제 참으로 인간이신데, 그것은 그의 인성이 비록 지상에 있지 않을지라도 인격적으로 그리고 가장 친밀하게 말씀 자신의 것으로 연합하셨기 때문이다. 그러므로 비록 그리스도의 인성이 국지적으로는 그곳에 있지 않지만 말씀(the Logos)이 그곳에 있다고 말할 수 있는 것과 꼭 마찬가지로, 비록 바로 그곳에는(cf. 어떤 국지적인 지상의 장소) 계시지 않지만 어디엔가(cf. 하늘 처소의 하나님의 우편) 있는 그의 인성을 계속 유지하시는 '사람인 그리스도'(the Christ man)께서 그곳에 있다고 말할 수 있는 것이다.[89] 이러한 다소 복잡해 보이는 튜레틴의 논의를 좀 더 단순하게 요약하자면, 우리는 한 인격이신 그리스도께서 그의 신성에 따라서는 편

89 Cf. Turretin, *Institutes of Elenctic Theology*, vol. 2, XIII.viii.26-27(328-29).

재하시지만, 인성에 따라서는 모든 곳에 계시지 않고 오직 '하나님의 보좌 우편에 앉아 계신다'(엡 1:20; 히 8:1)고 말해야 하며, 또한 그것이 성경이 가르치는 바이다.

⑨ 루터파가 주장하는 것처럼, 그리스도의 인성의 편재성을 부인하는 것이 즉각적으로 그리스도의 두 본성의 분할이나 분리를 촉발하는 것은 아니다. 여기에서 말씀(the Logos)이 '비포함'(non-inclusion)이라는 견지에서 육신 없이 존재한다는 것은 그것이 무한성을 포함할 수 없다는 의미에서 명백하다. 그러나 동시에 그것은 '분리'(separation)에 의하여 그러하다는 것이 결코 아니며, 또한 그것이 그리스도에게 있어 육신으로부터 분리된 곳은 그 어디에도 없다는 것을 포함하는 것은 아니다. '그리스도께서 하나님 우편에 앉으셨다'(Christ sits at the right hand of God, 막 16:19; 히 10:12)고 하신 것은 그리스도께서 육신에 따라서 모든 곳에 계신다는 것을 의미하는 것이 결코 아니다. 먼저, '하나님의 우편'(the right hand of God)이라는 것은 하나님의 전능성과 위엄을 의미하는 것이다. 또한 '우편에 앉으셨다'(Christ sits at the right hand)는 것은 중보자의 '왕적 직무'(the kingly office)를 의미하는 것이지, 그것이 문자적으로 '하나님의 오른 편'에만 앉아있다 것은 아니다. 그렇다고 해서, 또한 그것이 그리스도께서 모든 곳에 '앉으셨다'는 것이 아니라, 그는 단지 '하늘에' 계신다(cf. 엡 1:20; 히 8:1)는 것을 의미한다. 그리고 그리스도께서 '하늘에 오르셨고', 그리고 '앉으셨다'는 것은 승천하신 그리스도께서 그가 취하신 인성으로 계시는 장소를 한정적으로 특정해 주는 것이다(cf. 요 14:2,3; 17:13).[90]

⑩ "내리셨던 그가 곧 모든 하늘 위에 오르신 자니 이는 만물

90 Cf. Turretin, *Institutes of Elenctic Theology*, vol. 2, XIII.viii.28-29(328-29).

을 충만하게 하려 하심이라”(엡 4:10)라는 성경말씀에서 가르치는 것은, 그리스도께서는 부활하신 후에 하늘에 오르셨으나 주님께서 그의 유신(몸)으로 모든 곳을 채우신다는 것이 아니라 성령의 은사들로 그의 성도들을 채우신다는 것이다. 이것은 그에 앞서, “우리 각 사람에게 그리스도의 선물의 분량대로 은혜를 주셨나니”(엡 4:8)라는 말씀에서 분명하게 드러난다. 마찬가지로 그리스도께서 ‘생명의 떡’이라는 것은(요 6:48), 성찬을 통해 그의 육신(살과 피)이 그것 자체로서 ‘효과적으로’(efficiently) 영원한 생명을 생성시키는 것이 아니라, 오직 그리스도께서 그의 인성에 따라 십자가에서 고난당하시고 죽으심에 의한 중보자로서의 대속적인 속죄 사역에 의하여 ‘공로적으로’(meritoriously) 우리에게 영원한 생명을 주심을 말하는 것이다. 이와 같이 성경에서는 많은 경우에 있어 그의 신성 혹은 인성에 따라서, 또는 인성의 한 부분(살과 피)으로 이루신 그리스도의 중보적 사역들이 그의 전체 인격에 속한 것으로 돌려진다. 따라서 우리는 그의 어느 한 본성에 따라 행하시는 중보적인 사역뿐만 아니라 각 본성에 속한 속성들이 그 자체만의 것으로 인식되거나 혹은 직접적으로 다른 본성으로 교류되는 것으로 이해해서는 안되며, 두 본성이 실제적으로 위격적 연합 속에 있는 그의 인격 전체의 것으로 인식하고 이해해야 할 것이다. 이러한 사항들 외에도 루터파는 자신들의 주장을 옹호하기 위하여 인위적으로 만들어 낸 다양한 구분들을 사용하여 설명을 시도하고자 하는데 – 예를 들어, ‘인격의 행위(act of person) vs. 본성의 행위(act of nature)’, ‘물리적(physical) vs. 초물리적(hyperphysical)’, ‘장소적(local) vs. 비장소적(illocal)’, ‘소유(possession) vs. 사용(use)’, ‘영혼과 육체 vs. 불과 달궈진 쇠의 비유’, etc. – 그러한 모든 것들은 결국 그들이 가진 본질적인 오류를 해소하기 보다는 오히려 그 자체로서 그들

의 주장에 대한 수많은 모순을 더욱 증폭시킬 뿐이다.[91]

VI. 결론

우리는 지금까지 16세기 종교개혁 이후, 스위스 제네바에서 칼빈과 베자의 뒤를 이어 17세기 '개신교 스콜라신학'(Protestant Scholastic Theology)의 최전성기에 많은 활약을 한 신학자로서 '개혁파 정통주의 신학'(Reformed Orthodox Theology)을 가장 완전한 형태로 체계화하고 집대성하여 그 정수를 보여준 프란시스 튜레틴의 전체적인 신학의 특징과 더불어 그의 중요한 신학적인 공헌들에 대하여 살펴보았다. 그리고 동시에, 특히 그의 대표작(magnum opus)이라고 할 수 있는 『변증신학 강요』를 통하여 그의 '기독론'(Christology)에 있어 "예수 그리스도의 인격론"(the Doctrine of the Person of Jesus Christ)에 대한 논의들을 중심으로 간략하게 분석하면서, 그 주요 핵심 사항들에 대하여 살펴보았다. 이제 여기에서 그렇게 분석한 내용들 가운데 우리가 반드시 기억해야 할 몇 가지 핵심 사항들을 다음과 같이 간단히 요약하여 제시하고자 한다.

① 가장 먼저, 튜레틴은 그의 기독론 논의에 대한 기초로서 개혁파 신학의 가장 중요한 특징들 가운데 하나인 '언약 신학'(Covenant theology)의 맥락 가운데서 논의를 진행하며, 성경과 역사적 사실들에 기초하여 유대인들이 거부한 '나사렛 예수'가 바로 옛 언약에서 구

91 Cf. Turretin, *Institutes of Elenctic Theology*, vol. 2, XIII.viii.30-42(329-31).

속자로 약속된 '메시아', 곧 그리스도이심을 '약속과 성취'의 구속역사적 맥락에서 분명하게 논증함으로써, 모든 기독교 기독론에 대한 논의에 있어 그 참된 토대가 무엇이어야 하는지 잘 보여주고 있다고 하겠다. 특별히, 오늘날 현대 신학의 기독론 논의들과의 연관 속에서 그러한 그의 기독론의 접근 방법을 평가해 보자면, 참된 기독론 이해의 기초는 어떤 '신학적 사변'(theological speculation)이나 추상적인 '형이상학적 개념 혹은 원리'(metaphysical ideas or principles)가 아니라, 가장 우선적으로 성경이 증거하고 있는 구체적인 '구속역사적인 맥락' 속에서 '역사적 예수', 즉 '나사렛 예수'의 역사적 사실성(historical reality)에 그 분명한 토대를 두고 진행되어야 함을 우리는 특별히 기억해야 할 것이다. 이러한 방법론은 특히 현대 신학에서 많이 논의된 기독론의 방법론과 관련하여 소위 '위로부터의 방법론'(Christology from Above)과 '아래로부터의 방법론'(Christology from Below) 모두를 지양할 수 있는 개혁신학의 기독론을 위한 좋은 방법의 한 가지 사례라고 할 수 있을 것이다.

② 튜레틴은 그의 기독론 논의 가운데, 특히 영원한 말씀이 육신을 취하신 성육신 사건의 '역사적 실제성'을 성경을 통하여 명확하게 논증함과 동시에 그 신학적인 구조와 의의들을 아주 세세한 부분에 이르기까지 명료한 신학적인 논리로 명확하게 잘 제시하고 있다. 특히 그의 '성육신의 신비'와 관련한 모든 논의들에 있어, 튜레틴은 그것을 본질적으로 그의 삼위일체론 이해와 긴밀하게 연결시킴으로써 어려운 많은 신학적인 난제들을 명쾌하게 해명하고 있음을 잘 알 수 있었다. 따라서 우리는 그와 같은 튜레틴의 논의를 통하여 기독교 신학에 있어, 삼위일체론 이해와 기독론 이해는 그 세밀한 부분들에 이르기까지 서로 분리 불가능한 상보적인 관계에 있음을 다

시 한 번 확인할 수 있었다. 여기서 한 걸음 더 나아가, 이것은 또한 기독교 교의학의 모든 주제들이 그 본질에 있어 각론적으로 나누어져서 접근되거나 논구될 수 없음을 잘 보여주는 것이기도 하다. 물론 대부분의 경우 기술적인 차원에서 그러한 교의학의 각 주제들이 각 부분으로 나누어져서 논구될 수밖에 없겠지만, 그러나 그러한 신학의 다양한 각론적인 세세한 주제들을 논구함에 있어서도 항상 전체적인 신학적 패러다임이나 교의학적 논리구조 속에서 철저하게 거듭하여 다시 재숙고되고 반영되어야 하며, 그리하여 모든 교의학적인 사유와 언표들에 있어 '교리적 일관성'(doctrinal consistency)과 더불어 '교의적 정합성'(dogmatic coherence)이 언제나 함께 고려되고 유지되어야 할 것이다.

③ 튜레틴은 영원한 말씀(the Logos)이신 그리스도의 한 고유한 인격 안에서 신성(divine nature)과 인성(human nature)이 어떻게 연합되는지를, 특히 그의 '위격적 연합'(hypostatical union) 교리에 대한 깊이 있는 신학적 논의들을 통하여 '그리스도의 참된 성육신의 진리'를 명쾌하게 논증하여 해명해 주고 있다. 즉, 거룩하고 영원하신 삼위일체 하나님의 제2의 위격이신 성자께서는 '위격적 연합' 안에서 하나의 인격(a person)이 아니라 인성(a human nature)을 온전히 자신의 본질적인 것으로 결합시키셨다. 또한 그것은 신성이 인성에로의 어떤 '전환'(conversion)이나 '변형'(transmutation)이 아니라, 오직 완전한 신성을 가지신 영원한 말씀의 인격 안에서 인성을 '획득'(assumption)하시고 '보존'(유지, sustentation)하시는 방식에 의해 그렇게 하심으로써, 이제 '하나님의 아들'(the Son of God)이 동시에 '사람의 아들'(the Son of man), 곧 우리의 중보자(the Mediator)가 되셨기 때문에, 그는 참으로 '신-인'(God-man/theanthrōpos)이심을 아주 세세한 신학적인 부분들에 이르

기 까지 명징하게 잘 논증하고 있다.

또한 동시에, 튜레틴은 바로 그러한 위격적 연합 속에서 그리스도의 '두 본성의 관계'를 논구하는 가운데, 다시금 고대 공교회의 기독론에 대한 '정통 신앙표준'을 제시하였던 '칼케돈 신경'(451)의 핵심 내용을 개혁파 기독론의 핵심표준으로 다시 잘 수용하고 있음을 확인할 수 있었다. 그러한 '칼케돈 신앙표준'은 기독론에 대한 성경의 올바른 가르침에 따라 수백년에 걸친 고대교회의 신학적 논쟁을 종식시킨 것으로서, 오고 오는 세대들에 있어 모든 기독론 논의에 있어 하나의 표준적인 준거점과 결코 넘어서는 안되는 그 경계들, 그리고 올바른 신학과 신앙의 원칙을 제시해 주는 것이며, 따라서 이것은 오늘날 현대신학에서 우리의 기독론적 사유와 논의들 가운데서도 반드시 수용되어 지켜져야 하고, 또한 더욱 발전적으로 논구되어야 하는 것이기도 하다. 우리가 항상 기억해야 할 이 "칼케돈 원칙"(Chalcedonian Principle)의 핵심적인 언표는 다음과 같다. "이 두 본성은 혼합 없이(inconfuse), 변화 없이(immutabiliter), 분할 없이(indivise), 분리 없이(inseperabiliter) 연합되셨다. 이 연합으로 인하여 두 본성의 구별이 결코 없어지지 않으며, 각 본성의 속성들은 한 인격(unam personam)과 한 실체적 존재(subsistentiam) 안에서 둘 다 온전히 보존되고 함께 역사한다. 그는 두 인격으로 나뉘시거나 분리되실 수 없으시니, 동일하신 한분 아들, 독생자, 하나님의 말씀, 곧 주 예수 그리스도이시다."

④ 16세기 종교개혁 당시, 결국에는 개신교 진영을 하나로 일치시키는데 있어 마지막 걸림돌로 작용했었던 '성찬 논쟁'과 더불어 17세기 튜레틴 자신의 당대에도 계속하여 루터파와 더불어 더욱 치열하게 진행되었던 신학적인 논쟁의 핵심적인 사항들 가운데 하나인 '속성의 교류'(commmunicatio idiomatum)에 대한 문제와 관련하여, 그가

요약적으로 정리하여 제시하는 개혁파의 이해에 있어 핵심내용은 다음과 같다. 각 본성들에 속한 속성들과 특성들의 교류는 하나의 본성에서 또 다른 본성으로 '직접적으로'(directly) 일어나는 것이 아니라, 항상 각 본성의 속성들이 그리스도의 '인격으로'(into the person) 교류(교통/전달, communicatio)되며, 따라서 한 본성에 속한 속성들은 '인격을 통하여'(through the person) 다른 본성에로 오직 '간접적으로'(indirectly) 일어나는 것이다. 그러므로 속성의 교류는 그리스도의 두 본성이 한 인격 안에서 이루어진 위격적 연합의 결과(영향/효과, effect)이며, 이로써 각 본성의 속성과 특성들이 '인격'을 매개로 공유되고 전유되는 것이다. 그럼에도 불구하고 이러한 속성의 교류는 '실제적(real)임과 동시에 또한 구체적(concrete)인 것'인데, 그것은 그리스도의 한 인격 안에서 두 본성의 위격적 연합이 '실제적이고 또한 구체적인 것'이기 때문이다.

⑤ 이제 마지막으로 언급하고 싶은 한 가지는, 현대의 신학적 논의에 있어 그동안 특히 17세기 개신교 정통주의 시대는 2000년 기독교 신학의 전체 역사 가운데서도 가장 어둡게 퇴색되어 박제된 채로 연구의 불모지로 남아 있었다. 따라서 그 풍성한 신학적 보고(寶庫)들은 깊이 있게 탐구되지 못하고 어느 누구도 들쳐보지 않아 케케묵은 먼지만 두껍게 내려앉아 방치된 고서점 책장 속의 장서와 같은 신세에 놓여있었다고 할 수 있을 것이다. 그중에서도 우리가 여기에서 간략하게 살펴 본 프란시스 튜레틴은 그 신학적 중요성과 함께 당대에 그가 이룩한 많은 공헌들과 더불어 그가 미쳤던 큰 영향력에도 불구하고 연구가 많이 이루어지지 않았고 아직도 그 이름조차 생경한 '잊혀진' 신학자로 남아 있다. 그런 와중에 물론 몇몇 신학자들의 노력으로 튜레틴을 비롯하여 그 시대의 여러 신학자들과 중

요한 저작들이 이제 다시 재발굴이 시작되어 그 기본적인 분류와 정리 작업들이 조금씩 진행되면서 그 찬란한 모습들이 하나씩 빛을 발하고는 있지만, 그 전체적인 화려한 면모와 아름다운 세세한 풍광들을 모두가 함께 풍성하게 더불어 즐기고 누리기에는 아직도 가야 할 길이 너무나 멀다고 할 것이다. 그와 같이 풍성한 이 시대의 신학적인 찬란한 유산들 가운데 우리는 여기에서 단지 튜레틴의 신학의 일면을 그의 기독론을 중심으로 아주 조금 음미하였을 따름이지만, 그의 신학이 가지는 깊이 있는 성경적인 토대와 더불어 놀라우리 만큼 정교하게 짜인 정통 개혁신학의 교리적인 정교함, 그리고 물샐틈없이 치밀하게 전개되는 논리적인 명료성을 다시 한번 체감하며 재확인 할 수 있었다. 따라서 우리는 앞으로도 계속하여 이들의 신학들을 재발굴하고 더욱 활발하고 깊이 있는 연구들을 통하여 그들의 귀중한 신학적 유산들을 발전적으로 계승하여 우리 자신의 신학함의 풍성한 자산으로 활용함으로써 패스트푸드 형태의 가볍고 파편화 되어 얼뜬 신학들이 난무하는 오늘 날, 온 교회가 다시금 그러한 아름답고 풍요로운 신학의 열매들을 온전히 누릴 수 있도록 하는 신학 작업들이 더욱 시급하고 긴요하다 할 것이다. Soli Deo gloria!!

참고 문헌

- Bavinck, Herman. *Gereformeerde Dogmatiek*. 4 Vols. Kampen: J. H. Kok, 1895, 1906-11.
- ______. *Reformed Dogmatics*. 4 Vols. Trans. John Vriend. Grand Rapids; Baker Academic, 2003-2008.
- ______. 『개혁교의학』. 4 Vols. 박태현 역. 서울: 부흥과개혁사, 2011.
- Beach, J. Mark. *Christ and the Covenant: Francis Turretin's Federal Theology as a Defence of Doctrine of Grace*. Göttingen: Vandenhoeck & Ruperecht, 2015.
- Boettner, Loraine. *The Reformed Doctrine of Predestination. Phillipsburg*, NJ: P&R Publishing, 1991 Reprinted.
- ______. 『칼빈주의 예정론』. 홍의표/김남식 역. 서울: 보문출판사, 1990.
- Boice James M. & Philip G. Ryken. *The Doctrines of Grace: Rediscovering the Evangelical Gospel*. Wheaton, IL: Crossway, 2009 Reprinted.
- ______. 『개혁주의 핵심』. 이용중 역. 서울: 부흥과개혁사, 2010.
- Calvin, John. *Institutio Christianae Religionis* (1559). Calvini Opera, Vol. II.
- ______. *Institutes of the Christian Religion*. Trans. Ford L. Battles. Philadelphia: The Westminster Press, 1960.
- ______. 『기독교 강요』. 김종흡 외 3인 역. 서울; 생명의말씀사, 1986.
- Davis, Leo D. *The First Seven Ecumenical Councils (325-787): Their History and Theology*. Collegeville, MN: The Liturgical Press, 1983.
- Dennison, James T. Jr., ed. *Reformed Confessions of the 16th and 17th Centuries in English Translation*. Vol. 4 (1600-1693). Grand Rapids, MI: Reformation Heritage Books, 2014.
- Grillmeier, Aloys. *Christ in Christian Tradition, Vol. 1: From the Apostolic Age to Chalcedon* (451). 2nd Revised Ed. Trans. John Bowden. Atlanta: John Knox Press,1975.

· Hodge, Charles. *Systematic Theology*. 3 Vols. New York: C. Scribner and Company; London and Edinburgh: T. Nelson and Sons, 1872-73.

· Muller, Richard A. *Post-Reformation Reformed Dogmatics*, Vol. 1: Prolegomena to Theology. 1st ed. Grand Rapids: Baker Book House, 1987.

· ______. 『종교개혁 후 개혁주의 교의학: 신학 서론』. 이은선 역. 서울: 이레서원, 2002.

· ______. *Post-Reformation Reformed Dogmatics*, Vol. 1: Prolegomena to Theology, 2nd ed. Grand Rapids: Baker Academic, 2003.

· ______. 『신학 서론』. 조호영 역. 서울: 부흥과개혁사, 2018.

· ______. *After Calvin: Studies in the Development of a Theological Tradition*. Oxford: Oxford University Press, 2003.

· ______. 『칼빈 이후 개혁신학』. 한병수 역. 서울: 부흥과개혁사, 2011.

· ______. *Christ and the Decree: Christology and Predestination in Reformed Theology from Calvin to Perkins*. Grand Rapids: Baker Book House, 1986.

· Norris, Richard A. Jr. ed. *The Christological Controversy*. Philadelphia: Fortress Press, 1980.

· Palmer, Edwin H. *The Five Points of Calvinism*. Enlarged ed. Grand Rapids: Baker Book House, 1972.

· Rogers, Jack B. and Donald K. McKim. *The Authority and Interpretation of the Bible: An Historical Approach*. New York: Harper & Row Publishers, 1979.

· Schaff, Philip. *The Creeds of Christendom*, Vol. I: The History of Creeds. Grand Rapids: Baker Books, 1983 Reprinted.

· ______. *The Creeds of Christendom*, Vol. II: The Greek and Latin Creeds. Grand Rapids: Baker Books, 1983 Reprinted.

· Turretin, Francis. *Institutio theologiae elencticae*. 3 Vols. Geneva: Samuel de Tournes, 1679-1686.

· ______. *Institutes of Elenctic Theology*. 3 Vols. Trans. George Musgrave Giger, Ed. James T. Dennison, Jr. Phillipsburg, NJ: P&R Publishing, 1992.

· ______. 『변증신학 강요』. Vol.1. 박문재/한병수 역. 서울: 부흥과개혁사, 2017.

· ______. *The Atonement of Christ*. Trans. James R. Willson. Eugene, OR: Wipf & Stock Publishers, 1999 Reprinted.

· ______. 『개혁주의 속죄론: 그리스도의 속죄』. 이태복 역. 서울: 개혁된신앙사, 2002.

· ______. *Justification*. Trans. George Musgrave Giger. Ed. James T. Dennison, Jr. Phillipsburg, NJ: P&R Publishing, 2004.

· Van Asselt, Willem, et al. *Introduction to Reformed Scholasticism*. Grand Rapids: Reformation Heritage Books, 2011.

· ______. 『개혁신학과 스콜라주의』. 한병수 역. 서울: 부흥과개혁사, 2012.

· ______. and Eef Dekker, eds. *Reformation and Scholasticism*. Grand Rapids: Baker Publishing, 2001.

· ______. 『종교개혁과 스콜라주의』. 한병수 역. 서울: 부흥과개혁사, 2014.

· Vincentius of Lérins. *A Commonitory*. Philip Schaff & Henry Wace, eds., Nicene and Post-Nicene Fathers, 2nd Series, Vol. 11. (Peabody, MS: Hendrickson Publishers, 2004 Reprinted): 123-59.

· Young, Frances M. *From Nicaea to Chalcedon: A Guide to the Literature and Its Background*. London; SCM Press, 1983.

· 김은수. 『삼위일체 하나님과 신학』. 서울: 새물결플러스, 2018.

· 김재성. 『개혁신학 광맥』[개정판]. 용인: 킹덤북스, 2016.

· 이은선. "프란시스 튜레틴의 예정론 연구". 「한국개혁신학」 46 (2015): 33-59.

프란시스 튜레틴의 성령론

이신열

프란시스 튜레틴의 성령론[1]

이신열

Ⅰ. 서론

프란시스 튜레틴(Francis Turretin, 1623-1687)은 1558년에 칼빈에 의해 설립되었던 제네바 아카데미에서 교수로 활동했던 대표적 개혁파 정통주의 신학자이었다.[2] 그동안 국내외에서 그의 신학에 대한 다양한 주제들에 관한 연구들이 진행되어 왔다.[3] 그런데 이 연구들

1 이신열, "프란시스 튜레틴의 성령론", 종교개혁과 성령, 부산: 개혁주의학술원, 2020, 339-369.

2 그의 생애에 대한 간략한 소개 및 그의 신학적 특징과 공헌에 관해서는 다음을 참고할 것. 김은수, "프란시스 튜레틴의 개혁주의 정통 기독론: '예수 그리스도의 인격론'을 중심으로," 『종교개혁과 그리스도』, 이신열 (편), 개혁주의 신학과 신앙 총서 13 (부산: 개혁주의학술원, 2019), 201-209; Jack B. Roguers & Donald K. McKim, *The Authority and Interpretation of the Bible: A Historical Approach* (New York: Harper & Row, 1979), 172-87.

3 이은선, "프란시스 튜레틴의 성경관," 「신학지평」 11 (1999), 185-200; 이은선, "튜레틴의 <변증신학 강요>의 신학방법론; 신학서론(Prolegomena)의 분석," 「역사신학논총」 2 (2000), 63-80; 공현배, "튜레틴의 성경관 연구: 그의 『변증신학 강요』를 중심으로," 계명대학교 박사학위논문 (2010); 문병호, "프란시스 뚤레틴의 그리스도의 위격적 연합 교리 이해: 칼빈의 계승과 심화라는 측면을 덧붙혀," 『칼빈 이후의 개혁신학자들』, 이상규 (편), 개혁주의 신학과 신앙 총서 7 (부산: 개혁주의학술원, 2013), 208-32; 유정모, "프란시스 튜레틴의 섭리론: 죄의 원인에 대한 이해를 중심으로," 「개혁논총」 44 (2017), 149-97; Richard A. Muller, "Scholasticism Protestant and Catholic: Francis Turretin on the Object and Principles of Theology," *Church History* 55/2 (1986), 193-205; Stephen R. Spencer, "Francis Turretin's Concept of the Covenant of Nature," in *Later Calvinism: International Perspectives*, ed.

의 경우 초기(1980년-2010년)에는 주로 신학서론, 즉 신학방법론과 성경론, 그리고 언약론 등에 관한 연구를 중심으로 진행되다가 몇 년 전부터는 신론, 섭리론, 인간론 그리고 기독론 등으로 다양화되기 시작했다. 이런 상황에서 그의 성령론을 고찰하는 것은 지금까지 진행되어 온 튜레틴 연구의 폭을 넓히는 시도 중에 하나에 해당된다고 볼 수 있다.

이 글에서는 그의 성령론을 성령의 존재, 성령의 사역, 성령과 그리스도, 그리고 성령의 은사라는 네 가지 주제로 나누어서 고찰하되 그의 『변증신학 강요 *Institutio theologiae elencticae*』(1679-86)[4]를 중심으로 살펴보고자 한다.

W. Fred Graham (Kirksville, MO: Sixteenth Century Journal Publishers, 1994), 71-91; J. W. Maris, "Rationaliteit en existentialiteit bij Franciscus Turretinus: Het geloofsbegrip in de "Institutio Theologiae Elecncticae," in *Om de kerk: Opstellen aangeboden aan prof. dr. W. van't Spijker* (Leiden: Groen en zoon, 1997), 63-77; Sebastian Rehnman, "Alleged Rationalism: Francis Turretin on Reason," *Calvin Theological Journal* 37 (2002), 255-69, idem, "Theistic Metaphysics and Biblical Exegesis: Francis Turretin on the Concept of God," *Religious Studies* 38/2 (2002), 167-86; J. Mark Beach, *Christ and the Covenant: Francis Turretin's Federal Theology as a Defense of the Doctrine of Grace* (Göttingen: Vandenhoeck & Ruprecht, 2007); James E. Bruce, *Rights in the Law: The Importance of God's Free Choice in the Thought of Francis Turretin* (Göttingen: Vandenhoeck & Ruprecht, 2013); HyunKwan Kim, "Francis Turretin on Human Free Choice : Walking the Fine Line Between Synchronic Contingency and Compatabilistic Determinism," *Westminster Theological Journal* 79 (2017), 25-44; Steven Duby, "Receiving No Perfection from Another: Francis Turrretin on Divine Simplicity," *Modern Theology* 35/3 (2019), 522-30.

4 Fraciscus Turretinus, *Institutio theologiae elencticae*, 3 vols. (Geneva: Samuel de Tournes, 1679-86). 이 글에서는 이 책의 영역본이 사용되었다. Francis Turretin, *Institutes of Elenctic Theology*, 3 vols, trans. George Musgrave Giger & ed. James T. Dennison, Jr. (Philipsburg, NJ: P & R, 1992-97). 이하 IET로 약칭하여 사용하며 권과 페이지 번호를 아울러 제시하며, 괄호 안에 주제, 질문, 답변의 번호를 각각 주어지게 됨.

Ⅱ. 성령의 존재

1. 비인격체인가?

튜레틴은 창세기 1장 2절에 대한 논의에서 하나님의 영이 사물 또는 물체, 구체적으로 '대기(air)' 또는 '바람(wind)'이 아니라고 보았다.[5] 왜냐하면 창세기 1장 2절이 둘 다 아직 하나님에 의해 피조되지 않았던 상태이었기 때문이었다. 성령은 또한 의인화(prosopopoeia)된 사물을 가리키지 않는다. 이 의인화된 물체의 주체는 일반적으로 어떤 형체를 지닌 사물로서 생명과 의식이 결여되어 있으므로 살아계신 하나님이신 성령을 지칭할 수 없기 때문이다.[6]

또 다른 경우에는 성령은 가시적 형태를 지닌 물체 또는 생명체로 비유되기도 한다. 그리스도께서 세례 요한에게 요단강에서 세례를 받으실 때 성령은 비둘기로 형상화되었다(마 3:16). 그리스도께서는 성령으로 세례를 베푸시는데 여기에서 성령은 하나님의 소유물이 아니라 하늘에서 내려오셔서 그리스도에게 임하시는 행위의 주체로서의 인격체를 가리킨다.[7]

또한 오순절 다락방에 모인 120명의 제자들에게 임한 성령은 불의 혀처럼 갈라지는 것들로 묘사되었다(행 2:3). 그러나 성령은 이런 가시적 물체 또는 생명체와 동일시되지 아니한다. 왜냐하면 이런 가시적 형태를 취할 수 있는 주체는 인격체(persons)이지 비인격체가

5 IET 1:274 (3.26.5).

6 IET 1:303 (3.30.4).

7 IET 1:267 (3.25.7).

아니기 때문이다.[8]

2. 하나님의 능력 또는 효능(efficacy)인가?

창세기 1장 2절에 대한 논의에서 튜레틴은 하나님의 영이 하나님의 능력 또는 효능이 될 수 없다고 보았다. 이 구절에서 능력 또는 효능은 사물의 풍성함을 가능하게 하는 원인을 뜻한다.[9] 자신의 힘으로 존재하는 물체에 해당하는 세상에 물리적 영향력을 행사하는 어떤 능력으로부터 성령은 구분된다. 그렇다면 어떤 이유에서 성경은 성령을 하나님의 능력, 또는 '지극히 높으신 이의 능력'(눅 1:35)이라고 부르는가? 튜레틴은 이 표현에 나타난 능력이 성령의 존재를 가리키는 것이 아니며 그의 속성을 가리킨다고 말한다.[10] 이 표현에 나타난 능력은 성령께서 마리아에게 임하여서 그의 태에서 그리스도의 잉태라는 놀라운 기적을 행하실 능력의 존재임을 암시한다. 성경은 여러 곳에서 성령과 그의 능력을 구분하여 언급하는데 이것이 더 일반적인 경우에 해당된다고 볼 수 있다. 예를 들면 "오직 성령이 너희에게 임하시면 너희가 권능을 받고 … "(행 1:8)라는 구절에 언급된 능력은 어떤 행동의 결과를 가리키는 반면, 성령은 이 결과의 원인과 원천(source)에 해당된다.[11]

8 IET 1:304 (3.30.8).

9 IET 1:274 (3.26.6).

10 IET 1:306 (3.30.13).

11 IET 1:305 (3.30.11).

3. 신적 존재(divine person)인가?

성령은 다양한 행위를 행하시는데 여기에 가르침(요 14:26), 증거함(요 15:26), 미래 일을 계시함(딤전 4:1), 하나님의 깊은 것을 궁구함(고전 2:10), 어떤 사람들을 정하여 특별한 명령에 의해서 그들을 사역자로 보내심(사 61:1; 행 13:2; 20:28), 창조함(창 1:2), 처녀를 잉태케 함(눅 1:35), 사람들에게 일반적인 은사와 특별한 은사를 부여함(고전 12:11) 등이 포함된다.[12] 이런 사역은 그가 성부 하나님과 동일한 질서와 능력을 지닌 신적 존재가 아니라면 행할 수 없는 것이다. 그가 신적 존재로서 행하시는 일을 그에게 부여된 다음의 몇 가지 명칭을 통해서 확인할 수 있다.

첫째, 그는 우리를 모든 진리로 인도하며 하나님에 의해 가르침(theodidaktos, 요 6:45; 14; 17; 16:13)을 받도록 이끄시는 스승이시다.[13] 그리스도와 더불어 우리의 보혜사(parakletos)가 되시는데(요 14:26; 요일 2:1), 이 단어는 그가 스승이라는 뜻도 지니고 있다.[14]

둘째, 그는 신앙과 중생의 실행자(effector) 로서(요일 3:9)[15] 축복을 통해서 경건한 자들을 하나님으로부터 태어나게 하신다(ek tou theou).[16] 그는 우리 안에 영생을 제공하며 항상 우리 안에 거하신다.[17] 성령의 이런 축복을 받은 결과로 하나님의 택함을 받은 자들은 이제 죄의 지배로부터 해방되어 사망에 이르는 죄악을 짓지 않게 된다.[18]

12 IET 1:303 (3.30.4).

13 IET 2:622 (15.17.17)

14 IET 2:484 (14.15.8).

15 IET 2:586 (15.14.13).

16 IET 2:340 (13.11.4).

17 IET 2:605 (15.16.25).

18 IET 1:651 (9.14.18).

셋째, 그는 우리를 위로하시는 위로자(comforter)이시다.[19] 그는 우리 안에서 우리 연약함을 도우시며 말할 수 없는 탄식으로 우리를 위해 중재의 기도를 드리시는 분이시다(롬 8:26).[20]

어떻게 기도할지 알지 못했던 자가 그의 도우심으로 기도할 수 있게 되며 위로자이신 성령을 통해 모든 진리로 인도함을 받게 된다(요 14:26; 16:13). 이제 이 위로자를 통해서 성자 하나님과 성부 하나님의 임재가 우리에게 현실화된다.

III. 성령의 사역

성령의 다양한 사역이 있으나 여기에서는 성경, 회심, 그리고 신앙이라는 세 가지 주제로 나누어서 고찰하고자 한다. 한 가지 주목할 만한 사실은 이 여섯 가지에 창조가 포함되지 않았다는 점이다. 왜냐하면 튜레틴이 『변증신학 강요』의 다섯 번째 주제로 본격적으로 고찰함에 있어서 성령론적인 고찰이 예쌍보다 훨씬 적기 때문이다. 삼위 하나님의 사역으로 이루어졌다는 사실을 한 차례 언급할 때 성령이 언급되며[21] 땅에 대한 설명에 있어서 성령이 이를 품고 계셨다는 사실에 대한 설명을[22] 제외하고는 창조론에 있어서 성령의 역할이 거의 최소화되었기 때문이다.

19 IET 2:484 (14.15.8).

20 IET 2:536 (15.4.39).

21 IET 1:435 (5.2.8).

22 IET 1:448 (5.6.6).

1. 성경

성경은 성령의 사역으로 도출된 하나님의 기록된 말씀이다. 튜레틴은 성경과 관련하여 신자들이 성령을 통하여 하나님으로부터 가르침을 받는다(theodidaktoi)는 맥락에서 성령은 스승이라고 주장한다.[23] 성경의 존재가 성령의 사역을 불필요한 것으로 만드는 것이 아니다. 성령은 새로운 계시를 제공하시는 것이 아니라 이미 기록된 말씀을 우리 마음에 새기는 사역에 임하신다. 그 결과는 성령이 성경으로부터 분리되지 않는 것이라고 주장한다(사 59:21). "성경은 객관적으로 사역하고, 성령은 내부로부터 마음을 여신다."[24]

튜레틴은 성령이 또한 성경의 두 가지 의미, 즉 문자적 의미(the literal sense)와 신비적 의미(the mystical sense)를 정의하는 사역을 행하신다고 밝힌다. 첫째, '문자적' 의미는 여기에서 독특하게도 성령의 의도에 의해서 결정되는 의미를 가리킨다. 문자적 의미는 성경의 특정한 문장을 구성하는 단어들에서 직접 도출되지 아니한다. 왜냐하면 한 단어가 복수적 의미를 지닐 수 있기 때문이다. 성령께서 이런 복수의 의미 가운데 단지 하나의 의미를 갖도록 의도하신다.[25] 둘째, '신비적' 의미란 성경이 지닌 거룩한 의미로서 성경의 저자들을 통해서 성령에 의해 제공된 의미를 가리킨다.[26] 이 의미는 신앙의 교리를 증명하는 능력을 지니고 있는데 이는 성령에 의해서 의도된 것이다. 그러나 신비적 의미는 성경의 모든 부분에서 발견되는 것이 아니라 단지

23 IET 1:59 (2.2.9).

24 IET 1:59 (2.2.9).

25 IET 1:150-51 (2.19.3 & 9).

26 IET 1:152 (2.19.15). 이 신비적 의미의 실제적 예는 요 3:14, 고전 10:1-4, 갈 4:22, 그리고 벧전 3:21에서 주어진다.

성령께서 기회와 정초(foundation)를 제공하시는 경우에만 적용된다.[27] 튜레틴은 성경에서 신비적 의미가 사용된 경우를 찾기 위해서 성령의 의도라는 한계를 초월하지 않아야 한다고 강조한다. 왜냐하면 만약 그렇게 될 경우, 이 의미의 참된 모습을 상실할 수도 있기 때문이라고 말한다.[28]

2. 회심

튜레틴은 먼저 회심을 두 종류로 분류하는데 이는 성향적(habitual) 또는 수동적(passive) 회심과 실제적(actual) 또는 능동적(active) 회심으로 구분된다.[29]

먼저 성향적 회심이란 성령께서 초자연적 성향을 주입하심으로서 발생하는데 여기에서 '성향'(habit)은 원래 마음의 성향을 가리키는데 이는 다시 지식과 신앙, 그리고 가정적(supposing) 성향으로 나누어진다.[30] 이 가운데 헬라 철학자 아리스토텔레스(Aristoteles)에게 중요하게 간주했던 것은 지식의 성향인데 이는 다시 다음의 5가지로 분류된다. 지성(intelligence), 지식(knowledge), 지혜(wisdom), 신중함(prudence), 그리고 예술(art). 튜레틴은 앞서 언급된 아리스토텔레스의 어떤 성향도 신학의 종류(genus)에 직접적으로 해당되지 않지만 그래도 이 가운데 가장 가까운 것으로는 지혜가 해당된다는 사실을 언급한다.[31]

그렇다면 이 지혜의 성향은 어떻게 회심에 작용하는가? 성령께

27 IET 1:152-53 (2.19.16).

28 IET 1:153 (2.19.16).

29 IET 2:522-23 (15.4.13).

30 IET 1:18 (1.6.1).

31 IET 1:18-20 (1.6.2-7).

서 영혼 속에 들어가셔서 성향을 주입하실 때, 그 영혼에게 지혜라는 능력이 부여되어 그가 원래 지니고 있던 내재적 타락으로부터 점차적으로 해방되는 결과를 낳는다.[32] 달리 말하면, 이 성향의 작용으로 영혼은 타락된 경향과 편견을 치유하고 영적이며 구원을 받는 행위를 위한 원리들을 표방하게 되는 결과가 초래된다. 이제 영혼은 서서히 회복되어 원래 지녔던 지적 능력을 되찾게 되어 고침을 받게 되는데 이는 전적으로 하나님께서 행하시는 일로 이해된다. 즉 인간이 하나님에 의해 회심되는 것을 가리킨다. 이제 성향적 또는 수동적 회심은 사실상 새로운 출생, 즉 중생에 해당된다고 볼 수 있다.[33]

이와 달리 실제적 회심은 성향적 회심에 기초하고 이를 활용하여 신앙과 회심의 행위들을 표출하는 것을 가리킨다. 즉 인간이 이런 행위들을 통해서 자신을 하나님께로 향하게 하며 이에 상응하는 행위, 즉 신앙과 회개를 행하는 것이 곧 실제적 또는 능동적 회심에 해당된다.[34] 이런 행위가 가능한 것은 하나님께서 신앙이나 회개와 같은 행위의 직접적 원인이 아니라 주요(principal) 원인으로, 그리고 인간은 근접적(proximate)이며 간접적(immediate)인 원인으로 작용하기 때문이다. 튜레틴은 인간의 이런 행위들은 성령에 의해 자극을 받았기 때문에 가능한 것이라고 보았다.[35] 성령 하나님은 인간의 이런 행위의 주요 원인이실 뿐 아니라 인간이 이 행위에 임하도록 그를 자극하신다는 차원에서 유효적(efficient) 원인에도 해당된다. 이런 맥락에서 성령을 개별적 회심의 행위에 있어서 주요하고 유효적인

---

32 IET 2:524 (15.4.16).

33 IET 2:522 (15.4.13).

34 IET 2:522 (15.4.13).

35 IET 2:523 (15.4.15).

(principal efficient) 원인으로 적절하게 지목했다고 볼 수 있다.[36] 한 마디로, 실제적 또는 능동적 회심은 성향의 주입을 통한 성령의 능력에 의해서 발생한다고 정리될 수 있을 것이다.

그렇다면 회심이 실제로 어떻게 발생하며 여기에 성령의 역할은 무엇인가? 튜레틴은 회심이 두 가지 방식을 통해서 발생한다고 보았는데 이는 이 두 가지 방식의 실질적 작용을 위해서 이중적(a twofold) 은혜가 필수적인 것을 뜻한다.[37] 첫째는 객관적이며 외형적인 은혜로서 하나님으로부터 주어지는 은혜이며, 둘째는 이 객관적 은혜를 인간이 수용하도록 만드는 즉각적이며 주관적인 은혜를 가리킨다. 튜레틴은 이 두 가지 은혜가 모두 성령의 사역에 의해서 주어진다고 보았다.[38] 달리 말하자면, 성령의 사역 방식 두 가지는 말씀으로 작용하는 방식과 마음에 작용하는 방식을 가리킨다. 성령께서 말씀의 설파(preaching)를 통해서 신자들에게 그들의 의무를 명령하실 뿐 아니라, 친밀하게 그리고 즉각적으로 그들에게서 유순함과 순종을 이끌어 내는 방식으로 사역하신다.[39] 말씀을 통해서 외적으로 발생하는 사역은 객관적이며 도덕적인 차원을 지닌 반면, 성령을 통해서 내적으로 주어지는 사역은 효과적인 방식으로 발생한다.[40] 여기에서 어떤 사람들에 의해서 튜레틴은 말씀과 성령, 내적 및 외적 사역을 지나치게 날카롭게 구분하는 이원론적 사고를 지닌 것으로 평가될 수도 있을 것이다. 그러나 그는 이런 이원론적 사고를 다음과 같이 배제한다.

---

36 IET 2:524 (15.4.17).

37 IET 2:527 (15.4.23).

38 IET 2:527 (15.4.23).

39 IET 2:536 (15.4.38).

40 IET 2:541 (15.4.51).

"성령이 결코 말씀 없이 우리에게 즉각적으로 사역하지 않으시므로, 그의 움직임은 야만적이며 비이성적인 것으로 불리워질 수 없으며, 항상 지식과 빛에 연결된 것이다. ... 성령은 우리에게 즉각적으로 사역하시는데 이는 말씀 전후에 이루어지는 것이 아니라 그와 함께 이루어진다."[41]

그의 주장은 말씀을 통한 성령의 사역으로 부르심에 대한 효력이 발생하여 회심이 일어나는 것을 뜻한다.[42] 이와 관련하여 튜레틴은 회심에 있어서 말씀만이 역사하며 성령의 능력이 사용되지 아니한다는 항론주의자들(the Remonstrants)이 내세웠던 주장을 부인한다.[43] 이들은 말씀이 중생의 유일한 씨앗이므로 성령의 역할이 필요 없다고 밝혔던 것인데 대표적 항론주의자로서 도르트총회(1618-19)에도 참여했던 시몬 에피스코피우스(Simon Episcopius, 1583-1643)도 이런 입장을 적극적으로 취했다.[44]

---

41 IET 2:540 (15.4.50), 526 (15.4.21): "그러므로 성령의 전능하고 유효적인 사역은 하나님께서 규례, 격려, 그리고 이와 같은 종류의 다른 것들을 통해서, 그리고 비록 하나님께서 자기 자신의 방식을 따라 행하심에도 불구하고 그가 우리의 방식을 따라, 행하시는 달콤한 방식에 반대되지 않는다."

42 IET 2:526 (15.4.23).

43 IET 2:528 (15.4.25).

44 Simon Episcopius, "Disputationum theologicorum," 46, in *Operum theologicorum*, pars altera [1665], Pt II, 437; "Whether any immediate action of the Spirit upon the will or mind is necessary or promised in the Scriptures, in order that anyone may be able to believe the word externally presented? We maintain negative.", IET 2:528 (15.4.25)에서 재인용. 에피스코피우스에 대해서는 다음을 참고할 것. Frederick Calder, *Memoirs of Simon Episocpius: The Celebrated Pupil of Arminius* (London: Hayward and Moore, 1838). 그는 레이든 (Leiden) 대학의 신학교수로 약 7년간 봉직했는데 이에 대한 간략한 설명으로는 다음을 참고할 것. 이신열, "레이든 대학의 신학교육", 이신열 (편), 『종교개혁과 교육』 (부산: 개혁주의학술원, 2017), 216-17.

여기에서 효력이 발생하는 곳은 바로 인간의 이성적 본성인데 이해력과 의지, 그리고 도덕적 경향과 판단력이 주어진다. 이와 달리 후자는 앞서 작용한 말씀을 통한 그의 사역이 실제로 발생할 수 있도록 마음에 선한 경향성을 주입하고, 새로운 마음을 창조하는 것을 가리킨다.[45] 이 사역은 전능하고 효능적인 성령의 사역에 의해서 발생하는데 이는 앞서 언급된 말씀에 의한 성령의 사역과 모순되지 아니한다. 이 사역이 가장 탁월한 은혜 또는 능력을 동반해야 하는 이유는 이런 은혜의 위대함 없이는 우리 마음속에 너무 깊숙하게 뿌리 내리고 있는 죄가 극복되며 소멸되지 아니하기 때문이다.[46]

이렇게 성령의 사역이 말씀과 함께 발생하지만, 성령의 사역은 말씀을 통하여 중재적으로(mediately) 발생하지는 않는다. 즉 그의 사역은 말씀을 통하여 즉각적으로(immediately) 영혼 안에서 발생한다.[47] 이는 말씀의 사역이 성령의 즉각적 사역 없이는 충분하지 않음을 뜻한다.

왜 말씀의 사역만으로는 그 효력이 충분히 발휘되지 않는가? 튜레틴은 이 질문에 대한 대답을 다음과 같이 제시한다. 말씀의 사역이 성령의 사역과 동시에 발생하지 않을 때는 저항의 대상이 될 수 있기 때문이다. 그러나 실제로는 말씀의 사역이 항상 성령의 사역과 함께 발생하므로 이 사역을 통해 주어지는 은혜는 결코 그 효력을 상실하지 않는다.[48]

45 IET 2:527 (15.4.23).

46 IET 2:525 (15.4.19).

47 IET 2:526 (15.4.23).

48 IET 2:558 (15.7.34).

3. 신앙

성령은 모든 세대에 걸쳐 말씀과 더불어 신앙이 생성되고 유지되는 수단으로 간주된다.[49] 먼저 신앙의 생성과 관련하여 중요한 역할을 담당하는 것은 말씀이다. 신앙은 말씀을 들음에서 비롯되는데(롬 10:17), 이런 이유에서 튜레틴은 말씀의 신앙의 대상(object)으로 간주한다. 그렇지만 말씀이 신앙을 불러일으킨다고 할 때 성령의 역할이 전적으로 배제되는 것은 아니다. 말씀은 다시 기록된 말씀과 기록되지 않은 말씀으로 나누어지는데 신앙을 생성시키는 것은 기록되지 않은(agraphon) 말씀에 해당된다.[50] 이 기록되지 않은 말씀이 하나님에 의해 영감될 때 기록화된(engraphon) 말씀이 되어서 결국 기록된(graphon) 말씀이 된다. 튜레틴이 주장하는 '하나님에 의해 영감된'(theopneuston)이라는 표현이 의도하는 바는 성령의 역사를 지칭하는데 이에 대해서 튜레틴은 다음과 같은 설명을 제공한다. "즉각적 영감과 성령의 내적 충동(impulse)에 의해 (성경의) 저자들이 영향을 받았는데 이는 그들에게 (성경을 쓰라는) 명령을 대신하는 것이었다. 따라서 바울은 성경을 하나님에 의해 영감된(theopneuston, 딤후 3:16)이라 말하고 ... "[51] 이런 방식으로 성령은 말씀의 기록과 관계함으로서 말씀이 신앙을 생성함에 대해서도 간접적으로 영향력을 행사한다고 볼 수 있다. 또한 유아(infants)의 신앙에 관한 설명을 제공하면서 튜레틴은 이들이 지닌 신앙을 씨앗의(seminal) 신앙이라고 불렀다. 여기에서 성령은 신앙의 씨앗(seed of faith)으로 이해되는데, 그 이유는 성령이 신앙의 원인자로서 뿌려진 유아가 지닌 신앙의 씨앗을 싹트게 하

---

49 IET 2:596 (15.16.11).

50 IET 2:573 (15.11.10).

51 IET 1:60 (2.3.3).

며 더 나아가서 행동하도록 만드는 존재로 파악되기 때문이다.[52]

신앙의 유지와 관련한 성령의 역할은 주로 신앙의 견인(perseverance)이라는 항목(16문)에서 다루어진다. 신앙의 견인에 대해서 다루기에 앞서 튜레틴은 먼저 일시적 신앙에 대해서(15문) 먼저 설명하는데 이는 생성된 신앙이 유지되지 못하고 도중에 그 신앙이 중단되는 경우에 해당된다. 성령은 구원하는 신앙의 원리로서 중생의 영과 양자의 영으로(요 3:5; 롬 8:15) 언급되지만 일시적 신앙의 원리는 조명(illumination)의 영(히 6:4)으로 정의된다.[53] 여기에서 '조명의 영'이란 성령의 어떤 모습을 가리키는가? 칼빈은 성령께서 택함 받지 못한 자들의 마음에도 빛을 비추어 작용하지만, 그 빛이 그들의 마음에 중생이라는 열매를 맺지 못하는 경우를 가리킨다고 보았다. 칼빈은 이런 역사를 '더 낮은 차원의 성령의 역사'라고 불렀다.

> "하나님의 택하신 자들과 일시적 신앙을 지닌 자들 사이에는 아주 비슷하고 유사한 점이 많지만, ... 그렇다고 해서 이보다 더 낮은 차원의 성령의 역사가 유기된 자들에게도 나타나는 일이 방해를 받는 것은 절대로 아니다."[54]

유기된 자에게 성령의 역사가 조명의 방식으로 임한다고 주장하는 칼빈과 달리 튜레틴은 유기된 자에게는 성령의 사역이 제공되지 않고 단지 말씀의 외적 사역이 임할 따름이며 이는 구체적

52 IET 2:586 (15.14.13).

53 IET 2:588 (15.15.4).

54 Inst. 3.2.11: " ... quanvis magna sis similitudio et affinitas inter Dei electos, et qui fide caduca ad tempus donantur ... Sed hoc minime obstat quin illa inferior Spiritus operatio cursum suum habeat etiam in reprobis." (OS IV, 21)

으로 그들의 임무와 약속된 혜택, 그리고 그들이 범한 죄의 악랄함(heniousness)과 이에 대한 처벌의 정당성을 깨닫게 하는 것을 가리킨다고 보았다.[55]

히브리서 6장 4절에 대해 설명하면서 튜레틴도 성령의 조명을 통해 복음의 탁월함을 깨달았음에도 불구하고 오히려 이를 거절하는 자리에 이르게 된다고 다음과 같이 밝힌다.

> "한 때 복음을 고백했던 자들이, 그 이후에 복음의 탁월함과 달콤함에 대한 확신을 주었던 성령의 조명에 대항하여, 증오와 완악한 마음에서 복음을 경멸하고 이에 대한 전쟁을 선포한다. 이는 하나님의 아들과 그의 피를 발아래 짓밟는 것이며 그 결과 하나님의 모든 언약을 부인하게 된다."[56]

그렇다면 신앙을 유지하는 성령의 역사는 성도가 신앙의 길에서 끝까지 참고 견디는 견인에서 어떤 역할을 담당하는가? 튜레틴은 신앙이 유지되고 신자가 이에서 떨어지지 않도록 함에 있어서 성령의 역할을 성령의 보호하심(guardianship)이라고 보았다.[57] 이 보호하심은 성령의 지속적 임재(perpetual presence)가 성도들에게 약속되었는데(요 14:16) 이는 성령의 내주 하심(indwelling)으로도 이해된다. 이 보호하심의 사역은 신자들에게 구원의 확실성(certainty)을 제공하며 견인을 위한 토대로 작용한다. 이런 확실성은 두 가지로 나누어지는데 이는 계시된(revealed) 확실성과 체험적(experimental) 확실성에 해당된

55 IET 2:515 (15.3.20).

56 IET 1:652 (9.14.19).

57 IET 2:602 (15.16.20).

다.[58] 전자는 하나님의 말씀과 그의 약속에 근거한 것으로서 이는 절대적이며 무오할 뿐 아니라 이에 의해서 모든 의심과 두려움이 제외된다. 후자는 희망 또는 신뢰에 대한 확실성으로도 표현되는데 이는 두 가지 토대 위에 세워져 있다. 하나님 편에서의 신적 약속과 인간 편에서의 그가 지닌 경향성(disposition)이 이에 해당된다.[59] 다시 말하면, 전자는 말씀이 제공하는 확실성으로 파악될 수 있는데 후자는 인간의 마음에 주어지는 확실성을 가리킨다. 인간의 마음에 확실성이 주어지기 위해서 성령은 진리를 증거하는 방식으로 역사하신다.[60] 이런 맥락에서 성령은 진리의 영(요 14:17; 16:13)으로 불리워지며 이를 가르치는 스승으로 이해된다. 로마서 8장 16절에 대해서 튜레틴은 성령께서 객체(the object)의 확실성을 확증하실 뿐 아니라 주체(the subject)에 해당하는 신자에게 확실성을 생성하신다고 밝히는데 이것이 곧 증거의 정의에 해당된다.[61] 성령의 이런 증거는 신앙의 확실성을 제공함에 있어서 모든 의심을 물리치게 되는데 이 사실에 대해서 튜레틴은 다음과 같이 크리소스톰(Chrysostom)을 인용한다.

> "여기에 어떤 의심이 남아 있는가? 만약 사람 또는 천사가 약속한다면, 아마도 어떤 사람들이 의심할 것이다. 그러나 만약 우리를 기도하게 하시는 최고의 본질, 즉 하나님의 영이 기도하는 그들에게 약속하시고, 약속을 제공하시고, 우리에게 내적으로

58 IET 2:627-28 (15.17.27).

59 IET 2:617 (15.17.3).

60 IET 2:622 (15.17.17).

61 IET 2:623 (15.17.17).

증거를 주신다면, 의심을 위한 공간이 어디에 있는가?"[62]

성령의 보호하심의 사역이 그의 인치심과 진리를 증거하심을 통해서 신자의 신앙에 확실성을 제공하는데 이는 성령의 인치심(sealing)으로도 이해된다. 튜레틴은 인치심에 대해서 "교부들은 인을 'akatalyton'(파괴될 수 없는)이라고 불렀는데 이는 우리에게 감동을 주는 것으로서, 특정한 시기만이 아니라 "구속의 날"까지 주어지는 것이다."라고 주장한다.[63]

마지막으로 신앙의 확실성을 증가시키기 위한 방편으로 성령께서는 미래의 악에 대한 두려움을 활용하신다. 왜냐하면 이 두려움은 신자의 마음에 염려와 경계심을 불러 일으켜서 그로 하여금 이런 악에 빠지지 않도록 보호해주기 때문이다. 이 두려움은 성령께서 신자의 삶에서 요구하시는 두려움에 해당된다.[64]

IV. 성령과 그리스도

1. 양자의 삼위일체론적 관계

튜레틴은 그의 삼위일체론에서 성령과 그리스도의 관계를 필리

---

62 Chrysostom, "Homily 14", *On Romans*, NPNF1, 11:442; PG 60.527. IET 2:623 (15.17.17)에서 재인용.

63 IET 2:602 (15.16.20), 623 (15.17.17).

64 IET 2:630 (15.17.33).

오케(filioque)의 관점에서 간략한 설명을 제공한다.[65] 필리오케는 비록 성자는 단지 성부로부터만 출생(generation)하지만, 성령은 성부와 성자 모두로부터 발출(spiration)한다는 삼위일체론적 주장에 해당된다. 튜레틴은 필리오케를 언급하면서 동방교회는 서방교회가 니케아신조(Nicene Creed)에 filioque를 삽입했다고 비난했지만, 동방교회도 아타나시우스신조(Athanasian Creed) 제7항에 monou를 추가하는 오류에 빠졌다는 사실을 지적했다.[66] 비록 1439년에 개최되었던 플로렌스공의회(the Council of Florence)에서는 두 교회가 필리오케를 둘러싼 차이를 극복하기 위해서 성령이 성부로부터 그리고 성자를 통해서 발출한다는 일종의 절충안에 합의했지만, 튜레틴은 성자께서 부활하신 후 제자들에게 성령을 불어 넣으신 사건(요 20:22)을 언급하면서 15세기에 작성된 절충안을 부인한다. 튜레틴은 필리오케가 선호되는 이유를 다음의 4가지 차원에서 제공한다.[67] 첫째, 성령은 성부와 성자로부터 보내심을 받았다(요 16:7). 그러므로 성령이 성자로부터 발출하지 않는다면 성자에 의해서 보냄을 받을 수 없기 때문에 그는 성자로부터 발출해야 한다. 둘째, 그는 성부의 영으로 불리워질 뿐 아니라 성자의 영으로도 불리워진다(갈 4:6). 셋째, 성령이 소유한 것은 무엇이든지, 성부로부터 받지 않은 것이 없는 것과 마찬가지로 성자로부터 받지 않은 것이 없다(요 16:13-15). 넷째, 성자는 그의 제자들에게 성령을 불어 넣으셨다(요 20:22). 이는 성자가 영원 전부터 성령을 불어 넣으셨다는 사실을 말한다. 왜냐하면, 일시적 발출은 영원한 발출을 가정하기 때문이다. "성부와 성자는 성령을 불어 넣으시

65 IET 1:280 (3.27.16), 309 (3.31.3).

66 PG 28.1581, 1585, 1587, 1589: "apo tou monou patros", IET 1:309 (3.31.4) 에서 재인용.

67 IET 1:309-10 (3.31.5).

되 서로 다른 두 원리로서가 아니라(불어 넣는 힘은 양자에게 동일한 것이므로), 이 발출에 있어서 두 자존적(self-existent, supposita) 행위가 동일한 능력에 의해서 동시에 발생하게 된다."[68]

그리스도는 자신이 메시아로 간주되는 것을 인정하셨는데(사 61:1, 2; 눅 4:21) 이는 그가 아버지와 성령에 의해 보내심을 받은 자임을 보여준다.[69] 튜레틴은 이 사실을 통해서 삼위일체의 신비가 계시되는 것이 분명해진다고 주장한다.

2. 그리스도의 세례 받으심과 성령

튜레틴은 삼위일체가 그리스도께서 세례 요한에 의해서 요단강에서 받으셨던 세례(마 3:16,17)에 의해 증명된다고 주장한다. 다음과 같은 주장을 인용하면서 이 사실이 고대교회에서 빈번하게 언급되었던 점을 상기시킨다. "아리아누스여, 요단강으로 가시오. 그러면 거기에서 삼위일체를 만나게 될 것이다."[70]

그렇다면 그리스도께서 성령의 능력에 의해서 세례 받으신 이유는 무엇인가? 이 질문에 대한 답변은 먼저 그의 직분(office) 과 관련이 있다. 이는 그리스도께서 하나님과 인간 사이의 중보자로서 성령에 의해서 기름 부으심을 받으셨음을 증거한다.[71] 마태복음 3장 17절에 언급된 그리스도의 세례 받으심은 그의 직분 가운데 구체적으

68 IET 1:310 (3.31.6).

69 IET 1:276 (3.26.10).

70 IET 1:267 (3.25.7).

71 IET 2:391 (14.5.1). 칼빈은 그리스도의 세례가 성령의 기름 부으심에 대한 가시적 상징이라고 보았다. Inst. 2.15.5 (OS): "A visible symbol of this sacred anointing was shown in Christ's baptism, when the Spirit hovered over him in the likeness of dove."

로 제사장으로 부르심을 받은 것을 가리키는데,[72] 이 세례를 통하여 그는 성부 하나님에 의해서 사랑 받는 그의 아들로 인정받았으며 그에게 성령이 한량없이 주어졌던 것이다(요 3:34).[73] 이렇게 그에게 성령이 한량없이 주어졌다는 것은 성령께서 그리스도에게 그의 직무 수행에 필요한 모든 지혜로서 충분히 가르치셨다는 사실을 또한 보여준다.[74] 이런 맥락에서 이사야 선지자는 성령께서 그 위에 머무르시되 "지혜와 총명의 영", '모략과 재능의 영", 그리고 "지식과 여호와를 경외하는 영"으로서 그 위에 임하실 것이라는 표현을 사용했던 것이다(사 11:1,2). 이제 그리스도는 이런 모든 성령의 은사들로 채워져서 자신에게 주어진 제사장직을 수행하시기에 아무런 부족함이 없을 것이다.[75]

그리스도께서 받은 세례는 이렇게 인간을 하나님과 화해시키는 중재자로서 역할을 감당하시기 위해서 받은 세례로서 또한 이 세례는 그리스도께서 제사장으로서 행하시는 지상사역의 시작을 알리는 일종의 취임식(inauguration)으로 이해된다. 튜레틴은 그리스도의 세례가 취임식으로 이해될 수 있다는 사실을 다음과 같은 비유를 들어서 설명한다.[76] 마치 새로 즉위하는 왕이 자신의 선왕으로부터 왕위를 승계하게 되었을 때 많은 사람들에게 자신이 이제 왕이 되었다는 사

72 IET 2:404 (14.8.6).

73 IET 3:400 (19.16.8).

74 IET 2:395 (14.6.4). .

75 사 11:2에 대한 구약학자 영의 다음 주해를 참고할 것. Edward J. Young, *The Book of Isaiah, Vol. 1/Chapters 1-18* (Grand Rapids: Eerdmans, 1965), 381: "This Spirit of Yahweh is the Spirit who brings all these gifts. Some of these gifts have appeared in indvidual men individuallly, but all of them appear to gather in Immanuel, the Messiah, and all of them serve as a remarkable preparation for fulfilling the duties of the Messianic office."

76 IET 2:391-92 (14.5.4).

실을 알리기 위해서 취임식을 행하는 것과 마찬가지로, 그리스도께서도 아주 예외적인 방식으로 이 취임식을 치르신 것이라는 설명이 제공된다.

자기 아들의 이 취임식에 대해서 성부 하나님은 무척 기뻐하셨고 우리 또한 이 사실을 즐거워함으로서 하나님에게 받아들여진다는 해설(엡 1:6) 또한 아울러 제공된다.[77] 튜레틴이 그리스도의 취임식으로서 세례와 성도의 선택을 연관시켜 설명하는 이유는 그리스도께서 아버지의 사랑을 받은 자이실 뿐 아니라, 그의 중보자적 작분 수행을 통하여 그 안에 있는 자들이 하나님과 화해되어 하나님에 의해서 받아들여짐에 있어서 첫째 원인으로 작용하심에 놓여 있다.[78]

3. 그리스도의 삼중직과 성령

칼빈이 『기독교 강요』에서 내세웠던 그리스도의 삼중직 이해에 있어서 선지자직과 왕직에는 성령에 대한 언급이 다소 등장하지만, 제사장직과 관련해서는 성령에 대해서는 전혀 다루어지지 않았다.[79]

---

77 IET 2:392 (14.5.6).

78 IET 2:708 (17.4.11) Cf) 1:296 (3.29.11): "If it is said to have been a delight to the Father, is not Christ "the beloved Son" (huios agapetos, Mt. 3:17)? If ordained and anointed by the Father, was not Christ forordained before the foundation of the world and anointed for the meditorial office (1 Pet. 1:20)?"

79 Inst. 2.15.1-6. 먼저 그리스도의 선지자직에 대해서 칼빈은 사 61:1-2에 대해서 설명하면서 그리스도께서 성령에 의해서 성부의 은혜에 대한 전령(herald)과 증인(witness)으로 기름부으심을 받았다고 밝힌다(2.15.1). 그의 왕직에 대해서 칼빈은 천상의 삶에 관해서 성령을 제외하면 우리에게 활기가 제공되지 않는다고 말하면서, 성령께서 그리스도를 자신의 자리로 선택하셔서 그로부터 우리가 필필요로 하는 천상의 부요함이 풍부하게 흘러나온다는 설명을 아울러 제공한다. 칼빈의 의도는 우리가 악령을 이기고 승리하는 삶을 사는 것은 왕으로서의 그리스도의 통치를 받아야 가능함을 뜻하며 이는 또한 천상의 삶을 사는 것을 뜻하는데 이를 위해서 성령께서 그리스도로 하여금 이에 필요한 모든 것들을 풍성하게 제공하게 하신다는 사실을 가리킨다.

칼빈의 삼중직 이해에 근거하여 이를 발전시켜 나간 튜레틴은 이 세 가지 직분을 모두 성령의 사역과 관련하여 설명을 제공한다.

먼저 튜레틴은 그리스도의 세 가지 직분을 다음과 같이 성령을 통하여 정의하는데 이는 인간의 세 가지 비참함, 즉 무지, 죄책, 그리고 폭정과 종됨에 바추어 본 정의에 해당된다. "선지자는 조명의 영에 의하여 마음을 비추신다. 위로의 영에 의하여 제사장은 마음과 양심에 평정을 제공하신다. 성화의 영에 의해서 왕은 반항적인 사랑을 제압하신다."[80]

또한 튜레틴은 하나님의 세 가지 속성, 즉 지혜, 자비, 그리고 능력과 관련하여 그리스도의 세 가지 직분에 대해서도 다음과 같은 성령론적 정의를 제공한다. "지혜의 영으로서의 성령은 예언의 효과이며, 위로의 영으로서 성령은 제사장 직분에 대한 열매이며, 능력과 영광의 영으로서 성령은 왕의 은사이다."[81]

이렇게 그리스도의 세 가지 직분이 성령론적으로 정의될 수 있는 이유는 튜레틴의 다음과 같은 직분에 대한 정의에서 발견될 수 있다. "그리스도의 직분은 하나님과 인간 사이의 중재 외에는 아무것도 아닌데, 이는 그가 성부로부터 세상으로 보내심을 받고 성령으로부터 기름 부으심을 받은 바를 수행하기 위한 것이다."[82]

그렇다면 세 가지 직분이 개별적으로 어떻게 성령론적으로 이

80 IET 2:393 (14.5.8).

81 IET 2:394 (14.5.13). 은혜언약에 대한 논의에서 튜레틴은 그리스도의 세 가지 직분에 대해서 다음과 같은 묘사를 제공한다 IET 2:181 (12.2.21). "자신의 교리의 빛으로서 구원을 계시하는 선지자로서, 자신의 공로로서 구원을 획득하신 제사장으로서, 그리고 획득된 구원을 성령의 효능으로 적용하시는 우리의 왕으로서 그 (아들)는 우리 것이 되신다."

82 IET 2:391 (14.5.3).

해되었는가?

먼저 선지자 직분에 대해서 튜레틴은 먼저 성령이 한량없이 그리스도에게 주어짐으로서(요 3:34) 직분이 가능하다는 사실을 지적한다.[83] 구약의 다른 선지자들에게도 성령이 주어졌지만, 모든 예언의 완성자이신 그리스도에게는 특별히 성령의 모든 은사가 그의 직분을 행하기에 아무런 부족함 없도록 충분히 주어졌던 것이다.

튜레틴은 그리스도의 선지자 직분을 가르침이라는 관점에서 볼 때 그 시행이 두 가지 방식을 통해서 이루어진다고 보았다. 첫째는 직접적이며 간접적인 방식이며 둘째는 외적이며 내적인 방식이 이에 해당된다.[84] 여기에서 외적인 방식과 내적 방식에 대한 설명에 있어서 말씀이 사람들의 귀에 들려지는 것이 전자의 방식이며, 성령께서 사람들의 마음을 열어서 진리에 이르도록 이끄시는 것(요 16:13)이 후자의 방식이라고 보았다. 이렇게 내적 방식으로 역사하시는 성령은 자신의 말이나 진리를 증거하지 않으시고 그리스도의 말씀의 의미를 깨닫도록 인도하시므로 이 사역이 그리스도의 선지자적 사역이라는 사실을 잊지 않게끔 해 주신다.

이런 이유에서 튜레틴은 성령을 '목적을 달성시키는(telesiourgikon) 원리(the end-accomplishing principle) 이자 성부에 의해 시작되고 성자에 의해 수행된 사역을 완성하시는 분으로 간주했다.[85]

그러나 제사장과 왕의 직분에 대한 해설을 제공함에 있어서 튜레틴은 선지자 직분에 대해서 표명했던 것보다 상대적으로 이에 대한 성령론적 진술이 더 적은 것이 사실이다. 제사장 직분에 대해서

83 IET 2:321 (13.8.1), 347 (13.12.2), 402 (14.7.17).

84 IET 2:400 (14.7.12).

85 IET 1:269 (3.25.12).

그리스도께서 성령을 통해서 천상적 미덕과 더불어 이에 봉직되었다고 주장한다.[86] 이 직분에 대한 성령의 역할이 무엇인가에 대하여 칼빈과 마찬가지로 튜레틴도 더 이상 상세한 설명을 제공하지 않는 것으로 보인다. 그리스도께서 수행하신 선지자와 왕의 직분과 비교하면 제사장 직분에 대한 해설은 상대적으로 훨씬 더 많은 분량을 차지함에도 불구하고,[87] 그리스도의 이 직분 수행에 있어서 성령의 역할은 드물게 언급될 따름이다.

또한 왕의 직분과 관련해서도 성령의 역할에 대한 언급은 최소한의 수준에 그친다. 튜레틴은 그리스도의 왕직 또는 왕국에 대한 정의를 다음과 같이 제공한다. "중보자적 직분의 세 번째 부분은 그의 왕국인데, 이는 그가 말씀과 성령으로서 교회를 다스리심에서 있어서 동반되는 위엄과 권위를 가리킨다."[88] 그리고 그리스도의 왕직 수행의 방식에 대해서 설명하면서 이 방식이 영적이며 그의 영에 의해서 이루어진다(슥 4:6; 호 2:18; 고후 10:4) 는 일반적인 설명이 추가될 따름이다.[89]

86 IET 2:407 (14.9.4).

87 제2권의 14번째 주제에서 그리스도의 제사장 직분은 질문 8에서 질문 15에 걸쳐서 상세하게 논의된다. IET 2:403-490.

88 IET 2:486 (14.16.1).

89 IET 2:488 (14.16.9).

V. 성령과 은사

1. 은사에 대한 삼위일체론적 이해

튜레틴의 은사에 대한 논의는 먼저 삼위일체론에서 발견된다. 삼위일체가 자연의 빛이 아니라 오직 계시를 통해서만 증명될 수 있다는 주장에 있어서 그는 개별 성경구절을 들어서 이를 고찰한다. 성경적 고찰에 있어서 선택된 구절들은 요한일서 5장 7절, 고린도후서 13장 14절, 그리고 요한복음 15장 26절, 그리고 고린도전서 12장 4-6절이다.[90]

사도 바울이 은사의 다양성을 다루는 마지막 구절에 대해서 튜레틴은 먼저 은사는 다양하지만 오직 한 분 하나님에 의해서만 주어진다고 다음과 같이 주장한다. "이제 다름 아닌 하나님만이 은사, 직분(operatons), 그리고 사역(administrations)의 저자이심이 명백하기 때문에, 성령, 주님, 그리고 성부 하나님이 한 분 하나님이심이 필요하다."[91] 고린도교인들이 소유한 것이 은사이든, 직분이든, 기적적 사역이든 간에 이 모든 것이 한 분 하나님으로부터 비롯되었다고 밝힌다. 그러나 이 은사들은 한 분 하나님으로부터 비롯되지만, 또한 이들은 "부분적으로(partly) 성령에 의해서, 부분적으로 주 예수에 의해서, 부분적으로 성부(탁월함에 의해서 하나님으로 불리워지는)에 의해서 시여된다."[92]

---

90 IET 1:268-70 (3.25.9-13).

91 IET 1:270 (3.25.13).

92 IET 1:270 (3.25.13). Cf) 리처드 개핀, 『성령은사론』, 권성수 역 (서울: 기독교문서선교회, 1999), 58: "어쨌든 고린도전서 12:4-6(엡 4:4-6 참조)은 성령은사를 주는 일에 있어서 분명히 삼위일체적 관점, 삼위일체로서의 하나님을 보여준다. 은사는 성령의 것만이

여기에서 은사의 시여에 대한 튜레틴의 묘사는 약간 더 상세한 설명을 요구하는 것으로 보인다.. 왜냐하면 본문이 제시하는 바는 은사(charismata)와 직분(diakoniai), 그리고 사역 (energemata)가 각각 성부, 성자, 성령에 의해서 시여된다고 표현하기 때문이다. 이 세 가지, 즉 은사, 직분, 그리고 사역에 대해서 랄프 마틴(Ralph Martin)은 다음과 같은 설명을 제공한다. "은사는 신적 은혜가 구체화되는 방법을 제시하며, 직분은 실제에 있어서 은사가 현실화되는 것을 가리키며, 마지막 용어는 구체적 결과로 드러나는 사역을 각각 가리킨다."[93] 마틴이 제시하는 은사에 대한 이해는 삼위 하나님의 역할이 상호적으로 깊이 연관되어 있으므로 이를 날카롭게 구분하기 보다는 다양한 은사들이 신격 내에서 차별없이 나온다는 견해이다.

2. 은혜와 은사

은사에 대한 튜레틴의 기본적 입장 이해를 위해서 먼저 그의 은혜 개념을 살펴볼 필요가 있다. 은혜는 두 가지 방식으로 이해되는데 하나는 감성적인(affective) 접근 방법이며 또 다른 하나는 효과적인(effective) 방법을 들 수 있다.[94] 전자는 하나님의 내적 행위를 가리키는 반면에, 후자는 피조물을 향하여 외연적으로 효과 또는 결과를 발생시키는 차원에 관한 것이다. 전자는 우리를 위한 하나님의 호의로서 우리는 이 은혜에 대해서 객관적인 입장에 놓이게 되는데 여기에 하나님께서 베푸시는 다양한 은혜들이 언급될 수 있다. 예를 들

아니라 성자의 것이요 성부의 것이다."

93 Ralph Martin, *The Spirit and the Congregation: Studies in 1 Corinthians 12-15* (Grand Rapids: Eerdmans, 1984), 11.

94 IET 1:242-43 (3.20.7-8).

면, 선택의 은혜나 은혜에서 비롯되는 평화를 들 수 있다. 반면에 후자는 우리 안에 주어지는 은혜로서 우리는 이에 대해서 주관적인 입장을 취하게 된다. 이 후자에 해당하는 효과 또는 결과의 은혜란 다름 아닌 성령의 은사(charismata)를 가리키는데 이는 우리에게 값없이 주어지는 것이다. 흥미롭게도 튜레틴은 이런 은혜로서 이해되는 은사에 일반적인 은사로서 믿음, 소망, 사랑이라는 구원의 덕목을 포함시킨다. 이는 구체적으로 성령의 인치심(sealing) 또는 후견인되심(guardianship)을 통해서 하나님의 선택을 받은 자들이 은혜 언약에 근거해서 누리게 되는 은사인데 이는 일시적인 것이 아니라 영원한 것이다.[95]

이 은사에 특별하고 기적적인 은사도 포함되는데 이는 교회의 공통적 교화(edification)를 위해서 주어진 것(고전 12:4,7,8; 엡 4:7) 으로 이해된다. 중세 스콜라주의자들은 이 은사를 값없이 주어지는 은혜(gratiae gratis datae)라고 불렀지만 다른 이들에 의해서는 하나님께 수용되도록 만드는 은혜(gratiae gratum facientis)로 명명되기도 했다. 튜레틴은 일반적인 은사들도 특별한 은사들과 마찬가지로 값없이 주어진 것일 뿐 아니라 특별한 은사가 우리를 하나님께 수용되도록 만들지 못한다는 이유에서 이 은사를 값없이 주어지는 은사로 간주했던 중세스콜라주의자들의 주장은 잘못된 것이라고 올바르게 지적했다.[96]

그렇다면 은사는 성령론적 관점에서 어떻게 올바로 정의될 수 있는가? 은사는 성령을 통해서 우리에게 값없이 주어지는 은혜로

95 IET 2:602 (15.16.20). 은혜 언약은 12번째 주제에서 논의된다. IET 2:169-269. 이에 관한 해설로는 다음을 참고할 것. Beach, *Christ and the Covenant*, 148-339; Peter J. Wallace, "Doctrine of the Covenant in the Elenctic Theology of Francis Turretin," *Mid-America Journal of Theology* 13 (2002), 143-79.

96 IET 1:243 (3.20.8).

서 여기에는 일반적 은사와 특별한 은사가 모두 포함된다고 볼 수 있다.

3. 성령과 은사의 구분

성령께서 하시는 다양한 사역 가운데 하나는 인간에게 일반적 및 특별한 은사를 제공하시는 것이다(고전 12:11).[97] 그는 여기에서 은사 제공의 주체이신데 여기에서 전제되는 것은 그가 신적 인격체(divine person)라는 사실이다. 만약 그가 인격체가 아니라면 성령께서 은사를 주신다는 사실은 성립되지 않을 것이다. 그런데 성경은 종종 성령에 대해서 상징적인(figurative) 표현을 사용하여 그를 물, 불, 기름, 바람, 또는 인(seal) 등으로 표현하기도 하며 때로는 가시적 형태를 지닌 모습으로 묘사하기도 한다. 예를 들면 성령이 비둘기의 모습으로 나타났다거나(마 3:16), 오순절에 불의 혀 같은 모습(행 2:3) 으로 나타난 것 등을 들 수 있다.

또한 어떤 경우에는 성령을 하나님의 은사라고 칭하기도 하는데 성령은 이런 맥락에서 은사이기도 하며 은사의 제공자이기도하다.[98] 이렇게 성령이 동시에 은사이자 은사의 제공자로 간주되는 것은 항상 모순이 아니라고 튜레틴은 주장한다. 이 논증에 있어서 그는 그리스도 또한 분명히 신적 인격체로서 제2위 하나님이시지만, 또한 하나님의 은사 또는 선물로 간주되었던(요 3:16; 4:10; 사 9:6) 사실을 상기시키면서 동일한 방식으로 성령 또한 은사의 주체임과 동시에 은사 자체에 해당된다고 보았던 것이다.[99]

---

97 IET 1:303 (3.30.4).

98 IET 1:307 (3.30.17).

99 IET 1:307 (3.30.17). 다른 곳에서 튜레틴은 이 개념을 아들의 은사와 성령의 은사가 서로

그러나 성령은 이렇게 가시화된 사물 또는 생명체와는 분명히 구별될 뿐만 아니라 또한 그가 제공하는 은사와도 구별되는 신적 인격체이시다. 성경은 성령이 단순히 하나님의 은사와 동일시되지 않는다는 사실이 조심스럽게 제시된다. 그 이유는 비록 어떤 곳에서 그가 은사로서 표현되기도 하지만, 또 다른 곳에서는 분명하게 이 은사의 저자이자 유효적 원인(efficient cause)으로 간주되기도 한다.[100]

4. 그리스도의 승천과 은사

부활하신 그리스도는 지상에서 40일을 지내신 후 "모든 하늘 위에"(엡 4:10) 오르셨다. 그의 승천의 목적은 모든 공간을 자신의 무소부재의 임재로 채우시는 것이었다. 여기에서 '채우다'라는 동사는 우선적으로 '주권의 행사를 통해 지배하다'는 의미를 지니고 있다.[101] 어떻게 그리스도께서 자신의 통치를 온 우주에서 행사하시는가? 이는 모든 장소를 자신의 몸으로 채우시는 것으로 이루어지지 않고 교회의 구성원들에게 성령의 은사들로 채우시는 방식으로 이루어진다.[102]

그리스도에게 성령이 한량없이 주어졌는데(요 3:34) 이는 마치 하나님의 지혜와 지식이 헤아릴 수 없을 만큼 많은 것처럼 절대적으로 한정 없이 많은 수가 주어졌음을 뜻하는 것은 아니다. 성령의 은사는 모든 교회의 성도들, 즉 그리스도의 몸된 자들에게 주어질 때 비교할 수 있을 정도로(comparatively) 주어진다. 성도들에게 은사가 주어

분리될 수 없다고 주장한다. IET 2:465-66 (14.14.24).

100 IET 1:305 (3.30.11).

101 Peter T. O'Brien, *The Letter to the Ephesians* (Grand Rapids: Eerdmans, 1999), 296.

102 IET 2:368 (13.18.7), 2:329 (13.8.30).

지는 것은 원래 그리스도에게 충만히 주어졌던 은사가 이제 나누어져서 분배되는 차원을 지니게 됨을 뜻한다. 달리 말하자면, 성도들에게 분배되어지기 전의 성령의 은사는 그리스도에게서 하나로 충만한 상태에 놓여 있음을 뜻한다. 성도들이 받은 은사들은 완전하지 않고 불완전하지만, 분배되기 전에 그리스도께서 지니신 은사는 그 자체로서 가장 완전한 것이다.

여기에서 주목할 만한 사실 가운데 하나는 성령께서 그의 은사들을 성도들에게 주시되 승천하신 그리스도의 선물 또는 은사의 분량에 따라서(kata to metron tes doreas tou Christou, 엡 4:7) 주신다는 점이다.[103] 여기에서 그리스도의 은사란 이런 방식으로 은사가 주어지되 또한 사람들에게 풍성하게 부어졌다는 사실 또한 아울러 지적된다(엡 4:8).[104]

VI. 결론

지금까지 튜레틴의 성령론에 대해서 성령의 존재, 성령의 사역, 성령과 그리스도 그리고 성령과 은사라는 네 가지 주제로 나누어서 다음과 같이 고찰했다.

첫째, 성령이 누구인가라는 질문에 대해서 튜레틴은 다양하게 답변하고 있지만 여기에서는 그가 비인격체가 아니라 인격체이며 하나님의 능력이라는 표현이 성령의 속성을 가리킨다는 사실을 살펴보았다. 또한 성령은 다양한 이름, 즉 스승, 신앙과 중생의 실행자,

103 IET 2:330 (13.8.32).

104 IET 2:333 (13.9.3).

그리고 위로자로 불리워진다.

둘째, 성령의 사역은 크게 나누어서 성경, 회심, 그리고 신앙으로 나누어서 고찰되었다. 먼저 성경에 있어서 성령의 역할은 신자들에게 성경을 가르치는 스승과 같은 역할을 담당한다고 보았다. 또한 성령은 회심에 있어서 주요하고 유효적인 원인으로 작용하여 하나님에 은혜에 기초하여 하나님에 의해 택함을 받은 자들의 마음을 열어 죄를 회개하고 하나님께로 향하게 하신다. 인간에게 회심이 발생하는 곳은 이성적 본성이라고 주장하는데 여기에서 그가 지닌 합리론적 사고의 한 단면이 드러난다고 볼 수 있다. 마지막으로 튜레틴은 신앙이 생성되고 유지되는 수단으로서 성령과 말씀을 내세운다. 말씀을 통해서 신앙이 형성됨에 있어서 성령은 간접적으로 영향력을 행사하시는데 이는 주로 말씀의 기록과 관계된다. 신앙의 유지에 관해서는 신앙의 견인이라는 주제에서 다루어졌는데 여기에서 성령은 성도를 보호하심을 통해서 성도가 신앙에서 떨어지지 않도록 하시는데 이는 구체적으로 그의 임재하심 또는 내주하심을 뜻한다. 또한 이 보호하심의 사역은 구원의 확실성을 제공함으로서 성도의 견인에 있어서 토대와 같은 역할을 담당한다.

셋째, 성령과 그리스도의 관계는 먼저 삼위일체적 관점에서 조명되었다. 또한 그리스도의 세례 받으심에 있어서 성령이 그에게 한량없이 주어졌을 뿐 아니라 그의 은사 또한 풍성하게 주어졌다. 그리스도의 삼중직에 대해서 튜레틴은 다양한 방식으로 성령론적 정의를 제공한다. 인간의 비참함과 하나님의 속성의 관점에서 그리스도의 세 가지 직분에 대해서 내려지는 정의는 흥미롭고도 유익하다.

넷째, 성령과 은사에 대해서도 튜레틴은 먼저 이에 대한 삼위일체적 고찰을 제공한다. 은사는 성령의 전유물이 아니라 삼위 모두에 의해서 교회에 주어졌다는 사실이 강조된다. 또한 은혜와 은사의 관계에 대해서는 은사가 성령을 통해서 우리에게 값없이 주어지는 은혜로서 이는 일반적 은사와 특별한 은사가 모두 포함된다는 해석이 제공된다. 성경에서 그리스도가 선물 또는 은사로 불리워지는 것과 마찬가지로 성령은 종종 은사로 불리워지기도 한다. 그러나 성령께서 베푸시는 은사와 성령 자신은 동일시되지 아니하며 성령은 은사를 베푸시는 주체에 해당된다. 마지막으로 승천하신 그리스도께서 이 땅에 자신의 영이신 성령으로 내려오셔서 교회의 모든 구성원들에게 은사를 베푸시는데 이는 그의 주권적 사역이며 이를 통해서 그는 온 세상을 가득 채우신다.

Francis Turretin

한 권으로 읽는 튜레틴 신학

2023년 5월 15일 초판 인쇄
2023년 5월 15일 초판 발행

지은이 이신열 외 6명(권경철, 김은수, 김현관, 문병호, 유정모, 이은선)
펴낸이 정영오
표지디자인 디자인집(02-521-1474)
내지디자인 서세은

크리스천르네상스
주소 경기도 안산시 단원구 와동로 5길 301호(와동, 대명하이빌)
등록번호 2019-000004(2019년 1월 31일)

ISBN 979-11-980535-2-7(93230)

값 25,000원